智能科学与技术丛书

Bayesian Analysis in Natural Language Processing, Second Edition

自然语言处理中的贝叶斯分析

（原书第2版）

［以］谢伊·科恩（Shay Cohen）◎ 著

杨伟 袁科 ◎ 译

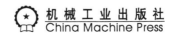

机械工业出版社
China Machine Press

图书在版编目（CIP）数据

自然语言处理中的贝叶斯分析（原书第 2 版）/（以）谢伊·科恩（Shay Cohen）著；杨伟，
袁科译 . —北京：机械工业出版社，2021.1
（智能科学与技术丛书）
书名原文：Bayesian Analysis in Natural Language Processing, Second Edition

ISBN 978-7-111-66957-9

I. 自… II.① 谢… ② 杨… ③ 袁… III. 贝叶斯方法 IV. F222.1

中国版本图书馆 CIP 数据核字（2020）第 231040 号

本书版权登记号：图字 01-2020-2371

Bayesian Analysis in Natural Language Processing, Second Edition, 9781681735269, by
Shay Cohen.

Part of Synthesis Lectures on Human Language Technologies.

Series Editior: Graeme Hirst, University of Toronto.

Original English language edition published by Morgan & Claypool Publishers, Copyright
© 2019 by Morgan & Claypool.

Chinese language edition published by China Machine Press, Copyright © 2021.

本书对基于贝叶斯分析进行自然语言处理需掌握的概念、理论知识和算法进行了深入浅出的介绍，
讲解了常见的推断技术（马尔可夫链蒙特卡罗采样和变分推断）、贝叶斯估计和非参数建模等。特别是为
应对领域的快速发展，第 2 版新增了第 9 章 "表征学习与神经网络"。此外，还介绍贝叶斯统计中的基
本概念，如先验分布、共轭和生成建模。最后，本书回顾自然语言处理中的一些基本建模技术（包括语
法建模、神经网络和表征学习）以及它们在贝叶斯分析中的应用。

出版发行：机械工业出版社（北京市西城区百万庄大街 22 号 邮政编码：100037）
责任编辑：柯敬贤　　　　　　　　　　　　　　责任校对：殷　虹
印　　刷：北京建宏印刷有限公司　　　　　　　版　　次：2021 年 1 月第 1 版第 1 次印刷
开　　本：185mm×260mm　1/16　　　　　　印　　张：14.75
书　　号：ISBN 978-7-111-66957-9　　　　　　定　　价：89.00 元

客服电话：(010) 88361066 88379833 68326294　　投稿热线：(010) 88379604
华章网站：www.hzbook.com　　　　　　　　　　读者信箱：hzjsj@hzbook.com

自然语言处理是计算语言学和统计学习的交叉领域，主要任务是运用各种分析技术和算法对海量的自然语言数据进行自动的计算处理。常见的自然语言处理问题包括语音识别、自然语言生成、机器翻译、信息检索、文本分类和自然语言理解等。对于自然语言处理，贝叶斯分析是一种有效的建模技术。该技术可以综合未知参数的先验信息与样本数据中的证据信息来获取参数的后验分布，以便对统计推断进行指导。通过优雅且统一的方式，贝叶斯分析技术不仅可以合并现有知识并管理参数的不确定性，而且可以为复杂模型提供容量控制。

本书对基于贝叶斯分析进行自然语言处理需掌握的概念、理论知识和算法进行了深入浅出的介绍。首先讲解概率统计的基本概念，如随机变量和条件独立性等，然后基于隐狄利克雷分配模型和贝叶斯文本回归，重点阐述自然语言处理中的贝叶斯分析。随后探讨在贝叶斯自然语言处理中常用的先验分布，如狄利克雷分布、非信息先验和正态分布等，并在此基础上着重介绍两种重要的推断方法：马尔可夫链蒙特卡罗和变分推断。对于贝叶斯自然语言处理中的非参数建模技术，本书重点讨论两种模型：狄利克雷过程和 Pitman-Yor 过程。此外，本书还介绍自然语言处理中的基本语法模型，以及在贝叶斯上下文中进行语法模型构建的方法。本书的最后重点介绍自然语言处理中成熟的神经网络建模技术，如词嵌入、递归神经网络、卷积神经网络、变分自编码器和生成对抗网络等。

本书作者 Shay Cohen 博士毕业于卡内基–梅隆大学语言技术专业，现就职于爱丁堡大学信息学院语言、认知和计算研究所。他主要研究结构化预测中的句法和语义解析，对计算语言学和统计学习的交叉领域特别感兴趣。自 2015 年以来，Cohen 讲授的专业课程都与自然语言处理紧密相关。所有这些都为本书的撰写奠定了坚实的基础。

自然语言处理中的贝叶斯分析涉及概率论、非线性优化、语法模型和语言分析等多方面的知识。目前，市面上系统介绍这方面知识的书籍还很少，研究生通常只能通过阅读论文和学习相关课程来掌握零碎的内容。本书紧密围绕自然语言处理，系统地对贝叶斯分析的相关知识进行综合全面的介绍，恰好弥补了这一不足，无论是对从事自然语言处理研究的科研人员，还是对相关专业的本科生，本书都有重要的参考价值。

本书主要由河南大学的杨伟和袁科翻译，在翻译过程中，河南大学计算机与信息工程学院的两位研究生刘琦和王月也参与了部分章节的翻译，并对译文进行校对。机械工业出版社华章公司的刘锋编辑在整个翻译过程中提供了许多帮助，在此表示衷心的感谢。

本书译文虽经反复修改和校对，但由于译者水平有限，难免出现欠妥和纰漏之处，若广大读者不吝告知，将不胜感激。

译者

2020 年 9 月

没想到本书会如此迅速地发行第 2 版。最近几年，自然语言处理领域的快速而令人兴奋的发展要求进行各种更新，本书第 2 版应运而生。

第 2 版主要增加的内容是第 9 章，该章重点介绍自然语言处理（特别是在贝叶斯情景下）中的表征学习与神经网络。本章的撰写是基于这样的观察：在过去 5 年左右的时间里，自然语言处理中的大部分文献都使用神经网络。因此，本书需要解决一些基本问题。使更新内容适应本书的贝叶斯"使命"（结合自然语言处理背景）并不容易，我是否完成了这一使命将由读者来判断。

第 2 版除了引入新的章节外，还修正了一些印刷错误，并将一些附加内容整合到各章中。

一些人为本书第 2 版提供了帮助。非常感谢 Trevor Cohn、Marco Damonte、Jacob Eisenstein、Lea Frermann、Annie Louis、Chunchuan Lyu、Nikos Papasarantopoulos、Shashi Narayan、Mark Steedman、Rico Sennrich 和 Ivan Titov 的帮助和评点。还要感谢我的学生和博士后，他们在本书新内容的某些方面教给我的知识比我教给他们的更多。

谢伊·科恩
爱丁堡
2019 年 2 月

当撰写涉及两个领域（贝叶斯统计和自然语言处理）交叉的主题时，需要考虑焦点和视角。本书旨在为在研究生求学期间和我具有相同处境的人编写，采取一种相当实用的视角。在研究生求学期间，我已经对自然语言处理中的问题和机器学习的基本原理有所了解，我想以纯抽象的方式来学习更多关于贝叶斯统计的知识，尤其是与自然语言处理最相关的部分。因此，本书就是从这种角度出发，提供有关计算语言学家将贝叶斯方法应用于工作时所需掌握的关键技术、术语和模型的抽象信息。

因此，本书的大部分章节比较简洁，且与贝叶斯统计的其他应用相关。只有最后一章为语法模型提供一些具体的自然语言处理应用，这些模型主要（但不完全）用于自然语言处理。

在理想情况下，本书面向的读者应该已经对自然语言处理中的统计建模有一定了解，并且希望对贝叶斯技术在自然语言处理中的具体应用有更深入的了解。做出更多关注贝叶斯自然语言处理数学层面的决策的动机很简单，因为大部分计算语言学家在他们的研究生生涯或其他阶段很早就接触到了自然语言处理的基本核心术语、自然语言处理所预测的语言结构及其背后的一些语言动机。特别是计算语言学家在研究中经常需要学习贝叶斯统计思想或掌握其他统计工具，因此他们有时会对贝叶斯统计产生误解，且缺失全局观。本书试图向读者提供一些缺失的细节。

当前做统计研究工作的方法有多种，频率学派方法和贝叶斯学派方法是其中的两种。频率学派方法有时也称为"经典统计"。而促使我更多地了解贝叶斯统计的一个原因是它拥有辉煌的历史。时至今日，著名的"频率学派和贝叶斯学派分歧"依然存在。这种关于统计分析应遵循的哲学的分歧，甚至比语法理论中生成语义学家和生成语法学家之间著名的"语言战争"的争论更持久且更激烈。即使在贝叶斯阵营里，争论也没有结束。比如一部分人支持对概率的主观解释，而另一部分人支持客观解释。

虽然我在第一次接触贝叶斯统计的核心思想（从理论上来讲，贝叶斯统计依赖于应用贝叶斯法则对数据和参数之间的关系进行转换）时，就被其优雅的数学理论所吸引，但我还是采用了很务实的做法，并没有试图将贝叶斯统计作为进行统计自然语言处理的终极理论。在本书中，我也没有提供支持贝叶斯统计的哲学观点。相反，我提供了贝叶斯统计背后的技术机制，建议读者确定该技术是否适合自己所处理的问题。此外，本书还描述了贝叶斯统计与频率学派方法之间的一些联系，以及其他的共通点。如果读者有兴趣更多地了解贝叶斯统计背后的哲学，建议阅读文献 Jaynes（2003）并查看文献 Barnett（1999）。为了更好地了解贝叶斯统计背后的历史和人物，建议阅读书籍 McGrayne（2011）。本书共分八章，内容如下：

- 第 1 章是关于概率和统计的复习，因为它们与贝叶斯自然语言处理相关。我们涵盖随机变量及其之间的独立性、条件独立性、随机变量期望等基本概念。本章还会简要讨论贝叶斯统计以及它与频率统计的区别。如果你具备计算机科学或统计学的一些基础知识，本章的大部分内容可以跳过。

- 第 2 章通过两个示例（隐狄利克雷分配模型和贝叶斯文本回归）介绍自然语言处理中的贝叶斯分析，并提供该主题的高级概述。
- 第 3 章介绍贝叶斯统计建模的一个重要组成部分——先验，并讨论贝叶斯自然语言处理中最常用的先验，如狄利克雷分布、非信息先验和正态分布等。
- 第 4 章通过对后验分布的总结，阐述将频率统计和贝叶斯统计相结合的思路，并详细介绍在保持贝叶斯思维的同时为参数集合计算点估计的方法。
- 第 5 章介绍贝叶斯统计中一种主要的推断方法——马尔可夫链蒙特卡罗。还将详细介绍贝叶斯自然语言处理中最常用的两种采样算法：吉布斯采样和 Metropolis-Hastings 采样。
- 第 6 章介绍贝叶斯自然语言处理中另一种重要的推断方法——变分推断，并描述平均场变分推断和变分期望最大化算法。
- 第 7 章涵盖贝叶斯自然语言处理中的一种重要建模技术——非参数建模。我们讨论非参数模型——狄利克雷过程和 Pitman-Yor 过程。
- 第 8 章介绍自然语言处理中的基本语法模型（如概率上下文无关语法和同步语法），以及在贝叶斯上下文中构建它们的方法（使用诸如适配器语法、层次狄利克雷过程概率上下文无关语法等模型）。

此外，书后还有两个附录，它们提供阅读本书所需的额外背景信息。每章都附有至少 5 个习题。本书（包括每章后面的练习题）可以用作教材。具体来讲，本书可作为讲授有关自然语言处理中的贝叶斯分析的多门课程的教材。如果有充足的时间在课堂上讲授贝叶斯自然语言处理（比如四次课），建议将一次课用于第 3 章，一次课用于第 4 章，一次课用于第 5 章和第 6 章，一次课用于第 7 章。至于第 8 章的主题（如适配器语法或贝叶斯概率上下文无关语法），可以用示例的形式注入每次课中。

感谢帮助我撰写本书的所有人。首先，我要特别感谢 Lea Frermann、Trevor Cohn 和 Jacob Eisenstein，他们仔细阅读了本书的草稿，并给出了详细的反馈。还要感谢以其他形式提供反馈的人：Omri Abend、Apoorv Agarwal、Anahita Bhiwandiwalla、Jordan Boyd-Graber、Daniel Gildea、Sharon Goldwater、Mark Johnson、Mirella Lapata、Shalom Lappin、Adam Lopez、Brendan O'Connor、Mohammad Sadegh Rasooli、Siva Reddy、Stefan Riezler、Giorgio Satta、Stuart Shieber、Mark Steedman、Karl Stratos、Swabha Swayamdipta、Bonnie Webber 和 Dani Yogatama。也要感谢 Sharon Rosenfeld，他对本书进行了校对，使之更具可读性。还要感谢 Samantha Draper、Graeme Hirst、Michael Morgan 和 CL Tondo 为本书的出版提供的帮助。

感谢所有于 2013 年春季在哥伦比亚大学计算机科学系参加我课程（"自然语言处理中的贝叶斯分析"）的优秀学生，他们（包括 Jessica Forde、Daniel Perlmutter 以及前面已经提到的其他学生）间接地帮助我更好地理解了年轻的研究人员在贝叶斯自然语言处理领域迈出第一步时的需求，从而更好地确定了本书的知识结构。也要感谢我在贝叶斯自然语言处理领域的项目合作者 David Blei、Jordan Boyd-Graber、Kevin Gimpel 和 Ke Zhai，他们帮助我塑造了对该领域的理解。

感谢我多年来的导师，尤其是 Noah Smith，从他那里我首次接触到贝叶斯自然语言处理。我的博士后导师 Michael Collins 支持我在博士后奖学金申请期间花时间写作本书，以及在哥伦比亚大学讲授贝叶斯自然语言处理课程。Mark Johnson 的研究工作以及我们的谈话和电子邮件交流，都促进了本书的完成。

同时，还要感谢我的妻子 Sylvia Cohen 在我写作本书的时候一直陪着我。同样感谢 Sylvia 的家人，在我于匹兹堡学习贝叶斯分析等课程期间，他们总是让我有宾至如归的感觉。最后，我要感谢我的父母和兄弟姐妹——无论出现什么情况，他们对我的信任永不改变。

谢伊·科恩

爱丁堡

2016 年 5 月

目 录

Bayesian Analysis in Natural Language Processing, Second Edition

基 础 知 识

本章主要是用来复习概率论和统计学的基本概念，这是全面理解本书所必需的。有时，本章也会约定在后续章节中使用的符号。

注意，本章的写法与概率论和统计学基本概念的典型介绍稍有不同。例如，本章直接为随机变量定义了多个概念，如条件分布、独立性和条件独立性、链式法则和贝叶斯法则，而不是在样本空间中给出这些事件构造的初步定义。有关概率论的更深入的介绍性研究参见文献 Bertsekas 和 Tsitsiklis（2002）。

出于完整性的考虑，本章以一种相当正式的方式介绍了 1.1～1.2 节（概率测度和随机变量）。如果读者熟悉这些基本概念及其结构，可以跳到 1.3 节，其介绍了贝叶斯学习所必需的机制，如链式法则。

1.1 概率测度

概率论（和概率建模）的核心是"样本空间"的概念。样本空间是由所有可能元素组成的集合 Ω，在这些元素上能够构建概率分布。在本书中，样本空间通常由与语言相关的对象组成，比如单词、短语 – 结构树、句子、文档或序列。正如我们稍后看到的，在贝叶斯设置中，样本空间被定义为此类对象集合和模型参数集合之间的笛卡儿积（1.5.1 节）。

一旦确定了样本空间，我们就可以为该样本空间定义概率测度。概率测度 p 是将实数附加到事件（样本空间的子集）上的函数。

概率测度必须满足三个公理化性质：

- 它必须是非负函数，从而满足对于任意事件 A，都有 $p(A) \geq 0$。
- 对于任何可数的不相交事件序列 $A_i \subseteq \Omega (i \in \{1, \cdots\})$，如果对于 $i \neq j$ 都有 $A_i \cap A_j = \emptyset$，则 $p(\cup_i A_i) = \Sigma_i p(A_i)$。这意味着不相交事件的概率之和应等于事件并集的概率。
- Ω 的概率为 1：$p(\Omega) = 1$。

从这三个公理化性质可以获得一些结果。第一个是 $p(\emptyset) = 0$（要明白这一点，考虑 $p(\Omega) + p(\emptyset) = p(\Omega \cup \emptyset) = p(\Omega) = 1$）。第二个是对于任意两个事件 A 和 B，有 $p(A \cup B) = p(A) + p(B) - p(A \cap B)$（要明白这一点，考虑 $p(A \cup B) = p(A) + p(B \setminus (A \cap B))$ 以及 $p(B) = p(B \setminus (A \cap B)) + p(A \cap B)$）。最后，事件 A 的补集 $\Omega \setminus A$，满足 $p(\Omega \setminus A) = 1 - p(A)$（要明白这一点，考虑对于任意事件 A，$1 = p(\Omega) = p((\Omega \setminus A) \cup A) = p(\Omega \setminus A) + p(A)$ 都成立）。

在一般情况下，并非样本空间的每个子集都应视为事件。从概率论的测度理论观点来看，事件必须是一个"可测集"。给定样本空间的可测集的集合需要满足一些公理化性质$^{\ominus}$。

$\ominus$　这些公理化性质是：（1）Ω 需要是可测集；（2）可测集的补集是集合中的可测集；（3）任何可测集的并集也是可测集。

关于测度理论的讨论超出了本书的范围，但有关这一主题的深入研究可参考文献（Ash 和 Doléans-Dade（2000））。

对于由语言结构或其他与语言相关的离散对象组成的离散样本空间，可测集与样本空间中任意子集的区别并不重要。我们将考虑样本空间中的所有子集都是可测的，这意味着它们可以用作事件。对于连续空间，我们将使用依赖于勒贝格测度的著名概率测度。这意味着样本空间将是欧几里得空间的子集，而事件集是该空间的子集，可以使用勒贝格积分对其进行积分。

1.2 随机变量

在最基本的形式中，随机变量是将每个 $w \in \Omega$ 映射到一个实值的函数。它们通常用大写字母表示，如 X 和 Z。一旦定义了这样一个函数，在某些规律性条件下，它就导出了实数上的概率测度。更具体地说，对于任何 $A \subseteq \mathbb{R}$，如果其原像 $X^{-1}(A)$（定义为 $\{\omega \in \Omega \mid X(\omega) \in A\}$）是事件，则其概率为：

$$p_X(A) = p(X \in A) = p\left(X^{-1}(A)\right)$$

其中 p_X 是由随机变量 X 导出的概率测度，p 是最初为 Ω 定义的概率测度。p_X 的样本空间是 $\mathbb{R}$。此样本空间的事件集包含所有的 $A \subseteq \mathbb{R}$，从而满足 $X^{-1}(A)$ 是 p 的原始样本空间 Ω 中的事件。

通常直接根据随机变量定义统计模型，而不是显式定义样本空间及其对应的实值函数。在这种情况下，不必将随机变量解释为实值函数，而是将样本空间理解为随机变量函数的一个范围。例如，如果要定义语言词汇表上的概率分布，那么可以定义一个随机变量 $X(\omega) = \omega$，其中 ω 在词汇表中的单词范围内。此后，词汇表中单词的概率就用 $p(X \in \{\omega\}) = p(X = \omega)$ 表示。

随机变量也可以是多元的。在这种情况下，对于某个固定的 d，它们将样本空间的元素映射到 $\mathbb{R}^d$ 的子集（或者其他空间中的元组）[⊖]。

1.2.1 连续随机变量和离散随机变量

本书使用了统计学中最常见的两种随机变量：连续随机变量和离散随机变量。连续随机变量取连续空间中的值，通常是 $d \geq 1$ 时 $\mathbb{R}^d$ 的子空间。另一方面，离散随机变量是从离散的、可能是可数的集合中取值。在本书中，离散变量通常用大写字母表示（如 X、Y 和 Z），而连续变量用希腊字母表示（如 θ 和 μ）。

本书中的连续变量主要用于定义离散分布中参数上的先验，就像通常在贝叶斯设置中所做的那样。有关连续变量的讨论可以参见 1.5.2 节。另一方面，离散变量用于建模将要预测

⊖　随机变量的更为抽象的测度理论定义为样本空间（具有给定的概率测度）到可测空间 E 的函数，并且满足对于 E 中的任何可测集，该函数的原像在概率空间中也是可测的。在大多数自然语言处理应用中，把随机变量当作实函数或本节所述的能够导出概率测度的函数就已足够。

的结构（如解析树、词性标注、对齐、聚类）或观测到的结构（如句子、某些语言词汇表上的字符串或其他这样的序列）。

本书讨论的离散变量都假定具有一个潜在的概率质量函数（Probability Mass Function，PMF），即给样本空间中的每个元素赋予权重的函数 $p(x)$。该概率质量函数导出了概率测度 $p(X \in A)$，其满足

$$p(X \in A) = \sum_{x \in A} p(x)$$

其中 A 是 X 可以采用的可能值的子集。注意，这个等式是概率测度公理的结果，其中事件的概率等于精确覆盖该事件的不相交事件（在本例中是单实例）的概率之和。

我们将使用的最常见的离散分布是多项式分布，它是许多自然语言处理模型的构建块（见第 3 章和 B.1 节）。对于多项式空间，Ω 是事件的有限集，比如单词的有限词汇表。概率质量函数将概率赋予词汇表中的每个单词。

另一方面，本书讨论的连续变量都假定具有一个概率密度函数（Probability Density Function，PDF）。与概率质量函数类似，这是一个将权重赋予样本空间中每个元素的函数 $p(\theta)$。假定概率密度函数在样本空间 Ω 上是可积的（这里的积分是指勒贝格积分）。该概率密度函数导出了概率测度 $p(\theta \in A)$，其定义为

$$p(\theta \in A) = \int_{\theta \in A} p(\theta) \mathrm{d}\theta$$

概率质量函数和概率密度函数之间的并行性并不是偶然的。这两个概念都可以通过基于测度理论的统一数学框架来获得。如前所述，这超出了本书的范围。

对于表示法，我们使用带有显式等号的 $p(X = x)$ 来表示离散变量 X 的 PMF 值。当所讨论的随机变量在上下文中很明显时，只使用 $p(x)$ 等表示法表示 $p(X = x)$，用 $p(X)$ 表示 PMF 本身（作为函数）（X 不对应样本空间中的某个元素）。我们使用 $p(\theta)$ 表示随机变量 θ 的特定 PDF 值以及 PDF 本身（作为函数）。

就实值随机变量而言，有一种特殊的分布函数称为累积分布函数（Cumulative Distribution Function，CDF）。对于实值随机变量 θ，CDF 是函数 $F: \mathbb{R} \to [0,1]$，其满足 $F(y) = p(\theta \leq y)$。CDF 也可以推广到多变量的情况，其中 θ 表示区间范围为 $\mathbb{R}^d$ 的随机变量。CDF 函数 $F: \mathbb{R}^d \to [0,1]$ 满足约束 $F(y) = p(\theta_1 \leq y_1, \cdots, \theta_d \leq y_d)$。累积分布函数在统计分析中具有重要的作用，但在贝叶斯自然语言处理中的使用频率较低。

1.2.2 多元随机变量的联合分布

在同一样本空间上可以定义多个随机变量。例如，对于离散样本空间（比如单词集合），我们可以定义取整数值的两个随机变量 X 和 Y——一个可以度量单词的长度，另一个可以度量单词中元音的个数。给定两个这样的随机变量，联合分布 $P(X, Y)$ 就是映射事件对 (A, B) 的函数，其定义如下：

$$p(X \in A, Y \in B) = p(X^{-1}(A) \cap Y^{-1}(B))$$

在通常情况下，我们取几个集合 $\{\Omega_1, \cdots, \Omega_m\}$，并将它们组合成单个样本空间 $\Omega = \Omega_1 \times \cdots \times \Omega_m$。每个 Ω_i 都与一个随机变量相关联。基于此，可以为所有这些随机变量共同定义联合概率分布。例如，考虑 $\Omega = V \times P$，其中 V 是单词的词汇表，P 是词性标注。这个样本空间使我们能够定义概率 $p(x, y)$，其中 x 表示与词性 y 相关联的单词。在这种情况下，$x \in V$ 且 $y \in P$。

对于任何联合分布，我们都可以将一些随机变量边缘化，以得到在原始随机变量子集上定义的分布（因此，它仍然可以是联合分布，只是该分布是在随机变量的子集上定义的）。边缘化是通过求积分（对于连续随机变量）或求和（对于离散随机变量）来完成的。求和或求积分的操作可以从联合分布中消除随机变量。操作的结果是非边缘化随机变量的联合分布。

对于上面的简单词性示例，我们可以得到边缘分布 $p(x) = \sum_{y \in P} p(x, y)$ 或 $p(y) = \sum_{x \in V} p(x, y)$。边缘分布 $p(X)$ 和 $p(Y)$ 并不能唯一地确定联合分布值 $p(X, Y)$。联合分布却可以确定边缘分布。然而，只要 X 和 Y 独立，则可以使用边缘分布来确定联合分布。更多相关信息参见 1.3.2 节。

1.3 条件分布

联合概率分布为多个随机变量的概率获得特定值的问题提供了答案。条件分布则为一个不同但相关的问题提供答案。当联合分布中的其他变量被限制为特定值时（或当变量被"固定"时），条件分布有助于确定随机变量可以获得的值。

条件分布可以从同一组随机变量的联合分布中导出。考虑一对随机变量 X 和 Y（连续的或离散的）。如果 A 是来自 X 的样本空间中的事件，y 是 Y 的样本空间中的值，则有

$$p(X \in A | Y = y) = \frac{p(X \in A, Y = y)}{p(Y = y)} \qquad (1.1)$$

式（1.1）将被解释为一个条件分布，它决定了在 Y 获得值 y 的条件下 $X \in A$ 的概率。竖线表示我们将 Y 固定在值 y 处，并在受限样本空间中确定 X 导出的分布。非正式地，条件分布占据了样本空间中 $Y = y$ 的部分，并重新归一化联合分布，从而结果是仅在该部分样本空间中定义的概率分布。

当认为式（1.1）中的联合分布是在 y 固定的情况下，将事件映射到 X 空间中的概率的函数时，我们注意到 $p(Y = y)$ 的值实际上是可以从分子 $p(X \in A, Y = y)$ 确定的归一化常数。例如，如果在使用概率质量函数时，X 是离散的，则有

$$p(Y = y) = \sum_x p(X = x, Y = y)$$

由于 $p(Y = y)$ 是关于 X 取值的常数，因此我们经常使用表示法

$$p(X \in A | Y = y) \propto p(X \in A, Y = y)$$

表示在给定 Y 与联合分布成正比时 X 上的条件分布，并且需要对该联合分布进行归一化才能得出条件分布。

在最一般的形式中，条件分布（式（1.1））可以在竖线的两边包括多个随机变量。竖线两侧的两组随机变量也不必是不相交的。另外，我们不必将条件随机变量限制为一个值——它们可以被限制为任何事件。下面我们对条件分布的一般形式进行介绍。令 $X_1, \cdots, X_n$ 是一组随机变量。令 $I = \{a_1, \cdots, a_m\}$、$J = \{b_1, \cdots, b_\ell\}$ 是 $\{1, \cdots, n\}$ 的子集。另外，令 $A_i(i \in I)$ 是 X_{a_i} 样本空间中的事件，$B_j(j \in J)$ 是 X_{b_j} 样本空间中的事件。基于此，我们可以定义以下条件分布：

$$p\left(X_{a_1} \in A_1, \cdots, X_{a_m} \in A_m | X_{b_1} \in B_1, \cdots, X_{b_\ell} \in B_\ell\right) = \frac{p\left(X_{a_1} \in A_1, \cdots, X_{a_m} \in A_m, X_{b_1} \in B_1, \cdots, X_{b_\ell} \in B_\ell\right)}{p\left(X_{b_1} \in B_1, \cdots, X_{b_\ell} \in B_\ell\right)}$$

链式法则 "链式法则"是条件概率分布定义的直接结果。它允许我们根据条件分布的乘法序列来表示联合分布。最简单的链式法则指出：对于任意两个随机变量 X 和 Y，有 $p(X, Y) = p(X)p(Y|X)$（假定始终定义 $p(Y|X)$）。在更一般的情况下，链式法则指出我们可以将随机变量序列 $X^{(1)}, \cdots, X^{(n)}$ 上的联合分布分解为

$$p\left(X^{(1)}, \cdots, X^{(n)}\right) = p\left(X^{(1)}\right) \prod_{i=2}^{n} p\left(X^{(i)} | X^{(1)}, \cdots, X^{(i-1)}\right)$$

使用链式法则，我们还可以把随机变量的子集看作一个单元。为此举一个例子，对于任意 3 个随机变量 $X^{(1)}, X^{(2)}, X^{(3)}$，有

$$p\left(X^{(1)}, X^{(2)}, X^{(3)}\right) = p\left(X^{(1)}\right) p\left(X^{(2)}, X^{(3)} | X^{(1)}\right)$$

或者

$$p\left(X^{(1)}, X^{(2)}, X^{(3)}\right) = p\left(X^{(1)}, X^{(2)}\right) p\left(X^{(3)} | X^{(1)}, X^{(2)}\right)$$

1.3.1 贝叶斯法则

贝叶斯法则是概率的基本结果，它描述了一对随机变量（这些随机变量也可以是连续的）的两个条件分布 $p(X|Y)$ 和 $p(Y|X)$ 之间的关系。更具体地说，贝叶斯法则指出，对于任何这样的随机变量对，以下恒等式成立：

$$p(Y = y | X = x) = \frac{p(X = x | Y = y)p(Y = y)}{p(X = x)} \tag{1.2}$$

对于条件概率为 $p(X \in A | Y \in B)$ 的任何两个事件 A 和 B，该结果通常也成立。

贝叶斯法则提供的主要优点是可以颠倒两个随机变量之间的条件关系。因此，假设边缘分布 $p(X = x)$ 和 $p(Y = y)$ 是已知的，如果已知一个变量，则另一个变量也可以计算出来。

贝叶斯法则可以通过多种方式证明。一种简单的推导方法是使用链式法则两次。更具体地说，使用链式法则可以将联合分布值重写如下（要么先分离 X，要么先分离 Y）：

$$p(X = x, Y = y)$$
$$= p(X = x)p(Y = y|X = x)$$
$$= p(Y = y)p(X = x|Y = y)$$

取上面的最后一个等式，即 $p(X = x)p(Y = y \mid X = x) = p(Y = y)p(X = x \mid Y = y)$，将两边同时除以 $p(X = x)$ 就可以得出式（1.2）所述的贝叶斯法则。

在数据推理和学习中，贝叶斯法则是贝叶斯统计的主要支柱。贝叶斯法则可以颠倒"观测值"（数据）与我们在预测时感兴趣的随机变量之间的关系。这使得可以从这种观测值中推断出目标预测。1.5 节讨论了统计建模，并提供了对这些思想更详细的描述。

1.3.2 独立随机变量与条件独立随机变量

如果对于任何 A 和 B，都有

$$p(X \in A|Y \in B) = p(X \in A)$$

或者 $p(Y \in B \mid X \in A) = p(Y \in B)$（在可以防止病态条件出现，即不能以零概率事件为条件的情况下，这两个定义是正确并且等价的），则随机变量对 (X, Y) 可以认为是独立的。

使用链式法则还可以证明上述两个定义等价于对所有的 A 和 B，要求 $p(X \in A, Y \in B) = p(X \in A)p(Y \in B)$。

随机变量之间的独立性意味着随机变量不提供关于彼此的信息。这意味着知道 X 的值并不会帮助我们推断出 Y 的值，换句话说，它不会改变 Y 的概率。反之亦然，Y 也不能告诉我们有关 X 的任何信息。尽管独立性是概率和统计中的重要概念，但在本书中，我们将更频繁地使用一种更精细的独立性概念，称为"条件独立性"——这是本节开头所描述的独立性概念的推广。如果对于任意的 A，B 和 z，都有 $p(X \in A \mid Y \in B, Z = z) = p(X \in A \mid Z = z)$，那么给定第三个随机变量 Z，随机变量对 (X, Y) 是条件独立的。

两个随机变量（给定第三个变量）之间的条件独立性意味着，如果第三个变量的值已知⊖，则这两个变量不会相互提供信息。

条件独立性（和独立性）也可以推广到多个随机变量。给定一组随机变量 $Z_1, \cdots, Z_m$ 和另一组随机变量 $X_1, \cdots, X_n$，如果下面的式子对任何 $A_1, \cdots, A_n$ 和 $Z_1, \cdots, Z_m$ 都成立：

$$p(X_1 \in A_1, \cdots, X_n \in A_n | Z_1 = z_1, \cdots, Z_m = z_m) =$$
$$\prod_{i=1}^{n} p(X_i \in A_i | Z_1 = z_1, \cdots, Z_m = z_m)$$

则我们说随机变量 $X_1, \cdots, X_n$ 是相互条件独立的。

对于一组随机变量，这种类型的独立性比成对的独立性要弱，在成对的独立性中，仅要求成对的随机变量是独立的。（参见本章习题。）

1.3.3 可交换的随机变量

随机变量之间可能存在的另一种关系类型是可交换性。如果对于 Ω 中的任何有限子集，

⊖ 为了证明条件独立是广义的独立概念，考虑 Z 是一个常数。

在有限子集中交换随机变量并不改变其联合分布，则认为 Ω 上的随机变量序列 $X_1, X_2, \cdots$ 是可交换的。更正式地说，对于任何 $S = \{a_1, \cdots, a_m\}$（其中 a_i 是整数且不小于 1）以及 $\{1, \cdots, m\}$ 上的任何排列 π，都有$^{\ominus}$

$$p(x_{a_1}, \cdots, x_{a_m}) = p(x_{a_{\pi(1)}}, \cdots, x_{a_{\pi(m)}})$$

根据 de Finetti（Finetti, 1980）的一个定理，可交换性在以下意义上可以被认为是指"条件独立且同分布"。de Finetti 证明了如果随机变量序列 $X_1, X_2, \cdots$ 是可交换的，则在某些规则性条件下，存在一个样本空间 Θ 和一个在 Θ 上的分布 $p(\theta)$，使得对于任何 m 个整数的集合 $\{a_1, \cdots, a_m\}$，下式成立：

$$p(X_{a_1}, \cdots, X_{a_m}) = \int_\theta \prod_{i=1}^m p(X_{a_i}|\theta) p(\theta) \mathrm{d}\theta$$

对此的解释是，可交换的随机变量可以表示为（可能是无限的）混合分布。这个定理也被称为"表示定理"。

频率论方法假定生成数据的参数集是固定的，而贝叶斯方法则假定在生成数据的参数集上存在某种先验分布。随着本书的阐述，这一点将变得越来越清晰。de Finetti 定理提供了贝叶斯方法和频率论方法之间的另一种联系。频率论设置中的标准"独立同分布"假定可以断言为可交换性设置，其中 $p(\theta)$ 是用于数据采样的未知（且单个）参数上的质量点分布（point-mass distribution）。这就导致了观测值是无条件的独立同分布。然而，在贝叶斯设置中，由于 $p(\theta)$ 不是质量点分布，所以观测值是相关的。先验分布起着 $p(\theta)$ 的作用。有关这种相似性的详细讨论，参见文献 O'Neill（2009）。

当用于频率论方法设置时，可交换性假定比独立同分布假定要弱，并且它修正了独立同分布假定中的一个（贝叶斯主义者眼中的）重要概念缺陷。在独立同分布设置中，观察到的随机变量是彼此独立的。因此，当参数固定时，观察到的随机变量不提供关于彼此的信息。不管前 $n-1$ 个观测值是什么，给定前 $n-1$ 个观测值，第 n 个观测值 (X_n) 的概率与第 n 个观测值的边缘分布相同。另一方面，可交换性假定引入了不同观测值之间的相关性，因此分布 $p(X_n|X_1, \cdots, X_{n-1})$ 不再等于 $p(X_n)$。

可交换性在贝叶斯自然语言处理的多种场景中都会出现。例如，在隐狄利克雷分配模型（第 2 章）中，每个文档中的单词都是可交换的，这意味着它们在给定主题分布的条件下是独立的。中餐馆过程（第 7 章）也是一个可交换模型，这使得导出其后验分布成为可能。

1.4 随机变量的期望

如果我们再次考虑随机变量的朴素定义，即作为将样本空间映射到实数值的函数，那么考虑以各种方式总结这些随机变量的方法也是有用的。获取随机变量总结信息的一种方法是计算其期望值，该期望值是根据潜在概率模型得到的加权均值。

最简单的方法是首先考虑具有密度函数的连续随机变量的期望值。假设 $p(\theta)$ 定义了随

$\ominus$　$S = \{1, \cdots, n\}$ 上的置换是双射 $\pi: S \to S$。

机变量 θ 的分布，则由 $E[\theta]$ 表示的 θ 的期望值可以被定义为

$$E[\theta] = \int_{\theta} p(\theta)\theta \mathrm{d}\theta$$

对于本书中考虑的离散随机变量，我们通常考虑函数对这些随机变量的期望。如 1.2 节所述，离散随机变量的值通常在非数值的集合上取值。在这些情况下，这些随机变量接受的值没有"均值"。因此，我们将计算这些随机变量的实函数的均值。

当 f 是这样一个函数时，它的期望 $E[f(X)]$ 可以定义为

$$E[f(X)] = \sum_{x} p(x)f(x)$$

对于本书中使用的语言结构，我们通常会使用函数 f 来指示结构是否具有某种属性。例如，如果 X 的样本空间是句子集，则 $f(x)$ 可以是一个指示器函数，用于说明单词"spring"是否出现在句子 x 中。如果 x 中出现单词"spring"，则 $f(x) = 1$，否则的话为 0。在这种情况下，$f(X)$ 本身可以被认为是伯努利随机变量，即出现 1 的概率为 θ，出现 0 的概率为 $1 - \theta$ 的二元随机变量。期望 $E[f(X)]$ 给出了该随机变量为 1 的概率。另外，$f(x)$ 可以计算单词"spring"在句子 x 中出现的次数。在这种情况下，它可以看作伯努利变量的和，每个变量指示句子 x 中的某个单词是否为"spring"。

期望是线性算子。这意味着如果 θ_1 和 θ_2 是两个随机变量，a，b 和 c 是实数值，则

$$E[a\theta_1 + b\theta_2 + c] = aE[\theta_1] + bE[\theta_2] + c \qquad (1.3)$$

即使随机变量不是独立的，式（1.3）也是成立的。连续和离散随机变量的期望都是线性的，即使这些随机变量混合在线性表达式中也是如此。

与条件分布一样，我们可以定义条件期望。例如，$E[f(X)|Y = y]$ 是在条件分布 $p(X|Y = y)$ 下 $f(X)$ 的期望。函数 $g(x) = E[f(X)|Y = y]$ 可以认为是一个随机变量。在这种情况下，可以证明 $E[g(Y)] = E[E[f(X)|Y]] = E[f(X)]$。这是 Fubini 定理（Ash and Doléans-Dade，2000）的直接结果。该定理粗略地指出，在某些温和的条件下，对多个随机变量进行积分或求和的任何顺序都会得出相同的结果。

当不能根据上下文唯一确定期望值时，通常的做法是用下标表示用于计算期望的基础分布。例如，$E_q[f(X)]$ 表示 $f(X)$ 关于分布 q 的期望，即

$$E_q[f(X)] = \sum_{x} q(x)f(x)$$

对于实值随机变量，有多种类型的期望，这些期望在各种应用中或当我们对总结随机变量有兴趣时被认为是重要的。一种这样的期望类型是"矩"：围绕点 c 的随机变量 X 的 n 阶矩被定义为 $E[(X-c)^n]$。当 $n = 1$ 且 $c = 0$ 时，我们得到随机变量的均值。当 $c = E[X]$ 且 $n = 2$ 时，我们得到随机变量的方差，它也等于 $E[X^2] - (E[X])^2$。

矩的概念可以扩展到多个随机变量。最常用的扩展是协方差。两个随机变量 X 和 Y 的协方差是 $E[XY] - E[X]E[Y]$。注意，如果 $Y = X$，则协方差就变成了 X（或 Y）的方差。如果

两个随机变量是独立的，则它们的协方差为 0。反之不一定成立——两个随机变量可以是依赖的，而协方差仍然是 0。在这种情况下，随机变量只是不相关，而不是独立的。

　　少数的矩有时会唯一地定义一个概率分布。例如，掷硬币的分布（即伯努利分布）由其一阶矩唯一定义，其给出了掷硬币得到结果 1 的概率。高斯分布由其一阶矩和二阶矩（或均值和方差）唯一定义。

1.5　模型

　　统计建模的主要目标是分析数据以便做出预测，或者通过数学上的建模来帮助理解表现出随机性的"自然"过程的属性。定义统计模型的一种方法是将其表示为一组随机变量上的概率分布函数族。统计模型也可以根据概率分布的指标来描述。在这种情况下，统计模型 $\mathcal{M}$ 是一个集合，并且集合中的每个成员都可以确定一个特定的概率分布。

　　例如，令 $\mathcal{I}$ 表示用来定义随机变量 X 的概率分布的线段 [0, 1]，其中随机变量的取值为 0 或 1（伯努利变量或"掷硬币"变量）。每个 $\theta \in \mathcal{I}$ 是一个介于 0～1 之间的数字。与 θ 相关联的分布用 $p(X|\theta)$ 表示，使得 $p(X=0|\theta)=\theta, p(X=1|\theta)=1-\theta$。该分布集合 $\mathcal{M}$ 是参数模型的一个示例，1.5.1 节将对其进行描述。

　　术语"模型"通常是指特定的 $p \in \mathcal{M}$（例如"估计的模型"，即通过数据确定的模型族中的特定成员），或非特定的 $p \in \mathcal{M}$ 或 $\mathcal{M}$ 中所有分布的集合，特别在口头讨论中更是如此。在本书中，我们遵循这一规范，并在所有这些情况下使用"模型"一词，通过上下文可以清楚地看出该词指的是什么。

　　模型通常由经过充分研究的分布（比如高斯分布、伯努利分布或多项式分布）组成。这意味着有一种方法可以把联合分布写成条件分布的乘积，这些条件分布都是最常见的。生成模型尤其如此（1.5.3 节）。我们假定读者对自然语言处理中使用的重要分布有一些基本的了解，并且在附录 B 中提供了一些特别常见的分布目录。

1.5.1　参数模型与非参数模型

　　参数模型是模型族 $\mathcal{M}$ 由具有相同结构的分布集合所决定的模型。例如，如果 $\mathcal{M}$ 中的每个成员（概率分布 $p \in \mathcal{M}$）都由空间 Θ 中的有限参数集 θ 决定，则称统计模型 $\mathcal{M}$ 是参数模型。最常见的是，Θ 是 d 取某个固定值时 $\mathbb{R}^d$ 的子集。该示例是一般出现在本书或自然语言处理中的参数模型的主要代表。

　　非参数模型与参数模型相反，在非参数模型中，模型族中的每个分布可能具有不同的结构。对于贝叶斯自然语言处理中最常用的非参数模型，其模型大小随着我们用来进行推断的数据点的数量的增加而增长。它们非常适合自然语言数据，因为随着更多的语言数据被观察到，我们期望它们涵盖更大范围的语言现象集（无论是句法、形态还是词法）。因此，我们需要更大的模型来解释这些现象。第 7 章讨论了自然语言处理的贝叶斯非参数模型。

　　统计建模中的一个重要概念是似然函数。似然函数是参数的函数，它给出了观测数据的总概率（参见 1.6 节）。例如，如果我们观察到 n 次掷硬币 $x^{(1)}, \cdots, x^{(n)}$，每次的结果分别是 0

或 1，我们的模型族是以 θ 为参数的伯努利分布集合，则似然函数为

$$L\left(\theta|x^{(1)},\cdots,x^{(n)}\right)=\prod_{i=1}^{n}p\left(x^{(i)}|\theta\right)=\prod_{i=1}^{n}\theta^{x^{(i)}}(1-\theta)^{1-x^{(i)}}=\theta^{\sum_{i=1}^{n}x^{(i)}}(1-\theta)^{n-\sum_{i=1}^{n}x^{(i)}}$$

对数似然只是似然的对数。上面的例子的对数似然形式是：$\log L(\theta|x^{(1)},\cdots,x^{(n)})=\left(\sum_{i=1}^{n}x^{(i)}\right)\log\theta+\left(n-\sum_{i=1}^{n}x^{(i)}\right)\log(1-\theta)$。

1.5.2　模型推断

如前所述，统计建模的目标之一是使用模型进行预测。在自然语言处理中尤其如此。在引入重要的贝叶斯机制之前，自然语言处理中几乎只应用了频率论范式。尽管贝叶斯范式与频率论范式（1.7 节）之间的差异背后有着深厚的哲学根源，但是从自然语言处理的实际角度来看，这意味着模型大部分是估计的。在"训练"数据的帮助下，可以确定模型族中的单个成员。一旦完成了这样的估计，我们就可以根据估计的模型对未见的实例进行解码，也就是预测。

估计步骤通常是通过优化一些统计启发的目标函数来完成的，这些目标函数可以测量模型族中任意模型对训练数据的拟合度（其中一个这样的目标函数是对数似然目标函数，更多信息见 4.2.1 节）。频率论范式通过建立数学框架来证明自己是正确的，该数学框架讨论随着数据量的增加，我们的估计过程将发生什么。它的重点是证明当有足够数量的数据可用时，估计的模型将接近"真相"，或者至少根据一个或另一个准则（这种准则的一个示例是最大似然），我们估计的模型将是"最佳选择"。

例如，统计一致性就是在这种框架下发展起来的一个概念。可以证明，在某些正则性条件和数据是从模型家族的某个成员（"真实"模型）生成的假定下，包含更多的数据，通过优化对数似然目标函数，估计的模型将随着在估计中包含更多的数据变得更加接近真实模型。⊖

贝叶斯推断与这种频率估计方法形成了鲜明的对比，并且在概念上提出了一种简洁、优美的统计推断方法。假设 $\mathcal{M}$ 由随机变量 X 上的分布集合确定。每个 $\theta\in\mathcal{M}$ 标识了来自模型族的概率分布 $p(X|\theta)$。从根本上讲，贝叶斯推断背后的技术思想很简单，可以通过以下三个步骤来实现：

- （使用先验知识或其他手段）定义 $\mathcal{M}$ 中元素的一些概率分布。这意味着我们定义了概率分布 $p(\theta)$，其先验地告诉我们选择某种模型来生成我们用于预测的数据的可能性有多大。
- 在样本空间 $\Omega'=\mathcal{M}\times\Omega$ 上定义一个使用此先验的联合分布，其中 Ω 是 X 的样本空间。联合分布为

$$p(\theta,X)=p(\theta)p(X|\theta)$$

⊖　正则性条件要求模型是可确定的，参数空间是紧的，对数似然函数是连续的以及对数似然函数关于数据的边界具有不依赖参数的可积函数。有关更多详细信息，参见文献 Casella 和 Berger（2002）。

- 给定观测数据 x（随机变量 X 的具体取值），使用贝叶斯法则获得 M 上的概率分布，即后验分布：

$$p(\theta|x) = \frac{p(\theta)p(x|\theta)}{\int_{\theta'} p(\theta')p(x|\theta')\mathrm{d}\theta'} \tag{1.4}$$

请注意，右侧的所有量都是已知的（因为 x 具有特定值），因此，从数学角度来看，可以完全确定后验 $p(\theta|x)$。

在上述步骤中，我们的目标是推断出参数集的分布，该分布实质上是将来自先验的信息（此信息告诉我们每个参数的先验概率）与我们通过观测数据获得的参数信息进行了整合。现在，我们不再确定 M 中的单个分布（就像在频率论设置中那样），而是确定 M 上的分布。在贝叶斯设置中，这种推断方法有许多变体，而本书的主要目标是涵盖这些变体的重要部分——这些是理解贝叶斯自然语言处理论文所必需的。此外，上述步骤只给出了贝叶斯推断的数学公式。在实践中，在式（1.4）中应用贝叶斯法则时需要格外小心。第 2 章更详细地介绍了如何对简单模型进行贝叶斯推断，而本书的其余部分将重点放在需要更多关注的较困难的情况上。

1.5.3　生成模型

生成模型是统计模型，用于描述三种类型的随机变量的联合分布：

- “观测”随机变量（通常是“输入空间”），这是我们拥有的数据随机变量。
- “隐”随机变量，其是在统计模型中起作用（比如，减少观测数据的维数）的随机变量，但不可观测到（在贝叶斯设置中，其通常至少是模型的参数）。
- “预测”随机变量，是表示目标预测的随机变量。

联合分布中随机变量的这种分类并不是相互排斥的（尽管观测随机变量永远不会变成隐随机变量）。例如，在无监督的情况下，预测的随机变量也可以是隐随机变量（见 1.6 节）。

这种分类的一个例子可以用词性标注的序列模型来说明，词性标注的目标是仅仅根据给定语言中的固定句子集进行预测。观测数据是该语言中的句子，而预测的结构是词性标签——在该例中，词性标签是隐变量。在贝叶斯设置中，模型的参数也可以视为隐变量。如果我们尝试从带有相应正确词性标注（可以扩展到未见句子）的句子示例中学习词性标签模型，则观测数据就是具有正确词性标签的句子，并且参数被认为是隐变量。有关隐变量的讨论，请参考 1.5.3 节。

生成模型通常与判别模型进行对比。在判别模型中，潜在统计模型并不在输入空间上定义概率分布。该模型是有条件的，在给定输入空间的元素情况下，我们对预测结构的概率进行建模。[⊖]

生成模型描述的联合分布往往包含分布中各种随机变量之间的独立假定。这意味着可以将链式法则按照随机变量的某种顺序应用到联合分布上，从而可以将联合分布以更紧凑的方式写成因子的乘积——每个因子都描述了在给定一个小的局部随机变量集的条件下，某个随

⊖　任何生成模型都可以通过对特定的输入实例进行条件设置而转换为判别模型。如果不引入未指定的因素（即输入空间上的概率分布），那么从判别模型到生成模型的逆向转换是不可能的。

机变量或随机变量集的条件分布。

在通常情况下，仅根据因子的形式来描述联合分布可能会令人困惑或者不够详细。由于图模型（见 1.5.4 节）之类的表示主要描述了模型中存在的独立性假定，所以它们更具限制性，并且缺少揭示性。

在这种情况下，本书采用了伪代码生成过程描述，其以要点的形式给出了程序方式描述模型中每个变量的生成方式。例如，生成过程 1-1 描述了高斯混合模型。

常数：混合成分的个数 K，样本数 n

参数：$\theta \in \mathbb{R}^K, \theta_i \geqslant 0, \sum_{i=1}^K \theta_i = 1; \mu_i \in \mathbb{R}^d, \Sigma_i \in \mathbb{R}^{d \times d}, i \in \{1, \cdots, K\}$

隐变量：Z_j，其中 $j \in \{1, \cdots, n\}$

观测变量：X_j，其中 $j \in \{1, \cdots, n\}$

- -

对于 $j \in \{1, \cdots, n\}$：
- 根据多项式分布 Multinomial(θ) 生成 $z_j \in \{1, \cdots, K\}$
- 根据正态分布 Normal(μ_{z_j}, Σ_{z_j}) 生成 x_j

生成过程 1-1　高斯混合模型的生成过程

在第 1 行和第 3 行的背后，隐藏着具有众所周知分布的简单统计模型。第一行假设概率分布为 $p(Z_j | \theta)$。第二行假设高斯概率分布为 $p(X_j | \mu_{z_j}, \Sigma_{z_j})$。结合在一起，并考虑第 1~3 行中的循环，它们会产生联合概率分布：

$$p(X_1, \cdots, X_n, Z_1, \cdots, Z_n | \theta, \mu_1, \cdots, \mu_K, \Sigma_1, \cdots, \Sigma_K) =$$
$$\prod_{j=1}^n p(X_j, Z_j | \theta, \mu_1, \cdots, \mu_K, \Sigma_1, \cdots, \Sigma_K)$$

在本书中，生成过程包含了关于模型中存在的变量、常量和参数的一些信息。这可以被认为是生成过程的标志。与上述情况一样，该标志通常还告诉我们哪些变量假定在数据中可观察到，哪些变量是隐变量。显然，这不是联合分布本身的属性，而是取决于上下文和使用此联合分布作为统计模型。

如上所述，生成过程确定了模型中参数的联合分布，其中该联合分布是多个因子的积。这与链式法则有关（1.3 节）。生成过程为随机变量选择一个顺序，并使用该顺序应用链式法则产生联合分布。在理论上，每个因子都可以以在其之前生成的所有可能的随机变量为条件，但是模型中的独立性假定使得其中一些变量不需要作为条件。

生成模型中的隐变量

隐变量是模型中的随机变量，在根据数据进行推断时，假定其是不可观测的（参见 1.5.3 节）。因此，隐变量一般可以指三种不同类型的随机变量：
- 在观测随机变量和目标预测变量之间增添、提炼或进行链接（作为因果关系）的随机变量（在有监督的情况下，当学习过程中目标预测是已知的时尤其如此，参见 1.6 节）。

- 代表目标预测的随机变量，因为它们在学习过程中是不可观测的（例如，在无监督的情况下）。
- 在贝叶斯设置中，代表生成模型参数的随机变量。

1.5.4 模型中的独立性假定

给定一个我们想要建模的现象，我们实际上如何构建一个生成模型呢？我们首先必须决定由哪些随机变量组成模型。显然，观测数据需要与随机变量相关联，预测值也需要与随机变量相关联。如果我们相信观测值和预测值之间的连接存在隐藏因素，则可以根据需要添加隐变量。

通常，下一步就是准确地确定这些随机变量在它们的条件独立性方面是如何相互关联的。此时，我们尚未将分布分配给各种随机变量，而只是假设它们之间的信息流。这些独立性假定需要平衡各种权衡。一方面，独立性假定越弱（即随机变量之间具有更多的依赖），模型族的表示能力就越强——换句话说，模型族包含更多的分布。另一方面，如果模型的表示能力太强，我们可能会遇到一些问题，如过拟合少量数据，或诸如推断的计算量太大之类的技术问题。

通过自然语言处理中的各种模型，我们看到我们所做的独立性假定非常强——在通常情况下，给定的随机变量依赖于少量的其他随机变量。从这个意义上讲，该模型的联合分布具有"局部因子"。

例如，上下文无关语法（参阅第8章）做出的独立性假定，即将来对部分派生的任何重写都仅依赖于该部分派生的当前非终结符。类似地，隐马尔可夫模型（Hidden Markov Model，HMM）假定对于"未来的观测"和"过去的观测"，在给定将它们联系在一起的状态身份后，它们是条件独立的。通过使用更高阶的HMM（到下一状态的转移依赖于当前状态的后两个或更多个先前状态），通常可以缓解这种强假设。

一旦确定了模型中的独立性假定（通过写出其因子的联合分布，或者通过使用贝叶斯网络的图形表示），我们就可以继续描述每个因子的精确分布，即联合分布中的条件分布。这是众所周知的分布（比如高斯分布、多项式分布或特征化的对数线性模型）通常被使用的地方。这些条件分布的参数依赖于所有以其为条件的随机变量。例如，在生成过程1-1中，x_j 的分布函数依赖于先前为 z_j 抽取的值。

1.5.5 有向图模型

如上所述，为了充分理解给定统计模型的内部工作方式，需要详细描述整个生成过程或联合分布。但是，在我们只对描述模型中存在的独立性假定感兴趣的情况下，图形表示可以帮助阐明这些假定。

鉴于贝叶斯模型通常是生成型的，因此对于它们来说最重要的图形表示形式是"有向图模型"（或"贝叶斯网络"）。有关其他类型图模型的介绍，例如无向图模型，参考文献Murphy（2012）。在贝叶斯网络中，联合分布中的每个随机变量在图中均表示为顶点。当写出联合分布并检查描述 X 分布的因子时，每个顶点 X 的输入边均来自 X 所依赖的所有随机变量。

贝叶斯网络描述的独立性假定的基本类型如下。当随机变量 X 以其直接父节点为条件时，它条件独立于它的所有祖先。这种类型的属性导致了大量的演算和一组图论的决策规则，这些规则可以帮助确定模型中的一组随机变量在以第三组随机变量为条件时是否独立于另一组随机变量（即第三组中的随机变量被假定为条件独立性检验中的观测变量）。该演算包括一些逻辑关系，比如对称性——如果 X 和 Y 在给定 Z 的条件下是独立的，则 Y 和 X 在给定 Z 的条件下也是独立的；分解——如果 X 和 $Y \cup W$ 在给定 Z 的条件下是独立的，那么 X 和 Y 在给定 Z 的条件下也是独立的；收缩——如果 X 和 Y 在给定 Z 的条件下是独立的，并且在给定 $W \cup Z$ 的条件下是独立的，那么 X 和 $W \cup Y$ 在给定 Z 的条件下也是独立的；弱并——如果 X 和 $Y \cup Z$ 在给定 W 的条件下是独立的，那么 X 和 Y 在给定 $Z \cup W$ 的条件下也是独立的。在此，X，Y，Z 和 W 是概率分布中随机变量的子集。有关更多信息，请参考文献 Pearl（1988）。

贝叶斯网络还包括一种图形机制，使用所谓的"面板表示法"描述变量或不固定数量的随机变量。使用面板表示法，随机变量集合被放置在面板的内部。面板代表具有一定数目的随机变量集合。例如，面板可用于描述文档中的单词集合。图 1-1 给出了使用图形面板语言的示例。用圆圈表示的随机变量是此图形语言的基本组成部分。这些面板由这类随机变量（或其他面板）组成，并表示"较大的对象"。例如，随机变量 W 代表文档中的单词，而随机变量 Z 是与该单词关联的主题变量。因此，整个面板表示一个文档，它实际上是一个更大的对象，由 Z 类型的 N 个随机变量和 W 类型的 N 个随机变量共同组成。

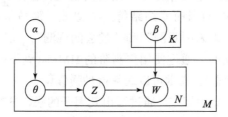

图 1-1　隐狄利克雷分配模型的图模型。主题数用 K 表示，文档数用 M 表示，每个文档的单词数用 N 表示[⊖]

在这种表示法中，边决定了模型中的条件独立性假定。可以通过以下方式获得所有随机变量的联合分布：对图形表示中的元素进行拓扑排序，然后按照拓扑顺序从根节点开始乘以拓扑序列中每个元素确定的因子，并使每个随机变量（或面板中的一组随机变量）都以其图形中的边确定的父节点为条件。例如，图 1-1 中的图模型描述了以下联合分布：

$$\prod_{j=1}^{M} p\left(W_1^{(j)},\cdots,W_n^{(j)},Z_1^{(j)},\cdots,Z_N^{(j)},\theta^{(j)}|\beta_1,\cdots,\beta_K,\alpha\right)$$
$$=\prod_{j=1}^{M}\left(p(\theta^{(j)}|\alpha)\prod_{i=1}^{n}p\left(Z_i^{(j)}|\theta\right)p\left(W_i^{(j)}|Z_i^{(j)},\theta^{(j)},\beta_1,\cdots,\beta_K\right)\right) \quad (1.5)$$

这种描述隐狄利克雷分配模型（用于生成 M 个文档的模型，且每个文档具有 N 个单词）

⊖　改编自 Luis Pedro 绘制的图。

的联合分布在第 2 章中有更详细的介绍。面板也可以嵌套（用多个索引索引随机变量）或交叉重叠。

也许有点滥用符号的意味，图模型中通常也包括表示模型参数的顶点，即使它们不是随机变量（在频率论设置中）或超参数（在贝叶斯设置中，见第 3 章）。图模型中的这类节点将永远不会有入边，只有出边。图 1-1 中包含向量 $\beta_1, \cdots, \beta_K$ 的面板就是这样的例子。同一图中的 α 节点也是如此。（在写概率分布时，经常会出现类似的符号滥用。例如，我们可以写 $p(\theta|\alpha)$，其以 α 为条件，尽管 α 不是随机变量，而是一个固定的超参数值。）

本书在描述统计模型时很少使用图模型，但是，读者可参考机器学习相关书籍（例如 Koller 和 Friedman，2009），以获取有关图模型的更多信息。图形建模是一个丰富多彩的研究领域，但超出了本书的范围。对于我们在上一节中介绍的描述生成过程的机制，在本书所涵盖的材料中也很少用到它。

1.6 从数据场景中学习

现在，我们已经掌握了概率论和统计学的基本概念，这样我们就可以从数据中学习。我们现在可以创建一个统计模型，将我们拥有的数据映射到"观测"随机变量。问题仍然是，我们的数据是如何表示的？在自然语言处理中，研究人员通常依赖于来自标注或未标注语料库的固定数据集。假定固定语料库中的每一项数据都是从某些分布中抽取的。数据可以是已标注的（带标签）或未标注的（无标签）。学习可以是有监督的，半监督的或无监督的。表 1-1 描述了每种方法的各种场景和预测目标。

表 1-1 从数据中学习的常见方式。观测数据来自随机变量 X 的分布，目标预测来自随机变量 Z 的分布（为不同的实例建立适当的索引）

学习设置	学习的输入数据	学习的输出
有监督（归纳）	$(x^{(1)}, z^{(1)}), \cdots, (x^{(n)}, z^{(n)})$	在任意输入实例上预测 z 值的机制
有监督（转导）	$(x_0^{(1)}, z^{(1)}), \cdots, (x_0^{(n)}, z_n)$ 和 $x_1^{(1)}, \cdots, x_1^{(m)}$	基于 $x_1^{(i)}$ 预测 z 值，其中 $i \in \{1, \cdots, m\}$
半监督	$(x_0^{(1)}, z_1), \cdots, (x_0^{(n)}, z_n)$ 和 $x_1^{(1)}, \cdots, x_1^{(m)}$	在任意输入实例上预测 z 值的机制
无监督（常规实例）	$x^{(1)}, \cdots, x^{(n)}$	在任意输入实例上预测 z 值的机制
无监督（特定实例）	$x^{(1)}, \cdots, x^{(n)}$	基于 $x^{(1)}, \cdots, x^{(n)}$ 预测 z 值

所有这些学习设置共有的一个重要概念是边缘似然。边缘似然是一个数量，表示根据模型观测到数据的似然。在贝叶斯设置中，边缘化是在参数（考虑到先验）和隐变量上进行的。

以下是一些学习案例及其边缘似然函数。

- 我们对进行无监督的词性标注感兴趣。此时，观测到的数据点 $x^{(1)}, \cdots, x^{(n)}$ 都是句子。另外，词性标注序列上还有一个分布。每个 $x^{(i)}$ 与表示该词性标注序列的随机变量 $Z^{(i)}$

相关联。二元组对 (X, Z) 的似然由 $p(X, Z|\theta) = p(Z|\theta)p(X|Z, \theta)$ 确定——这是因为在生成过程中，我们首先生成词性标签序列，然后生成句子。参数 θ 上也有一个先验。因此，最终的似然函数是

$$\mathcal{L}\left(x^{(1)}, \cdots, x^{(n)}\right) = \int_\theta \left(\prod_{i=1}^n \sum_{z^{(i)}} p\left(z^{(i)}|\theta\right) p\left(x^{(i)}|z^{(i)}, \theta\right)\right) p(\theta)\mathrm{d}\theta$$

- 我们对进行转导$^{\ominus}$方式的监督词性标注感兴趣。此时，观测到的数据点是 $(x^{(1)}, z^{(1)}), \cdots,$ $(x^{(n)}, z^{(n)})$（带标签的数据）和 $x'^{(1)}, \cdots, x'^{(m)}$（需要预测的句子）。$X$ 变量和 Z 变量上的分布与前面的情况相同。边缘似然函数是（其中 $Z'^{(i)}$ 是 $X'^{(i)}$ 的预测序列）

$$\mathcal{L}\left(x^{(1)}, \cdots, x^{(n)}, z^{(1)}, \cdots, z^{(n)}, x'^{(1)}, \cdots, x'^{(m)}\right)$$
$$= \int_\theta \left(\prod_{i=1}^n p\left(z^{(i)}|\theta\right) p\left(x^{(i)}|z^{(i)}, \theta\right) p(\theta)\right)$$
$$\times \left(\prod_{i=1}^m \sum_{z'^{(i)}} p\left(z'^{(i)}|\theta\right) p\left(x'^{(i)}|z'^{(i)}, \theta\right)\right) p(\theta)\mathrm{d}\theta$$

- 我们对进行归纳方式的监督词性标注感兴趣。此时，观测到的数据点是 $(x^{(1)}, z^{(1)}), \cdots,$ $(x^{(n)}, z^{(n)})$。X 变量和 Z 变量上的分布与前面的情况相同。同样，先验的情况也一样。边缘似然函数是

$$\mathcal{L}\left(x^{(1)}, \cdots, x^{(n)}, z^{(1)}, \cdots, z^{(n)}\right) = \int_\theta \left(\prod_{i=1}^n p\left(z^{(i)}|\theta\right) p\left(x^{(i)}|z^{(i)}, \theta\right)\right) p(\theta)\mathrm{d}\theta$$

请注意，此处的边缘似然并不用于直接预测任何值。但是，比如，如果将先验参数化为 $p(\theta|\alpha)$，则基于 α 可以最大化该边缘似然。参见第 4 章。

- 我们对进行归纳方式的监督词性标注感兴趣，其中词性标注序列的统计模型假定每个序列具有一个隐变量。因此，似然是在 X，Z 以及隐变量 H 上定义的。例如，H 可以是词性标注的一种改进——添加一个附加的潜在类别，用于描述名词、动词和介词等粗略的词性标签类型。令观测数据点是 $(x^{(1)}, z^{(1)}), \cdots, (x^{(n)}, z^{(n)})$，则边缘似然函数为

$$\mathcal{L}\left(x^{(1)}, \cdots, x^{(n)}, z^{(1)}, \cdots, z^{(n)}\right)$$
$$= \int_\theta \left(\prod_{i=1}^n \sum_{h^{(i)}} p\left(h^{(i)}, z^{(i)}|\theta\right) p\left(x^{(i)}|h^{(i)}, z^{(i)}, \theta\right)\right) p(\theta)\mathrm{d}\theta$$

在本书中，似然的概念在不同的背景下得到了进一步的探讨，主要是在第 4 章和第 6 章中。

对数似然和边缘对数似然也可用作评估给定模型的"内在"度量。这种评估是通过预留

$\ominus$ 转导学习中的情景以输入和输出的形式提供训练数据。此外，在训练过程中也可以使用我们感兴趣的预测输入。

一部分观测数据，然后在此预留数据集上评估边缘对数似然来完成的。对于给定的模型，这种对数似然越大，它对数据的"拟合"就越好。

对预留数据集进行这种评估的原因是为了确保模型的泛化能力是要测试的参数。否则，如果我们在学习过程和初始推断中使用的观测数据上评估对数似然，我们总是可以创建一个虚拟的、不是那么有用的模型，它比任何其他模型都能给出更高的对数似然。该虚拟模型可以通过定义将概率 $1/n$ 分配给观测数据中的每个实例的概率分布（不受特定模型族约束）来创建。然而，这种分布并不适用于复杂的样本空间。尽管如此，在训练数据上评估边缘对数似然可以用于其他目的，比如超参数调整。

1.7　贝叶斯学派和频率学派的哲学（冰山一角）

贝叶斯方法和频率方法的主要区别在于对"概率"概念的解释。顾名思义，频率论观点认为（事件的）概率是一个数字，表示在大量重复的相同实验中事件发生的"相对频率"。另一方面，贝叶斯论观点认为概率是表示我们对事件认知状态的数字。在贝叶斯统计的支持者中有两个阵营。第一个阵营认为贝叶斯概率是对认知状态的客观、合理的度量（客观主义者），而第二个阵营认为贝叶斯概率是对个人信念的指示（主观主义者）。这意味着客观主义者主张共享相同问题知识的建模者可以从数据中得出相当一致的推断，而主观主义者主张这种推论可能是不同的，并且高度依赖于个人信念。

主观主义者和客观主义者都通过应用贝叶斯法则，并颠倒数据与假设或模型之间的关系来进行推断。然而，客观主义者希望将个人对推断过程的影响降到最低，以便尽可能根据数据确定最终结论。有时，通过引入"参考"或无信息先验（比如 3.3.2 节的 Jeffreys 先验）来进行这种影响最小化的尝试。

在科学中，频率方法与假设 – 演绎方法相联系。这意味着一个假设被形成、检验并最终被接受或拒绝。频率方法基于证伪理论的思想，并通过统计检验、假设检验和其他支持这一思想的方法进行。另一方面，贝叶斯方法通常与归纳推理联系在一起。它要求首先收集数据，然后更新我们对当前理论的信念。有些人可能会争辩说，贝叶斯方法也可以被认为是假设 – 演绎方法（例如文献 Gelman 和 Shalizi（2013））。有关贝叶斯学派和频率学派的哲学讨论，可以参考文献 Jaynes（2003）。

1.8　本章小结

在本章中，我们描述了理解本书所需的概率和统计的基本概念，其中包括：
- 概率测度、概率分布和样本空间。
- 随机变量（样本空间上的函数）。
- 联合概率分布（定义了多个随机变量上的概率分布）和条件概率分布（定义了一组随机变量上的概率分布，同时允许限制其他变量的值）。
- 随机变量之间的独立性（意味着两组随机变量不能相互提供信息）和随机变量之间的条件独立性（意味着假设我们知道第三组随机变量的值，则另外两组随机变量之间不能相互提供信息）。

- 贝叶斯法则和链式法则。
- 期望（用于计算函数均值，并根据概率分布加权）。
- 模型（概率分布集合）。
- 估计（根据数据确定模型族的特定成员；常用于频率论方法中）。
- 贝叶斯统计推断（需要使用贝叶斯法则来计算给定观测数据的参数空间上的后验概率分布）。

1.9　习题

1.1　令 p 是 Ω 上的概率测度，A、B 和 C 是三个事件（Ω 的子集）。使用概率测度公理证明：

$$p(A \cup B \cup C)$$
$$= p(A) + p(B) + p(C) - p(A \cap B) - p(A \cap C) - p(B \cap C) + p(A \cap B \cap C)$$

（根据容斥原理，可以将该公式推广到任意数量的事件。）

1.2　令 Ω 为自然数的集合。是否可以定义 Ω 上的概率测度 p，使得对于任何 $x, y \in \Omega$ 都有 $p(x) = p(y)$？如果不能，证明该测度不存在。

1.3　给出两个随机变量 X 和 Y 的分布，使得 X 和 Y 不相关也不独立。

1.4　对于一个给定的 n，给出 n 个随机变量，使得它们的任何子集都是独立的，但当 n 个随机变量在一起时不是独立的。

1.5　考虑图 1-1 中的图模型及其式（1.5）中的联合分布。令 $j \in \{1, \cdots, N\}$，使用条件独立的定义，证明在给定 $Z_i^{(j)}$ 的条件下，对于任何 $k \neq i$，$W_i^{(j)}$ 独立于 $W_k^{(j)}$。另外，证明在给定 $\theta^{(j)}$ 的条件下，对于任何 $k \neq j$，$Z_i^{(j)}$ 独立于 $Z_\ell^{(k)}$；在给定 $\theta^{(j)}$ 的条件下，对于任何 $l \neq i$，$Z_i^{(j)}$ 是否独立于 $Z_l^{(j)}$？

绪　　论

从广义上讲，自然语言处理（Natural Language Processing，NLP）是指计算机科学中使用计算机开发处理人类语言工具的领域。因此，它借鉴了人工智能、语言学、机器学习、形式语言理论和统计学的思想。在自然语言处理中，自然语言通常表示为书面文本（与语音信号相反，后者在语音处理领域更为常见）。

利用计算手段探索自然语言还有另外一种方式——通过计算语言学领域。从这个角度探索语言的目标与自然语言处理略有不同，它的目标是利用计算手段科学地理解语言及其演变、习得过程、历史和对社会的影响。计算语言学家有时会发现自己只能使用自动化方法和计算建模来回答语言学家试图回答的问题。在很大程度上，语言的研究可以从计算的角度来处理，因为它涉及对符号（如单词或字符）的操作，类似于其他计算过程的工作方式。

计算语言学和自然语言处理在很大程度上是重叠的，特别是在它们用来基于数据进行学习和执行推断的技术方面。在这些领域，贝叶斯方法也是如此。因此，我们将在本书中主要提及自然语言处理，虽然本书中的大部分技术描述也与计算语言学中探讨的主题相关。

现代自然语言处理的许多努力都是在句子层面处理书面文本。机器翻译、句法分析（将自然语言句子与语法结构相关联的过程）、形态分析（分析单词结构并将其分解为语素等基本单位的过程）和语义解析（将自然语言句子与意义表示结构相关联的过程）都是分析句子以返回语言结构。这样的预测结构可以在更大的自然语言应用中进一步使用。本书也有类似的关注点。我们讨论的大多数贝叶斯统计模型和应用都是在句子层面开发的。尽管如此，我们仍将保持统计模型的使用更加抽象，并且不必致力于在句子甚至自然语言元素上定义分布。

实际上，为了给读者提供更加多样的观点，本章实际上讨论了整个文档上的简单模型，称为"隐狄利克雷分配"（Latent DirichletAallocation，LDA）模型。该模型不仅未在句子层面上进行定义，而且最初也不是在贝叶斯上下文中构建的。然而，在本章中选择隐狄利克雷分配模型的背后有强烈的动机。从技术角度来看，隐狄利克雷分配模型比较简单，但它展示了自然语言处理的贝叶斯统计建模中反复出现的大部分基本要点。我们还讨论了现在使用的LDA版本，它是基于贝叶斯的。

在我们开始之前，最好包含一些关于自然语言处理中贝叶斯统计发展的历史背景，并介绍其使用背后的一些动机。这是下一节的主题，然后是有关隐狄利克雷分配模型的部分。

2.1　贝叶斯统计与自然语言处理的结合点概述

在应用到自然语言处理之前，贝叶斯统计就已经成为统计学研究的一个活跃领域。贝叶斯统计具有丰富多彩的历史，其可以追溯到 18 世纪，托马斯·贝叶斯和皮埃尔 – 西蒙·拉普拉斯等人提出了开创性的思想。

另一方面，自然语言处理的历史较短。它的历史可以追溯到 20 世纪 50 年代，但是以目前形式用于自然语言处理的统计技术是在更晚的 20 世纪 80 年代中期[⊖]引入的。早期的语言统计分析工作使丰富的贝叶斯自然语言处理文献得以在几十年后出现。在统计自然语言处理的早期，大部分由数据驱动的技术都使用频率论方法，并基于对数似然等目标函数或其他一些信息论准则进行参数估计。这似乎为以贝叶斯点估计的形式引入贝叶斯统计奠定了基础（第 4 章）。

事实上，贝叶斯方法在自然语言处理中的最早应用并没有最大限度地利用贝叶斯方法，而只是在表面上使用。这类方法主要是基于最大后验估计（见 4.2.1 节），其使用贝叶斯先验作为对数似然的惩罚项，以使点估计产生偏差，从而对未见数据具有更好的预测能力。在这些情况下，贝叶斯方法更多的是对现有频率论方法的另一种解释。自然语言处理中的贝叶斯技术在这一点上也经常被提及，或者被含蓄地认为是平滑技术。例如，这些早期阶段大量使用了加性平滑（见 4.2.1 节）。

随后，大约在 2005 年前后，随着贝叶斯方法在机器学习领域的日益普及，人们开始在自然语言处理中更广泛地使用贝叶斯技术和贝叶斯机制。首先，文献集中描述了如何处理自然语言处理中众所周知的问题，比如使用"完全贝叶斯方法"进行词性标注和上下文无关解析。那时，通用模型如隐马尔可夫模型和概率上下文无关语法（Probabilistic Context-Free Grammar，PCFG）被广泛使用（Goldwater and Griffiths，2007；Johnson et al.，2007a）。后来，出现了针对特定自然语言处理问题的贝叶斯模型，这些模型能够处理文本不同层面的分割问题（Eisenstein and Barzilay，2008）、形态学分析（Dreyer and Eisner，2011；Johnson et al.，2007b）、多语言学习（Snyder and Barzilay，2008；Snyder et al.，2008）、机器翻译（Blunsom and Cohn，2010a）、有监督（Shindo et al.，2012）和无监督的句法分析（Blunsom and Cohn，2010b）、实体或事件共指消解的话语问题（Bejan et al.，2009；Haghighi and Klein，2007）、文档级话语（Chen et al.，2009）以及语言学发现（Daume Ⅲ，2009；Daume Ⅲ and Campbell，2007；Lin et al.，2009）等。

如前所述，本书的重点是在句子层面开发模型。这些模型是我们在本书中称为"贝叶斯自然语言处理"的主要部分。预测通常是根据一些语言结构做出的。然而，在开发贝叶斯模型和机制的其他类型的文本处理方面已经进行了大量的工作。最值得注意的是，自从引入隐狄利克雷分配模型（Blei et al.，2003）以来，主题建模领域一直在大量使用贝叶斯统计。

在自然语言处理中使用贝叶斯统计的大部分努力都集中在无监督学习场景。在这种学习设置中，只有示例输入可供学习器使用，而任何示例输入都没有可供使用的预测结构。更一般地讲，大部分模型都是为了使用隐变量而开发的。（无监督学习是隐变量学习的一种特殊情况，其在学习或推断过程中没有可供使用的完整预测结构。）在部分监督的情况下，这些隐变量仅用作辅助变量以提高模型的表达能力。"部分监督"指的是在推断或训练过程中，

⊖ 语言统计分析的思想在此之前已经被沃伦·韦弗（Warren Weaver）、克劳德·香农（Claude Shannon）、维克多·伊格维（Victor Yngve）等人探索过，但并没有以现代自然语言处理所采用的方式和水平进行过探索。

可以使用人们想要预测的同一类型的带注释数据，但模型中包含了无法观测到的额外随机变量。机器翻译就是在这样的设置中进行的，其在学习过程中可以使用目标语言和源语言的句子，但两种语言的句子没有对齐，也不存在连接它们的结构。这种隐变量学习的一个较温和的版本是学习具有隐头部的概率上下文无关语法——训练过程给出了完整的解析树，但是没有给出在树中细化句法类别的状态（请参阅第 8 章）。

从技术角度来看，没有理由放弃在监督学习场景中使用贝叶斯统计。事实上，有关贝叶斯统计的大多数介绍性教材通常都假设可以使用完整的数据。然而，在自然语言处理中，贝叶斯统计的运用是针对缺失数据和存在隐变量（如无监督学习）的场景而有机开发的，可能有以下原因。

- **在有监督的情况下，判别模型通常比生成模型要好**。在有完整数据可用的监督情况下，判别模型（未对预测算法的输入进行统计建模）对于各种自然语言问题都能获得较好的性能。最常见的情况是，判别设置用于条件最大熵模型（Berger et al., 1996）。该模型具有对数线性形式，即这些模型的分布是从用于定义分布的对象中提取的各种特征的归一化指数线性函数。另一方面，自然语言处理中的贝叶斯方法本质上是生成的。联合分布是在参数、预测结构和输入上进行定义的。然而，这将带来建模成本。生成模型通常需要更明确地说明模型中所做的独立假设是什么。模型中各个组成部分之间的所有交互都指定为图模型或生成过程（1.5.3 节）。在判别设置中，经常使用任意重叠的特征[⊖]。
- **与有监督情况相比，先验在无监督情况下的作用更大**。在有监督的情况下，即使考虑生成情形，对数似然函数也会为识别模型的基本参数提供强烈的信号。另一方面，在无监督的情况下，先验（尤其是那些结构化的且已包含问题领域先验知识的）对估计问题的影响更大。
- **贝叶斯设置中的模型参数已经引入了隐变量**。由于贝叶斯自然语言处理中的模型参数是从未被观测到的随机变量，所以自然而然地将其他隐变量加入模型中，并对它们进行推断。这一点尤其正确，因为在具有隐变量的贝叶斯设置下已经开发出了先进的推断技术。

为自然语言处理开发的许多技术性贝叶斯机制都强烈地依赖于统计和机器学习的最新发展。例如，变分贝叶斯推断是在统计和机器学习领域中被发现并使用了一段时间之后，才在自然语言处理领域中流行起来。自然语言处理中开发的机制更具体地针对语言中出现的场景，但仍包括可在自然语言处理之外使用的重要结构化模型的通用机制。

一般来说，贝叶斯统计方法和经典的频率论方法相比有几个优点。首先，其背后的理论很简单。贝叶斯统计提供了一种通过简单应用贝叶斯法则将数据与现有信息（或先验信念）结合起来的原则。模型或参数选择的不确定性都是通过分布来处理的，更具体地说，是通过后验分布来处理的。因此，从数学上讲，这个理论是非常优美的。与频率论统计不同，贝叶

⊖　在这里，"重叠的特征"是指在简洁的生成过程中不容易描述的特征——因为它们包含重叠的信息，因此一起多次"生成"结构的各个部分或数据。原则上，指定具有重叠特征的生成模型或具有复杂交互的模型（例如，在输入和输出空间上定义分布的对数线性模型）是没有问题的。然而，由于归一化常数要求在输入空间和输出空间上对指数函数求和，因此这类生成模型通常是难以处理的。因此，一般的对数线性模型用于判别设置，在这种情况下，只需要通过对输入空间中给定点的输出空间求和来计算归一化常数。

斯统计在处理大量数据和少量数据时都采用统一的方法来处理数据。在计算上，我们可能会以不同的方式对待每种情况（因为计算能力有限），但基本原理是相同的。

在自然语言处理中使用贝叶斯统计的最大优势之一是能够引入先验分布，从而可以将推理偏向更好的解决方案。例如，各种情况已经表明，不同的先验分布可以对自然语言的不同属性进行建模，如单词出现的稀疏性（即字典中的大多数单词在给定语料库中很少出现或根本不出现），细化的句法类别与句子长度频率的指数衰减之间的相关性。然而，正如下面和第 3 章中所描述的，贝叶斯自然语言处理的当前技术并没有最大程度地利用这种自由度。此外，贝叶斯统计中的非参数方法提供了一种原则性的方法，可以识别由可用数据支持的适当模型复杂度。

贝叶斯统计也可作为认知建模的基础，认知科学研究与自然语言处理研究之间存在一些重叠，最明显的是贯穿于语言习得研究的代表（Doyle and Levy，2013；Elsner et al.，2013；Frank et al.，2013，2014；Full-wood and O'Donnell，2013；Pajak et al.，2013）。例如，将用于分词的贝叶斯非参数模型引入自然语言处理领域（Bórschinger and Johnson，2014；Johnson，2008；Johnson et al.，2010，2014；Synnaeve et al.，2014），并用作探索婴儿语言习得的模型（Goldwater et al.，2006，2009）。有关在认知科学中使用贝叶斯框架的综述请参见（Griffiths et al.，2008，2010）、（Performs et al.，2011）和（Tenenbaum et al.，2011）。

贝叶斯自然语言处理一直在蓬勃发展，其未来仍然充满希望。丰富的自然语言领域提供了一个很好的机会来利用基本的贝叶斯原则，即把关于领域和参数的先验信念编码到模型中。语言学和自然语言处理领域已经收集了很多有关语言的知识，在贝叶斯背景中使用它可以潜在地增进我们对自然语言的理解，并改进使用计算机对其进行的处理。虽然在自然语言领域中通过贝叶斯原则对这些知识的利用还存在一定的局限性，但是这为朝该方向发展该领域提供了很好的机会。此外，机器学习中的许多问题现在都是从贝叶斯的角度来解决的，其中的一些知识正被转移到自然语言处理上，而统计模型和推断算法也已针对特定问题进行了定制和调整。

贝叶斯自然语言处理有许多有前途的方向，比如更好地理解有关我们所拥有的语言的先验语言知识的性质，并将其整合到贝叶斯模型的先验分布中；使用高级贝叶斯推断技术来扩展贝叶斯推断在自然语言处理中的运用，并提高其效率；将高级贝叶斯非参数模型（参见 7.5 节）的使用范围扩展到自然语言处理。

2.2 第一个例子：隐狄利克雷分配模型

我们从应用于主题建模的示例模型开始进行技术讨论：隐狄利克雷分配模型。它展示了几个技术要点，这些要点在使用贝叶斯分析来处理自然语言处理中的问题时非常有用。Blei 等（2003）的原始 LDA 论文在机器学习和贝叶斯自然语言处理中也极大地推广了变分推断技术，第 6 章将专门对此技术进行介绍。

隐狄利克雷分配优美地扩展了文档的最简单计算表示形式——词袋表示。使用词袋表示法，我们将文档视为单词的多重集（也可能是一个集合）。这意味着我们处理了文档中单词的顺序，并只关注它们在文本中的独立出现。这些词被假定来源于一个固定的词汇表，它包含了所有文档中的所有单词（关于如何避免这一假设，请参考文献 Zhai 和 Boyd-Graber（2013））。

词袋表示法与"一元语法语言模型"有关，后者也通过忽略句子中单词的顺序来对句子进行建模。

如上所述，使用词袋模型，文档可以在数学上表示为多重集。例如，假设有一组具有特殊符号◇的单词集 V（词汇表）和以下的文本[⊖]：

Goldman Sachs said Thursday it has adopted all 39 initiatives it proposed to strengthen its business practices in the wake of the 2008 financial crisis, a step designed to help both employees and clients move past one of most challenging chapters in the company's history. ◇

符号◇终止文本。文档中的所有其他单词都必须是 $V \setminus \{◇\}$ 的成员。描述此文档的数学对象 d 是多重集 $\{w:c\}$，其中符号 $w:c$ 表示单词 w 在文档中出现了 c 次。例如，对于上述文档，$business:1$ 属于其对应的多重集，$both:1$ 也属于该多重集。词袋甚至有更极端的表示，如忽略计数，所有单词都使用 $c=1$。从实践的角度来看，我们通常会对文档进行预处理，比如删除功能词或极其常用的词。

为了在这些多重集上定义概率模型，我们首先假设 V 上的概率分布为 $p(W|\beta)$。这意味着 β 是多项式分布的参数集，使得 $p(w|\beta) = \beta_w$。用随机变量 D（随机多重集）表示文档，则这种词汇分布诱发了如下的文档分布：

$$p(D = d|\beta) = \prod_{(w:c)\in d} p(w|\beta)^c = \prod_{(w:c)\in d} (\beta_w)^c \tag{2.1}$$

这种词袋模型出现在自然语言处理的许多应用中，但通常因为太弱而无法单独用于建模语言或文档。该模型做了一个极端的独立性假定——文档中所有单词的出现都是相互独立的。显然，这种假定在文本中并不成立，因为有些词容易同时出现。有关足球的文档倾向于将"goal"一词与"player"和"ball"同时使用，而有关美国政治的文档倾向于使用诸如"presidential""senator"和"bill"之类的词。这意味着单词"presidential"在文档中的出现可为我们提供许多有关文档中可能出现其他单词的信息。因此，词袋模型做出的独立性假定将失败。实际上，这种极端的独立性假定甚至没有捕获文档中单词重复的最直观概念——具有实际内容的单词（尤其是表示实体的单词），如果它们已在文档中出现过，则它们更有可能出现在文档的后面。

对于词袋模型所做的这种严格的独立性假定，不存在单一的补救方法。丰富的文档建模文献并不是本书的重点，但是许多当前的文档建模模型都遵循 20 世纪 90 年代末设计的以下原则。定义"主题"集。每个单词都与一个主题相关联，可以使该关联具有概率性或清晰性。这种关联也不是互斥的——单词可以以不同的关联度属于各种主题。在推断步骤中，给定一个文档集合，每个文档都关联于从数据中学习的主题集合。鉴于主题是自动学习的，因此它们不会被模型标记（尽管在推断出主题模型后可以对其进行后期处理），但是希望能够发现诸如"足球"（对于此主题，单词"goal"将具有很强的关联性）或"政治"

⊖　摘自 *The Wall Street Journal Risk and Compliance Journal* and was written by Justin Baer (May 23, 2013).

之类的主题。通过为每个主题组合单词集合，并结合与该主题相关联的相应可能性可以发现主题。

随着隐狄利克雷分配模型（Blei et al., 2003）的引入，这一主题建模领域在最近的 10 年内得到了蓬勃发展。隐狄利克雷分配模型背后的思想是非常直观和吸引人的，它建立在以前的文档建模工作之上，比如 Hofmann（1999b）的工作。假定模型中有 K 个主题。每个主题 $z \in \{1, \cdots, K\}$ 与 V 上的条件概率分布 $p(w \mid z) = \beta_{z,w}$ 相关联（β_z 是主题 z 在 V 上的多项式分布）。隐狄利克雷分配模型然后使用生成过程 2-1[⊖] 分三个阶段抽取文档 d（以文档需要采样的固定单词数 N 为条件）。

常数：整数 K, N

参数：β

隐变量：θ, z_i，其中 $i \in \{1, \cdots, N\}$

观测变量：$w_1, \cdots, w_N(d)$

- -

- 抽取集合 $\{1, \cdots, K\}$ 上的多项式分布 θ（$\theta \in \mathbb{R}^K$，对于任意的 $i \in \{1, \cdots, K\}$，$\theta_i \geqslant 0$ 且 $\sum_{i=1}^{K} \theta_i = 1$）

- 对于每个 $i \in \{1, \cdots, N\}$，抽取主题 $z_i \sim \text{Multinomial}(\theta)(z_i \in \{1, \cdots, K\})$

- 对于每个 $i \in \{1, \cdots, N\}$，抽取单词 $w_i \sim \text{Multinomial}(\beta_{z_i})(w_i \in V)$

- 文档 d 由从 $w_1, \cdots, w_N$ 中生成的多重集组成：

$$d = \{w : c \mid w \in V, c = \sum_{j=1}^{N} I(w_j = w)\}$$

其中，如果命题 γ 成立，则指示器 $I(\gamma)$ 的输出是 1，否则是 0。

生成过程 2-1   隐狄利克雷分配模型的生成过程。图 1-1 给出了隐狄利克雷分配模型的图模型描述。与图 1-1 中的图模型相比，此处的生成模型假定 $M = 1$（即此处的模型生成单个文档）。生成多个文档需要使用外部循环。上面没有指定 θ 上的分布，但是对于 LDA，它是从狄利克雷分布中抽取的

隐狄利克雷分配模型弱化了式（2.1）中词袋模型所做的独立性假定：单词之间并不是完全相互独立的，而是在给定主题的情况下是相互独立的。首先，生成主题分布（针对整个文档）。其次，生成文档中每个单词的主题列表。第三，根据与单词索引的主题相关联的多项式分布生成每个单词。

考虑 LDA 生成模型描述中的第 1 行（生成过程 2-1）。没有指定从中提取 θ 的分布。为了完成对 LDA 的描述，我们需要选择一个"多项式分布上的分布"，以便可以从中得出主题分布。每个实例 θ 是具有 $\theta_z \geqslant 0$ 和 $\sum_{z=1}^{K} \theta_z = 1$ 的多项式分布。因此，我们需要找到集合上的分布：

⊖　为了使隐狄利克雷分配模型描述完整，需要在文档中抽取单词数 N，以便隐狄利克雷分配模型可以生成长度可变的文档。在 Blei 等人的论文中，文档中的单词数是从具有比率 λ 的泊松分布中采样的。在隐狄利克雷分配模型的描述中通常会忽略这一点，因为文档被假定是可以观测到的。因此，在推断过程中，单词的数量是已知的。所以没有必要对 N 进行概率建模。

$$\left\{ \theta \mid \forall z\, \theta_z \geqslant 0,\ \sum_{z=1}^{K} \theta_z = 1 \right\}$$

LDA 使用狄利克雷分布来定义这个概率单纯形[⊖]上的分布。这意味着 θ 上的分布定义如下：

$$p(\theta_1, \cdots, \theta_K | \alpha_1, \cdots, \alpha_K) = C(\alpha) \prod_{k=1}^{K} \theta_k^{\alpha_k - 1} \qquad (2.2)$$

其中，函数 $C(\alpha)$ 在 2.2.1 节（式（2.3），另请参见附录 B）定义，并用作狄利克雷分布的归一化常数。

狄利克雷分布依赖于 K 个超参数 $\alpha_1, \cdots, \alpha_K$，其可以用向量 $\alpha \in \mathbb{R}^K$ 表示。符号上表示狄利克雷分布很方便的，可以用 $p(\theta_1, \cdots, \theta_K | \alpha)$ 使该依赖关系明确。这并不意味着 α 本身就是我们要作为条件的随机变量或事件，而是决定狄利克雷分布特定实例行为的参数集（请参阅 1.5.5 节中有关此表示法的说明）。

偏爱狄利克雷分布的原因将在第 3 章进行详细介绍，那时将介绍共轭的概念。现在，我们有充分的理由说，选择狄利克雷分布是很自然的，因为它使 LDA 的推断更容易——从狄利克雷分布中抽取一个多项式，然后从这个多项式中抽取一个主题在数学和计算上都是方便的。狄利克雷分布还有其他一些适合于建模语言的理想特性，比如通过特定的超参数选择可以鼓励稀疏多项式分布（见 3.2.1 节）。

自然语言处理模型通常使用多项式分布作为生成结构的基本构建块来进行构造。这些生成结构包括解析树、对齐方式和依赖关系树等。这些多项式分布构成了模型的参数。例如，概率上下文无关语法的参数（请参阅第 8 章）是一组多项式分布，用于以左侧为条件生成规则的右侧。

贝叶斯方法的核心技术思想之一是将参数也视为随机变量，因此生成过程为这些模型参数抽取值。因此，毫不奇怪的是，使用狄利克雷 – 多项式模型进行推断的方便性与自然语言处理的生成模型中多项式分布的普遍性的结合，使得狄利克雷分布在贝叶斯自然语言处理中得到了普遍而集中的应用。

在贝叶斯自然语言处理中使用狄利克雷分布的方式与最初在 LDA 中定义狄利克雷分布的方式有一个细微的不同之处。LDA 中的主题分布 θ 不代表 LDA 模型的参数。LDA 中唯一的参数是主题多项式 $\beta_k (k \in \{1, \cdots, K\})$。主题分布 θ 是模型的一个组成部分，它是为每个文档单独抽取的。要将 LDA 转换为贝叶斯模型，应该从狄利克雷分布（或其他分布）中抽取 β。现在这确实是 LDA 的一种常见做法（Steyvers and Griffiths，2007）。图 2-1 给出了该全贝叶斯 LDA 模型的图模型。

由于狄利克雷分布是贝叶斯自然语言处理的核心，下一节将专门讨论它的基本性质。我们还将在第 3 章中重新讨论狄利克雷分布。

⊖　K 维单形是 K 维多面体，即 $K + 1$ 个顶点的凸包。定义概率单纯形的顶点是基向量 $e_i (i \in \{1, \cdots, K\})$，其中 $e_i \in \mathbb{R}^k$ 是一个第 i 个坐标为 1，其他坐标都为 0 的向量。

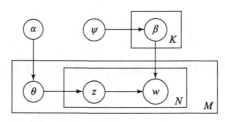

图 2-1   隐狄利克雷分配模型的完全贝叶斯版本。增加了 β 上的一个先验（现在 β 是随机变量）。最常见的是，此先验是具有超参数 ψ 的（对称）狄利克雷分布

2.2.1 狄利克雷分布

狄利克雷分布是具有固定维数概率单纯形上的多元分布。这意味着它定义了 K 个连续随机变量 $0 \leqslant \theta_k \leqslant 1 (k \in \{1, \cdots, K\})$ 上的分布，使得

$$\sum_{k=1}^{K} \theta_k = 1$$

它的概率密度依赖于 K 个正实数 $\alpha_1, \cdots, \alpha_K$。式（2.2）中概率密度函数的 $C(\alpha)$ 是具有如下定义的归一化常数：

$$C(\alpha) = \frac{\Gamma\left(\sum_{k=1}^{K} \alpha_k\right)}{\Gamma(\alpha_1) \cdots \Gamma(\alpha_K)} \qquad (2.3)$$

其中 $\Gamma(x)$ 是 $x \geqslant 0$ 时的伽玛函数（参见附录 B）——广义化的阶乘函数，满足当 x 是自然数时，$\Gamma(x) = (x-1)!$。

顾名思义，"概率单纯形"中的向量可被视为大小为 K 的有限集上的概率分布。这种情况出现在上面的 LDA 中，其中 θ 被视为 K 个主题上的概率分布（每个主题与概率单纯形的 K 维中的一维相关联），并用于为文档中的每个单词抽取主题。

自然地，狄利克雷分布的一阶矩和二阶矩依赖于参数向量 α。当 $\alpha^* = \sum_{k=1}^{K} \alpha_k$ 时，有

$$E[\theta_k] = \frac{\alpha_k}{\alpha^*}$$
$$\text{var}(\theta_k) = \frac{\alpha_k(\alpha^* - \alpha_k)}{(\alpha^*)^2(\alpha^* + 1)}$$
$$\text{Cov}(\theta_j, \theta_k) = -\frac{\alpha_j \alpha_k}{(\alpha^*)^2(\alpha^* + 1)}$$

狄利克雷分布（当对所有 k 都有 $\alpha_k > 1$ 时）的众数$^{\ominus}$是

$$\text{mode}(\theta_k) = \frac{\alpha_k - 1}{\alpha^* - K}$$

如果任意 $\alpha_k < 1$，则不对众数进行定义，因为在这种情况下，狄利克雷分布的密度可能是无界的。

贝塔分布   在 $K = 2$ 的特殊情况下，狄利克雷分布也称为贝塔分布，其密度如下：

$\ominus$ 概率分布的众数是根据该分布最有可能出现的值。它是概率质量函数或概率密度函数获得其最大值时的值。

$$p(\theta_1, \theta_2 \mid \alpha_1, \alpha_2) = \frac{\Gamma(\alpha_1 + \alpha_2)}{\Gamma(\alpha_1)\Gamma(\alpha_2)}\theta_1^{\alpha_1 - 1}\theta_2^{\alpha_2 - 1}$$

由于 $\theta_1 + \theta_2 = 1$，所以贝塔分布可以描述为 $\theta' \in [0,1]$ 上的单变量分布：

$$p(\theta' \mid \alpha_1, \alpha_2) = \frac{\Gamma(\alpha_1 + \alpha_2)}{\Gamma(\alpha_1)\Gamma(\alpha_2)}(\theta')^{\alpha_1 - 1}(1 - \theta')^{\alpha_2 - 1} \tag{2.4}$$

对称狄利克雷　在通常情况下，狄利克雷分布不使用 K 个不同的参数，而是与满足约束 $\alpha_1 = \alpha_2 = \cdots = \alpha_K = \alpha' \in \mathbb{R}^+$ 的 α 一起使用。在这种情况下，狄利克雷分布也称为对称分布。超参数 α' 称为浓度超参数。

将 $\alpha_1, \cdots, \alpha_K$ 归并到单个参数的原因有两个：（i）这大大简化了分布，并使其更容易处理学习；（ii）先验，如果模型中存在隐变量，并且它们都从多项式分布（该多项式分布是从狄利克雷分布中抽取的）中抽取，则通常的情况是多项式中各种事件的角色是可互换的。例如，隐狄利克雷分配模型就是这种情况。由于在数据中只能观测到文本（主题分布或与每个单词相关联的主题不可观测），因此 K 个主题的角色可以置换。如果 $\alpha_1, \cdots, \alpha_K$ 不是通过学习算法进行估算的，而是将其固定在某个值，那么使用对称狄利克雷来保持 α_k 角色的对称性是有意义的。

图 2-2 绘制了式（2.4）在 $\alpha_1 = \alpha_2 = \alpha' \in \mathbb{R}$ 时不同 α' 值下的密度，并展示了"浓度参数" α' 的选择。α' 越接近 0，分布越稀疏，并且大部分质量集中在接近于 0 的概率上。α' 越大，其均值附近的分布越集中。由于图中描述的是一个对称的贝塔分布，所以所有 α' 值的均值都是 0.5。当 $\alpha' = 1$ 时，分布是均匀的。

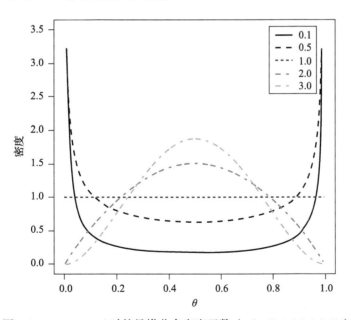

图 2-2　$\alpha_1 = \alpha_2 = \alpha'$ 时的贝塔分布密度函数（$\alpha' \in \{0.1, 0.5, 1, 2, 3\}$）

较小的 α' 值使得狄利克雷分布稀疏，该事实在自然语言处理贝叶斯文献中经常被使用。这一点将在 3.2.1 节中详细讨论。图 2-3 也展示了这一点。

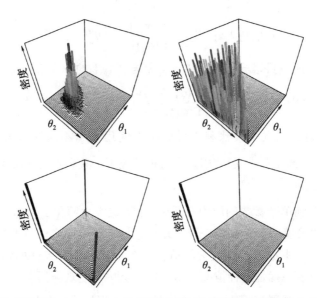

图 2-3   对称狄利克雷分布（$K = 3$，α 取不同的值）的采样数据图。左上角：$\alpha = 10$。右上角：$\alpha = 1$。左下角：$\alpha = 0.1$。右下角：$\alpha = 0.01$。该图表明当 $\alpha < 1$ 时，狄利克雷分布集中在概率单纯形中稀疏的点上。当 $\alpha = 1$ 时，概率分布是均匀的

2.2.2   推断

如前所述，在主题建模中，主题被认为是隐式的。虽然存在将文档与各种人工注释的主题相关联的数据集，但是绝大多数文档集合没有这样的注释——这当然不是隐狄利克雷分配模型的风格，隐狄利克雷分配模型中的每个单词与每个主题都有某种程度的关联性。事实上，要求注释者按照 LDA 风格主题模型定义的方式进行主题注释很可能是一个不明确的任务，因为这些主题在其词关联中往往不清晰或无法完全解释（参见 Chang 等（2009）关于主题模型的人为解释的研究；也可以参考 Mimno 等（2011）和 Newman 等（2010）的自动主题一致性评估。）。对于 LDA，这意味着主题 θ 上的分布和每个单词的主题身份是隐变量——它们在数据中从未被观测到，它们只是纯文本。

这在贝叶斯自然语言处理中也很典型。通常，存在与随机变量 Z 表示的预测结构相关联的随机变量 X（例如，一个文档或一个句子）。X 和 Z 的生成由分布参数 θ 所控制。参数 θ 本身是一个随机变量，比如其可以服从狄利克雷分布或更一般的分布 $p(\theta)$。这种分布也称为先验分布。生成过程 2-2 描述了这一过程。

参数：θ

隐变量：Z（也可以包含 θ）

观测变量：X

- -

- 从分布 $p(\theta)$ 中抽取参数集 θ
- 从分布 $p(z \mid \theta)$ 中抽取隐结构 z
- 从分布 $p(x \mid z, \theta)$ 中抽取观测数据 x

生成过程 2-2   贝叶斯模型的生成过程

这与 LDA 的生成过程有着惊人的相似之处。在 LDA 的生成过程中，主题分布起着参数集的作用，主题分配起着隐结构的作用，文档中的单词起着观测数据的作用。

上述生成过程决定了下面的联合概率分布 $p(X\,Z,\theta)$：

$$p(x,z,\theta) = p(\theta)p(z \mid \theta)p(x \mid \theta,z)$$

贝叶斯推断的目标自然是要么推断隐结构 z（或其上的分布），要么推断参数 θ（或其上的分布）。更一般地，贝叶斯推断的目标是在给定观测数据 x 的情况下，获得模型中未观测随机变量的后验分布。对于上面的一般贝叶斯模型，后验为 $p(Z,\theta \mid x)$。

注意，预测是通过分布（例如后验分布）而不是固定值来管理的。贝叶斯推断在其基本层面上并不致力于单个 z 或 θ。（然而，我们通常对参数的点估计（参见第 4 章）甚至更常见的情况——预测结构的固定值感兴趣。）

为了确定这个后验，贝叶斯统计通过贝叶斯法则的基本应用，将 θ 作为一个随机变量来处理。更具体地，后验按下式进行计算：

$$p(z,\theta \mid x) = \frac{p(\theta)p(z \mid \theta)p(x \mid z,\theta)}{p(x)} \tag{2.5}$$

数量 $p(x)$ 用作边缘化常数，可确保式（2.5）中的概率积分和为 1。因此，假设 θ 是连续的，在通常情况下，下式成立：

$$p(x) = \int_{\theta} p(\theta)\left(\sum_z p(z \mid \theta)p(x \mid z,\theta)\right)\mathrm{d}\theta \tag{2.6}$$

在数学上，贝叶斯推断简单而优美。它要求用贝叶斯法则求出 $p(x,z,\theta)$ 的条件分布，从而计算出后验。式（2.5）中的所有量在理论上都是已知的。这里只需要依靠概率论中最简单、最基本的结果。

尽管如此，贝叶斯推断的实现和计算执行并不总是那么简单。主要的挑战是计算边缘化常数（式（2.6）），这是进行预测所必需的。边缘化常数需要对离散求和（可能是无限的），并对连续集合求积分。这通常在计算方面很棘手，但先验的共轭性可以缓解这个问题（第 3 章）。即使只需要进行边缘化的一个步骤（如变分推断中的情况，见第 6 章），推断仍然可能很复杂。

通常通过使用近似推断方法来克服这种难处理性，例如马尔可夫链蒙特卡罗方法或变分推断。这两种推断方法将分别在第 5 章和第 6 章进行讨论。

2.2.3　总结

LDA 建模和推断的核心思想与贝叶斯自然语言处理中使用的一些原则有着惊人的相似之处。最值得注意的是，使用狄利克雷分布来定义多项式分布在这两种情形中都很常见。

LDA 要求为每个文档中的每个单词推断出主题分配后验，并为每个文档推断主题分布。这是隐狄利克雷分配模型中的两个隐变量。类似地，在贝叶斯自然语言处理中，我们经常需要推断隐结构（例如解析树或序列）和模型的参数。

本章所描述的推断（使用 LDA，使用贝叶斯模型，或者更一般地，使用生成模型），都可以被认为是生成设备的逆向工程，即基础模型。该模型是一种连续生成数据样本的设备，我们只能看到该设备生成的最终输出的子集。对于 LDA，设备会生成原始文本作为输出。推断则反向进行，试图确定用于生成此文本的缺失值（主题分布和主题本身）。

2.3   第二个例子：贝叶斯文本回归

尽管贝叶斯自然语言处理主要侧重于无监督学习，但贝叶斯推断通常并不局限于从不完整数据中学习。它还经常用于预测问题，例如分类和回归，其中的训练样本包括模型的输入和输出。

在本节中，我们将演示文本回归情况下的贝叶斯学习，即基于文本体预测连续值。我们将继续使用 2.2 节中的符号，并使用 d 表示文档，作为单词与单词计数对的集合。此外，我们将假设一些需要预测的连续值，由随机变量 Y 表示。作为示例，D 可以是电影评论，Y 可以是影评人收到的电影或其收入的预计平均星数（Joshi et al., 2010）。因此，预测问题是从电影评论文本中预测电影获得的星数量。

解决此预测问题的一个可能方法是将其形式化为贝叶斯线性回归问题。这意味着假定我们将接收到的样本集 $\{(d^{(i)}, y^{(i)})\}_{i=1}^{n}$ 作为推断算法的输入。我们假设函数 $f(d)$ 将文档映射到 $\mathbb{R}^K$ 中的一个向量。这是一个特征函数，它将文档中的信息总结为一个向量，并以此作为最终预测的基础。例如，K 可以是文档所生成词汇表的大小，$[f(d)]_j$ 可以是文档 d 的词汇表中第 j 个单词的计数。

线性回归模型通常假设 Y 和 d 之间存在随机关系：

$$Y = \theta \cdot f(d) + \varepsilon$$

其中，$\theta \in \mathbb{R}^K$ 是线性回归模型的参数集，ε 是噪声项（具有零均值），并且在多数情况下被构造为具有方差 σ^2 的高斯变量。为了简单起见，我们现在假设 σ^2 是已知的，我们不需要对其进行任何推断。因此，学习问题变成了关于 θ 的推断问题。

如上所述，假设 ε 是模型中的高斯变量。因此，对于任何固定的 θ 和文档 d，Y 本身是均值为 $\theta \cdot f(d)$ 的高斯变量，Y 的方差为 σ^2。

在贝叶斯线性回归中，我们假设 θ 的先验分布为 $p(\theta|\alpha)$。因此，在 θ 和 $Y^{(i)}$ 上的联合分布为

$$p\left(\theta, Y^{(1)} = y^{(1)}, \cdots, Y^{(n)} = y^{(n)} \mid d^{(1)}, \cdots, d^{(n)}, \alpha\right) = p(\theta \mid \alpha) \prod_{i=1}^{n} p\left(Y^{(i)} = y^{(i)} \mid \theta, d^{(i)}\right)$$

在这种情况下，贝叶斯推断将使用贝叶斯法则来找到在给定数据 $y^{(i)}$ 和 $d^{(i)} (i \in \{1, \cdots, n\})$ 的条件下 θ 的概率分布。可以证明，如果我们为 $Y^{(i)}$ 上的似然选择共轭先验，在这种情况下似然也是正态分布，那么分布 $p(\theta|y^{(1)}, \cdots, y^{(n)}, d^{(1)}, \cdots, d^{(n)})$ 也是正态分布。

正态分布和它本身之间的这种共轭性在第 3 章中有更详细的介绍。也可以参阅本章的习题 6。上述场景有两个自然扩展。一个是 $Y^{(i)}$ 是多元变量，即 $y^{(i)} \in \mathbb{R}^M$。在这种情况下，

θ 是 $\mathbb{R}^{M \times K}$ 中的一个矩阵；另一个是方差 σ^2（或者是多变量情况下控制似然和先验的协方差矩阵），它是未知的。Minka（2000）给出了这两种情况下贝叶斯线性回归的完整推导。

2.4　本章小结

　　贝叶斯统计在自然语言处理中的早期应用大多依赖于贝叶斯点估计。有关在贝叶斯设置中获取点估计值的技术概述，请参阅第 4 章。贝叶斯统计在自然语言处理中的现代应用同时使用了统计学和机器学习领域现有的以及开发的理论和技术机制。第 8 章介绍了专门为自然语言处理模型定制的贝叶斯机制，如概率上下文无关语法或隐马尔可夫模型。

　　在自然语言处理之外的领域，从实践的角度来看，经典的频率论方法和贝叶斯方法都各有优缺点。贝叶斯推断给出了一种自然而有原则的方式，即通过贝叶斯法则将先验信念与数据结合起来。推断是指对后验分布进行推断。当有新数据时，可以将其用作先验分布。推断还提供了可解释的结果（例如，具有贝叶斯置信区间）。从概念上讲，贝叶斯方法也提供了依赖于数据且准确的推断。但是，有时执行这种推断在计算上是难处理的，必须使用近似方法。贝叶斯方法还依赖于对先验分布的选择，但没有确切说明如何选择。关于贝叶斯分析中优缺点的详细讨论，可以参考文献 Berger（1985）。

2.5　习题

2.1　考虑下面的生成过程。

　　后验 $p(Z^{(1)}, \cdots, Z^{(n)}, \theta \mid x^{(1)}, \cdots, x^{(n-1)})$ 可以解析地确定吗？如果可以，写下推导过程。

常数：整数 n

超参数：$\alpha > 0$

隐变量：$Z^{(1)}, \cdots, Z^{(n)}$

观测变量：$X^{(1)}, \cdots, X^{(n)}$

- -

- 从具有超参数 $\alpha > 0$ 的对称贝塔分布中抽取大小为 2 的多项式分布 θ
- 从多项式分布 θ 中抽取 $z^{(1)}, \cdots, z^{(n)}$，其中 $z^{(i)} \in \{0, 1\}$
- 设置 $n-1$ 个二元随机变量 $x^{(1)}, \cdots, x^{(n-1)}$，使得 $x^{(i)} = z^{(i)} z^{(i+1)}$

2.2　考虑贝叶斯 LDA 的图模型（图 2-1）。写出观测变量上联合分布的表达式（文档中的单词）。（主题分布采用狄利克雷分布。）

2.3　爱丽丝有一个不均匀的硬币，该硬币"背面朝上"的次数比"正面朝上"的次数多。她对为该硬币设置具有超参数 α 的对称贝塔先验感兴趣。从该贝塔分布抽取的 θ 将表示背面朝上的概率，（$1-\theta$ 是正面朝上的概率）。请问，爱丽丝对硬币不均匀的理解与 α 具有什么样的取值范围是相符的？

2.4　如本章所述，选择使用超参数 $\alpha < 1$ 的对称狄利克雷分布将鼓励从狄利克雷分布中进行稀疏抽取。

你认为自然语言中的哪些特性对使用这种稀疏先验分布进行数学建模有用?

2.5 LDA 模型假定为文档中每个单词抽取的主题之间是独立的。对于主题具有类似二元语法分布的模型,你能描述出它的生成过程和联合概率分布吗? 这意味着每个主题 $Z^{(i)}$ 都依赖于 $Z^{(i-1)}$。在什么情况下,此模型对文档建模更明智? 为什么?

2.6 完成 2.3 节中示例的推导细节。更具体地说,假设先验 $p(\theta \mid \mu, \lambda^2)$ 是均值为 μ,方差为 λ^2 的正态分布。在给定 $y^{(i)}$ 和 $d^{(i)}(i \in \{1, \cdots, n\})$ 的情况下,求出 θ 的后验。

先　验

　　先验是贝叶斯建模的基本组成部分。为了介绍贝叶斯自然语言处理中使用先验的机制，必须提前介绍先验的概念及其一些机理。对于贝叶斯自然语言处理，先验是一组假设上的分布，或者参数集上的分布（当处理参数模型族时）。本质上，先验分布代表了建模者在观察任何数据之前对生成数据的参数的身份的先验信念。

　　对贝叶斯统计的一个批评是其缺乏客观性，因为不同的先验族会根据可用的数据得出不同的推论，尤其是当只有少量数据可用时。在某些情况下，可以证明这种观点是正确的，例如，食品和药物管理局对贝叶斯方法进行了一段时间的批评（Feinberg，2011），此后又在一些情况下使用了贝叶斯统计方法。但是与进行自然语言处理相比，这种客观性的缺乏在解决工程问题方面却不算什么。在贝叶斯自然语言处理中，对模型（更精确地说是解码器）质量进行在给定某些输入（比如句子）的情况下预测语言结构的最终"测试"，通常使用统计模型中未直接编码的评估指标。精确评估指标的存在，再加上未见数据的使用（监督情况下使用未见数据；无监督情况下要么使用未见数据，要么使用用于执行模型推断的数据）来计算此评估指标，消除了对主观性的关注。

　　事实上，贝叶斯建模中的额外自由度（即先验分布）在自然语言处理中是一个很大的优势。建模者可以选择使推断和学习产生偏见的先验，以使评估指标最大化。这不必直接作为数学优化问题，而是可以通过实验进行。

　　这一点在贝叶斯自然语言处理文献中得到了广泛的应用，先验之所以被选择，是因为它们表现出自然语言中某些有用的特性。在适当的情况下，狄利克雷分布常导致稀疏解（见第2章），而 Logistic 正态分布则能捕获多项式分布中各参数之间的关系。其他人工设计的反映语言特定属性的先验也已被使用。

　　本章涵盖了贝叶斯自然语言处理中使用的主要先验类型。为此，本文详细讨论了共轭先验（3.1节），并特别关注了狄利克雷分布（3.2.1节）。因为多项式分布是贝叶斯自然语言处理建模的主要工具，所以狄利克雷分布的讨论是在多项式的先验背景下进行的（3.2节）。

3.1　共轭先验

　　贝叶斯设置下的基本推断需要计算后验分布（第2章），即模型参数的分布，该分布是通过将先验分布信息与观测数据进行整合得到的。如果不谨慎行事，并对先验分布或似然函数加以限制，这种推断可能难以处理。当使用不完整的数据（带有隐变量）进行推断时，难以处理的问题会变得更加严重。在这种情况下，后验分布是在参数和隐变量上定义的。

　　当模型中不存在隐变量时，共轭先验消除了这种潜在的难处理性。而在模型中存在隐变量时，共轭先验也可以在很大程度上提供帮助。如果通过下式计算的后验也是先验分布族的成员，则先验分布族与似然是共轭的：

$$后验 = \frac{先验 \times 似然}{证据}$$

现在我们更详细地描述这个想法。我们首先介绍在模型中所有随机变量都有经验观测的情况下共轭先验的使用（即没有任何隐变量）。令 $p(\theta|\alpha)$ 是以 α 为超参数的先验。超参数本身就是参数，其仅参数化先验，而不参数化似然函数。它们可以是已知的固定值，也可以通过推断获得。我们假设超参数取自超参数集合 A。另外，令 $p(X|\theta)$ 为观测数据的似然分布函数。我们观察随机变量的一个实例 $X = x$，这里的后验推断意味着我们需要确定分布 $p(\theta|x)$。如果对于 $\alpha' = \alpha'(x, \alpha) \in A$，后验满足以下条件：

$$p(\theta \mid x, \alpha) = p(\theta \mid \alpha')$$

则我们说先验分布族 $p(\theta|\alpha)$ 是关于似然 $p(X|\theta)$ 的共轭先验。注意，α' 是观测变量 x 和用于推断的超参数 α 的函数。这意味着为了计算后验值，我们需要能够计算函数 $\alpha'(x, \alpha)$。

共轭先验的数学定义并不能立即解释为什么它使贝叶斯推断更容易处理。事实上，根据上述定义，使用共轭先验并不能保证计算的可处理性。当可以高效地计算函数 $\alpha'(x, \alpha)$ 时，共轭先验才有用。实际上，在实践中共轭先验就是在这种情况下使用的。

当可以有效地计算 $\alpha'(x, \alpha)$ 时，使用贝叶斯方法的推断就大大简化了。如上所述，为了计算参数的后验，我们只需计算 $\alpha'(x, \alpha)$，这就引入了定义后验的一组新的超参数。

下面的示例解释了正态变量的共轭先验思想。与我们在此之前一直将变量 X 作为离散变量处理相反，在此示例中 X 被设置为连续变量。这样做是为了用一个相对简单、众所周知的例子来解释共轭思想。这个例子就是正态分布对自身的共轭性（相对于均值参数）。

示例 3.1 令随机变量 X 服从期望值为 θ，方差为 σ^2（σ^2 是已知的固定值，其既不是参数也不是超参数）的正态分布，则其在点 x 处的密度为

$$p(x \mid \theta) = \frac{1}{\sigma\sqrt{2\pi}} \exp\left(-\frac{1}{2}\left(\frac{x-\theta}{\sigma}\right)^2\right)$$

此外，期望值 θ 采样自超参数集 $A = \mathbb{R} \times \mathbb{R}^+$ 所控制的高斯先验族，其中 $\alpha \in A$ 的每一个 α 是二元组 (μ, λ^2)。μ 表示先验的期望，λ^2 表示先验的方差。假设使用满足 $\mu \in \mathbb{R}$ 和 $\lambda^2 = \sigma^2$ 的先验进行推断，也就是说我们假设先验的方差与似然的方差相同。（这个假设是为了简化后验的推导，但是当方差不相等时，我们没有必要遵循这个假设来得到类似的推导。）因此，先验的密度函数为

$$p(\theta \mid \alpha) = \frac{1}{\sigma\sqrt{2\pi}} \exp\left(-\frac{1}{2}\left(\frac{\theta-\mu}{\sigma}\right)^2\right)$$

假设观察到一个观测值 x，基于该观测值形成似然函数。令人感兴趣的数量是后验分布 $p(\theta|x, \alpha)$。贝叶斯推断表明 $p(\theta|x, \alpha)$ 具有以下形式：

$$p(\theta|x, \alpha) = \frac{p(\theta \mid \alpha)\, p(x|\theta)}{\int_\theta p(\theta \mid \alpha)\, p(x|\theta)\mathrm{d}\theta} \tag{3.1}$$

式（3.1）的分子等于

$$p(\theta \mid \alpha)p(x|\theta) = \left(\frac{1}{\sigma\sqrt{2\pi}}\exp\left(-\frac{1}{2}\left(\frac{x-\theta}{\sigma}\right)^2\right)\right) \times \left(\frac{1}{\sigma\sqrt{2\pi}}\exp\left(-\frac{1}{2}\left(\frac{\theta-\mu}{\sigma}\right)^2\right)\right)$$

$$= \frac{1}{2\pi\sigma^2}\exp\left(-\frac{1}{2}\left(\frac{(x-\theta)^2+(\theta-\mu)^2}{\sigma^2}\right)\right) \tag{3.2}$$

通过代数运算有

$$(x-\theta)^2 + (\theta-\mu)^2 = \frac{\left(\theta-\frac{x+\mu}{2}\right)^2 + \frac{1}{2}(x-\mu)^2}{1/2}$$

注意数据项 $\frac{1}{2}(x-\mu)^2$ 不依赖于 θ，因此其可以消去。由于在分母中可以把 $\frac{1}{2}(x-\mu)^2$ 从积分中取出来，所以我们不在下面的公式中包括它。因此，式（3.1）可以重写为

$$p(\theta|x,\alpha) = \frac{p(\theta \mid \alpha)p(x|\theta)}{\int_\theta p(\theta \mid \alpha)p(x|\theta)\mathrm{d}\theta} = \frac{\exp\left(-\dfrac{\left(\theta-\dfrac{x+\mu}{2}\right)^2}{\sigma^2/2}\right)}{C(x,\alpha)} \tag{3.3}$$

分母中的数据项

$$C(x,\alpha) = \int_\theta \exp\left(-\frac{\left(\theta-\dfrac{x+\mu}{2}\right)^2}{\sigma^2/2}\right)\mathrm{d}\theta$$

是保证 $p(\theta|x,\alpha)$ 在参数 θ 上的积分为 1 的归一化常数。由于式（3.3）的分子具有均值为 $\frac{x+\mu}{2}$，方差为 $\sigma^2/2$ 的正态分布形式，这意味着式（3.3）实际上是满足 $\alpha'(x,\alpha) = \left(\dfrac{x+\mu}{2}, \dfrac{\sigma}{\sqrt{2}}\right)$ 的正态分布的密度，其中 μ 和 σ^2 由 α 定义。有关更多详细信息，请参考附录 A。利用这些特定的超参数，可以很容易地从正态分布的密度中得到归一化常数。

从该示例得出的结论是，先验分布族 $\{p(\theta|\alpha)|\alpha=(\mu,\sigma^2)\in\mathbb{R}\times(0,\infty)\}$ 与具有固定方差的正态分布似然共轭（即似然仅由正态分布的均值参数化）。

一般情况下，若 $\alpha=(\mu,\sigma_0)$（也就是说 $\theta\sim N(\mu,\sigma_0^2)$，并且给定参数 θ，n 个观测都独立地服从同一个正态分布 $N(\theta,\sigma^2)$），则有

$$\alpha'\left(x^{(1)},\cdots,x^{(n)},\alpha\right) = \left(\frac{\mu+\sum_{i=1}^n x^{(i)}}{n+1}, \sqrt{(1/\sigma_0^2+n/\sigma^2)^{-1}}\right) \tag{3.4}$$

即后验分布为正态分布，其均值和方差如式（3.4）所示。注意，在本例和上面的扩展中都假定似然的方差是已知的。这意味着先验仅在 θ 而不是 σ 上定义。当方差未知（或者更通俗地讲，当多元正态变量的协方差矩阵未知），并且实际上也服从某个先验分布时，就需要在定义方差的共轭先验（更具体地说，在这种情况下，逆 Wishart 分布是协方差矩阵空间上的

共轭先验分布）时格外小心。

示例 3.1 和式（3.4）展示了一个反复提及的具有共轭先验及其相应后验的案例。在许多情况下，超参数 α 在函数 $\alpha'(x, \alpha)$ 中扮演"伪观测"的角色。正如式（3.4）所示，μ 被添加到其余观测值的总和中，然后与它们一起计算平均。因此，该超参数函数可以视为附加的观测，并和 μ 一起用于计算后验。

为避免混淆，需要注意的是，在这个共轭的例子中先验和似然都是正态分布，但是通常共轭先验和似然并不属于同一个分布族。对于高斯似然，由于正态密度函数具有特殊的代数性质，其共轭先验也是高斯的（关于均值参数）。

3.1.1　共轭先验和归一化常数

考虑式（3.1）中的后验推断。所需计算的关键是计算归一化常数 $\int_{\theta} p(\theta|\alpha) p(x|\theta) \mathrm{d}\theta$，以便完全确定后验分布。⊖ 这个归一化常数也等于 $p(x|\alpha)$，因为它只是联合分布 $p(\theta, x|\alpha)$ 关于参数 θ 的边缘积分。

因此，计算后验概率的关键步骤是首先计算出"证据"$p(x|\alpha)$。然后，通过将先验概率和似然概率的乘积除以证据，就可以在每个 θ 点处轻松地得到后验概率。

在示例 3.1 中，共轭先验的使用避免了显式地计算归一化常数 $\int_{\theta} p(\theta|\alpha) p(x|\theta) \mathrm{d}\theta$，然而其也能够采用间接地方式进行计算。确定式（3.2）具有正态分布的代数形式（相差一个常数）后，可以立即得到后验具有适当 $\alpha'(x, \alpha)$ 的正态变量。所以，显式地计算证据 $p(x|\alpha)$ 是不必要的。这是因为在后验被确定为某（正态）分布后，其密度的解析形式是完全已知的。

如果我们对计算 $p(x|\alpha)$ 感兴趣，我们可以根据众所周知的正态分布密度进行计算。式（3.1）意味着对于任何选择的 θ，有

$$p(x|\alpha) = \int_{\theta} p(\theta|\alpha) p(x|\theta) \mathrm{d}\theta = \frac{p(\theta|\alpha) p(x|\theta)}{p(\theta|x, \alpha)} \tag{3.5}$$

这是在两个方向上应用链式法则的直接结果：

$$p(x, \theta|\alpha) = p(x|\alpha) p(\theta|\alpha, x) = p(\theta|\alpha) p(x|\theta, \alpha)$$

注意，虽然式（3.5）的右边似乎依赖于 θ，但如果我们用代数方法对右边进行处理，则会消去所有包含 θ 的项，这是因为左边没有引入任何对 θ 的依赖。正如前面提到的，式（3.5）右边的等式对任意选择的 θ 都成立。在示例 3.1 的正态分布情况下，式（3.5）中的三个分布都是正态分布，对此我们可以用其公式计算密度。（值得注意的是，无论是在单变量形式下还是在多变量形式下，正态分布的归一化常数都是已知的，并且很容易计算。）

这种代数关系存在于大多数已知密度的共轭先验中。代数便利性与共轭先验经常一起出现，导致共轭先验的定义有些不准确，最常见的一个定义是"共轭先验是使后验具有闭式解

⊖　我们可以使用类似于 MCMC 采样和变分推断的近似推理来避免计算这个归一化边缘常数（参见第 5 章和第 6 章）。

的先验"。尽管这在很多情况下是正确的，但共轭先验的严格定义是，如果根据给定的似然函数和先验分布族中的给定先验得出的后验也属于先验分布族，则称该先验为共轭先验。因此，共轭总是在似然函数和先验分布族的背景下确定的。

3.1.2　共轭先验在隐变量模型中的应用

当处理的数据完整时，本节的前面已经展示了共轭先验会使贝叶斯推断变得容易处理。示例 3.1 通过展示在给定共轭先验的情况下如何容易地确定后验分布已经证明了这一点。由于通过计算似然与先验的乘积能够获得已知分布的代数形式，所以通常不需要显式地计算具有共轭先验的证据归一化常数。

如前所述，后验归一化常数的计算是进行后验推断的主要障碍。如果确实是这样，那么我们可以问：在模型存在隐变量的情况下，使用共轭先验是否仍有帮助？当隐变量存在时，归一化常数的计算将更为复杂，因为它涉及同时对参数和隐变量进行边缘化操作。给定参数 θ、隐变量 z 和观测变量 x（隐变量和观测变量均为离散变量）上的完全分布，可对其进行如下分解：

$$p(\theta, z, x \mid \alpha) = p(\theta \mid \alpha)p(z \mid \theta)p(x \mid z, \theta)$$

隐变量和参数上的后验具有如下形式（关于后验的更详细例子可参考 2.2.2 节）：

$$p(\theta, z \mid x, \alpha) = \frac{p(\theta \mid \alpha)p(z \mid \theta)p(x \mid z, \theta)}{p(x \mid \alpha)}$$

因此，归一化常数 $p(x \mid \alpha)$ 等于

$$p(x \mid \alpha) = \sum_z \left(\int_\theta p(\theta)p(z \mid \theta)p(x \mid z, \theta)\mathrm{d}\theta \right) = \sum_z D(z) \tag{3.6}$$

其中 $D(z)$ 定义为式（3.6）中关于参数 θ 的积分项。式（3.6）表明：即使当归一化常数需要对隐变量求和时，共轭先验仍然是有用的。如果先验分布族与分布 $p(X, Z \mid \theta)$ 共轭，则对于任何 z，函数 $D(z)$ 在数学上都易于计算。但是，由于 $D(z)$ 的形式可能非常复杂，因此 $\Sigma_z D(z)$ 并不总是易于处理。

与此相关的是，如果将求和与积分的顺序交换，则有

$$p(x \mid \alpha) = \int_\theta p(\theta)\left(\sum_z p(z \mid \theta)p(x \mid z, \theta) \right)\mathrm{d}\theta = \int_\theta p(\theta)D'(\theta)\mathrm{d}(\theta)$$

其中 $D'(\theta)$ 是定义在隐变量 z 上的求和项。对于每一个 θ，通常可以使用动态规划或其他算法在离散空间上求和来计算 $D'(\theta)$（例如，如果隐变量空间包括具有基本概率上下文无关语法的解析树，则 $D'(\theta)$ 可以使用 CKY 算法的变体，即内部算法来计算。与此相关的进一步讨论参见第 8 章）。交换积分与求和并没有使计算边缘化常数 $p(x \mid \alpha)$ 的问题变得易于处理。此外，对于函数 $D'(\theta)$ 的外部积分的计算通常仍然是不可行的。

然而，通过交换积分与求和可以得到易于处理的内部项的事实对于近似推断（特别是对于变分推断）非常有用。这正是先验的共轭性派上用场的地方，即使对于具有隐变量的难于处理的后验也是如此。这将在第 6 章进一步讨论。

3.1.3　混合共轭先验

混合模型是增强分布族表达能力的一种简单方法。如果我们有一组分布 $p_1(X), \cdots, p_M(X)$ ，则这组分布上的混合模型可以通过 M 维的概率向量 $(\lambda_1, \cdots, \lambda_M)(\lambda_i \geq 0, \Sigma_i \lambda_i = 1)$ 进行参数化，进而定义 X 上的如下分布：

$$p(X|\lambda) = \sum_{i=1}^{M} \lambda_i p_i(X)$$

1.5.3 节给出了高斯混合模型的示例。混合模型概念也可用于先验分布族。令 $p(\theta|\alpha)$ 是来自先验分布族的先验，其中 $\alpha \in A$ 。则先验可定义为下面的形式：

$$p\left(\theta \mid \alpha^1, \cdots, \alpha^M, \lambda_1, \cdots, \lambda_M\right) = \sum_{i=1}^{M} \lambda_i p\left(\theta \mid \alpha^i\right)$$

其中 $\lambda_i \geq 0$ 并且 $\sum_{i=1}^{M} \lambda_i = 1$ （即 λ 是 $M-1$ 维概率单纯形中的点）。如果满足 $\alpha \in A$ 的初始先验族 $p(\theta|\alpha)$ 与似然 $p(x|\theta)$ 共轭，则由超参数 $\alpha^i \in A$ 和 $\lambda_i (i \in \{1, \cdots, M\})$ 确定的新先验族也将与该似然共轭。

要看到这一点，考虑在使用混合先验时，后验具有以下形式：

$$p\left(\theta \mid x, \alpha^1, \cdots, \alpha^M, \lambda\right) = \frac{p(x \mid \theta)p(\theta \mid \alpha^1, \cdots, \alpha^M, \lambda)}{\int_{\theta} p(x \mid \theta)p(\theta \mid \alpha^1, \cdots, \alpha^M, \lambda)\mathrm{d}\theta}$$
$$= \frac{\sum_{i=1}^{M} \lambda_i p(x \mid \theta)p(\theta \mid \alpha^i)}{\sum_{i=1}^{M} \lambda_i Z_i}$$

其中

$$Z_i = \int_{\theta} p(x \mid \theta) p\left(\theta \mid \alpha^i\right) \mathrm{d}\theta$$

由于 $p(x|\theta)p(\theta|\alpha^i) = Z_i p(\theta|x, \alpha^i)$ ，所以有

$$p\left(\theta \mid x, \alpha^1, \cdots, \alpha^M, \lambda\right) = \frac{\sum_{i=1}^{M} (\lambda_i Z_i)p(\theta \mid x, \alpha^i)}{\sum_{i=1}^{M} \lambda_i Z_i}$$

由于共轭性，则有 $p(\theta|x, \alpha^i)$ 等于 $p(\theta|\beta^i)$ ，其中 $\beta^i \in A(i \in \{1, \cdots, M\})$ 。超参数 β^i 是在后验推断后更新的超参数。因此，有

$$p\left(\theta \mid x, \alpha^1, \cdots, \alpha^M, \lambda\right) = \sum_{i=1}^{M} \lambda_i' p\left(\theta \mid \beta^i\right)$$

其中 $\lambda_i' = \lambda_i Z_i / \left(\sum_{i=1}^{M} \lambda_i Z_i \right)$ 。

当 α 参数化的先验族是 K 维狄利克雷分布（见 2.2.1 节和式（2.2））时，则有

$$Z_i = \frac{\prod_{j=1}^{K} \Gamma\left(\alpha_j^i + x_j\right)}{\Gamma\left(\sum_{j=1}^{K} \alpha_j^i + x_j\right)}$$

我们总结了共轭混合先验，并举例说明如何使用这种混合先验进行文本分析。Yama-moto 和 Sadamitsu（2005）定义了一个主题模型，其中词汇表的先验分布采用狄利克雷混合

分布进行定义。对该混合分布的采样提供了词汇表上的多项式分布。采样后，在生成过程中需对文档中的词进行独立采样。

Yamamoto 和 Sadamitsu 将狄利克雷混合分布的混合成分描述为与主题相对应。从这个意义上讲，他们的模型和隐狄利克雷分配模型之间有很大的区别，后者分别为每个文档采样一个主题分布。当使用困惑度（perplexity）测量预留数据集（held-out dataset）上的性能时（请参见附录 A 和 1.6 节），他们的模型在一组 100 000 篇日文报纸文章中的得分始终高于隐狄利克雷分配模型。对于 20 个主题，他们的模型性能也达到了饱和，而对于更大数量的主题，隐狄利克雷分配模型的困惑度继续降低。这也许意味着一个更好的拟合——他们的模型使用较少的主题（因此更简单），但仍比 LDA 的困惑度低。

3.1.4　重新归一化共轭分布

在上一节中，我们看到可以通过在混合模型中使用基本先验分布来获得具有更强表达能力的先验分布族。重新归一化共轭先验是改变先验分布族特性同时仍保留共轭性的另一种方法。

假设先验 $p(\theta|\alpha)$ 在参数空间 Θ 上定义。有时需要将 Θ 进一步约束到一个更小的子空间，并定义 $p(\theta|\alpha)$，使其支撑集为 $\Theta_0 \subset \Theta$。一种方法是在 Θ_0 上定义如下的分布 p'：

$$p'(\theta|\alpha) = \frac{p(\theta|\alpha)}{\int_{\theta' \in \Theta_0} p(\theta'|\alpha)\mathrm{d}\theta'} \qquad (3.7)$$

这种新的分布保持 Θ_0 中元素间的概率比值与 p 中的对应比值相同，但实际上对于 $\Theta \backslash \Theta_0$ 中的任何元素，都把其概率分配为 0。

可以证明，如果 p 是某个似然的共轭族，那么 p' 也共轭于这个似然。这个例子实际上表明，通过使用共轭先验和对应的似然，共轭的纯形式并不一定容易处理。更具体地说，式（3.7）中的分母（即 Θ_0 上的积分）通常很难计算，在实际计算时需要使用近似推断。

当概率上下文无关语法模型的参数具有狄利克雷先验时，会出现共轭分布的重新归一化。在这种情况下，为了使先验将零概率分配给定义非紧性概率上下文无关语法的参数，需要从先验中删除某些多项式分布。这里，紧性指的是概率上下文无关语法的一个理想特性，即由基本上下文无关语法生成的所有有限解析树的总度量为 1。关于这个问题的详细讨论，请参考文献 Cohen 和 Johnson（2013）。

3.1.5　是否共轭的讨论

值得注意的是，共轭先验的发展是为了定义先验，这些先验不仅在解析上是可处理的（即后验属于先验分布族），而且满足：（1）足够丰富，可以表达建模者的先验信息和信念；（2）可解释，以便建模者在选择先验分布族的某个成员时可以了解向后验中注入了哪些先验信息（Raiffa and Schlaifer，1961）。但是，对解析可处理性的要求限制了大多数似然函数的可能先验集。一旦满足了解析可处理性的要求，就很难验证是否也满足丰富性和可解释性。事实上，对贝叶斯统计的一个批评是，在许多情况下，贝叶斯依赖于计算方便的先验，因此只能处理关于丰富性和可解释性的最简单例子（Carlin and Louis，2000）。

在自然语言处理中，对易于计算的先验的需求尤为重要。自然语言处理主要预测诸如树和序列之类的组合结构，而这些结构在进行推断时计算量非常大，并且不能使用在计算上不易处理的先验。比如由于这个原因，贝叶斯自然语言处理经常使用狄利克雷分布。狄利克雷分布与多项式似然和多项式分布族是共轭的，为此，狄利克雷分布已经变成生成模型的最基本构建块，用于生成自然语言处理中出现的序列、树和其他结构。3.2 节对此进行了详细讨论。

尽管如此，有人可能会说，随着新的硬件和最先进近似算法的出现，可以使用不易于计算的先验来解决自然语言处理中的问题。马尔可夫链蒙特卡罗（MCMC）采样（第5章）和变分推断（第6章）可用于这些情况。

同样重要并需要注意的是，先验与似然的共轭不能保证模型推断的易处理性。为了使共轭有用，必须可以高效地计算函数 $\alpha'(x, \alpha)$。为了说明这一点，考虑参数空间 Θ，令 $\mathcal{P}$ 表示 Θ 上定义的所有分布的集合。对于 $\mathcal{P}$，由于 $p(\theta \mid X) \in \mathcal{P}$ 成立，因此其实际上是形式为 $p(X \mid \theta)$ 的任意分布的共轭先验分布族。显然，由于不能有效地计算 $\alpha'(x, \alpha)$，所以共轭先验分布族 $\mathcal{P}$ 是难以处理的。

在另一个极端，包含将所有概率质量放在参数空间中的单个点上的单一先验分布的先验分布族（对于使用此参数空间的任何模型）也是共轭先验。在这种情况下，可以简单地计算后验（后验是先验分布族中的某个成员分布，因为先验的支撑集包含后验对参数的支撑集），但是由于先验分布族不够丰富，所以共轭在这种情况下是没用的。

3.1.6   总结

共轭先验是在先验分布族的背景下定义的，是定义在观测值和隐变量上的模型中的参数变量的分布。在许多情况下，共轭先验保证了后验归一化常数计算的可处理性。例如，在给定一组观测值（和隐变量的值，如果模型存在隐变量）的情况下，共轭先验往往导致后验具有闭形式的解析解。

共轭先验常常被认为过于简单，但是由于自然语言处理模型的计算复杂性高，所以它们在自然语言处理中非常有用。共轭先验的替代方案通常计算效率较低，但随着新的硬件和近似算法的出现，这些替代方案变得更加可行。

3.2   多项式分布和类别分布的先验

自然语言处理预测的结构性质非常适合使用类别分布进行建模。类别分布是伯努利分布的一种推广，它指定 K 个结果（例如文档中的主题或以非终结符为起点的上下文无关规则的右侧）如何分布。类别分布由参数向量 $\theta \in \mathbb{R}^K$ 确定，其中 θ 满足以下两个性质：

$$\forall k \in \{1, \cdots, K\}\ \theta_k \geqslant 0 \tag{3.8}$$

$$\sum_{k=1}^{K} \theta_k = 1 \tag{3.9}$$

具有 K 个输出结果的类别分布的参数空间为

$$\Theta = \{\theta \in \mathbb{R}^K \mid \theta \text{ 满足式（3.8）和式（3.9）}\}$$

该空间也称为"$K-1$ 维的概率单纯形"——由于要求所有概率的总和为 1，因此少了一个自由度。集合 Θ 定义了一个单纯形，也就是说在几何上，Θ 是一个 $K-1$ 维的多面体。多面体是 K 个顶点的凸包，这些顶点是所有概率质量都放在一个事件上的点。所有其他的概率分布都可以看作是这些顶点的组合。这个单纯形中的每个点都定义了一个类别分布。

如果 X 服从以 θ 为参数的类别分布，则 X 上的概率分布可定义为[⊖]

$$p(X = i \mid \theta) = \theta_i$$

其中 $i \in \{1, \cdots, K\}$。类别分布是对伯努利分布的推广，而多项式分布实际上是对二项式分布的推广。对于固定的自然数 n，多项式分布描述了满足约束 $\sum_{i=1}^{K} X_i = n$ 的随机变量 $X \in \mathbb{N}^K$ 服从的分布，其中 n 是多项式分布的一个参数。参数 n 与二项式分布中的"实验计数"参数具有相似的作用。给定上述的 $\theta \in \Theta$ 和 n，多项式分布可以定义为

$$p(X_1 = i_1, \cdots, X_K = i_K) = \frac{n!}{\prod_{j=1}^{K} i_j!} \prod_{j=1}^{K} \theta_j^{i_j}$$

其中 $\sum_{j=1}^{K} i_j = n$。

虽然类别分布与多项式分布不同，但它们之间有很强的关系。更具体地说，若 X 服从以 θ 为参数的类别分布，则按下式：

$$Y_i = I(X = i) \tag{3.10}$$

定义的随机变量 $Y \in \{0,1\}^K$ 服从以 θ 为参数且 $n = 1$ 的多项式分布。在通常情况下，用二元指示函数将类别分布表示为上述形式的多项分布在数学上是方便的。在这种情况下，概率函数 $p(Y \mid \theta)$ 可以写成 $\prod_{i=1}^{K} \theta_i^{y_i}$。

狄利克雷分布有各种推广和扩展。这样的例子就是广义狄利克雷分布，与狄利克雷分布相比，其提供了更丰富的协方差结构（关于狄利克雷分布的协方差结构可参考 3.2.2 节）。另一个例子是狄利克雷 – 树分布（Minka, 1999），它给出了在树型随机过程中生成叶节点分布的先验。

为了与自然语言处理文献一致，本节的其余部分将把类别分布称为多项式分布。这不是主要问题，因为本节中的大多数讨论要点对两个分布均有效。

3.2.1　再谈狄利克雷分布

在贝叶斯自然语言处理中，狄利克雷分布无处不在，因为它是类别分布（和多项式分布）的最简单共轭分布。2.2 节给出了其定义，以及它与隐狄利克雷分配模型一起用于主题建模的示例。出于完整性考虑，我们在下面重复式（2.2），并重申狄利克雷分布是由向量 $\alpha \in \mathbb{R}^K$ 参数化，并使得

⊖　贝叶斯自然语言处理文献通常将类别分布称为"多项式分布"，但这实际上是一个误称（为了与文献保持一致，本书仍然使用该误称）。

$$p(\theta_1, \cdots, \theta_K | \alpha_1, \cdots, \alpha_K) = C(\alpha) \prod_{k=1}^{K} \theta_k^{\alpha_k - 1}$$

其中，$(\theta_1, \cdots, \theta_K)$ 是满足约束 $\theta_i \geqslant 0$ 和 $\sum_{i=1}^{K} \theta_i = 1$ 的向量。

在这里，我们继续提供狄利克雷分布及其性质的更完整描述。

狄利克雷分布的共轭性

狄利克雷分布与类别分布的共轭性是狄利克雷分布密度与多项式概率分布密度之间"代数相似性"的直接结果。

示例 3.2　令 θ 服从狄利克雷分布 Dirichlet(α)，其中 $\alpha = (\alpha_1, \cdots, \alpha_K) \in \mathbb{R}^K$。令 X 是长度为 K 的二元随机向量，其定义了式（3.10）所描述的多项式分布。该多项式分布的参数向量为 θ。假设 x 是随机变量 X 的观测样本，则有

$$p(\theta \mid x, \alpha) \propto p(\theta | \alpha) p(x \mid \theta) \propto \left(\prod_{i=1}^{K} \theta_i^{\alpha_i - 1} \right) \times \left(\prod_{i=1}^{K} \theta_i^{x_i} \right) = \prod_{i=1}^{K} \theta_i^{\alpha_i + x_i - 1} \qquad （3.11）$$

注意 $\propto$ 的使用，其表示"正比于"而不是"等于"。为了简化后验的表示，式（3.11）省略了两个归一化常数：第一个是边缘常数 $p(x | \alpha)$，第二个是狄利克雷分布的归一化常数（式（2.3））。我们可以忽略它们的原因是，这些常数不会随 θ 的变化而改变，而感兴趣的分布是在 θ 上定义的。

式（3.11）具有狄利克雷分布（此时，$\alpha'(x, \alpha) = \alpha + x$）的不带归一化常数的代数形式。这意味着后验分布服从超参数为 $\alpha + x$ 的狄利克雷分布。

示例 3.2 再次展示了超参数作为伪观测值的原理。将初始超参数 α 添加到观测值中以导出后验，就好像结果 i 被观测到 α_i 次一样（不过，请注意 α_i 不需要进行积分）。

在从类别分布中观测到 n 个样本 $x^{(1)}, \cdots, x^{(n)}$（给定超参数 θ，每个样本独立于其他样本）的一般情况下，所得的后验具有超参数 $\alpha + \sum_{i=1}^{n} x^{(i)}$，其中每个 $x^{(i)}$ 是长度为 K 的二元向量。

狄利克雷分布与稀疏性

对称狄利克雷分布（2.2.1 节）通过 $\alpha > 0$ 超参数化。它是狄利克雷分布的一个特例，此时一般狄利克雷分布的超参数向量只包含与 α 相同的值。当对称狄利克雷分布的超参数 $\alpha \in \mathbb{R}$ 满足约束 $\alpha < 1$ 时，则对于从该狄利克雷分布采样的任何点 $x \in \mathbb{R}^K$，其大部分的坐标值都接近于 0，只有少数的坐标值显著大于零。

当考查狄利克雷分布密度中的主要项 $\prod_{i=1}^{K} \theta_i^{\alpha-1}$ 时，就可以理解对称狄利克雷分布这一性质背后的直觉。当 $\alpha < 1$ 时，$\beta = 1 - \alpha > 0$，此时主要项的乘积变成 $\dfrac{1}{\prod\limits_{i=1}^{K} \theta_i^{\beta}}$。显然，如果某个 θ_i 接近于 0，则该乘积会变得非常大。如果许多 θ_i 都接近于 0，则这些项相乘，会使乘积更大。因此，对于 $\alpha < 1$ 的对称狄利克雷而言，大多数密度确实集中在概率单纯形中大部分 θ_i 都接近于 0 的点附近。

对称狄利克雷的这一性质在贝叶斯自然语言处理文献中得到了广泛的应用。例如，Goldwater 和 Griffiths（2007）定义了一个使用隐马尔可夫模型的贝叶斯词性标注（第 8 章），他们使用狄利克雷先验作为三元隐马尔可夫模型中转移概率和发射概率的多项式集合的先验。

在第一组实验中，Goldwater 和 Griffiths 为所有的转移概率使用了一个固定的稀疏超参数，为所有的发射概率使用了一个不同的固定超参数。他们的发现表明，当选择较小的转移超参数（如 0.03）并将发射概率的超参数设置为 1 时，能够获得最佳的词性标注预测精度。这意味着最优的转移多项式同样可能非常稀疏。这并不奇怪，因为在特定的上下文中只能出现少量的词性标签。然而，发射超参数 1 意味着狄利克雷分布只是一个均匀分布。作者认为稀疏先验对发射概率不太有用的原因是所有发射概率共享同样的超参数。

事实上，当他们改进模型，并为每个发射分布推断出不同的超参数时（第 5 章和第 6 章讨论了超参数推断），结果得到了改善。此外，推断的发射分布的超参数非常接近于 0，这意味着给定标签的发射字集的分布非常稀疏，正如人们凭直觉知道的那样。

Toutanova 和 Johnson（2008）还描述了一个贝叶斯半监督[⊖]词性标注模型，该模型使用狄利克雷分布来鼓励参数空间的稀疏性。与 Goldwater 和 Griffiths 模型不同，他们的模型不是基于隐马尔可夫模型，而是采用 LDA 模型进行词性标注。该模型包含一个在给定词的条件下生成标签的多项式组件（与隐马尔可夫模型中在给定标签的条件下生成词相反）。该组件关联于一个稀疏的狄利克雷先验，以捕获大多数单词与很少标签（主要是单个词性标签）相关联的概念。他们使用的超参数 α 在 0.2 到 0.5 之间，这取决于所用字典的大小。

他们将自己的模型与一个在条件概率 $p(T|W)$（其中 T 表示标签序列的随机变量，W 表示单词序列的随机变量，即句子）中未引入任何贝叶斯先验的几乎相同的模型进行了对比，以便确定稀疏狄利克雷先验是否有助于获得更好的标注精度。非贝叶斯模型类似于概率隐含语义分析模型 PLSA（Hofmann，1999a）。他们的报告证实了稀疏狄利克雷先验确实有助于提高标注精度——与 PLSA 相比，类 LDA 模型的误差降低了 36%。

一般来说，先验分布的稀疏性可以有效地支持自然语言的模型。通常，这个属性是在词汇级别上对语言进行建模的有用属性：每当将单词与一组聚类（例如句法类别）相关联时，该单词就会与数量相对较少的聚类相关联。该特性对于使用稀疏狄利克雷分布进行建模非常有用，并且已经在贝叶斯自然语言处理文献中得到了广泛应用。

狄利克雷的伽玛表示

狄利克雷分布具有伽玛分布的归约表示。这种表示方式并不直接有助于更好的建模，但有助于说明狄利克雷分布的局限性，并提出替代方法（如下一节中描述的方法）。

令 $\mu_i \sim \Gamma(\alpha_i, 1)$ 是 K 个独立同分布的随机变量，其中 $\Gamma(\alpha_i, 1)$ 是形状参数 $\alpha_i > 0$ 和尺度参数等于 1 的伽玛分布（见附录 B）。然后，定义 θ_i 为

$$\theta_i = \frac{\mu_i}{\sum_{i=1}^{K} \mu_i} \quad i \in \{1, \cdots, K\} \tag{3.12}$$

则该定义构造了一个来自 $K-1$ 维概率单纯形的随机向量 θ，并且该随机向量服从超参数为

⊖　Toutanova 和 Johnson 的研究在这里被认为是属于半监督领域，因为他们使用词性标注词典来标注一些单词，也就是说，他们对单词可以关联的词性进行了规范说明。Goldwater 和 Griffiths 进行的一些实验也采用了这种方法。

$\alpha = (\alpha_1, \cdots, \alpha_K)$ 的狄利克雷分布。

将狄利克雷变量表示为独立、归一化的伽玛变量，可以解释狄利克雷分布的固有局限性。θ 坐标之间关系的丰富结构没有明确的参数化。例如，假定 $i \neq j$，当把比值 θ_i / θ_j 视为随机变量时，其独立于从两个其他坐标 $k \neq \ell$ 计算出的比值 θ_k / θ_ℓ。（从式（3.12）中可以明显看出：比值 θ_i / θ_j 等于 μ_i / μ_j，其中满足 $i \in \{1, \cdots, K\}$ 的所有 μ_i 都是独立的。）因此，当参数 θ 在弱依赖程度下也能很好地建模时，狄利克雷分布不是一个好的建模选择。

然而，自然语言元素之间存在很大的依赖性。例如，考虑贝叶斯一元语法语言模型（即将一个句子视为一个词袋的语言模型），其中该模型通过 θ 进行参数化，而 θ 是词汇表中 K 个单词的分布。当根据数据进行估计时，这些参数表现出极大的依赖性，具体取决于数据的领域。当将一个数据域与另一个数据域进行比较时，很有可能出现语义彼此相关的单词的频率同时增加或减少（其中，这些变化是与从另一不相关的文本中学习的语言模型进行比较的结果）。与关于宗教的文章相比，关于兽医科学的文章出现 "dog" "cat" 和 "fur" 等单词的概率会同时增加——尽管每个单词分别具有唯一的或高或低的概率。此一元语法模型上的先验分布包含了我们的先验信念，这些信念在整个文本领域中都不同，例如关于参数的变化。使用狄利克雷分布并不令人满意，因为它无法捕获词汇表中单词之间的依赖结构。

下一节将解释如何通过使用不同分布作为多项式分布的先验来部分修正狄利克雷分布的这种独立性。

总结

狄利克雷分布经常作为类别分布和多项式分布的共轭先验。由于类别分布普遍存在于自然语言处理的建模中，所以这种共轭性使得狄利克雷分布在贝叶斯自然语言处理中非常有用。当适当地设置超参数时，狄利克雷分布具有潜在地鼓励稀疏解的优点。这种性质在自然语言处理的文献中已被反复利用，因为语言元素（比如词性标签或单词）上的分布通常是稀疏的。狄利克雷分布也有局限性。例如，对于从中抽取的概率单纯形中的每个点，此分布假定点的坐标之间具有近乎独立的结构。

3.2.2　Logistic 正态分布

为了克服概率单纯形中含有成分数据的狄利克雷分布的局限性，Aitchison（1986）提出了 Logistic 正态分布。如果对于服从均值为 η，协方差矩阵为 Σ 的多元正态分布的随机向量 $\mu \in \mathbb{R}^{K-1}$，有

$$\theta_i = \frac{\exp(\mu_i)}{1 + \sum_{j=1}^{K-1} \exp(\mu_j)} \quad \forall i \in \{1, \cdots, K-1\} \tag{3.13}$$

$$\theta_K = \frac{1}{1 + \sum_{j=1}^{K-1} \exp(\mu_j)} \tag{3.14}$$

其中，$\eta = (\eta_1, \cdots, \eta_{K-1}) \in \mathbb{R}^{K-1}$，协方差矩阵 $\Sigma \in \mathbb{R}^{(K-1) \times (K-1)}$ 是对称半正定矩阵，则称随机向量 $\theta \in \mathbb{R}^K$ 是服从参数为 $\alpha = (\eta, \Sigma)$ 的（加性）Logistic 正态分布。

因此，顾名思义，Logistic 正态分布是通过使用 Logistic 变换对多元正态变量进行变换

获得的。该多元正态变量需要 $K-1$ 维而不是 K 维的原因是消除冗余自由度：如果 Logistic 正态分布使用 K 维多元正态变量，则通过选择任意一个分量，并令多元正态变量的所有分量都减去该分量，可以消去 K 维中的一维（所得的相减向量仍将是多元正态变量）。

由于协方差矩阵 Σ 可以表示显式的依赖结构，所以狄利克雷分布中不存在的其他依赖结构会出现在 Logistic 正态分布中。因此，根据 3.2.1 节的讨论，Logistic 正态分布是狄利克雷分布的替代方法。与狄利克雷分布不同，Logistic 正态分布与多项式分布不共轭。

图 3-1 给出了 $K=3$ 和 $n=5000$（即抽取的样本数为 5000）时各超参数的 Logistic 正态分布图。由于维度之间的独立性，并且每维的方差为 1，因此分布分散在整个概率单纯形上。当相关性为负且接近 -1 时，我们看到的范围更窄。当采用大方差（且坐标之间具有独立性）时，Logistic 正态分布的表现几乎类似于稀疏分布。

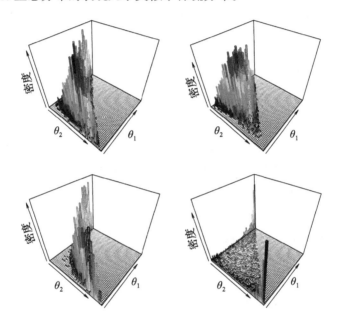

图 3-1　具有不同协方差矩阵 Σ 的 Logistic 正态分布（$K=3$）采样数据图。超参数 μ 总是设置为 $(0,0)$。左上角：$\Sigma = \begin{pmatrix} 1 & 0 \\ 0 & 1 \end{pmatrix}$。右上角：$\Sigma = \begin{pmatrix} 1 & 0.7 \\ 0.7 & 1 \end{pmatrix}$。左下角：$\Sigma = \begin{pmatrix} 1 & -0.7 \\ -0.7 & 1 \end{pmatrix}$。右下角：$\Sigma = \begin{pmatrix} 5 & 0 \\ 0 & 5 \end{pmatrix}$

加性 Logistic 正态分布的性质

Aitchison（1986）利用雅可比变换方法（见附录 A），得出了加性 Logistic 正态分布的密度为

$$p(\theta \mid \eta, \Sigma)$$
$$= \frac{1}{\sqrt{(2\pi)^K \det(\Sigma)}} \times \left(\prod_{i=1}^{K} \theta_i \right)^{-1}$$
$$\exp\left(-\frac{1}{2} (\log(\theta_{-K}/\theta_K) - \eta)^{\mathrm{T}} \Sigma^{-1} \log(\theta_{-K}/\theta_K) - \eta) \right)$$

其中 $\theta_{-K} = (\theta_1, \cdots, \theta_{K-1})$, $\log(\theta_{-K}/\theta_K) \in \mathbb{R}^{K-1}$，且

$$[\log(\theta_{-K}/\theta_K)]_i = \log(\theta_i/\theta_K) \ \forall i \in \{1, \cdots, K-1\}$$

该密度仅在概率单纯形上定义。对于所有正阶，Logistic 正态分布的矩和对数矩都有明确的定义。这些矩是 $E\left[\prod_{i=1}^K \theta_i^{a_i}\right]$ 和 $E\left[\prod_{i=1}^K (\log \theta_i)^{a_i}\right]$，其中 $a_i > 0$。不幸的是，尽管这些矩存在，但是它们没有闭形式的表达。

由于 θ_i 和 θ_j 之间的对数比是按正态进行分布的，因此，以下情况成立（Aitchison, 1986）：

$$E[\log(\theta_i/\theta_j)] = \eta_i - \eta_j$$
$$\mathrm{Cov}(\log(\theta_i/\theta_j), \log(\theta_k/\theta_\ell)) = \sigma_{\ell k} + \sigma_{ji} - \sigma_{i\ell} - \sigma_{kj}$$

另外

$$E[\theta_i/\theta_j] = \exp\left(\mu_i - \mu_j + \frac{1}{2}\left(\sigma_{ii} - 2\sigma_{ij} + \sigma_{jj}\right)\right)$$

Logistic 正态分布的应用

在贝叶斯自然语言处理中，使用 Logistic 正态分布（加性和乘性）没有使用狄利克雷分布那样常见。其主要原因是，具有 Logistic 正态的推断是烦琐的，即使采用形如 MCMC 方法的近似推断或变分推断（在第 5 章和第 6 章中讨论）也是如此，而且计算量也很大。然而，这并不排除在 MCMC 设置（Mimno et al., 2008）或变分设置（Blei and Lafferty, 2006）中使用 Logistic 正态分布。

使用（加性）Logistic 正态分布进行文本分析的一个例子是 Blei 和 Lafferty（2006）的相关主题模型（Correlated Topic Model, CTM）。Blei 和 Lafferty 提出的模型与 LDA 模型（见 2.2 节）相同，只是每个主题的主题分布采用 Logistic 正态分布进行抽取，而不是像在 LDA 模型中那样使用狄利克雷分布进行抽取。

作者的主要动机是建模主题之间的相关性。他们假设给定一个庞大的文档语料库，语料库中的主题是相互关联的。例如，诸如遗传学和计算生物学之类的主题都在生物学的范畴内，当一个文档与其中一个主题有关时，它很可能与其他主题也有关。另一方面，天文学通常与生物学之间的相关性（如果存在相关性的话）很弱。因此，我们期望天文学和生物学主题间的相关性接近于 0，甚至是负的。

作者基于《科学》杂志中的文章比较了 LDA 和 CTM。他们发现 CTM 比 LDA 获得了更好的拟合效果（当使用平均留出法（held-out）对数似然进行测量时，更多细节请参见 1.6 节）。此外，CTM 的概率在 $K = 90$（即 90 个主题）时达到峰值，而 LDA 的概率在 30 个主题时达到峰值。这意味着 CTM 能够更好地利用所用数据集中的可用主题。

加性 Logistic 正态分布也可用作结构化问题（如依存语法归纳）的先验。Cohen 等（2009）探讨了将 Logistic 正态分布作为有价依赖模型的先验（Klein and Manning, 2004），并展示了使用该先验可以在模型估计方面获得的显著改进。Cohen 等人将其与使用狄利克雷分布先验和完全不使用先验进行了比较。狄利克雷分布先验的行为与完全不使用先验的情况非常相似。如上所述，他们建模的问题是依存语法归纳，其预测的目标是根据词性标签序列

预测出依赖树（参见第 8 章）。

Cohen 和 Smith（2010b）进一步发展了这项研究，并提出了将 Logistic 正态分布扩展到单个多项式的局部范围之外的建议。进一步讨论见下一节。

分块 Logistic 正态分布

Logistic 正态分布是概率单纯形上的分布，它对应于单个多项式。在自然语言处理中，所使用的生成模型通常由多项式分布族组成。在这种情况下，参数 θ 由 K 个子向量 $\theta^1, \cdots, \theta^K$ 组成，其中每个 θ^k 在概率单纯形中的 N_k 维向量中。更详细的解释见第 8 章。

在这些情况下，先验在整个多项式集合中的自然选择是

$$p(\theta) = \prod_{k=1}^{K} p\left(\theta^k\right)$$

其中每个分布 $p(\theta^k)$ 可以是狄利克雷分布或 Logistic 正态分布。但是，这种分解不会在不同多项式的事件之间引入协方差结构。在不同索引 k 的多项式之间的先验存在明显的独立性假定。

克服这一问题的一种方法是使用分块 Logistic 正态分布（Aitchison，1986）。分块 Logistic 正态分布类似于 Logistic 正态分布，只是它被定义为多项式分布整体集合（比如 $\theta^1, \cdots, \theta^K$）上的先验。生成多项式集合的过程如生成过程 3-1 所示。

常数：整数 K, N_K，其中 $k \in \{1, \cdots, K\}$

超参数：均值向量 $\eta \in \mathbb{R}\left(\sum\limits_{k=1}^{K} N_k\right) - K$ 和对应的协方差矩阵 Σ

目标随机向量：$N_k - 1$ 维概率单纯形中的向量 θ^k，其中 $k \in \{1, \cdots, K\}$

辅助随机向量：$\mu^k \in \mathbb{R}^{N_k-1}$，其中 $k \in \{1, \cdots, K\}$

- -

- 生成一个多元正态变量 $\mu \in \mathbb{R}^{\sum_{i=1}^{K} N_i - K}$。该多元正态变量具有均值 η 和大小为 $\left(\sum\limits_{i=1}^{K} N_k - K\right) \times \left(\sum\limits_{i=1}^{K} N_k - K\right)$ 的协方差矩阵 Σ

- 把 μ 分解为 K 个子向量，每个长度为 $N_k - 1$

- 设置随机向量 θ 为

$$\theta_i^k = \frac{\exp(\mu_i^k)}{\prod_{j=1}^{N_k-1}\left(1 + \exp(\mu_j^k)\right)} \quad \forall i \in \{1, \cdots, N_k - 1\}$$

$$\theta_{N_k}^k = \frac{1}{\prod_{j=1}^{N_k-1}\left(1 + \exp(\mu_j^k)\right)}$$

生成过程 3-1　分块 Logistic 正态分布的生成过程

现在，协方差矩阵 Σ 允许向量 θ 的所有分量之间具有相关性。

分块 Logistic 正态与 Cohen 和 Smith（2009）提出的共享 Logistic 正态分布有关。两者

都包含一个存在于多项式边界之外的协方差结构，这由将一组参数自然分解为多项式来定义。共享 Logistic 正态通过对几个高斯变量（"普通专家"）求平均值，然后取幂并归一化，从而更隐式地编码这种协方差。具体内容参见 Cohen 和 Smith（2010b）的讨论。

乘性 Logistic 正态分布

Logistic 正态分布的另一种类型是乘性 Logistic 正态分布。乘性 Logistic 正态分布的定义与加性 Logistic 正态分布的定义相似。不同之处在于用下式替换了式（3.13）和式（3.14）：

$$\theta_i = \frac{\exp(\mu_i)}{\prod_{j=1}^{K-1}\left(1+\exp(\mu_j)\right)} \quad \forall i \in \{1, \cdots, K-1\}$$

$$\theta_K = \frac{1}{\prod_{j=1}^{K-1}\left(1+\exp(\mu_j)\right)}$$

乘性 Logistic 正态分布在贝叶斯自然语言处理模型中并不常用，这里对其进行介绍主要是出于完整性的考虑。

Logistic 正态分布与狄利克雷分布

根据 Aitchison（1986）的研究，Logistic 正态分布族和狄利克雷分布族是完全不同的，并且很难以一种有用的方式在一个分布族中找到与另一个分布族中的某个分布近似的分布。

Aitchison 指出，具有超参数 $\alpha = (\alpha_1, \cdots, \alpha_K)$ 的狄利克雷分布与 Logistic 正态分布族之间的最小 KL 散度（Kullback-Leibler 散度，请参阅附录 A）的值可以近似如下。只要 α_i 的值相对较大，最小 KL 散度就可近似为 $(1/12)\left(\sum_{i=1}^{K}\alpha_i^{-1} + 2\left/\left(\sum_{i=1}^{K}\alpha_i\right)\right.\right)$。

当 α_i 趋近于无穷时，狄利克雷分布趋向于 Logistic 正态性。更具体地说，若 θ 服从超参数为 α 的狄利克雷分布，当 $\alpha \to \infty$ 时，则 $p(\theta|\alpha)$ 的表现与超参数为 $\mu \in \mathbb{R}^{K-1}$ 和 $\Sigma \in \mathbb{R}^{K-1} \times \mathbb{R}^{K-1}$ 的 Logistic 正态分布非常像，并且超参数满足下面的条件：

$$\begin{aligned}\mu_i &= \psi(\alpha_i) - \psi(\alpha_K) & i &\in \{1, \cdots, K-1\}\\ \Sigma_{ii} &= \psi'(\alpha_i) + \psi(\alpha_K) & i &\in \{1, \cdots, K-1\}\\ \Sigma_{ij} &= \psi'(\alpha_K) & i &\neq j, i,j \in \{1, \cdots, K-1\}\end{aligned}$$

其中，ψ 是双伽玛函数，ψ' 是其导数（参见附录 B）。

总结

尽管 Logistic 正态分布与类别分布之间缺乏共轭性，但其是类别分布的一个有用先验。当狄利克雷在概率单纯形中表现出独立结构时，Logistic 正态分布则利用了源于多元正态分布的显式依赖结构。

Logistic 正态分布有加性和乘性两种变体。通常，如果一个分布被称为 Logistic 正态的，但是没有额外指出所使用的 Logistic 正态类型，那么该分布的类型是加性的。

3.2.3　讨论

正如 Aitchison（1986）所指出的那样，已经进行的一些研究试图将狄利克雷分布推广到包括狄利克雷分布族在内的具有更多依赖结构的分布族（见 3.2.1 节）。两个这样的尝试是缩放狄利克雷分布和 Connor-Mosimann 分布。

缩放狄利克雷分布由两个长度相同的向量 α 和 β 参数化,并且两个参数向量的每个分量都是正的。缩放狄利克雷分布的密度公式如下:

$$p(\theta|\alpha,\beta) = \frac{\Gamma(\sum_{i=1}^{d}\alpha_i)}{\prod_{i=1}^{d}\Gamma(\alpha_i)} \times \frac{\prod_{i=1}^{d}\beta_i^{\alpha_i}\theta_i^{\alpha_i-1}}{\left(\sum_{i=1}^{d}\beta_i\theta_i\right)^{\sum_{i=1}^{d}\alpha_i}}$$

其中,$\Gamma(x)$ 是伽玛函数。另一方面,Connor-Mosimann 分布具有以下密度(其也由每个分量都是正值的向量 $\alpha,\beta \in \mathbb{R}^d$ 参数化):

$$p(\theta|\alpha,\beta) = \prod_{i=1}^{d} \frac{\theta_i^{\alpha_i-1}}{B(\alpha_i,\beta_i)}$$

其中,$B(\alpha_i,\beta_i)$ 是具有如下定义的贝塔函数:

$$B(\alpha_i,\beta_i) = \frac{\Gamma(\alpha_i)\Gamma(\beta_i)}{\Gamma(\alpha_i+\beta_i)}$$

这两种尝试都只是稍微改进了狄利克雷分布的依赖结构,而且正如 Aitchison 所指出的那样,寻找能扩展狄利克雷分布,并使之具有更多依赖结构的分布类别的问题仍然存在。

3.2.4　总结

多项式分布是自然语言处理模型的重要组成部分,特别是在考虑生成建模技术时更是如此。自然语言处理中的大多数语言结构都可以用源自多项式分布的部件来描述。例如,具有概率上下文无关语法模型的短语结构树中的每个规则都源自多项式分布,该分布从与左侧非终结符关联的多项式生成右侧的规则。

因此,最明显的是在具有狄利克雷分布的贝叶斯自然语言处理中,多项式上的先验存在广泛的应用。狄利克雷的选择源于其与多项式分布的共轭性,这导致了它的易处理性,但它也可用于鼓励模型表现出稀疏性等性质。

本节讨论的第二个多项式先验族是 Logistic 正态分布族。与狄利克雷分布不同,Logistic 正态分布族在多项分布的各参数间引入了显式的协方差结构。它具有加性和乘性两种版本。

3.3　非信息先验

到目前为止,我们所讨论的先验大多是有信息的。利用信息先验,建模者可以尝试捕获关于先验参数的某种信念,并将其合并到分析中。例如,对于狄利克雷先验,这种信念可以是关于参数空间的稀疏性。另一方面,利用 Logistic 正态分布,该信念可能与参数空间中某些参数的依赖结构有关。

有时,人们更倾向于使用非信息先验,即不以任何方式对分析造成偏见的先验。当对参数没有明确的先验信念时,就需要使用这种先验类型。

使用非信息先验似乎违反直觉:在自然语言处理中,使用贝叶斯方法的原因之一就是通过使用富含信息的先验,使预测精确地偏向更合理的结构。如果没有先验的信念,为什么要从一开始就使用贝叶斯方法呢？

这个问题的答案并不简单。这个问题是"主观主义者"和"客观主义者"之间辩论的根源。"主观主义者"认为贝叶斯概率是个人信念的程度，而"客观主义者"认为贝叶斯概率应该表示客观理性的知识度量，因此应该不受主观先验选择的影响。非信息先验更符合客观主义者的观点。这种观点的一些支持者通过一系列公理（Cox，1946；Jaynes，2003）推导出贝叶斯统计量，并认为这种观点比主观观点更适合科学推断。另请参见 1.7 节。

如第 4 章所述，使用非信息先验通常会导致与频率学派方法论一致。但是，如果在对结构进行预测时整合了参数的后验，则使用非信息先验将使得探索参数空间的推断更有效。Goldwater 和 Griffiths（2007）证明了这一点。当作者比较他们用于词性标注的隐马尔可夫模型（一个模型是在转移矩阵和发射矩阵参数上具有均匀先验的完全贝叶斯隐马尔可夫模型，另一个是使用最大似然估计的普通隐马尔可夫模型）时，他们发现在参数空间上均匀地对预测值进行平均可以改进词性标签的预测能力。

尽管如此，贝叶斯自然语言处理中的非信息性先验最常被用作超先验——也就是说，超参数之上的层次先验，而不是模型的参数。这将在 3.5 节中讨论。

3.3.1　均匀不正常先验

在参数空间上选择非信息先验 $p(\theta)$ 的一种方法是遵循直觉：选择为所有 $\theta \in \Theta$ 分配相同密度的先验。

例如，只要集合 Θ 是 $\mathbb{R}^d$ 的子集，并且具有有限的体积 $v(\Theta)$（根据勒贝格测度），则 Θ 上的均匀先验就是常数分布 $p(\theta) = 1/v(\Theta)$。然而，强制在一组 Θ 上进行均匀分布，有时会导致不正常先验。一个不正常先验 $p(\theta)$ 是违反概率密度在参数空间上的积分为 1 的"先验"：

$$\int_\theta p(\theta)\mathrm{d}\theta = \infty$$

例如，在实线 $\mathbb{R}$（更一般地说，$\mathbb{R}^d$ 上的任何无界集，其中 $d \in \mathbb{N}$）上不存在均匀分布，只是因为对于任何 $c > 0$，积分 $\int_{-\infty}^{\infty} c\mathrm{d}\theta$ 都发散到无穷大。因此，在实线上定义均匀先验的任何尝试都将导致不正常先验。

即使先验不正常，在技术上（或代数上）仍然可以使用贝叶斯法则计算后验：

$$p(\theta|x) = \frac{p(\theta)p(x \mid \theta)}{\int_\theta p(\theta)p(x \mid \theta)\mathrm{d}\theta}$$

并且可以得到正常的后验分布——如果积分 $\int_\theta p(\theta)p(x|\theta)\mathrm{d}\theta$ 收敛的话。因此，只要后验定义明确，有时就可以通过贝叶斯法则使用不正常先验。

当对 $c > 0$ 使用 $p(\theta) = c$，即先验均匀（可能不正常）时，贝叶斯统计量和纯粹的频率论方法最大似然估计之间存在重叠。这将在 4.2.1 节中讨论。

当平坦的均匀先验变为不正常先验时，可以改用模糊先验。这样的先验不是不正常，而是不均匀。取而代之的是，它具有较大的跨度，要求其尾部接近 0 是为了避免在参数空间上对先验进行积分时出现发散。尾部通常呈现"重尾"是为了保持分布尽可能接近均匀。

3.3.2　Jeffreys 先验

如上所述，对非信息先验的一种批评是，它们对重新参数化不是不变的。这意味着，如果使用一对一（也许甚至平滑）的映射将 θ 转换为参数的新表示形式，则生成的非信息先验将具有不同的属性，例如将不会保持均匀先验。

直观地讲，如果先验不能提供关于参数的信息，那么该先验在重新参数下应保持一致。这意味着分配给参数集的概率质量应该与重新参数化后分配给这些参数集的概率质量相同。由于这个原因，统计学家已经找到了一些先验集，这些先验集仍然被认为是无信息的，但是对于参数的变换保持不变。这种先验的一个例子就是 Jeffreys 先验（Jeffreys，1961）。

Jeffreys 先验是根据参数中的 Fisher 信息量定义的。对于多元参数向量 θ，结合似然函数 $p(x|\theta)$，Fisher 信息量 $i(\theta)$ 是参数值的函数，它返回一个矩阵：

$$(i(\theta))_{ij} = -E\left[\left(\frac{\partial^2}{\partial\theta_i\theta_j}\log p(x|\theta)\right)\bigg\|\theta\right]$$

当 θ 为单变量时，Fisher 信息量将简化为记分函数的方差，其中记分函数是对数似然函数的导数。Jeffreys（1961）提出按如下方式定义先验：

$$p(\theta) \propto \sqrt{\det(i(\theta))}$$

Eisenstein 等（2011）在他们的稀疏加性生成（Sparse Additive Generative，SAGE）模型中使用了 Jeffreys 先验，该先验作用在用于从高斯分布中进行采样的方差值参数上。通过组合来自高斯分布的一些采样（每次采样都具有自己的方差）和"背景分布"，可以生成一组单词上的分布，用于表示某个主题。Eisenstein 等人声称使用正态 – Jeffreys 组合（与他们尝试过的正态 – 指数组合相比）可以鼓励稀疏性，同时也可以减少为先验选择超参数的需要（他们使用的 Jeffreys 先验没有被参数化）。

然而，在当前的贝叶斯自然语言处理工作中使用 Jeffreys 先验并不常见。更常见的是使用均匀的非信息先验或使用伽玛分布的模糊先验。但是，在 Jeffreys 先验的背景下，狄利克雷分布与多项式分布之间的紧密关系再次出现。超参数为 1/2 的对称狄利克雷分布（见 3.2.1节）是多项式分布的 Jeffreys 先验。

如果感兴趣的是层次先验（见 3.5 节），并且模型的结构是狄利克雷 – 多项式，则可以对狄利克雷分布超参数选择使用 Jeffreys 先验（Yang and Berger，1998）。如果狄利克雷分布由 $\alpha_1,\cdots,\alpha_K > 0$ 参数化，则 α 上的 Jeffreys 先验为 $p(\alpha) \propto \sqrt{\det(i(\alpha_1,\cdots,\alpha_K))}$，其中

$$[i(\alpha_1,\cdots,\alpha_K)]_{ii} = \psi'(\alpha_i) - \psi'\left(\sum_{i=1}^{K}\alpha_i\right) \qquad i\in\{1,\cdots,K\}$$

$$[i(\alpha_1,\cdots,\alpha_K)]_{ij} = -\psi'\left(\sum_{i=1}^{K}\alpha_i\right) \qquad i\neq j;i,j\in\{1,\cdots,K\}$$

3.3.3　讨论

在统计学界，对于无信息先验到底意味着什么并没有一个明确的共识。一些人认为均匀

先验是无信息性的,因为它们给参数空间中的所有参数分配了相等的概率。然而,当它们存在时,均匀先验对重新参数化而言并不是不变的,因此许多统计学家不认为它是无信息的。另一方面,Jeffreys 先验对重新参数化是不变的,但是对于参数空间的某些部分,它们可能具有偏好偏差。

3.4 共轭指数模型

指数族是在统计中非常有用的重要模型族,在自然语言处理中也很常见。首先,用 Θ 表示指数模型的参数空间,用 Ω 表示样本空间。为了定义一个特定的指数模型,我们需要定义以下函数:

- 函数 $\eta:\Theta \to \mathbb{R}^d$,对于一些 d。
- 函数 $t:\Omega \to \mathbb{R}^d$($t$ 也称为"充分统计量")。
- 函数 $h:\Omega \to (\mathbb{R}^+ \cup \{0\})$(也称为"基度量")。

这些函数定义了下面的模型:

$$p(x|\theta) = h(x)\exp(\eta(\theta) \cdot t(x) - A(\theta))$$

其中 $A(\theta)$ 用作归一化常数(也称为"对数配分函数"),具体定义如下:

$$A(\theta) = \log\left(\sum_x h(x)\exp(\eta(\theta) \cdot t(x))\right)$$

许多著名的分布都属于指数族。例如,对于包含 d 个事件的空间 $\Omega = \{1,\cdots,d\}$ 上的具有参数 $\theta_1,\cdots,\theta_d$ 的类别分布可以表示为一个指数模型:

$$\eta_i(\theta) = \log(\theta_i) \tag{3.15}$$
$$t_i(x) = I(x = i) \tag{3.16}$$
$$h(x) = 1 \tag{3.17}$$

许多其他的分布也属于指数族,如高斯分布、狄利克雷分布和伽马分布等。

指数模型可以重新参数化,其中新的参数集是 $\eta(\Omega)$,并且用恒等函数替换 η。在这种情况下,我们说指数模型是自然形式(带有"自然参数")。其余的讨论集中于自然形式的指数模型,例如:

$$p(x|\eta) = h(x)\exp(\eta \cdot t(x) - A(\eta)) \tag{3.18}$$

对数配分函数和充分统计量的均值之间有很强的关系。更具体地说,可以证明:

$$\frac{\partial A(\eta)}{\partial \eta_i} = E[t_i(X)]$$

当我们需要计算对数线性模型的梯度以优化其参数时,在自然语言处理中经常使用这一事实。在 Ω 是组合离散空间(如一组解析树或标记序列)的情况下,可以使用动态规划算法来计算这些期望值。详见第 8 章。

既然我们讨论了贝叶斯设置,那么很自然地我们就会问什么是指数模型的共轭先验。式(3.18)中模型的共轭先验也是以下一般形式的指数模型:

$$p(\eta|\xi_0, \xi) = f(\xi_0, \xi) \exp(\xi^{\mathrm{T}} \eta - \xi_0 A(\eta))$$

其中，$\xi \in \mathbb{R}^d, \xi_0 \in \mathbb{R}, f : \mathbb{R}^d \to (\mathbb{R}^+ \cup \{0\})$。这个一般性的结果可以用来证明许多已知分布对之间的共轭关系。（参见本章末尾的练习。）自然形式的指数模型与对数线性模型之间也存在很强的关系。有关对数线性模型的更多信息请参见 4.2.1 节。

3.5　模型中的多参数抽取

考虑基本的贝叶斯模型，其中的参数是从先验 $p(\theta)$ 中提取的，然后数据是从分布 $p(X|\theta)$ 中提取的。在这里，使用随机变量 X 抽象地表示数据，但在通常情况下，观测数据由多个观测值 $x^{(1)}, \cdots, x^{(n)}$ 组成，它们都是从分布 $p(X|\theta)$ 中抽取的。

在这种情况下，数据和参数的联合分布的一种写法是

$$p\left(\theta, x^{(1)}, \cdots, x^{(n)}\right) = p(\theta) \prod_{i=1}^{n} p\left(x^{(i)}|\theta\right)$$

仔细观察这个等式就会发现，先验的放置位置具有额外的自由度。可以为每个数据点抽取一个参数集，而不是所有数据点共用单次抽取的参数集。在这种情况下，联合分布为

$$p\left(\theta^{(1)}, \cdots, \theta^{(n)}, x^{(1)}, \cdots, x^{(n)}\right) = \prod_{i=1}^{n} p\left(\theta^{(i)}\right) p\left(x^{(i)}|\theta^{(i)}\right)$$

这种类型的模型也称为复合采样模型。使用这种方法进行先验建模，可以将分布

$$p\left(\theta^{(1)}, \cdots, \theta^{(n)}\right) = \prod_{i=1}^{n} p\left(\theta^{(i)}\right) \tag{3.19}$$

视为在参数 $(\theta^{(1)}, \cdots, \theta^{(n)})$ 的联合集合上的单个先验。这两种方法如图 3-2 所示。

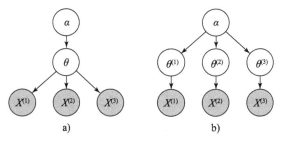

图 3-2　具有三个观测值的模型进行先验放置的两层图形描述。a) 所有观测值共用一次抽取的参数；b) 以经验贝叶斯方式为每个观测值重新抽取参数。阴影节点表示观测值

从概念上讲，这两种先验放置方法在建模自然语言时各有优点和缺点。为每个观测值抽取参数允许观测值（在隐变量模型的情况下为预测的结构）之间具有更大的灵活性，从而允许模型捕获跨语料库的变化。例如，这种变化可因作者或体裁的不同而产生。在顶层（仅生成一次）生成参数意味着需要在较小的空间中进行推断：需要在一组参数上找到后验。这降低了模型的复杂性。

当为每个数据分别抽取参数时（即我们使用公式（3.19）中的先验），假设这些参数之间

存在某种依赖性通常是很有用的。我们还对推断超参数感兴趣，以便推断参数之间的依赖关系。有两种主要方法可以进行这种类型的推断。这两种方法都假定用来抽取 $\theta^{(i)}$ 的先验 $p(\theta)$ 受超参数控制，因此对于某些 α，我们有 $p(\theta|\alpha)$。

第一种方法叫做经验贝叶斯（Berger，1985）。此时的经验贝叶斯意味着超参数通常使用最大似然准则进行估计。有关经验贝叶斯的更多信息请参见 4.3 节。

第二种方法是层次贝叶斯建模。层次贝叶斯模型是超参数（参数化先验）本身与超先验相关联的模型。层次贝叶斯模型将增加一个额外的先验层，通常参数化 $p(\alpha|\lambda)(\lambda \in \Lambda)$，使得联合分布为

$$p\left(\alpha, \theta^{(1)}, \cdots, \theta^{(n)}, x^{(1)}, \cdots, x^{(n)}|\lambda\right) = p\left(\alpha \mid \lambda\right) \prod_{i=1}^{n} p\left(\theta^{(i)}|\alpha\right) p\left(x^{(i)}|\theta\right)$$

就对模型预测的影响而言，第二阶段先验（或超先验）的选择没有第一阶段先验的选择影响大。因此，模糊先验和在数学上计算方便的先验比超参数上的先验更常见，尽管它们也许不能最好地表示我们对模型的信念。

不幸的是，许多贝叶斯自然语言处理论文并未在模型描述中明确指出是否为每个样本抽取参数，或者是否所有观测值和隐结构共用一组参数。这种歧义的出现主要是因为贝叶斯自然语言处理模型的生成过程通常是基于单个观测值（或隐结构）进行描述的。如何循环地处理所有观测值并没有在模型的描述中明确说明。

以隐马尔可夫模型为例（第 8 章），对于隐马尔可夫模型参数的单次抽取，在许多论文中都对使用多个序列作为数据点的问题进行了隐式处理。可以假定数据中的所有序列都拼接在一起成为单个序列，并在它们之间使用分隔符。然后，我们可以对该单序列进行推断。这导致了具有多个序列的等价场景，其中从分隔符符号到任何其他符号的转移概率被视为初始概率。

一般来说，贝叶斯自然语言处理论文的读者通常应该假定所有的观测值共用一个抽取的参数集，除非论文采用经验贝叶斯设置或层次贝叶斯设置。有关先验位置的其他线索（比如推断算法的推导或者与论文方法进行比较的其他贝叶斯基准算法）掩盖了该一般规则。

本书试图尽可能明确地阐述先验的位置。先验是在顶层抽象定义的，但读者应该考虑到，在许多情况下，θ 实际上表示参数的多次抽取。特别地，先验在公式（3.19）中定义。

在对所有参数进行一次参数抽取的情况下，可以使用层次贝叶斯建模和经验贝叶斯。然而，它们经常用于多参数抽取背景下的自然语言处理，尤其是在经验贝叶斯设置下。

3.6   结构先验

贝叶斯自然语言处理中的大量工作都集中在模型结构固定的情况下。这里的模型结构并没有严格定义，但它指的是在模型中做出核心潜在独立性假设的表示。例如，它可以是上下文无关语法或有向图模型。要使该结构在数据上下文中起作用，需要将其与各种成分的参数相关联。例如，PCFG 将每个规则与规则概率相关联。

由于我们通常假定模型结构是固定的，因此贝叶斯自然语言处理中的先验是在该结构的参数上定义的。在模型结构上设置先验更为复杂。一种隐式的实现方法是对结构做较少的独立性假定，并合并许多可能无法用于给定固定参数集的成分（例如，上下文无关语法的所有可能的右侧）。然后，为此模型选择一个稀疏先验（例如，具有小浓度超参数的对称狄利克雷分布），这将在实质上导致从模型中选择这些成分的子集。

在自然语言处理中使用结构先验有几个比较明确的例子。例如，Eisner（2002）在上下文无关规则的右侧定义了一个结构性的"转换先验"。Eisner 的目标是将规则引入在训练数据从未出现过的语法中。规则的引入是通过向现有规则引入局部编辑操作来完成的。完整的规则集以图的形式表示，其中节点对应于规则，边对应于使用局部编辑操作（删除右侧的非终结符，添加或替换一个规则）从一个规则到另一个规则的可能转换。对图中的边进行加权，并确定规则在最终语法中的概率。

在贝叶斯模型中设置结构先验的其他案例包括 Stolcke 和 Omohundro（1994）的工作。Stolcke 对使用"贝叶斯合并模型"学习语法结构感兴趣。更多信息见 8.9 节。

3.7　本章小结

先验分布是贝叶斯统计中用于帮助管理参数不确定性的基本机制。在选择先验分布时，必须考虑两个权衡：先验的表达能力和捕获参数空间属性的能力，以及其后验推断的易处理性。

共轭先验是一种更侧重于这种权衡第二个方面的先验。由于贝叶斯自然语言处理模型通常基于类别分布，所以在贝叶斯自然语言处理中普遍使用狄利克雷分布（其是类别分布的共轭先验）作为先验。

狄利克雷分布有一定的局限性，可以使用多项式上的其他先验（例如 Logistic 正态分布）对其进行替代。尽管这些替代先验在计算上很难处理，但是可以使用近似推断方法来克服这个挑战。

在贝叶斯自然语言处理中经常使用层次先验，而关于超参数的不确定性实际上使用另一个先验进行管理。这种类型的先验（也称为超先验）不太容易由于不恰当地选择先验家族而导致性能下降。这是由于超先验在模型层次结构中的位置，它比直接先验离参数更远。

在贝叶斯自然语言处理中有两种方法来放置先验。第一种方法是将先验放在顶层，为所有观测值只抽取一次参数。第二种方法是为每个观测值（或隐结构）分别抽取参数。这种方法通常与层次先验和经验贝叶斯估计相关（见 4.3 节）。

先验是贝叶斯推断机制的重要组成部分。更抽象地讲，应该将它们视为对建模者关于各种假设（或用于参数化模型的参数）的先验信念进行建模的一种方式。

贝叶斯自然语言处理可能特别令人感兴趣的未被探索的领域是先验启发。在先验启发式中，先验是基于专家知识构建的（在语言领域，这样的专家可以是语言学家）。在某些研究领域，专家只需为先验族选择一个超参数设置。在自然语言处理中，这样的先验启发也许可以用一套清晰的原则来整合语言信息。

3.8 习题

3.1 如果一个分布与另一个分布共轭，那么当第一个分布被重新归一化到参数空间的一个子集时，根据 3.1.4 节证明共轭关系保持不变。

3.2 验证多项式分布或类别分布可以表示为指数模型（即证明式（3.15）～式（3.17）是正确的）。

3.3 证明狄利克雷分布可以表示为指数模型，并根据 3.4 节证明狄利克雷分布与多项式分布是共轭的。

3.4 爱丽丝设计了由单个整数参数进行参数化的模型，即 $p(X|\lambda)$，其中 $\lambda \in \mathbb{N}$。她现在对定义先验 $p(\lambda)$ 感兴趣。由于爱丽丝对问题的参数和先验知识没有太多的信息，因此她想为 λ 定义 $\mathbb{N}$ 上的均匀先验。证明任何此类先验均是不合适的。

3.5 接着上一个问题，爱丽丝因为她的先验不合适而不开心。她对所建模的问题有了更多的了解，现在她认为 λ 应该以 0 为中心，并且随着 $|\lambda|$ 的增加呈指数下降。你能为 λ 设计一个合适的先验吗？（该先验应该由决定指数衰减的标量参数 α 进行超参数化。）

贝叶斯估计

贝叶斯推断的主要目标是（从数据中）推导出模型中隐变量（最特别的模型参数）的后验分布。这个后验可以随后用于概率地推断出参数的范围（通过贝叶斯区间估计，我们做出预测性描述，如"参数 θ 处于区间 [0.5, 0.56] 的概率为 0.95"），计算参数的均值或众数，或者计算其他感兴趣量的期望值。所有这些都是总结后验的方法，而不是如前两章所述，将后验以完整形式保留为分布。

在贝叶斯统计的传统用法中，这种总结后验是为了对问题的本质或手头的数据生成可解释的结论。与贝叶斯统计的传统用法不同，自然语言处理通常不着重总结这种用于解释的后验，而是着重提高模型对未知数据点的预测能力。这种预测的例子有：句子的句法树、两个句子的对齐或单词的形态学分割。 [○]

对于自然语言处理问题，总结后验的最基本方法是从后验计算点估计。这意味着我们确定了参数空间中的单个点（因此确定了模型族的分布）以用于进一步的预测。最初，这种方法似乎忽略了贝叶斯推断背后的观点，贝叶斯推断的目的是使用完全分布来管理模型参数的不确定性。但是，后验总结（如后验均值）通常会整合许多参数值。因此，使用此后验总结进行的未来预测在很大程度上依赖于先验（后验考虑了先验），尤其是在有少量数据可用的情况下。

后验总结通常与"完全贝叶斯"方法进行对比，在"完全贝叶斯"方法中，预测使用完全后验来进行任何预测。完全贝叶斯方法的一个例子是将参数的后验与似然函数进行积分，并对所有可能的参数进行平均，以找到得分最高的结构。要理解完全贝叶斯方法和确定点估计之间的区别，请参考 4.1 节。从贝叶斯的观点来看，虽然贝叶斯方法在概率上更"正确"，但它通常在计算上难以处理。另一方面，后验总结（像频率论点估计一样）会导致轻量级模型，这些模型可以很轻松地用于未来的预测。

本章讨论了可以总结后验的几种方法，并将这些方法中的一些与频率论估计联系起来。本章包括两个主要部分：第一部分在 4.2 节，详细介绍了在贝叶斯自然语言处理中用于总结后验的核心方法；第二部分在 4.3 节中，解释了经验贝叶斯方法，该方法获得了超参数的点估计，其常可替代参数本身的点估计。

本章中描述的技术与第 5 章（采样方法）和第 6 章（变分推断）中描述的技术形成对比。后面几章中的技术描述了完全确定后验的方法，或至少确定从中提取样本的方法。尽管这些章节中的技术通常用于完全贝叶斯推断，但它们也可以用于确定后验，然后使用本章中描述的方法对其进行总结。

○ 在某些情况下，在自然语言处理问题中会涉及参数的实际值。这些参数可以在开发阶段使用，以确定模型中的哪些特征最有助于提高其预测能力。实际值也可以用于解释模型，并理解其学到的模式。可以迭代地使用此信息来提高模型的表达能力。

4.1　隐变量学习：两种观点

在无监督的情况下，只有"输入"示例可用（对于训练过程），而没有"输出"示例，人们通常会对两种学习方法进行区分。

在第一种方法中，基于所有可用的观测数据进行推断。这包括我们希望做出最终预测的数据。在第二种方法中，我们遵循将训练数据分为训练集（可能还有开发集）和测试集的机器学习传统；接下来，使用训练集估计模型参数，使用开发集执行一些精细调整，最后对测试集中未见的示例进行解码，以评估模型的预测能力。

在贝叶斯自然语言处理中有遵循这两种方法的示例。当然，第一种方法仅适用于无监督的情况，而不适用于有监督的情况。因此，第一种方法在贝叶斯自然语言处理中很常见也就不足为奇了——正如第 2 章中所讨论的那样，贝叶斯自然语言处理在很大程度上着眼于无监督的数据学习。

全贝叶斯方法可以与划分的训练集和测试集一起使用，但是在使用贝叶斯点估计时，这种划分在贝叶斯自然语言处理中更为常见。全贝叶斯方法通常需要计算量大的近似推断算法。这种设置并不总是很适合自然语言处理，因为自然语言处理系统通常需要能够对未见数据点进行快速推断的轻量级模型。对于部署用于商业或其他大规模用途的自然语言处理系统尤其如此。在这种情况下，贝叶斯点估计可以作为贝叶斯方法和轻量级模型需求之间的平衡。

如前所述，贝叶斯点估计并不是将贝叶斯推断与基于训练 – 测试的传统机器学习方法相结合的唯一选择。如果无监督问题中的训练集包含实例 $x^{(1)}, \cdots, x^{(n)}$，并且我们有兴趣解码结构为 z' 的新样本 x'，则我们可以使用训练实例来推断参数的全部后验：

$$p\left(\theta | x^{(1)}, \cdots, x^{(n)}\right) = \sum_{z^{(1)}, \cdots, z^{(n)}} p\left(\theta, z^{(1)}, \cdots, z^{(n)} | x^{(1)}, \cdots, x^{(n)}\right)$$

然后从近似后验开始解码：

$$p\left(z' | x^{(1)}, \cdots, x^{(n)}, x'\right) \approx \int_{\theta} p\left(z' | \theta, x'\right) p\left(\theta | x^{(1)}, \cdots, x^{(n)}\right) \mathrm{d}\theta \qquad (4.1)$$

当 n 很大时，这种近似特别准确。为了使后验更精确，我们还需要对 x' 上的参数分布进行条件设置，即

$$p\left(z' | x^{(1)}, \cdots, x^{(n)}, x'\right) = \int_{\theta} p\left(z' | \theta, x'\right) p\left(\theta | x^{(1)}, \cdots, x^{(n)}, x'\right) \mathrm{d}\theta \qquad (4.2)$$

但当 n 较大时，x' 对后验的影响可以忽略不计，此时式（4.1）较好地近似了式（4.2）的右侧。式（4.2）的推导是在给定参数集 θ 的条件下，输入（与输出）实例之间独立性的直接结果。

以这种方式结合后验对似然进行积分是相当复杂的，并且计算效率也很低。因此，在推断该后验时我们经常使用近似方法（例如采样或变分推断），或者使用贝叶斯点估计。

4.2　贝叶斯点估计

贝叶斯点估计的重点是将参数上的后验归纳成一组固定的参数。这种估计通常与频

率论方法有很强的关系，如最大似然估计或正则最大似然估计。在使用贝叶斯最大后验（Maximum A Posterior，MAP）估计推导贝叶斯估计的情况下，这种关系最为明显，下一节将对此进行描述。

4.2.1 最大后验估计

本节首先考虑完整数据设置中的最大后验估计（即在有监督的情况下）。令 $p(\theta)$ 是似然为 $p(X|\theta)$ 的模型的先验。生成过程是首先从先验中抽取参数 θ，然后在给定 θ 的条件下以概率 $p(x^{(i)}|\theta)$ 独立地抽取样本 $x^{(1)}, \cdots, x^{(n)}$。对应于这些观测值的随机变量为 $X^{(1)}, \cdots, X^{(n)}$。最大后验估计选择后验的众数作为点估计值 θ^*：

$$\theta^* = \arg\max_{\theta} p\left(\theta \mid x^{(1)}, \cdots, x^{(n)}\right) = \arg\max_{\theta} \frac{p(\theta)\, p\left(x^{(1)}, \cdots, x^{(n)} \mid \theta\right)}{p\left(x^{(1)}, \cdots, x^{(n)}\right)}$$

最大后验估计背后的动机是简单而直观的：根据后验选择最可能的参数集，同时考虑先验和观测数据。注意，$p(x^{(1)}, \cdots, x^{(n)})$ 不依赖于 θ，其在 θ 上达到最大。因此

$$\theta^* = \arg\max_{\theta} p(\theta)\, p\left(x^{(1)}, \cdots, x^{(n)} \mid \theta\right)$$

另外，由于给定 θ 后 $X^{(i)}(i \in \{1, \cdots, n\})$ 是相互独立的，且对数函数是单调的，因此 MAP 估计器对应于

$$\theta^* = \arg\max_{\theta} \log p(\theta) + L(\theta) \tag{4.3}$$

其中

$$L(\theta) = \sum_{i=1}^{n} \log p(x^{(i)} \mid \theta)$$

如果 $p(\theta)$ 是常数（例如，当 $p(\theta)$ 表示概率单纯形上的均匀分布，即超参数为 1 的对称狄利克雷分布），则式（4.3）恢复最大似然解。函数 $L(\theta)$ 等于用于最大似然估计的对数似然函数。均匀先验 $p(\theta)$ 被认为是无信息先验，3.3 节已对其进行过较多讨论。

更一般地，式（4.3）中的项 $\log p(\theta)$ 是目标函数的惩罚项。根据先验，当 θ 极不可能出现时，此惩罚项会使目标变小。

与最小描述长度的关系

最小描述长度（Minimum Description Length，MDL）是基于古老的奥卡姆剃刀原理的机器学习思想。最小描述长度原则建议选择的假设（在我们的情况下为一组参数）应以最简洁的方式对观察到的数据进行编码。这种简洁的表示应该自然地编码假设本身。

最大后验估计完全遵循最小描述长度的概率编码框架。如果我们对式（4.3）中的先验对数项和似然项同时取负，则优化问题就会从最大化问题变成最小化问题。$-\log p(\theta)$ 项表示根据特定代码对假设进行编码所需的自然比特数。该编码对于服从 $p(\theta)$ 分布的编码假设是最优的，即其使期望编码长度达到了最小值。

类似地，对数似然项表示在给定假设 θ 的条件下，对数据进行编码所需的自然比特数。特别地，当采用该编码对按照该 θ 的似然分布的数据进行编码时，其能够最小化所需的期望自然比特数。

这两个量化的自然比特值共同构成了对从数据中学到的假设进行表示所需的自然比特数的度量。它们结合了我们先验的信念以及我们对数据的观测。然后，我们根据如奥卡姆剃刀原理将这些值最小化。

当使用 $\log_2$ 代替自然对数时，度量单位从自然比特变成了比特。选择对数的底数不会改变最大后验估计的解。

狄利克雷和加性平滑

在语言数据中需要仔细处理稀疏计数。例如，众所周知，对于单词上的分布，或者更一般地，n 元语法上的服从 Zipfian 的分布；这意味着有一个重尾的稀有 n 元语法，并且大部分的概率质量集中在一个相对较小的 n 元语法集合上。由于重尾相当严重，并且包含该语言中的大多数单词类型，因此不能忽略它。然而，很难估计此尾部中每个元素的概率，因为来自该尾部的单个元素在语料库中并不经常出现。仅将非零概率分配给用来估算概率的文本中实际出现的 n 元语法，可能导致出现在预留数据集中的 n 元语法的概率为零。这对任何模型都是非常有害的，因为它使模型变得脆弱，且对噪声不鲁棒。为了证明这一点，考虑一下，如果任何模型都将零概率分配给在进行模型测试时出现的单个未见的 n 元语法，那么整个数据的对数似然就会发散到负无穷。[⊖] 更一般地，不经常出现的 n 元语法的朴素估计的方差非常大。现在我们来描述解决该稀疏性问题的方法与狄利克雷分布之间的联系。

考虑这样一种情况：θ 是从超参数 $\alpha > 0$ 的对称狄利克雷分布中抽取的。此外，$x^{(1)}, \cdots, x^{(n)}$ 是从多项式分布 θ（每个 $x^{(i)} \in \{0,1\}^K$ 使得对于每个 i，有 $\sum_{j=1}^{K} x_j^{(i)} = 1$）中抽取的。在 3.2.1 节中，我们证明了后验 $p(\theta \mid x^{(1)}, \cdots, x^{(n)}, \alpha)$ 是具有超参数 $(\alpha, \alpha, \cdots, \alpha) + \sum_{i=1}^{n} x^{(i)}$ 的狄利克雷分布。

当所有超参数都大于 1 时，狄利克雷分布的密度只有一个最大值。在这种情况下，如果 θ^* 是后验最大值，则

$$\theta_j^* = \frac{(\alpha - 1) + \sum_{i=1}^{n} x_j^{(i)}}{K(\alpha - 1) + \sum_{j=1}^{K} \sum_{i=1}^{n} x_j^{(i)}} \tag{4.4}$$

当 $\alpha = 1$ 时，分子分母中的 $\alpha - 1$ 项消失，我们恢复了最大似然估计——θ^* 的估计仅由每个事件的相对频率组成。实际上，当 $\alpha = 1$ 时，具有狄利克雷的先验 $p(\theta \mid \alpha)$ 只是均匀的无信息先验，因此我们恢复了最大似然估计（参见上一节和式（4.3））。

当 $\alpha > 1$ 时，式（4.4）中采用狄利克雷 – 多项式的最大似然估计相当于平滑最大似然估计。每个观测值都添加一个伪计数 $\alpha - 1$。这种类型的平滑也称为加性平滑，或拉普拉斯 – 李德斯通平滑。该平滑自早期以来就经常用于数据驱动的自然语言处理，因为它有助于缓解语言数据中的稀疏计数问题。（当 $\alpha < 1$ 时，会出现折扣效应，因为 $\alpha - 1 < 0$。）

加法平滑尤其引人注目，因为它易于实现。作为最大后验解决方案的解释具有其附加价值，但它不是加性平滑的起源。事实上，自 20 世纪 80 年代末以来，加性平滑法已经在自然

⊖ 因此，某些语言建模工具包，如 SRI 语言建模工具包（Stolcke，2002），在计算未见数据的困惑度时可以选择忽略未见的单词。

语言处理领域的 n 元语法模型中得到了应用，但没有引用它的贝叶斯解释。

Chen 和 Goodman（1996）对语言建模中的平滑技术进行了深入的研究，并将加性平滑与其他平滑技术进行了比较。他们的结论是，加性平滑还远不是精确估计 n 元语法模型的最佳解决方案。Katz 平滑（Katz，1987）和 n 元语法语言模型的低阶估计插值（Jelinek 和 Mercer，1980）在预留数据集上的性能表现得更好（报告的性能度量是交叉熵，参见附录 A）。毫不奇怪，通过在所有计数上加 1 来平滑计数（正如 Lidstone（1920）和 Jeffreys（1961）认为的，这是"道德上正确的"选择）的执行效果，不如通过改变添加到 n 元语法计数上的伪计数来平滑计数[⊖]的效果好。

尽管加性平滑缺乏最优性，但它仍然是自然语言处理的基本工具，其常在普通的最大似然估计之后使用。这可能是由于加性平滑的效率和作为最大似然估计扩展的直接实现所致。然而，为了通过最大似然估计达到最好的性能，通常需要更复杂的平滑方案，如插值或合并低阶模型。

最大似然估计和正则化

具有某些贝叶斯先验的最大后验估计与频率类型的正则化之间有很强的联系。在正则化中，对数似然等目标函数增加了正则化项，以避免过拟合。现在我们用对数线性模型来描述这种联系。

对数线性模型是自然语言处理中监督问题的常见模型类型。在生成情况中，模型定义在 (x, z) 对上，其中 x 是解码问题的输入，z 是要预测的结构。模型形式如下：

$$p(X, Z | \theta) = \frac{\exp\left(\sum_{j=1}^{K} \theta_j f_j(X, Z)\right)}{A(\theta)}$$

其中 $f(x, z) = (f_1(x, z), \cdots, f_K(x, z))$ 是特征向量，它提取关于 (x, z) 对的信息，以便根据模型确定其概率。

每个函数 $f_i(x, z)$ 都将 (x, z) 映射到 $\mathbb{R}$，其通常只是一个二元函数，接收 $\{0, 1\}$ 中的值（表示 x 和 z 中是否存在子结构），或者是 $\mathbb{N}$ 中的整数值（计算某个子结构出现在 x 和 z 中的次数）。

函数 $A(\theta)$ 是配分函数，用于归一化分布，定义如下：

$$A(\theta) = \sum_x A(\theta, x) \tag{4.5}$$

其中

$$A(\theta, x) = \sum_z \exp\left(\sum_{j=1}^{K} \theta_j f_j(x, z)\right)$$

另外，在判别设置中，只对预测结构建模，对数线性模型则被定义为条件模型：

$$p(Z | X, \theta) = \frac{\exp\left(\sum_{j=1}^{K} \theta_j f_j(X, Z)\right)}{A(\theta, X)}$$

⊖ 现代语言模型更多地使用 Kneser 和 Ney（1995）提出的平滑技术，其贝叶斯解释是最近才在非参数模型下发现的。见 7.4.1 节。

在这种情况下，式（4.5）中的 $A(\theta)$ 是不需要的。这很重要，因为在所有可能的 x 上的求和操作使得 $A(\theta)$ 很难计算，也是不需要计算的。另一方面，对于特定的 x，使用诸如动态规划算法（第 8 章）之类的算法通常可以很容易地计算出函数 $A(\theta, x)$。

当 $Z \in \{-1, 1\}$ 时，对数线性模型被称为"逻辑回归"（二元）分类器。在这种情况下，我们定义（注意，由于标签概率上的和需要满足等于 1 的约束，因此这里不需要依赖于标签的特征函数）：

$$p(Z|X, \theta) = \begin{cases} \dfrac{1}{1 + \exp\left(-\sum_{j=1}^{K} \theta_j f_j(X)\right)} & \text{若} \quad Z = 1 \\[4mm] \dfrac{\exp\left(-\sum_{j=1}^{K} \theta_j f_j(X)\right)}{1 + \exp\left(-\sum_{j=1}^{K} \theta_j f_j(X)\right)} & \text{若} \quad Z = -1 \end{cases}$$

无论是生成式对数线性模型还是判别式对数线性模型，或者逻辑回归模型，在自然语言处理中用于估计参数 θ 的经典方法是基于 θ 最大化对数似然目标。在生成式模型情况下，目标函数是

$$\sum_{i=1}^{n} \log p\left(x^{(i)}, z^{(i)} \mid \theta\right)$$

在判别式模型情况下[○]，目标函数是

$$\sum_{i=1}^{n} \log p\left(z^{(i)} \mid x^{(i)}, \theta\right)$$

单纯的似然最大化常常导致模型过拟合训练数据。参数值不因太大而受到约束或惩罚，因此，对数似然函数倾向于以这样一种方式来拟合参数，即考虑了数据中由于噪声或不代表一般情况的模式。这使得模型不能很好地泛化到未见的数据。对于与单个输出相关联的某些低频特征，特征权重甚至可能发散到无穷大。

正则化是缓解此问题的一种解决方案。以 L_2 正则化[○]为例，被优化的新目标函数为（在生成情况下）：

$$\sum_{i=1}^{n} \log p\left(x^{(i)}, z^{(i)} \mid \theta\right) + R(\theta) \tag{4.6}$$

其中，对于一些固定的 $\sigma \in \mathbb{R}$，有

$$R(\theta) = -\frac{1}{2\sigma^2}\left(\sum_{j=1}^{K} \theta_j^2\right)$$

类似地用条件对数似然代替对数似然，可以定义正则化判别目标函数。

这种正则化背后的直觉很简单。当目标函数中的参数太大时（当目标函数也拟合训练数

○ 现代机器学习利用其他的判别学习算法来学习类似的线性模型，如最著名的最大间隔算法和感知器算法。

○ 向量 $x \in \mathbb{R}^d$ 的 L_2 范数是它的欧氏长度：$\sqrt{\sum_{i=1}^{d} x_i^2}$。

据中的噪声时会出现这种情况，进而导致过拟合），正则项（绝对值）变大，使得整个目标变得更小。因此，依赖于 σ 的值，正则化项 $R(\theta)$ 鼓励使用特征更接近于 0 的解。

尽管这种类型的正则化是基于频率方法来解决估计问题的，但这种正则化与贝叶斯分析之间还是有联系的。当将正则项作为幂指数，并乘以一个常数（不依赖 θ）时，该正则项成为多元正态分布的密度函数值，其在 θ 上定义，具有零均值，且对角线上的值为 σ^2 的对角协方差矩阵。

这意味着最大化式（4.6）对应于最大化：

$$\sum_{i=1}^{n} \log p\left(x^{(i)}, z^{(i)} \mid \theta\right) + \log p\left(\theta \mid \sigma^2\right) \tag{4.7}$$

其中 $p(\theta|\sigma^2)$ 是参数 θ 上的多元正态先验。这个多元正态分布的均值是 0，协方差是 $\sigma^2 I_{K \times K}$。式（4.7）具有与式（4.3）完全相同的结构。因此，L_2 正则化对应于在参数上具有高斯先验的最大后验估计。

还有其他的方法可以替代 L_2 正则化。例如，考虑以下关于 θ 的先验：

$$p(\theta \mid \lambda) = \prod_{j=1}^{K} p(\theta_j \mid \lambda)$$
$$p(\theta_j \mid \lambda) = \frac{1}{2\lambda} \exp\left(-\frac{|\theta_j|}{\lambda}\right) \tag{4.8}$$

式（4.8）中每个 θ_j 的分布也称为拉普拉斯分布（其均值为 0，方差为 $2\lambda^2$；参见附录 B）。通过结合先验 $p(\theta|\lambda)$ 和最大后验估计，可以获得如下形式的最大化问题（忽略常数项）：

$$\sum_{i=1}^{n} \log p\left(x^{(i)}, z^{(i)} \mid \theta\right) - \frac{1}{\lambda}\left(\sum_{j=1}^{K} |\theta_j|\right)$$

这种类型的正则化也称为 L_1 正则化。众所周知，它会鼓励对 θ 进行稀疏估计，即 θ 中的许多分量恰好为 0（Bishop，2006）。L_1 范数实际上是用作正则项 $\text{Supp}(\theta)$ 的松弛，定义为

$$\text{Supp}(\theta) = |\{i \mid \theta_i \neq 0\}|$$

直接将支撑度与对数似然一起最小化是难以处理的，因此使用 L_1 之类的松弛。

具有隐变量的最大后验估计

当将隐变量引入估计问题时（例如在无监督学习的情况下），最大后验估计会变得更加麻烦。假设联合分布的因式分解如下：

$$p\left(x^{(1)}, \cdots, x^{(n)}, z^{(1)}, \cdots, z^{(n)}, \theta \mid \alpha\right) = p(\theta|\alpha)\prod_{i=1}^{n} p\left(z^{(i)} \mid \theta, \alpha\right) p\left(x^{(i)} \mid z^{(i)}, \theta, \alpha\right)$$

随机变量 $Z^{(i)}$ 表示隐结构，随机变量 $X^{(i)}$ 表示观测值。后验具有如下形式：

$$p\left(\theta, z^{(1)}, \cdots, z^{(n)} \mid x^{(1)}, \cdots, x^{(n)}, \alpha\right)$$

通过最大后验估计从该后验中得到点估计的最彻底方法是边缘化 $Z^{(i)}$，然后按如下方式确定 θ^*：

$$\theta^* = \arg\max_{\theta} \sum_{z^{(1)}, \cdots, z^{(n)}} p\left(\theta, z^{(1)}, \cdots, z^{(n)} \mid x^{(1)}, \cdots, x^{(n)}, \alpha\right) \tag{4.9}$$

然而，这样的估算通常没有解析形式，甚至在数值上进行计算也是很困难的。避免它的一种可能方法是将式（4.9）中的优化问题更改为

$$\theta^* = \arg\max_{\theta} \max_{z^{(1)},\cdots,z^{(n)}} p\left(\theta, z^{(1)}, \cdots, z^{(n)} \mid x^{(1)}, \cdots, x^{(n)}, \alpha\right) \qquad (4.10)$$

该优化问题同时根据参数和隐变量确定后验的众数，通常可以很轻松地求解。例如，可以将模拟方法（如马尔可夫链蒙特卡罗算法）与模拟退火结合使用，以找到该后验的众数。模拟退火的思想是通过马尔可夫链蒙特卡罗推断，从变换后的后验中抽取样本，以便将其大部分概率质量放在众数上。这种变换是渐进的，并由"温度计划表"确定，该计划表会缓慢降低温度参数。特定的温度参数确定分布的峰值数量——温度越低，分布的峰值就越多。5.6节将对模拟退火进行详细讨论。用式（4.10）中的优化问题代替边缘最大化问题（式（4.9））是一个重要的近似。当后验具有峰值形式时（即后验的大部分概率质量集中在要预测的可能结构集合的一些元素上），其往往工作得最好。

对式（4.9）中优化问题的另一种近似是基于变分的近似。在这种情况下，使用分布 q 近似后验。分布 q 通常具有如下因式分解形式：

$$p\left(\theta, z^{(1)}, \cdots, z^{(n)}\right) \approx q(\theta) \times \left(\prod_{i=1}^{n} q\left(z^{(i)}\right)\right)$$

假设分布 $q(\theta)$ 具有参数形式，并且使用近似推断方法（如平均场变分推断）来迭代地确定分布 q 的每个成分（对于每个预测的结构和参数）。然后，近似的最大后验就是

$$\theta^* = \arg\max_{\theta} q(\theta)$$

其中，$q(\theta)$ 是参数上的边缘近似后验分布。第 6 章将对贝叶斯自然语言处理中的变分近似方法进行深入的讨论。

4.2.2　基于最大后验解的后验近似

在 $\Theta \subset \mathbb{R}^K$ 的情况下，后验的众数可用于获得后验的近似分布。该近似假设后验的行为与均值处于后验众数位置的多元正态分布相似（注意，多元正态分布的均值和众数是相同的）。

令 x 为来自先验为 $p(\theta)$ 的似然 $p(x\mid\theta)$ 的观测值。此后验的正态近似（也称为"拉普拉斯近似"）假定：

$$p(\theta \mid x) \approx f(\theta \mid \theta^*, \Sigma^*) \qquad (4.11)$$

其中

$$f(\theta \mid \theta^*, \Sigma^*) = \frac{1}{(2\pi)^{-K/2}\sqrt{|\det(\Sigma^*)|}} \exp\left(-\frac{1}{2}(\theta-\theta^*)^{\mathrm{T}}(\Sigma^*)^{-1}(\theta-\theta^*)\right)$$

是均值为 θ^*（后验的众数）、协方差矩阵为 Σ^* 的多元正态分布的密度。Σ^* 定义为点 θ^* 处的负对数后验的海森（Hessian）矩阵的逆：

$$(\Sigma^*)^{-1}_{i,j} = \frac{\partial^2 h}{\partial\theta_i\partial\theta_j}(\theta^*)$$

其中 $h(\theta) = -\log p(\theta \mid X = x)$。注意，海森矩阵必须是正定矩阵，才能作为式（4.11）中分布

的协方差矩阵。这意味着海森矩阵必须是对称矩阵。一个必要的条件是，紧靠该众数的对数后验的二阶导数是连续的。

拉普拉斯近似是基于对数后验的二阶泰勒近似。对点 θ^* 的对数后验进行二阶泰勒近似可得：

$$
\begin{aligned}
\log p(\theta \mid X = x) &= -h(\theta) \\
&\approx -h(\theta^*) - (\theta - \theta^*)^{\mathrm{T}} \nabla h(\theta^*) - \frac{1}{2}(\theta - \theta^*)^{\mathrm{T}} (\Sigma^*)^{-1} (\theta - \theta^*) \\
&= -h(\theta^*) - \frac{1}{2}(\theta - \theta^*)^{\mathrm{T}} (\Sigma^*)^{-1} (\theta - \theta^*)
\end{aligned}
\tag{4.12}
$$

式（4.12）是正确的，因为 θ^* 假定是后验的众数，所以函数 h 在 θ^* 处的梯度等于 0。式（4.12）与均值为 θ^*、协方差矩阵为 Σ^* 的多元正态分布的对数密度成正比。因此，当二阶泰勒近似准确时，后验在其众数附近的表现与多元正态变量类似。

后验的拉普拉斯近似在贝叶斯自然语言处理文献中并未得到广泛的应用，这里的讨论仅供感兴趣的读者参考。然而，后验分布的二阶泰勒近似已被用于文本模型。例如，Ahmed 和 Xing（2007）通过对 Logistic 正态分布使用严格的二阶近似改进了相关主题模型。

正如本书前面所指出的，在通常情况下 θ 表示多项式分布。在这些情况下，当使用拉普拉斯近似时，最好改变先验的参数化方式，以便在实线上定义 θ_i（Gelman et al., 2003），因为拉普拉斯近似主要由在实线上定义的高斯分布决定。将 $(0, 1)$ 映射到 $(-\infty, \infty)$ 的一个变换是 logit 变换：

$$
\mathrm{logit}(u) = \log\left(\frac{u}{1-u}\right) \quad \forall u \in (0, 1)
\tag{4.13}
$$

附录 A 讨论了如何使用雅可比变换重新参数化分布。

4.2.3　决策 – 理论点估计

本节的讨论仅限于模型中没有隐变量的情况。给定先验 $p(\theta)$ 和似然函数 $p(X = x|\theta)$。决策 – 理论贝叶斯分析假设存在损失函数 $L(\hat{\theta}(x), \theta)$，该函数表示决策者在观测到 x 时，使用 $\hat{\theta}(x)$ 估计 θ 所造成的损失。然后进行贝叶斯风险分析，其定义为：

$$
R\left(\hat{\theta}\right) = \int_{\theta} \sum_{x} L\left(\hat{\theta}(x), \theta\right) p(X = x|\theta) p(\theta) \mathrm{d}\theta
$$

此分析使用估计器函数 $\hat{\theta}(x)$ 计算估计参数的平均损失，其中平均损失是通过同时对似然函数和参数的先验信息两者取平均获得的。为了找到最优参数集（其具有最低的平均损失），贝叶斯风险用于对最小化的自然候选。关于将决策理论与贝叶斯分析结合使用的完整讨论，请参考文献 Berger（1985）。

可以通过选择使后验损失最小的 $\hat{\theta}(x)$ 来最小化贝叶斯风险：

$$
\begin{aligned}
E\left[L\left(\hat{\theta}(x), \theta\right) \middle| X = x\right] &= \int_{\theta} L\left(\hat{\theta}(x), \theta\right) p(\theta | X = x) \mathrm{d}\theta \\
&\propto \int_{\theta} L\left(\hat{\theta}(x), \theta\right) p(X = x|\theta) \, p(\theta) \mathrm{d}\theta
\end{aligned}
$$

也就是说，$\hat{\theta}(x) = \arg\min_{\theta'} E[L(\theta', \theta) \mid X = x]$。

在一般情况下，最小化这种期望并不一定是可行的，但选择特定的损失函数通常使得解析地求解该期望成为可能。例如，如果参数空间是 $\mathbb{R}^K$ 的子集，并且

$$L\left(\hat{\theta}(x), \theta\right) = \left\|\hat{\theta}(x) - \theta\right\|_2^2 \tag{4.14}$$

然后，后验损失最小值是后验下参数的均值，即[⊖]

$$\hat{\theta}(x) = \arg\min_{\theta'} E[L(\theta', \theta) \mid X = x] = E_{p(\theta \mid X = x)}[\theta] \tag{4.15}$$

或者，当

$$L\left(\hat{\theta}(x), \theta\right) = \begin{cases} 1, & \text{若 } \hat{\theta}(x) = \theta \\ 0, & \text{其他} \end{cases}$$

时，后验损失最小值就是最大后验估计。

如果先验也与似然共轭，则后验的期望值和众数甚至可以具有解析解。

在贝叶斯自然语言处理中，将贝叶斯点估计与非平凡损失函数一起使用是不常见的。在大多数情况下，要么计算后验参数的均值，要么使用最大后验估计。自然语言处理中的损失函数通常直接定义在预测的结构空间上，并以输入为条件。例如，在解析（Goodman，1996年）或机器翻译（Kumar and Byrne，2004；Tromble et al.，2008）中使用这种损失函数进行最小贝叶斯风险解码。

4.2.4　总结

贝叶斯点估计是指对参数进行后验信息总结的方法。在自然语言处理中，贝叶斯点估计最常用的方法是计算后验参数的均值和计算最大后验估计。

一些频率论方法，如 L_2 正则化和加法平滑，可以被构造为具有一定先验分布的贝叶斯点估计问题。借助丰富的 L_2 正则化的频率论理论和类似方法，这些解释可以用作这些方法来自贝叶斯视角的附加验证。

4.3　经验贝叶斯

正如 3.5 节中所提到的，为了利用参数空间中的依赖关系，超先验通常是在超参数上定义的。在这种情况下，没有任何隐变量要预测（即"模型是构建在 X 上而非 Z 上"）的模型参数的后验可以定义为

$$p(\theta \mid X = x) = \frac{\int_\alpha p(X = x \mid \theta) \, p(\theta \mid \alpha) \, p(\alpha) \, \mathrm{d}\alpha}{\int_\theta \int_\alpha p(X = x \mid \theta) \, p(\theta \mid \alpha) \, p(\alpha) \, \mathrm{d}\alpha \, \mathrm{d}\theta}$$

其中 $p(\alpha)$ 是超参数上的分布。这种完全的贝叶斯方法在超参数上放置了第二阶段的先验，并在推断后验时通过积分将 α 消去。对于将信息编码为超参数的问题，经验贝叶斯采用了不同的方法进行处理。在经验贝叶斯中，不是使用先验 $p(\alpha)$，而是从观测的数据 x 学习 α 的

⊖　为此，考虑对于任意随机变量 T，当 $\mu = E[T]$ 时，量 $E[(T - \mu)^2]$ 相对于 μ 最小。

固定值。该超参数 $\hat{\alpha}(x)$ 可以通过最大化边缘似然 $p(X=x\,|\,\alpha)$ 来学习，也可以通过其他估计技术进行估算。然后，使用形如 $p(\theta\,|\,X=x,\hat{\alpha}(x))$ 的后验进行预测。人们还可以从不是用来执行最终推断的数据集中学习 $\hat{\alpha}(x)$。

基于观测到的数据识别超参数 $\hat{\alpha}(x)$ 的思想与采用共轭先验的超参数识别有关（3.1 节）。然而，正如本节所述，共轭先验的超参数识别与经验贝叶斯之间仍有几个关键的区别。首先，经验贝叶斯不必使用共轭先验。其次，与共轭先验一样（例如，关于 II 型最大似然，具体内容请参见下文），识别 $\hat{\alpha}(x)$ 通常使用不同于常规贝叶斯推断（贝叶斯法则的应用）的统计技术。最后，经验贝叶斯通常只是确定一组超参数的初步阶段，然后可能在一组新数据上进行贝叶斯推断。

与层次先验的情况类似，当不是为整个语料库进行一次模型参数抽取，而是为语料库中的每个实例都进行一次参数抽取时，通常使用经验贝叶斯算法（参见 3.5 节）。

在这种情况下，有多个观测值 $x^{(1)},\cdots,x^{(n)}$，而每个观测值都与一组参数 $\theta^{(i)}(i=\{1,\cdots,n\})$ 相关联。经验贝叶斯类似于贝叶斯点估计，其不是仅从观测到的数据中确定单参数 θ，而是确定单个超参数。

此超参数 $\hat{\alpha}(x^{(1)},\cdots,x^{(n)})$ 总结了所学的先验信息：

$$p\left(\theta^{(1)},\cdots,\theta^{(n)}|\hat{\alpha}\left(x^{(1)},\cdots,x^{(n)}\right)\right)=\prod_{i=1}^{n}p\left(\theta^{(i)}|\hat{\alpha}\left(x^{(1)},\cdots,x^{(n)}\right)\right)$$

尽管传统的经验贝叶斯设置在此时（即用后验 $p(\theta\,|\,\hat{\alpha}(x^{(1)},\cdots,x^{(n)}))$ 估计出 $\hat{\alpha}(x^{(1)},\cdots,x^{(n)})$ 之后）进行推断，但有时，在自然语言处理中更可取的做法是在 $\hat{\alpha}(x^{(1)},\cdots,x^{(n)})$ 上应用简单的函数，以确定模型的点估计。例如，我们可以找到估计先验 $p(\theta^{(1)},\cdots,\theta^{(n)}\,|\,\hat{\alpha}(x^{(1)},\cdots,x^{(n)}))$ 的众数或其均值。

最大化边缘似然是自然语言处理中最常用的经验贝叶斯方法。在这种情况下，可以求解出以下优化问题（或其近似）：

$$\alpha\left(x^{(1)},\cdots,x^{(n)}\right)=\arg\max_{\alpha}p\left(x^{(1)},\cdots,x^{(n)}|\alpha\right) \tag{4.16}$$

在式（4.16）中，存在对一组参数 $\theta^{(i)}$（在不是每个观测数据都关联一个参数的情况下，是单个 θ）的隐式边缘化。此外，如果随机变量 $Z^{(i)}$ 和隐结构是模型的一部分，那么它也会通过边缘化将其消去。在这种情况下，经验贝叶斯也被称为 II 型最大似然估计。当存在隐变量时，以这种方式最大化似然通常在计算上具有挑战性，需要使用变分期望最大化之类的算法进行求解。第 6 章详细讨论了变分近似。

Finkel 和 Manning（2009）描述了在自然语言处理中使用经验贝叶斯的简单示例，并对其优势进行了探讨。它们定义了用来处理域自适应的层次先验。他们的模型是一个对数线性模型，其使用了在特征权值上具有可变均值的高斯先验（参见 4.2.1 节的讨论），而没有使用具有零均值假定高斯先验的常规 L_2 正则化。每个域（在 K 个域中）对应于高斯先验的不同均值。此外，他们在所有域的高斯先验的均值上进一步引入了零均值高斯先验。如果可用的统计量是稀疏的，则这种层次先验要求模型在模型之间共享信息。如果有足够的数据用于特定的域，那么它将覆盖这种信息共享。

参数空间为 $\mathbb{R}^K$，对条件随机场模型进行参数化。Finkel 和 Manning 的层次先验定义如下：

$$p\left(\overline{\theta}, \theta^{(1)}, \cdots, \theta^{(J)} | \sigma_1, \cdots, \sigma_J, \overline{\sigma}\right) = p\left(\overline{\theta} | \overline{\sigma}\right) \left(\prod_{i=1}^{J} p\left(\theta^{(j)} | \sigma_j, \overline{\theta}\right)\right)$$

其中，每个 $p(\theta^{(j)} | \sigma_j, \overline{\theta})$ 是具有协方差矩阵 $\sigma_j^2 I$ 和均值 $\overline{\theta}$ 的多元正态变量，$p(\overline{\theta} | \overline{\sigma})$ 是具有零均值和协方差矩阵 $\overline{\sigma}^2 I$ 的多元正态变量。

在对他们的方法进行的经验评估中，Finkel 和 Manning 尝试了将他们的先验应用到命名实体识别（Named Entity Recognition，NER）和依赖解析上。对于命名实体识别，每个域由来自三个共享任务数据集 CoNLL 2003（Tjong Kim Sang and De Meulder，2003）、MUC-6（Chinchor and Sundheim，2003）和 MUC-7（Chinchor，2001）的不同命名实体识别数据集表示。对于这个问题，他们模型的性能比仅合并所有数据集，并使用该合并的大数据集训练单个条件随机场要好。依赖于所测试的数据集，性能增益（按 F_1 度量）的范围为从 2.66% 到 0.43%。

对于解析问题，Finkel 和 Manning 使用了 OntoNotes 数据（Hovy et al.，2006），该数据包括来自七个不同域的解析树。对于这个问题，结果更加复杂：在四种情况下，层次模型的性能要优于其他测试的方法，而在另外三种情况下，将所有域合并为单个域的性能要优于其他被测试的方法。

Finkel 和 Manning 也证明了他们的模型与 Daume III（2007）的域自适应模型等价。在 Daume 的模型中，基本条件随机场的特征对于每个域都是重复的。对于每个域中的每个数据，其使用了两组特征集：一组特征集与数据来自的特定域相关联，另一个特征集被用于所有域。

4.4 后验的渐近行为

贝叶斯推断的核心是从开始到结束都要应用贝叶斯法则来反演参数与观测数据之间的关系。但是，在后验总结的背景下，人们可以使用来自频率论分析的工具来讨论随着样本数量的增加，后验总结的行为。

这类分析中最值得注意的是围绕"真"参数讨论后验的多元正态性。这意味着，如果我们有一个贝叶斯模型 $p(X, \theta) = p(\theta) p(X | \theta)$ 和一组样本 $x^{(1)}, \cdots, x^{(n)}$，其中 $x^{(i)}$ 来自分布 $p(X | \theta_0)$，θ_0 是参数空间中的一个点；然后在一些正则条件下（正如 Gelman 等人（2003）所指出的，这些正则性条件主要表明对数似然函数在参数 θ 上是连续的，并且 θ_0 不在参数空间的边界上），随着样本数量的增加（即 "n 趋于无穷大"），后验分布的表现类似于围绕 θ_0 的多元正态分布。通过在点 θ_0 处为对数后验构造泰勒级数近似可以证明这一点。4.2.2 节描述了这种近似。这种后验正态性的一般结果也被称为"贝叶斯中心极限定理"。

当 $x^{(i)}$ 从一个不属于模型族的分布中采样时（也就是说，上面的 θ_0 不存在——模型族是"不正确的"）会发生什么？在这种情况下，θ_0 从采样 $x^{(i)}$ 所依据的参数的角色改变为用来最小化真实分布与模型族之间距离的参数集。更多细节参见文献 Gelman 等（2003），特别是附录 B 中的描述。

这种类型的结果通常表明，当 n 较小时，先验的作用更为重要。随着 n 的增大，后验变得越来越集中在 θ_0 附近。在频率论术语中，后验众数是 θ_0 的一致估计。

4.5　本章小结

当需要对后验进行总结时，贝叶斯点估计特别有用。在自然语言处理中，这种需求的最常见原因是使用固定的参数集来维护轻量级模型。这样的固定参数集能够在计算上实现高效的解码。

几种常见的平滑和正则化技术可以解释为具有特定先验的贝叶斯点估计。例如，加性平滑可以解释为基于狄利克雷先验的后验均值。L_2 正则化可以解释为具有高斯先验的最大后验解，而 L_1 正则化可以解释为具有拉普拉斯先验的最大后验解。

经验贝叶斯估计是另一种与贝叶斯点估计有关的技术。利用经验贝叶斯，可以确定超参数的点估计。该点估计值可以随后用于常规的贝叶斯推断（可能基于新的数据集），或用于总结参数的后验，以确定参数的最终点估计值。

4.6　习题

4.1　证明式（4.4）是正确的。（提示：对数后验的最大值也是后验的最大值。）

4.2　令 θ 为区间 [0, 1] 上的值，该值是从以 (α, β) 为参数的贝塔分布中抽取的。使用雅可比变换（附录 A）将 θ 上的分布变换到具有新随机变量 $\mu = \mathrm{logit}(\theta)$ 的实线上。Logit 变换在式（4.13）中定义。

4.3　证明对于选择的 $L(\hat{\theta}(x), \theta)$，式（4.15）是成立的，其中 $L(\hat{\theta}(x), \theta)$ 由式（4.14）定义。

4.4　令对于任意的 $i \in \{1, \cdots, n\}$，有 $x^{(i)} \in \mathbb{R}^d$ 和 $y^{(i)} \in \mathbb{R}$。基于最小二乘岭回归算法，我们的目标是找到一个权重向量 $\theta^{(*)} \in \mathbb{R}^d$，使得

$$\theta^* = \arg\min_\theta \left(\sum_{i=1}^n \left(y^{(i)} - \theta \cdot x^{(i)} \right)^2 \right) + \lambda \left(\sum_{j=1}^d \theta_j^2 \right) \tag{4.17}$$

其中，$\lambda > 0$ 是一个固定值。

描述一个贝叶斯统计模型 $p(\theta, X)$，使得上面的 θ^* 是其最大后验解，即 $\theta^* = \arg\max_\theta p(\theta | x^{(1)}, \cdots, x^{(n)})$。这里，假定 $x^{(1)}, \cdots, x^{(n)}$ 是从分布 $p(X | \theta)$（在抽取样本之前，先抽取用作条件的参数集。）中独立抽取的。贝叶斯模型要求 λ 是超参数。（提示：在设计模型时，可以使用众所周知的分布，比如多元正态分布或其他分布。）

4.5　上述最大后验问题是否存在解析解（换句话说，式（4.17）是否存在解析解）？如果存在，写出推导过程。

采 样 算 法

    当后验不能被解析地表示或有效地计算时，我们通常不得不求助于近似推断方法。近似推断的一个主线依赖于从后验进行模拟的能力，以便从后验表示的潜在分布中抽取结构或参数。从这个后验中抽取的样本可以取平均值以近似期望（或归一化常数）。如果这些抽取的样本接近后验的众数，则可以使用它们作为最终输出。在这种情况下，样本取代了根据模型确定最高记分结构的需要。如果人们对推断的参数分布的平均预测感兴趣，则根据模型确定最高记分结构通常在计算上很难做到（见 4.1 节）。

    蒙特卡罗（Monte Carlo，MC）方法为从满足一定条件的目标分布中提取样本提供了一种理想的通用框架。虽然没有特别针对贝叶斯统计，但是在贝叶斯上下文中，一个特别有用的蒙特卡罗方法家族是马尔可夫链蒙特卡罗（Markov Chain Monte Carlo，MCMC）方法。一般来讲，这些方法的优势在于可以对满足一定条件的分布族进行采样（通常，分布直到其归一化常数都是可计算的）。在贝叶斯统计中，它们通常用于后验推断，因为各种贝叶斯模型的后验分布自然满足这些条件。马尔可夫链蒙特卡罗算法在贝叶斯上下文中特别有用，可以用于确定后验的归一化常数、边缘化变量、计算汇总统计的期望以及找到后验的众数。

    重要的是要记住，贝叶斯推断的核心是通过使用分布来管理参数和其余隐变量的不确定性。这意味着贝叶斯推断的目标是最终以某种形式确定后验分布。蒙特卡罗方法对这一问题的处理略有不同。蒙特卡罗方法不是直接将后验分布表示为某些（可能是近似的）分布族（比如第 6 章的变分推断）的成员，而是允许间接访问此后验。对后验分布的访问以能够对后验分布进行采样的形式出现，而无须对其进行完整的解析表示。

    本章的重点是介绍在贝叶斯自然语言处理中使用蒙特卡罗方法的方式。我们涵盖了一些主要的马尔可夫链蒙特卡罗方法，并详细介绍了设计选择，以及在贝叶斯自然语言处理的上下文中使用它们的优缺点。我们还讨论了一些用于评估 MCMC 方法对目标分布收敛性的技术。这里的收敛意味着 MCMC 采样器是迭代的，并输出一系列样本，采样器已经完成了它的"老化"阶段，其在"老化"过程中所输出的样本不一定来自目标分布。当 MCMC 采样器达到收敛时，其输出代表来自目标分布的样本。在通常情况下，对 MCMC 方法的糟糕评估意味着返回的输出无效，且不代表所使用的潜在贝叶斯模型。

    本章安排如下。我们首先在 5.1 节给出了 MCMC 方法的概述，在 5.2 节介绍了自然语言处理中的 MCMC，然后我们开始介绍几个重要的 MCMC 采样算法，如吉布斯采样（5.3 节）、Metropolis-Hastings 采样（5.4 节）和切片采样（5.5 节）；其次，我们讨论了其他主题，具体包括模拟退火（5.6 节）、MCMC 算法的收敛性（5.7 节）、MCMC 算法背后的基本理论（5.8 节）、形如重要性采样的非 MCMC 采样算法（5.9 节）以及蒙特卡罗积分（5.10 节）；在本章的最后，我们进行了讨论（5.11 节）和总结（5.12 节）。

5.1 MCMC 算法：概述

MCMC 方法的基本思想很直观。首先，定义感兴趣的随机变量的状态空间；这些随机变量是我们要为其抽取样本的那些随机变量。在贝叶斯自然语言处理中，这些随机变量通常是定义后验的随机变量。空间中的每个状态对应于所有变量的值分配。接下来，定义探索这个空间的策略。每种 MCMC 方法类型（无论是吉布斯采样、Metropolis-Hastings 采样还是其他 MCMC 方法）都采用不同的框架来定义该策略。一旦被定义，算法就会使用该策略进行空间探索，直到收敛，并获得满意的样本数。在探索状态空间时样本已经被收集。

如果 MCMC 方法是可靠的，并且它提供的框架被正确地使用，那么在理论上就可以保证所抽取的样本（即根据所探索的状态对随机变量进行赋值）源自采样器所设计的分布，比如后验分布。样本不一定是独立的。事实上，在 MCMC 算法的大多数情况下，探测序列中彼此接近的状态间存在很大的依赖关系，因此在算法产生的样本之间也存在依赖关系。一般来说，抽取的样本在链中的距离越远，它们之间的相关性就越小。该观察结果可用于生成更接近不相关的样本：如果 $S = \{y_1, \cdots, y_M\}$ 是为某个大 M 收集的相关样本集合，则对于某个整数 m，子集 $\{y_i \in S \,|\, i \bmod m = 0\}$ 将具有较弱的相关性（M 越大，相关性越弱）。不太正式地讲，对于某个 m，通过每隔 m 个样本抽取一个样本来组成抽取样本的子集。这个过程也被称为"细化"。

MCMC 方法本质上是迭代的，每次迭代都从样本空间的一个状态转移到另一个状态。由于是迭代的，它们需要一些停止准则。这种停止准则对于 MCMC 算法来说至关重要——粗心选择的准则可能导致 MCMC 算法永远不会收敛，因此通过执行该算法抽取的样本并不是真正从期望的后验分布中得到的。事实上，在 MCMC 算法执行的开始阶段，会随机抽取与真实后验分布无关的样本，这个阶段称为老化阶段。有时可以用某种方法对采样器进行初始化，以缩短其老化周期。更多关于 MCMC 算法收敛性的信息将在 5.7 节中讨论。

需要注意的是，MCMC 算法通常与贝叶斯统计一起使用。但是，当需要从分布中进行采样时，通常也可以使用它们，无论被采样的分布是贝叶斯后验分布还是在贝叶斯上下文中没有出现的其他分布。由于当分布可以被计算到归一化常数时，MCMC 算法最有用，所有它们在贝叶斯上下文中经常被提及。当后验与联合分布成正比时，这种情况会自然地出现在贝叶斯模型的后验。虽然这种联合分布通常很容易计算，但将这种联合分布转化为后验分布所需的归一化常数通常较难计算（见第 3 章）。

5.2 MCMC 推断的自然语言处理模型结构

介绍贝叶斯统计的教科书通常基于完全观测到的数据考虑参数的推断。然而，在自然语言处理中，大多数贝叶斯统计都与隐变量一起使用，这意味着后验是在参数和一些预测的结构上定义的。这种预测的结构通常是一种语言结构，如解析树、配对树间的对齐、句子间的对齐或表示词性标签序列间的对齐。

由于贝叶斯自然语言处理通常侧重于隐变量模型，因此本章中的推断侧重于具有隐变量的贝叶斯推断。这意味着所使用的潜在统计模型具有以下结构：

$$p(\theta, X = x, Z = z \mid \alpha) = p(\theta|\alpha)p(Z = z|\theta)p(X = x|Z = z, \theta)$$

此外，我们考虑在顶层具有先验（见 3.5 节）的 n 个相同分布的样本（给定模型参数，不同的样本彼此条件独立）。因此，在样本生成的过程中，所有随机变量的联合分布值可以定义为

$$p\left(\theta, x^{(1)}, \cdots, x^{(n)}, z^{(1)}, \cdots, z^{(n)} \mid \alpha\right) = p(\theta \mid \alpha)\left(\prod_{i=1}^{n} p\left(z^{(i)}|\theta\right) P\left(x^{(i)}|z^{(i)}, \theta\right)\right)$$

假定只有 n 个样本 $x^{(i)}(i \in \{1, \cdots, n\})$ 被观察到，则后验的形式为

$$p\left(z^{(1)}, \cdots, z^{(n)}, \theta|x^{(1)}, \cdots, x^{(n)}\right)$$

MCMC 采样生成了来自该后验分布的样本流，其可以以各种方式使用，比如对参数进行点估计，从后验分布中抽取预测的结构，甚至使用模拟退火找到后验的最大值（见 5.6 节）。通常，坍塌的设置很有趣，它仅从预测结构的后验分布中抽取样本，并对模型参数进行积分：

$$p\left(z^{(1)}, \cdots, z^{(n)}|x^{(1)}, \cdots, x^{(n)}\right) = \int_{\theta} p\left(z^{(1)}, \cdots, z^{(n)}, \theta|x^{(1)}, \cdots, x^{(n)}\right) \mathrm{d}\theta$$

在这种情况下，参数是令人讨厌的变量，因为推断过程并不关注它们。尽管如此，在通常情况下，可以从为模型中的隐变量抽取的样本中推断出参数的概要信息（以第 4 章中的形式）。

划分隐变量

在为贝叶斯自然语言处理模型设计 MCMC 采样器时，最重要的选择可能是对感兴趣的（隐）随机变量进行划分的方式。在最一般的形式中，MCMC 方法不需要对模型中的隐变量进行划分。事实上，大部分 MCMC 方法的介绍性教科书描述了模型中所有隐变量的单个全局状态（状态是一个为所有 $Z^{(i)}(i \in \{1, \cdots, n\})$ 和 θ 赋值的元组），以及在该空间中的状态之间进行移动的链）。这种状态通常由单个随机变量表示。

然而，在自然语言处理问题中，因为单个随机变量可能代表复杂的组合结构（比如一组树或图），所以用单个随机变量处理样本空间，而不进一步对其细化，会产生具有挑战性的推断问题。因此，隐变量集合需要被划分成较小的子集。

如前所述，自然语言处理模型通常是在离散结构上定义的，因此变量 $Z^{(i)}$ 通常表示诸如解析树、对齐或序列之类的结构。在本节的其余部分我们假设 $Z^{(i)}$ 是这种结构，即离散的组成结构。

为了从后验分布中采样，关于隐变量 $Z^{(i)}$ 的划分有两种常见的选择：

- 将每个变量 $Z^{(i)}$ 看作单个原子单元。当在状态之间移动时，为一些 i 重新采样整个 $Z^{(i)}$ 结构，可能一次不止一个结构。这是一种原子单位为完整预测结构的阻塞类型采样。在通常情况下，使用动态规划算法对每个 $Z^{(i)}$ 进行采样。更多细节见 5.3 节。
- 将预测结构划分为一组随机变量，分别对每个随机变量进行采样。例如，这意味着如果 $Z^{(i)}$ 表示一棵依赖树，则需将其重新划分为随机变量集合，其中每个随机变量表示

树中一个存在的边。当在状态之间移动时，一次只更改一条边（或少量边）。这也称为逐点采样（pointwise sampling）。详见 5.3 节。

本身通常是连续变量的参数也可以细化为更小的成分。例如，如果参数是狄利克雷分布的乘积（有关示例见 8.3.1 节），则每个成分可以由单个狄利克雷分布组成。

在本章的其余部分，我们假设随机变量 U 表示我们需要对其进行推断的隐变量。例如，在非坍塌的设置中，$U = (Z, \theta)$ 并且 Z 表示要预测的隐结构。另一方面，在坍塌的设置中，$U = Z$。这里，Z 是 $(Z^{(1)}, \cdots, Z^{(n)})$ 形式的元组（类似地，我们使用 X 来表示 $(X^{(1)}, \cdots, X^{(n)})$）。多元随机变量 U 也假定具有可分解的表示，比如 $U = (U_1, \cdots, U_p)$。该分解将 (Z, θ)（在非坍塌的设置中）划分为更小的成分。另外，我们用随机变量 U_{-i} 表示向量 $(U_1, \cdots, U_{i-1}, U_{i+1}, \cdots, U_p)$。

5.3　吉布斯采样

吉布斯采样算法（Geman and Geman，1984）是贝叶斯自然语言处理中最常用的 MCMC 算法之一。在具体设置中，吉布斯采样探索状态空间，对每个 $i \in \{1, \cdots, p\}$ 每次采样一个样本 u_i。这些 u_i 采样自条件分布 $p(U_i | U_{-i}, X)$。算法 5-1 给出了完整的算法。

输入：分布 $p(U_i | U_{-i}, X)$ 的采样器，其中 $p(U_i | U_{-i}, X)$ 是分布 $p(U_1, \cdots, U_p | X)$ 的条件分布

输出：来自分布 $p(U_1, \cdots, U_p | X)$ 的采样样本 $u = (u_1, \cdots, u_p)$

- -

1. 用空间允许的一些值初始化 $u_1, \cdots, u_p$
2. repeat
3. 　for 1 到 p 中的每个 i do
4. 　　从条件分布 $p(u_i | u_{-i}, X)$ 中采样 u_i
5. 　end for
6. until 马尔可夫链收敛
7. return $u_1, \cdots, u_p$

算法 5-1　具有"系统扫描"形式的吉布斯采样算法。吉布斯算法的输入部分是从目标分布导出的条件分布的采样器。这类采样器被视为从这些条件分布（第 4 行）中抽取样本的黑盒函数

注意，在每个步骤中，算法的"状态"是 U 的一组值。在每次迭代中，分布 $p(U_i | U_{-i})$ 以来自当前状态的值 u_{-i} 为条件，并通过为某个 U_i 设置新值来更改当前的状态。当为某个变量抽取完新值时，立即更新算法的当前状态。吉布斯算法不会延迟全局状态更新，而对随机变量的每次采样都会立即引起全局状态的更新。（但是，有关使用"陈旧"状态对吉布斯采样器进行并行化的信息，请参阅 5.4 节。）

一旦马尔可夫链收敛，算法 5-1 就会返回单个样本。然而，一旦吉布斯采样收敛，就可以通过重复地根据条件分布改变状态、遍历搜索空间以及收集样本集合来产生样本流。所有这些样本都是从目标分布 $p(U | X)$ 中产生的。虽然这些样本不会彼此独立，但是一对样本之

前的距离越远，它们之间的相关性就越小。

按照 5.2.1 节的讨论，吉布斯采样器可以进行逐点采样或分块采样（Gao and Johnson，2008）。逐点采样意味着吉布斯采样器在采样的每一步，只对状态进行非常局部的改变，比如采样单个词性标签。而分块采样意味着在每个步骤中对结构的较大部分进行采样。例如，用于词性标注的句子块采样器可以使用动态规划的前向 – 后向算法对整个句子的标签进行采样。分块采样器也可以采样较小的成分——例如，一次采样 5 个词性标签或将前向 – 后向算法一次应用到包含 5 个词性标签的窗口。

为了使用吉布斯采样器，必须能够在模型中所有其他变量的值都固定的条件下为模型中的一个变量抽取样本。为了实现这一点，可以使用另一个 MCMC 算法从条件分布中进行采样（见 5.11 节）。然而，在贝叶斯自然语言处理模型中，这些条件分布在通常情况下具有解析形式，因此很容易抽取样本（而整个后验是难以处理的，需要 MCMC 或一些其他近似方法）。

示例 5.1   考虑第 2 章中的隐狄利克雷分配模型。我们用 N 表示要建模的文档个数，V 表示词汇表的大小，M 表示每个文档的单词数（通常，文档中的单词数是不同的，但为了简单起见，我们假设所有文档的长度都相同）。LDA 的完整图模型如图 2-1 所示。

我们将使用 i 对文档进行索引，j 对特定文档中的单词进行索引，k 对可能的主题进行索引，v 对词汇表进行索引。此外，随机变量 $\theta^{(i)} \in \mathbb{R}^K$ 是文档的主题分布，$Z_j^{(i)}$ 表示第 i 个文档中第 j 个单词关联的主题，$W_j^{(i)}$ 表示第 i 个文档中的第 j 个单词，$\beta_k \in \mathbb{R}^V$ 表示第 k 个主题的词汇表分布。

该模型的联合分布可以分解如下：

$$
p(\theta, \beta, \boldsymbol{Z}, \boldsymbol{W} \mid \psi, \alpha) = \left(\prod_{k=1}^{K} p(\beta_k \mid \psi) \right)
$$
$$
\left(\prod_{i=1}^{N} p\left(\theta^{(i)} \mid \alpha \right) \prod_{j=1}^{M} p\left(Z_j^{(i)} \mid \theta^{(i)} \right) p\left(W_j^{(i)} \mid \beta, Z_j^{(i)} \right) \right) \quad (5.1)
$$

我们需要推断的随机变量是 θ，β 和 $\boldsymbol{Z}$。将吉布斯采样器的随机变量分解为成分（在条件分布中）的一种方法是：

- $p(\beta_k \mid \theta, \beta_{-k}, z, w, \psi, \alpha)$，其中 $k \in \{1, \cdots, K\}$。这是 LDA 模型参数的分布，它表示每个主题词汇表的概率（在给定所有其他随机变量的条件下）。我们用 β_{-k} 表示集合 $\{\beta_{k'} \mid k' \neq k\}$。

- $p(\theta^{(i)} \mid \theta^{(-i)}, \beta, z, w, \psi, \alpha)$，其中 $i \in \{1, \cdots, N\}$。这是在给定模型中所有其他随机变量的条件下，第 i 个文档的主题分布。我们用 $\theta^{(-i)}$ 表示除第 i 个文档以外的所有文档的主题分布。

- $p(Z_j^{(i)} \mid \theta, z_{-(i,j)}, w, \psi, \alpha)$，其中 $i \in \{1, \cdots, N\}$ 且 $j \in \{1, \cdots, M\}$。这是在给定模型中所有其他随机变量的条件下，特定文档（第 i 个文档）中特定单词（第 j 个单词）的主题指派的分布。我们用 $z_{-(i,j)}$ 表示除 $Z_j^{(i)}$ 以外的所有主题指派变量的集合。

在这一点上，问题仍然在于每个分布的形式是什么，以及我们如何从中抽样。我们从 $p(\beta_k \mid \theta, \beta_{-k}, z, w, \psi, \alpha)$ 开始。根据式（5.1），仅与 β_k 相互作用的因子用下式的右侧表示：

$$
\begin{aligned}
p\left(\beta_k \mid \theta, \beta_{-k}, z, w, \psi, \alpha\right) &\propto p(\beta_k \mid \psi)\left(\prod_{i=1}^{N}\prod_{j=1}^{M} p\left(w_j^{(i)} \mid \beta, z_j^{(i)}\right)^{I\left(z_j^{(i)}=k\right)}\right) \\
&= \left(\prod_{v=1}^{V} \beta_{k,v}^{\psi-1}\right)\left(\prod_{i=1}^{N}\prod_{j=1}^{M}\prod_{v=1}^{V} \beta_k^{I\left(w_j^{(i)}=v \wedge z_j^{(i)}=k\right)}\right) \\
&= \prod_{v=1}^{V} \beta_{k,v}^{\psi-1+\sum_{i=1}^{N}\sum_{j=1}^{M} I\left(w_j^{(i)}=v \wedge z_j^{(i)}=k\right)}
\end{aligned}
\tag{5.2}
$$

用 $n_{k,v}$ 表示数量 $\sum_{i=1}^{N} I(w_j^{(i)}=v \wedge z_j^{(i)}=k)$。在这种情况下，$n_{k,v}$ 表示基于采样器的当前状态，在任意文档中主题 k 指派给单词 v 的次数。式（5.2）的形式就是具有超参数 $\psi + n_k$ 的狄利克雷分布形式，其中 n_k 是在遍历 v 的所有可能取值情形下所有的 $n_{k,v}$ 构成的向量。这就得出了条件分布的推导，在给定采样器状态的情况下，其要求对一组新的主题分布 β 进行采样。

考虑 $p(\theta^{(i)} \mid \theta^{(-i)}, \beta, z, w, \psi, \alpha)$，经过类似的推导，我们有

$$
\begin{aligned}
p\left(\theta^{(i)} \mid \theta^{(-i)}, \beta, z, w, \psi, \alpha\right) &\propto p\left(\theta^{(i)} \mid \alpha\right)\prod_{j=1}^{M} p\left(z_j^{(i)} \mid \theta^{(i)}\right) \\
&= \prod_{k=1}^{K}\left(\theta_k^{(i)}\right)^{\alpha-1}\prod_{j=1}^{M}\prod_{k=1}^{K}\left(\theta_k^{(i)}\right)^{I\left(z_j^{(i)}=k\right)} \\
&= \prod_{k=1}^{K}\left(\theta_k^{(i)}\right)^{\alpha-1+\sum_{j=1}^{M} I\left(z_j^{(i)}=k\right)}
\end{aligned}
\tag{5.3}
$$

用 $m_k^{(i)}$ 表示数量 $\sum_{j=1}^{M} I(z_j^{(i)}=k)$，即在第 i 个文档中单词被分配给第 k 个主题的次数。然后，从式（5.3）可以得出，在给定模型所有其他随机变量的条件下，$\theta^{(i)}$ 服从具有超参数 $\alpha + m^{(i)}$ 的狄利克雷分布，其中 $m^{(i)}$ 是所有的 k 对应的 $m_k^{(i)}$ 组成的向量。

我们需要考虑的最后一个分布是 $p(Z_j^{(i)} \mid \theta, z_{-(i,j)}, w, \psi, \alpha)$。再一次使用式（5.1）中的联合分布，可以得到

$$
p\left(Z_j^{(i)}=k \mid \theta, z_{-(i,j)}, w, \psi, \alpha\right) \propto p\left(Z_j^{(i)}=k \mid \theta^{(i)}\right) p\left(w_j^{(i)} \mid \beta, z_j^{(i)}\right) = \theta_k^{(i)} \beta_{k,w_j^{(i)}}
\tag{5.4}
$$

式（5.4）对应一个多项式分布，其与主题分布概率和在第 k 个主题的文档中生成第 j 个单词的概率的乘积成正比。

注意，这个采样器是一个逐点采样器——它分别对 $Z^{(i)}$ 的每个坐标进行采样。这个例子展示了一个来自狄利克雷 – 多项式族的吉布斯采样器，其多项式之间的关系是非平凡的。这就是自然语言处理中其他更复杂模型（如概率上下文无关语法模型、隐马尔可夫模型等）中的关系。在这些更复杂的情况下，吉布斯采样器的结构也将类似。θ 的抽取尤其如此。在更复杂的模型中，将从隐结构的当前样本集中收集统计信息，并将其合并为狄利克雷分布的后验超参数。

在更复杂的情况下，$Z^{(i)}$ 的抽取可能潜在地依赖动态规划算法。例如，在给定参数的条件下抽取短语 – 结构树（使用概率上下文无关语法）或抽取隐序列（使用隐马尔可夫模型）——具体内容参见第 8 章。

5.3.1 坍塌吉布斯采样

在通常情况下，对参数的推断是没有意义的。重点是直接从后验分布推断出预测结构。在这种情况下，如果从被边缘化的后验中抽取样本，可以缩短马尔可夫链的老化期，即

$$p(\boldsymbol{Z} \mid \boldsymbol{X}) = \int_\theta p(\theta, \boldsymbol{Z} \mid \boldsymbol{X}) \mathrm{d}\theta$$

具有这种边缘化后验的吉布斯采样也被称为坍塌吉布斯采样。为了便于讨论，我们首先考虑一个坍塌吉布斯采样的例子：我们假设后验分布具有某种形式，其不需要直接使用统计模型进行贝叶斯推断来推导它。与贝叶斯自然语言处理模型中的后验分布一样，相似的目标分布经常以一种形式或另一种形式频繁地出现。

示例 5.2 已知下列简单多项式模型：

- 从具有超参数 $\alpha = (\alpha_1, \cdots, \alpha_K)$ 的狄利克雷分布中抽取 $\theta \in [0,1]^K$。

- 对 $i = 1, \cdots, n$ 中的每个 i，从多项式分布 θ 中抽取 $z^{(i)}$（即 $z^{(i)}$ 是长度为 K 的二元向量，其在一个分量中的值为 1，在所有其他分量的值都为 0）。

此模型的联合分布为

$$p\left(z^{(1)}, \cdots, z^{(n)}, \theta \mid \alpha\right) = p(\theta \mid \alpha) \prod_{i=1}^n p\left(z^{(j)} \mid \theta\right)$$

为了得到坍塌吉布斯采样器，需要使用条件分布 $p(Z^{(i)} \mid Z^{(-i)})$。令 e_k 是所有分量的值都是 0，只有第 k 个分量的值是 1 的二元向量，则以下情况成立：

$$
\begin{aligned}
p\left(Z^{(i)} = e_k \mid z^{(-i)}, \alpha\right) &= \int_\theta p\left(Z^{(i)} = e_k, \theta \mid z^{(-i)}, \alpha\right) \mathrm{d}\theta \\
&= \int_\theta p\left(\theta \mid z^{(-i)}, \alpha\right) p\left(Z^{(i)} = e_k \mid z^{(-i)}, \theta, \alpha\right) \mathrm{d}\theta \\
&= \int_\theta p\left(\theta \mid z^{(-i)}, \alpha\right) p\left(Z^{(i)} = e_k \mid \theta, \alpha\right) \mathrm{d}\theta \\
&= \int_\theta p\left(\theta \mid z^{(-i)}, \alpha\right) \theta_k \mathrm{d}\theta & (5.5)\\
&= \frac{\sum_{j \neq i} z_k^{(j)} + \alpha_k}{\sum_{k'=1}^K \left(\sum_{j \neq i}^n z_{k'}^{(j)} + \alpha_{k'}\right)} & (5.6)\\
&= \frac{\sum_{j \neq i} z_k^{(j)} + \alpha_k}{n - 1 + \sum_{k'=1}^K \alpha_{k'}} & (5.7)
\end{aligned}
$$

式（5.5）是成立的，因为在给定参数 θ 时，不同的 $Z^{(i)}$ 是彼此条件独立的。注意，式（5.5）中的项 $p(\theta \mid z^{(-i)}, \alpha)$ 是具有超参数 $\alpha + \sum_{j \neq i} z^{(j)}$ 的狄利克雷分布（见 3.2.1 节），并且在方程的后面有 $p(Z^{(i)} = e_k \mid \theta) = \theta_k$。因此，根据具有超参数 $\alpha + \sum_{j \neq i} z^{(j)}$ 的狄利克雷分布，积分的结果

就是 θ_k 的平均值，从而得出式（5.6）（见附录 B）。

当被采样的分布是具有狄利克雷先验的多项式分布时，则示例 5.2 展示了吉布斯采样器的一个有趣结构。根据式（5.7），有

$$p\left(Z^{(i)} = e_k | Z^{(-i)} = z^{(-i)}\right) = \frac{n_k + \alpha_k}{(n-1) + \left(\sum_{k'=1}^{K} \alpha_{k'}\right)} \tag{5.8}$$

其中，$n_k = \sum_{j \neq i} z_k^{(j)}$ 是 $z^{(-i)}$ 中出现事件 k 的总数。直观地说，隐变量 $Z^{(i)}$ 取某一特定值的概率与该值分配给其他隐变量 $Z^{(-i)}$ 的次数成正比。当估计是基于条件变量的值时，式（5.8）实质上是一个加性平滑（参见 4.2.1）版本的参数最大似然估计。当为具有狄利克雷 – 多项式结构的模型设计吉布斯采样器时，这种结构经常出现。

下面的示例简洁地证实了这一点。

示例 5.3　考虑关于 LDA 的示例 5.1。在通常情况下，主题指派 $\mathbf{Z}$ 是在推断时唯一感兴趣的随机变量[⊖]。因此，在执行吉布斯采样时，参数 β 和主题分布 θ 可以在这种情况下被边缘化。

因此可以把注意力放在随机变量 $\mathbf{Z}$ 和 $\mathbf{W}$ 上。我们想在给定 $\mathbf{z}_{-(i,j)}$ 和 $\mathbf{w}$ 的条件下抽取 $Z_j^{(i)}$ 的一个值，这意味着我们对分布 $p(Z_j^{(i)} \mid \mathbf{z}_{-(i,j)}, \mathbf{w})$ 感兴趣。根据贝叶斯法则，我们得到以下结果：

$$p\left(Z_j^{(i)} = k \mid \mathbf{z}_{-(i,j)}, \mathbf{w}\right) \propto p\left(w_j^{(i)} \mid Z_j^{(i)}, \mathbf{z}_{-(i,j)}, \mathbf{w}_{-(i,j)}\right) p\left(Z_j^{(i)} = k \mid \mathbf{z}_{-(i,j)}\right) \tag{5.9}$$

对于简化表示，我们没有明确的以超参数 α 和 ψ 为条件，但总是假定它们存在于条件中。我们首先处理第一项。由模型中的条件独立假设出发可知，对于在 1 到 K 之间索引主题的任意整数 k，有

$$p\left(w_j^{(i)} \mid Z_j^{(i)} = k, \mathbf{z}_{-(i,j)}, \mathbf{w}_{-(i,j)}\right) = \int_{\beta_k} p\left(\beta_k, w_j^{(i)} \mid Z_j^{(i)} = k, \mathbf{z}_{-(i,j)}, \mathbf{w}_{-(i,j)}\right) \mathrm{d}\beta_k$$

$$= \int_{\beta_k} p\left(w_j^{(i)} \mid Z_j^{(i)} = k, \beta_k\right) p\left(\beta_k \mid Z_j^{(i)} = k, \mathbf{z}_{-(i,j)}, \mathbf{w}_{-(i,j)}\right) \mathrm{d}\beta_k$$

$$= \int_{\beta_k} p\left(w_j^{(i)} \mid Z_j^{(i)} = k, \beta_k\right) p\left(\beta_k \mid \mathbf{z}_{-(i,j)}, \mathbf{w}_{-(i,j)}\right) \mathrm{d}\beta_k \tag{5.10}$$

最后一个等式成立，因为在没有观测到 $W_j^{(i)}$ 的情况下，$Z_j^{(i)}$ 和 β_k 是条件独立的。注意，β_k 和 $\mathbf{z}_{-(i,j)}$ 是相互独立的先验，因此有

$$p\left(\beta_k \mid \mathbf{z}_{-(i,j)}, \mathbf{w}_{-(i,j)}\right) \propto p\left(\mathbf{w}_{-(i,j)} \mid \beta_k, \mathbf{z}_{-(i,j)}\right) p\left(\beta_k \mid \mathbf{z}_{-(i,j)}\right)$$

$$= p\left(\mathbf{w}_{-(i,j)} \mid \beta_k, \mathbf{z}_{-(i,j)}\right) p(\beta_k)$$

$$= \prod_{v=1}^{V} \prod_{i'=1}^{N} \prod_{j'=1,(i',j')\neq(i,j)}^{M} \beta_k^{I\left(Z^{(i,j)}=k \wedge w_j^{(i)}=v\right)} p(\beta_k)$$

$$= \prod_{v=1}^{V} \beta_k^{\sum_{i'=1}^{N} \sum_{j'=1,(i',j')\neq(i,j)}^{M} I\left(Z^{(i,j)}=k \wedge w_j^{(i)}=v\right)} p(\beta_k)$$

$$= \prod_{v=1}^{V} \beta_k^{\sum_{i'=1}^{N} \sum_{j'=1,(i',j')\neq(i,j)}^{M} I\left(Z^{(i,j)}=k \wedge w_j^{(i)}=v\right)+\psi-1}$$

⊖　我们遵循文献 Griffiths（2002）中的推导。

上面意味着分布 $p(\beta_k \,|\, z_{-(i,j)}, w_{-(i,j)})$ 是具有参数 $\psi + n_{-(i,j),k}$ 的狄利克雷分布形式，其中 $n_{-(i,j),k}$ 是长度为 V 的向量，并且每个坐标 v 等于 $z_{-(i,j)}$ 中实例的个数，而 $w_{-(i,j)}$ 表示词汇表中的第 v 个单词被分配给主题 k（注意，我们在这里排除了第 i 个文档中的第 j 个单词的计数）。

注意，式（5.10）中的 $p(w_j^{(i)} \,|\, Z_j^{(i)} = k, \beta_k)$ 等于 $\beta_{k,w_j^{(i)}}$。将该取值与上述内容结合起来，表明式（5.10）是具有参数 $\psi + n_{-(i,j),k}$ 的狄利克雷分布的均值。这意味着

$$p\left(w_j^{(i)} = v \,|\, Z_j^{(i)} = k, z_{-(i,j)}, w_{-(i,j)}\right) = \frac{\psi + [n_{-(i,j),k}]_v}{V\psi + \sum_{v'}[n_{-(i,j),k}]_{v'}} \tag{5.11}$$

我们完成了式（5.9）中第一项的处理，还必须处理 $p(Z_j^{(i)} = k \,|\, z_{-(i,j)})$。首先注意，根据贝叶斯法则和模型中的条件独立性假定，可以得出：

$$p\left(Z_j^{(i)} = k \,|\, z_{-(i,j)}\right) = \int_{\theta^{(i)}} p\left(\theta^{(i)}, Z_j^{(i)} = k \,|\, z_{-(i,j)}\right) d\theta^{(i)}$$

$$= \int_{\theta^{(i)}} p\left(Z_j^{(i)} = k \,|\, \theta^{(i)}\right) p\left(\theta^{(i)} \,|\, z_{-(i,j)}\right) d\theta^{(i)} \tag{5.12}$$

采用与前面类似的推导，可以证明 $p(\theta^{(i)} \,|\, z_{-(i,j)})$ 是以 $\alpha + m_{-(i,j)}$ 为超参数的狄利克雷分布，其中 $m_{-(i,j)}$ 是长度为 K 的向量，并且 $[m_{-(i,j)}]_k$ 是在 $z_{-(i,j)}$ 中第 i 个文档中的单词（第 j 个单词除外）被分配给主题 k' 的次数。$p(Z_j^{(i)} = k \,|\, \theta^{(i)})$ 等于 $\theta_k^{(i)}$。因此，式（5.12）是狄利克雷分布的均值：它是以 $\alpha + m_{-(i,j)}$ 为超参数的狄利克雷分布均值的第 k 个分量。这意味着

$$p\left(Z_j^{(i)} = k \,|\, z_{-(i,j)}\right) = \frac{\alpha + [m_{-(i,j)}]_k}{K\alpha + \sum_{k'}[m_{-(i,j)}]_{k'}} \tag{5.13}$$

通过式（5.9）、式（5.11）和式（5.13），我们得到这样的结论：为了在坍塌设置中对 LDA 应用吉布斯采样，我们必须基于下面的分布，为文档中的单个单词在每个点上进行单主题指派抽样：

$$p\left(Z_j^{(i)} = k \,|\, z_{-(i,j)}, w\right) = \frac{\psi + [n_{-(i,j),k}]_{w_j^{(i)}}}{V\psi + \sum_{v'}[n_{-(i,j),k}]_{v'}} \times \frac{\alpha + [m_{-(i,j)}]_k}{K\alpha + \sum_{k'}[m_{-(i,j)}]_{k'}}$$

因此，上面例子中的坍塌吉布斯采样器具有闭形式的解析解也不足为奇。这是狄利克雷分布与控制 $Z^{(i)}$ 和 $W^{(i)}$ 产生的多项式分布共轭的直接结果。即使隐变量与参数积分的耦合可能导致后验的非解析解，共轭先验的使用仍然经常导致条件分布的解析解（以及吉布斯采样器的解析解）。

为了总结本节，算法 5-2 给出了坍塌的分块 – 示例吉布斯采样器。该算法为每个示例不断地抽取一个隐结构，直到收敛。

```
输入：分布 p(Z|X)

输出：来自分布 p(Z^{(1)}, ···, Z^{(n)}|X) 的采样样本 z^{(1)}, ···, z^{(n)}
- - - - - - - - - - - - - - - - - - - - - - - - - - - - - - - - - - -
 1. 用空间允许的一些值初始化 z^{(1)}, ···, z^{(n)}
 2. repeat
 3.   for 每一个 i ∈ {1, ···, n} do
 4.     从分布 p(Z^{(i)}|z^{(1)}, ···, z^{(i-1)}, z^{(i+1)}, ···, z^{(n)}, X) 中采样 z^{(i)}
 5.   end for
 6. until 马尔可夫链收敛
 7. return z^{(1)}, ···, z^{(n)}
```

算法 5-2　具有"系统扫描"形式的坍塌观测 – 分块吉布斯采样算法

5.3.2　运算符视图

正如本节所述，在自然语言处理中，吉布斯采样的运算符视图经常用来代替将后验变量显式地划分为随机变量 $U_1, ···, U_p$。令 $p(U|X)$ 表示目标分布，Ω 表示其样本空间。从实现的角度来看，运算符视图的最大优点是，其允许建模者设计正确的吉布斯采样器，而无须提供特定的目标分布。如果设计遵循一些简单原则，那么无论潜在的目标分布是什么，都能保证采样器的正确性。

在运算符视图中，我们定义了运算符集合 $\mathcal{O} = \{f_1, ···, f_M\}$，其中每个运算符是将元素 $\omega \in \Omega$ 映射到邻居集合 $A \subseteq \Omega$ 的函数 f_i。采样器在运算符之间交替，每次根据 $p(U|X)$ 按照正比于当前状态的概率采样当前状态的一个邻居。算法 5-3 给出了该吉布斯算法。其中，符号 $I(u' \in A)$ 是一个指标器函数。如果 $u' \in A$，则函数值为 1，否则的话为 0。该指标器函数根据运算符 f_i 检查 u' 是否属于 u 的邻域。数据项 $Z(f_i, u)$ 是在 $f_i(\Omega)$ 上对 U 进行积分或求和的归一化常数，以保证 $q(U')$ 是一个分布。例如，如果 Ω 是一个离散空间，那么这意味着

$$Z(f_i, u) = \sum_{u'} p(U = u'|X)I(u' \in f_i(u))$$

```
输入：运算符集 𝒪 = {f_1, ···, f_M} 和目标分布 p(U|X)

输出：来自分布 p(U|X) 的采样样本 u
- - - - - - - - - - - - - - - - - - - - - - - - - - - - - - - - - - -
 1. 用随机值初始化 u
 2. repeat
 3.   for 从 1 到 M 中的每一个 i do
 4.     从如下分布中采样 u'
```

$$q(u'|u) = \frac{p(u'|X)I(u' \in f_i(u))}{Z(f_i, u)} \tag{5.14}$$

```
 5.     设置 u ← u'
 6.   end for
 7. until 马尔可夫链收敛
 8. return u
```

算法 5-3　具有"系统扫描"形式的运算符吉布斯采样算法。函数 $Z(f_i, u)$ 表示分布 $q(u')$ 的归一化常数。注意，分布 $p(U|X)$ 的归一化常数可能是未知的

该算法还可以在运算符之间随机移动，而不是在每个步骤中都有组织地选择一个运算符。

运算符通常对状态空间中的当前状态进行局部更改。例如，如果感兴趣的隐结构是一个词性标注序列，那么运算符可以对其中一个词性标注进行局部更改。如果感兴趣的隐结构是一棵短语－结构树，那么运算符可以局部地改变树中的给定节点及其邻域。在这些情况下，运算符返回的邻域是一个与输入状态一致的状态集合，而不是一些局部更改。

为了保证确实能诱导出有效的吉布斯采样器，运算符需要满足以下性质：

- 细致平衡——充分条件是：对于每个运算符 $f_i \in \mathcal{O}$ 和每个 ω，如果 $\omega' \in f_i(\omega)$，则有 $f_i(\omega) = f_i(\omega')$。这确保了细致平衡条件，即对于任何 u 和 u'，都有

$$p(u \mid X)q(u' \mid u) = p(u' \mid X)q(u \mid u') \qquad (5.15)$$

  其中 $q(u|u')$ 和 $q(u'|u)$ 在式（5.14）中定义。式（5.15）成立的原因是，在满足上述充分条件的情况下，$q(u|u')$ 和 $q(u'|u)$ 的归一化常数满足 $Z(f_i, u) = Z(f_i, u')$。

- 重复发生——这意味着从搜索空间中的任何状态转移到其他状态都是可能的。更正式地讲，它意味着对于任意的 $\omega, \omega' \in \Omega$，有一个满足 $\omega' \in f_{i_M}(f_{i_{M-1}}(\cdots(f_{i_1}(\omega))))$ 的运算符序列 $f_{a_1}, \cdots, f_{a_\ell}$（其中 $a_i \in \{1, \cdots, M\}$），并且根据式（5.14）可得，该链可能具有非零的概率。

注意，对称条件意味着对于每个 ω 和 f_i，都有 $\omega \in f_i(\omega)$，即运算符可能根本不会对给定的状态进行任何更改。细致平衡和重复发生是马尔可夫链的正式属性，其对确保采样器的正确性（即它实际上是从期望的目标分布中采样的）是非常重要的，而运算符的上面两个要求是使吉布斯采样器创建的潜在马尔可夫链满足对称性条件的一种方法。

在贝叶斯自然语言处理文献中有几个示例使用了此运算符视图进行吉布斯采样，尤其是将其用于翻译。例如，DeNero 等（2008）以这种方式使用吉布斯采样器来对机器翻译中的短语对齐进行采样。他们用几个运算符对对齐方式进行局部更改：SWAP（可在两对短语的对齐方式之间切换）、FLIP（可更改短语边界）、TOGGLE（可添加对齐链接）、FLIPTWO（可改变源语言和目标语言中的短语边界）和 MOVE（可将对齐的边界向左或向右移动）。Nakazawa 和 Kurohashi（2012）已使用类似的运算符来处理机器翻译中功能词的对齐。Ravi 和 Knight（2011）也使用吉布斯运算符来估计 IBM Model 3 的翻译参数。有关同步语法模型的吉布斯采样的细致平衡问题的讨论，可以参考文献 Levenberg 等（2012）。

在通常情况下，吉布斯采样的运算符视图会生成一个接近于逐点采样的采样器，因为如上所述，这些运算符会对状态空间进行局部更改。这些运算符通常对隐结构进行操作，而不对参数进行操作。如果采样器是显式的，即参数没有被边缘化，则可以在附加的吉布斯步骤中对参数进行采样，其中该吉布斯步骤是在给定隐结构的条件下从参数的条件分布中进行采样。

5.3.3 并行化的吉布斯采样器

吉布斯采样中的每个步骤在计算时都可能非常耗时，尤其在自然语言处理中坍塌的示

例 – 分块设置下更是如此。因此，在多个处理器（或多个机器）上并行化吉布斯算法是非常有用的。并行化吉布斯算法的最简单方法是从条件中并行地采样——可以在多个 $p(U_i|U_{-i}, X)$ 条件中为每个处理器中分配一个条件，且可以在该处理器上采样 U_i。

事实上，Geman 和 Geman（1984）建议使用算法 5-4 中详细描述的并行吉布斯采样器（也称为同步吉布斯采样器）。事实证明，对吉布斯算法进行这个简单的更改（不是对状态进行立即更新，而是在对所有条件变量进行采样之后才更新状态）实际上破坏了吉布斯算法。该采样器的平稳分布（如果存在的话）不一定是 $p(U|X)$。

输入：分布 $p(U_i|U_{-i}, X)$ 的采样器，其中 $p(U_i|U_{-i}, X)$ 是分布 $p(U_1,\cdots,U_p|X)$ 的条件分布
输出：来自分布 $p(U_1,\cdots,U_p|X)$ 的近似采样样本 $u=(u_1,\cdots,u_p)$

1. 用空间允许的一些值初始化 $u_1,\cdots,u_p$
2. repeat
3.   for 1 到 p 中的每个 i（并行地基于下标 i 执行采样操作）do
4.   从条件分布 $p(u_i'|u_{-i}, X)$ 中采样 u_i'
5.   end for
6.   for 1 到 p 中的每个 i do
7. $u_i \leftarrow u_i'$
8.   end for
9. until 马尔可夫链收敛
10. return $u_1,\cdots,u_p$

算法 5-4　并行吉布斯采样算法

然而，在实践中已经使用了类似形式的采样器（例如，对于 LDA 模型）。有关并行化 LDA 的 MCMC 采样的更多信息，请参考文献 Newman 等（2009）。

并行化采样的困难可能是选择更易于并行化的推断算法（如变分推断，这将在第 6 章中进一步讨论）的原因。

Neiswanger 等（2014）描述了另一种并行化吉布斯采样算法（或任何 MCMC 算法）的方法。在他们的方法中，需要推断的数据被分割成多个子集，并且对每个子集分别运行吉布斯采样，以从目标分布中抽取样本。然后，一旦所有并行运行的 MCMC 链都完成了样本的抽取，就将样本重新组合，以便获得渐进精确的样本。

5.3.4　总结

吉布斯采样假设对感兴趣的随机变量集合进行划分。它是一种 MCMC 方法，其通过交替地执行不同的采样步骤来实现从目标分布中抽取样本，这些步骤对每个划分子集中的每个随机变量的条件分布进行样本抽取。在所有的 MCMC 方法中，吉布斯采样是贝叶斯自然语言处理中最常见的一种。

5.4   Metropolis-Hastings 算法

Metropolis-Hastings（MH）算法是一种使用建议分布从目标分布中抽取样本的 MCMC 采样算法。令 Ω 为目标分布 $p(U|X)$ 的样本空间（在本例中，U 可以表示模型中的隐变量）。建议分布是一个函数 $q(U'|U) \in \Omega \times \Omega \to [0,1]$，其满足每个 $u \in \Omega$ 定义一个分布 $q(U'|u)$。该算法还假定对于任何 $u \in \Omega$，对分布 $q(U'|u)$ 的采样在计算上都是有效的。假设目标分布直到其归一化常数都是可计算的。

算法 5-5 给出了 Metropolis-Hastings 采样器。它首先用随机值初始化感兴趣的状态，然后从潜在的建议分布中重复采样。由于建议分布可能与目标分布 $p(U|X)$ 大不相同，因此式（5.16）后面有一个修正步骤，用于确定是否接受来自建议分布的样本。

就像吉布斯采样器一样，Metropolis-Hastings 算法可以生成样本流。一旦马尔可夫链收敛，我们就可以通过重复算法中的循环语句来连续生成样本（这些样本不一定是独立的）。在每个步骤中，u 都可以被视为来自潜在分布的样本。

输入：可计算到归一化常数的分布 $p(U|X)$，建议分布为 $q(U'|U)$
输出：来自分布 p 的采样样本 u

- -

1. 用允许的一些值初始化 u
2. repeat
3.   从分布 $q(U'|u)$ 中随机地采样 u'
4.   计算接受率：

$$\alpha = \min\left\{1, \frac{p(u'|X)q(u|u')}{p(u|X)q(u'|u)}\right\} \qquad (5.16)$$

5.   从 $[0,1]$ 上的均匀分布中抽取值 α'
6.   if $\alpha' < \alpha$ then
7. $u \leftarrow u'$
8.   end if
9. until 马尔可夫链收敛
10. return u

算法 5-5   Metropolis-Hastings 算法

我们在前面提到过，分布 p 需要直到其归一化常数都是可计算的。即使式（5.16）显式地使用了 p 值，这也是成立的。接受率总是计算不同 p 值间的比率，因此消去了归一化常数。

使用接受率接受建议的样本会促使采样器根据目标分布探索空间中具有较高概率的部分。接受率与下一个状态的概率和当前状态的概率之间的比率成正比。下一个状态的概率越大，接受率就越大，因此更容易被采样器接受。然而，有一个重要的校正率要乘进来：当前状态的建议分布值与下一状态的建议分布值之间的比率。该校正率通过在状态空间的某些部分具有比其他部分更高的概率质量（不同于目标分布的概率质量）来控制建议分布所引入的偏差。

重要的是要注意，建议分布的支持集应包含（或等于）目标分布的支持集。这样可确保潜在的马尔可夫链是递归的，并且如果采样器运行的时间足够长，则将探索所有样本空间。细致平衡的附加属性（见 5.3.2 节）对于通过使用接受率的校正步骤确保给定 MCMC 取样器的正确性也很重要。

Metropolis-Hastings 算法的变体

Metropolis 等（1953）最初开发了 Metropolis 算法，其中建议分布假定是对称的（即 $q(U'|U) = q(U|U')$）。在这种情况下，式（5.16）中的接受率仅由下一个潜在状态的感兴趣分布与当前状态的感兴趣分布之间的比率构成。Hastings（1970）后来将其推广到非对称 q 的情况，从而产生了 Metropolis-Hastings 算法。

Metropolis-Hastings 算法的另一种特殊情况是 $q(U'|U) = q(U')$ 时，即建议分布不依赖于先前的状态。在这种情况下，MH 算法简化为一个独立的采样器。

算法 5-5 中给出的 Metropolis-Hastings 算法的一个重要变体是基于分量方式的 MH 算法。它类似于吉布斯采样器，因为它假设对目标分布中的变量进行划分，并且使用建议分布集合重复更改每一个变量的状态。

使用分量方式的 MH 算法可以定义一组建议分布 $q_i(U'|U)$，其中 q_i 仅将非零概率质量分配给保持 U_{-i} 完整的状态空间中的转换，其可能会改变 U_i。更正式地讲，仅当 $U'_{-i} = U_{-i}$ 时，才有 $q_i(U'_{-i}|U) > 0$。然后，分量方式的 MH 算法随机或系统地交替，每次从 q_i 采样，并使用接受率

$$\alpha_i = \min\left\{1, \frac{p(u'|X)q_i(u|u')}{p(u|X)q_i(u'|u)}\right\} \quad (5.17)$$

来拒绝或接受新的样本。每次接受只改变 U 中的一个坐标。

吉布斯算法可以看作分量方式的 MH 算法的一个特例，其中

$$q_i(u'|u) = \begin{cases} p(u'_i|u_{-i}, X), & \text{若 } u'_{-i} = u_{-i} \\ 0 & \text{其他} \end{cases}$$

在这种情况下，由式（5.17）可知，α_i 满足：

$$\begin{aligned} \alpha_i &= \min\left\{1, \frac{p(u'|X)q_i(u|u')}{p(u|X)q_i(u'|u)}\right\} \\ &= \min\left\{1, \frac{p(u'|X)p(u_i|u'_{-i}, X)}{p(u|X)p(u'_i|u_{-i}, X)}\right\} \\ &= \min\left\{1, \frac{p(u'_{-i}|X)p(u'_i|u'_{-i}, X)p(u_i|u'_{-i}, X)}{p(u_{-i}|X)p(u_i|u_{-i}, X)p(u'_i|u_{-i}, X)}\right\} \\ &= \min\left\{1, \frac{p(u'_{-i}|X)}{p(u_{-i}|X)}\right\} \\ &= 1 \end{aligned}$$

其中最后一个等式来自 q_i 只改变状态 u 的第 i 个坐标的事实，第二个和第三个等式之间的转换来自应用于 $p(u|X)$ 和 $p(u'|X)$ 上的链式法则。因为对于 $i \in (1, \cdots, p)$ 都有 $\alpha_i = 1$，所以具有

吉布斯建议分布的 MH 采样器永远不会拒绝对状态的任何更改。由于这个原因，吉布斯采样器不需要校正步骤，该步骤被移除。

5.5　切片采样

切片采样（Neal，2003）是一种 MCMC 方法，它是吉布斯采样器的一个特殊但有趣的情形。在其最基本的形式中，切片采样器被设计成从单变量分布中抽取样本。

为了使讨论更具体，假设目标分布是 $q(\alpha)$，其中 α 是单变量随机变量，例如，其可以在层次模型中作为超参数出现（见第 3 章）。这意味着 $q(\alpha)$ 可以代表分布 $p(\alpha \mid \theta, Z, X)$ 或者代表分布 $p(\alpha \mid Z, X)$（如果参数坍塌）。

单变量切片采样器依赖以下观察结果：可以通过从潜在分布图中均匀采样一个点，然后将该点投影到 x 轴来完成对分布的采样。在此，"图"是指以密度函数的曲线为边界的区域。x 轴的范围是 α 可以接收的值的范围，y 轴的范围是实际密度值的范围。图 5-1 展示了这种思想。

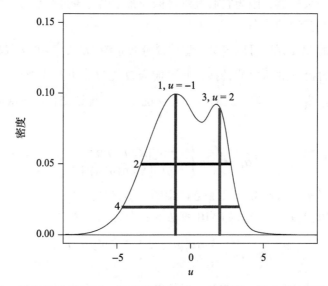

图 5-1　单变量 U 的切片采样演示。纵坐标轴表示 U 的密度。线（1）表示我们开始的第一个样本，其中该样本的横轴坐标 $u = -1$。然后我们基于均匀分布从线（1）上取一个点。一旦选择了这个点，我们就考虑线（2），它在这个点上与线（1）相交。我们在线（2）上均匀地采样一个点，得到第二个样本，其横轴坐标 $u = 2$。再在线（3）上采样一个随机点，该线与线（2）相交于横轴坐标 $u = 2$ 的新点。我们继续这种沿着垂直和水平相交的线（线（4）与线（3）相交）选择点的过程。这相当于在 U 的密度函数图上随机游走

这种对图进行均匀采样的思想正是 MCMC 发挥作用的地方：切片采样器是一种 MCMC 采样器，它的平稳分布是感兴趣分布图下的面积（或体积）上的均匀分布，而不是直接从图中采样（这在计算上很困难）。直观地讲，切片采样器是一个吉布斯采样器，它可以在沿 x 轴和 y 轴以随机游走的方式在直线上移动。

更正式地讲，切片采样器将辅助变量 $V \in \mathbb{R}$ 引入 $q(\alpha)$，然后定义两个吉布斯采样步骤来改变状态 (v, α)。第一步，从集合 $\{\alpha' | v \leqslant q(\alpha')\}$ 中均匀地抽取 α（给定 $V = v$）。这实质上对应沿 x 轴移动。第二步可能更直观，我们从集合 $\{v | v \leqslant q(\alpha)\}$ 上的均匀分布中抽取 v（给定 α），这对应沿 y 轴移动。

5.5.1　辅助变量采样

切片采样是一种称为"辅助变量采样"的通用采样方法的特殊情况。这种方法假设存在一个变量 V（辅助变量），从而与 U 一起推导出联合分布 $p(U, V | X) = p(U | X)p(V | U, X)$。然后，我们可以使用一种 MCMC 算法从分布 $p(U, V | X)$ 进行采样。来自 V 的样本最终被忽略，来自 U 的样本用作目标分布 $p(U | X)$ 的样本。

辅助变量的选择并不简单，取决于现有的模型。这个选择应该确保 MCMC 采样器倾向于探索具有较高概率质量的区域。如果将吉布斯采样与辅助变量结合使用，则应保证可以有效地对条件分布 $p(V | U, X)$ 和 $p(U, V | X)$ 进行采样。

显式采样（对模型的参数进行采样）和辅助变量方法之间存在一种有趣的联系。参数本身可以被认为是"分块后验"的辅助变量，因为它们在采样时感兴趣的隐结构之间引入了条件独立假定，从而使采样在计算上更容易。

5.5.2　切片采样和辅助变量采样在自然语言处理中的应用

单变量连续分布的切片采样尤其适用于自然语言处理中的超参数推断。例如，Johnson 和 Goldwater（2009）使用切片采样对 Pitman-Yor 过程的超参数进行采样，这些参数对应于浓度和折扣值。切片采样器与这些超参数上的模糊伽玛先验结合使用。由于超参数具有模糊先验，因此切片采样几乎可以作为寻找最佳超参数设置的搜索过程。例如，可以将这种方法与 4.3 节中的经验贝叶斯方法或使用切片采样进行超参数推断的其他最新示例（如 Lindsey 等（2012））进行比较。

在自然语言处理中深入运用辅助变量抽样的工作之一是由 Blunsom 和 Cohn（2010a）完成的，他们为同步语法引入了辅助变量采样器。该采样器能够基于给定的句子对获得同步派生。目标是在时间复杂度上比朴素动态规划算法更快地获得这样的同步派生，而朴素动态规划算法在时间复杂度上是源句子长度和目标句子长度的立方。

Blunsom 和 Cohn（2010a）的采样器为同步派生中的每个可能跨度引入了辅助连续变量。然后，当在给定连续变量集的情况下对派生进行采样时，动态规划算法会修剪图表中任何概率小于辅助变量对应值的跨度。所以 Blunsom 和 Cohn 必须引入一个校正步骤，类似于 Metropolis-Hastings 中存在的校正步骤，以使其采样器变得正确。他们在论文中讨论了辅助变量采样的两种替代 MCMC 方法，据报道要么混合得非常慢（朴素吉布斯采样），要么计算效率低下（坍塌吉布斯采样）。有关 MCMC 算法收敛性的更多信息，请参阅 5.7 节。

与（Blunsom et al., 2009a）的朴素吉布斯采样方法相比，Blunsom 和 Cohn（2010a）的切片采样器在汉语到英语的翻译中取得了较好的 BLEU 分数，也使模型具有较高的对数似然。这可能部分归因于 Blunsom 和 Cohn 发现吉布斯采样器对初始化更敏感。有关更多信息，请参阅 5.7 节。Blunsom 和 Cohn 还发现，吉布斯采样器比辅助变量采样器更容易陷入分布的众数中。

Van Gael 等（2008）为结合动态规划与切片采样（他们称之为"光束采样器"）的无限隐马尔可夫模型（8.1.1 节）设计了一种推断算法。他们通过预测《爱丽丝梦游仙境》中的文本测试了他们的推断算法。尽管如此，他们的光束采样器在这个问题上并不比吉布斯采样算法有更好的预测能力。然而，对于其他非自然语言处理和人工数据问题，他们发现，其光束采样器比吉布斯采样算法具有更快的混合速度。

Bouchard-côté 等（2009）描述了一种辅助变量采样器，其目的是在运行动态规划算法（如第 8 章中概率上下文无关语法的内部—外部算法）时进行修剪。他们的算法是通过遍历辅助变量空间来实现的，辅助变量是由句子中的跨度和句法类别索引的二元向量，其中向量的每个元素表示每个组成部分是否被修剪。在每个点上，一旦对这样的二元向量进行了采样，就运行内部—外部算法，并且同时根据向量对成分进行修剪（因此运行速度更快）。最后，将对这些步骤计算出的所有期望值进行平均，以获得期望值的近似形式。这个过程也与蒙特卡罗积分有关（5.10 节）。

5.6 模拟退火

模拟退火是对 MCMC 采样器进行偏置的一种方法，使其逐渐聚焦于状态空间中包含大部分分布概率质量的区域。因此，它可以作为一种解码方法，以找到给定后验分布的最大后验解。

模拟退火最简单的形式是从高温开始搜索状态空间，其中高温对应于在状态空间中进行搜索的探索阶段。当采样器收敛时，温度被调低，以便搜索更集中于采样器已经到达的区域。

如果目标分布为 $p(U|X)$，模拟退火将如下尝试对分布进行采样：

$$\frac{p^{1/T_t}(U|X)}{Z(T_t)} \tag{5.18}$$

其中，$Z(T_t)$ 是归一化常数，其等价于在 U 上对 $p^{1/T_t}(U|X)$ 进行积分或求和。T_t 对应温度，从高温开始，随着采样器中迭代次数（用 t 表示）的增加，缓慢减小到 1。如果对使用模拟退火进行优化（即寻找后验的众数）感兴趣，那么甚至可以将温度降低到 0。此时，根据式（5.18）重新归一化的后验将会把大部分概率质量集中在样本空间中的单个点上。

例如，使用吉布斯采样，可以通过 $1/T_t$ 对条件分布求幂，并重新归一化来完成模拟退火，同时在吉布斯采样器的每次迭代中增加 t 的值。对于 Metropolis-Hastings 算法，我们需要更改接受率，以便把 $1/T_t$ 作为 $p(U|X)$ 的幂。在这种情况下，无须计算 $Z(T_t)$，因为它被式（5.16）中出现的接受率抵消了。

5.7 MCMC 算法的收敛性

每一个 MCMC 算法的执行都经历了一个"老化"阶段。在这个阶段，马尔可夫链还未稳定（或尚未混合），并且抽取的样本并非来自实际的后验分布。老化阶段过后，马尔可夫链收敛到后验分布，此时所抽取的样本是来自后验的（相关）样本。

对于 MCMC 算法，尤其是对于贝叶斯自然语言处理模型，在达到收敛之前表征迭代次数通常是一个较困难的问题。有一些收敛理论提供了基于转移矩阵的谱分解确定迭代次数的上界的方法（Robert and Casella，2005）——见 5.8 节，但是该理论很难应用于自然语言处理中的实际问题。

大多数测试收敛性的方法都是经验性的，且基于启发式的方法，其中一些包括：

- **视觉检查**。如果仅对一个单变量参数进行采样，则可以手动检查一个跟踪图，该图绘制采样参数的值与采样器的迭代次数的关系。如果我们观察到马尔可夫链"卡"在参数的某个范围内，然后移动到另一个范围并停留一段时间，并在这些范围之间不断地移动，则表明采样器没有混合。

  在自然语言处理中，参数显然是多维的，而且并非总是对连续变量进行采样的情况。在这种情况下，可以在每次迭代中计算被采样的结构或多维向量的标量函数，并绘制出相应的图。这将提供关于链的混合的单向指示：如果观察到上述模式，则表明采样器尚未混合。

  我们还可以绘制一些标量函数 $\frac{1}{t}\left(\sum_{i=1}^{t} f(u^{(i)})\right)$ 基于 t 的平均值，其中 t 是采样器的迭代次数，$u^{(i)}$ 是在第 i 次迭代时抽取的样本。该平均值最终应趋于平稳（根据大数定律），如果没有趋于平稳，则表示采样器尚未混合。标量函数可以是对数似然函数。

- **在开发集验证**。在运行 MCMC 采样器的同时，可以对带注释的小型开发集进行预测（如果这个开发集合存在的话）。在显式的 MCMC 采样设置中，可用参数对此开发集进行预测，并且在预测性能不再提高时停止采样器（这里的性能是根据与当前问题相关的评估指标来度量的）。如果使用坍塌设置，则可以基于采样器的当前状态抽取点估计，然后再次使用它对开发集进行预测。

  注意，使用这种方法，我们不需要在"真实的后验"上检查采样器的收敛性，而是优化采样器，以使其在与最终评估指标配合得很好的一部分状态空间中运行。

- **测试自相关**。当目标分布在实际值上定义时，为了诊断 MCMC 算法，可以使用自相关进行测试。用 $p(\theta)$ 表示目标分布。滞后 k 的自相关可定义为

$$\rho_k = \frac{\sum_{t=1}^{T-k}(\theta_t - \overline{\theta})(\theta_{t+k} - \overline{\theta})}{\sum_{t=1}^{T-k}(\theta_t - \overline{\theta})^2} \tag{5.19}$$

  其中 $\overline{\theta} = \frac{1}{T}\sum_{t=1}^{T}\theta_t$，$\theta_t$ 是链中的第 t 个样本，T 是样本的总数。式（5.19）中的分子对应于估计的协方差项，分母对应于估计的方差项。自相关测试基于这样一种思想：如果 MCMC 采样已经达到平稳分布，那么自相关值应该随着 k 的增加而减小。因此，甚至对于相对较大的 k，较大的自相关值指示着缓慢混合或收敛不佳。

- **其他测试**。Geweke 检验（Geweke，1992）是一种著名的检查 MCMC 算法是否收敛的方法。它的工作原理是在假定的老化阶段后将样本链分成两部分，然后分别对两部

分进行测试，看它们是否相似。如果样本链确实达到了稳定状态，那么这两部分应该是相似的。该检验是通过使用所谓的 z- 检验（Upton and Cook，2014）的修改来执行的，用于比较链的两个部分的分数称为 Geweke z- 分数。另一个广泛用于 MCMC 收敛性诊断的检验是 Raftery-Lewis 检验。在目标分布是根据实际值定义的情况下，它是一个很好的选择。Raftery-Lewis 检验的工作原理是根据某个分位数 q，将链中的所有元素阈值化，从而将链二值化为 0 和 1 的序列；然后通过估计这些二值之间的转移概率来进行测试，并使用这些转移概率来评估收敛性。更多详细信息，请参考文献 Raftery 和 Lewis（1992）。

对于在自然语言处理中使用 MCMC 算法，最站得住脚的批评是这些算法通常没有很好地验证链的收敛性。由于 MCMC 算法在贝叶斯自然语言处理上下文中具有很高的计算代价，因此它们通常运行固定的迭代次数，并且迭代次数受到分配给经验评估的时间限制。这导致所报告的结果对马尔可夫链的起始条件非常敏感，甚至更糟——该结果基于未从真实后验中提取的样本。在这种情况下，MCMC 算法的使用类似于随机搜索。

因此，我们建议在使用贝叶斯模型时保持谨慎，并监视 MCMC 算法的收敛性。当 MCMC 算法收敛过慢时（贝叶斯自然语言处理模型经常会出现该问题），应考虑使用另一种近似推断算法，比如变分推断（第 6 章），该算法的收敛性更容易评估。

5.8 马尔可夫链：基本理论

全面介绍马尔可夫链和 MCMC 方法背后的理论超出了本书的范围。关于马尔可夫链理论的深入研究，可以参考文献 Robert 和 Casella（2005）。因此，我们只提供这些算法背后核心思想的非正式阐述。首先要注意的是，可以将 MCMC 方法视为遍历样本空间的机制，在每次迭代中从一个状态转换到另一个状态。例如，对于具有显式后验的推断，搜索空间包含每一个观测的参数和隐结构对：$(\theta, z^{(1)}, \cdots, z^{(n)})$。

我们用 Ω 表示样本空间，为了简单起见，我们假设它是有限的（显然，对于显式后验的推断，当参数连续时样本空间不是有限的。或者即使对于坍塌采样，其给定观测的可能的隐结构数量可能是无限的）。因此，Ω 可以枚举为 $\{s_1, \cdots, s_N\}$，其中 $N = |\Omega|$。

齐次马尔可夫链由转移矩阵 T（或"转移核"）决定，其中 T_{ij} 表示根据该马尔可夫链从状态 s_i 转移到状态 s_j 的概率。因此，矩阵 T 是一个具有非负元素的随机矩阵，每列的和为 1：

$$\sum_{j=1}^{N} T_{ij} = 1 \quad \forall i \in \{1, \cdots, N\} \tag{5.20}$$

非齐次马尔可夫链在每个时间步长上都有一个转移核，而不是只有单个 T。本章中的所有采样器和算法都是齐次链。

关于 T，马尔可夫链具有一个重要的代数性质。令 v 是 Ω 上的分布，也就是满足约束 $v_i \geq 0$ 和 $\sum_i v_i = 1$ 的向量。在这种情况下，用 v 乘以 T（在左边），也就是计算 vT——也会得

到一个分布。为了看出这一点，考虑如果 $w = vT$，则根据式（5.20）有

$$\sum_{j=1}^{N} w_j = \sum_{j=1}^{N} \sum_{i=1}^{N} v_i T_{ij} = \sum_{i=1}^{N} v_i \times \underbrace{\left(\sum_{j=1}^{N} T_{ij} \right)}_{=1} = \sum_{i=1}^{N} v_i = 1$$

因此，w 是状态空间 Ω 上的分布。分布 w 不是一个任意的分布，它是从状态的初始分布 v 开始，使用马尔可夫链执行了一步后所产生的结果。更一般地，对于整数 $k \geq 0$，vT^k 给出马尔可夫链执行了 k 步后 Ω 上的分布。如果我们令 $v^{(t)}$ 是 t 时刻 Ω 空间上的分布，则有

$$v^{(t+1)} = v^{(t)} T = v^{(0)} T^{t+1} \tag{5.21}$$

马尔可夫链的一个关键概念是平稳分布。平稳分布是这样的一个分布：如果我们使用它来初始化链（即用它作为 $v^{(0)}$），则下一个状态的概率将依然按照平稳分布来分布。在一些正则性条件下（不可约性和非周期性，有关更多信息请参考文献 Robert 和 Casella（2005），这种平稳分布存在，并且是唯一的。此外，在这些正则性条件下，无论初始分布是什么，马尔可夫链最终都会混合，并达到平稳分布。

根据式（5.21），这意味着，如果 π 是一个平稳分布，则

$$\pi T = \pi \tag{5.22}$$

也就是说，π 是与特征值 1 关联的特征向量。（这隐式地意味着，如果 T 具有平稳分布，那么它的特征值一开始就是 1，这也是最大的特征值。）

这一基本理论为吉布斯采样器和 Metropolis-Hastings 算法等采样器的证明奠定了基础。这些证明采取了两个关键步骤：

- 证明采样器导出的链是收敛到平稳分布的（即满足基本的正则性条件）。
- 证明我们有兴趣从中采样的目标分布是由采样器导出的马尔可夫链的平稳分布（即满足式（5.22））。

5.9　MCMC 领域外的采样算法

马尔可夫链蒙特卡罗方法并不是从目标分布（如后验分布）中抽取样本的唯一方法。当只能计算目标分布到其归一化常数时，MCMC 方法是非常必要的。当可以评估目标分布（包括归一化常数），但由于某些算法或计算原因而难以从分布中进行采样时，诸如拒绝采样之类的方法可能比 MCMC 方法更有用、更有效。

下面我们描述拒绝采样（也称为接受 – 拒绝算法），其中我们假设目标分布为 $p(U \mid X)$。拒绝采样算法假定存在一个建议分布 $q(U)$，这个分布的采样在计算上是可行的。对于某个已知的 $M > 0$（因为 M 是直接在拒绝采样算法中使用和评估的），该建议分布应满足不等式：

$$p(U \mid X) \leq M q(U)$$

还假设对于任何 u，可以计算 $p(u \mid X)$（包括其归一化常数）。然后，为了从 $p(u \mid X)$ 中采样，按照算法 5-6 中的步骤进行。

> **输入**：分布 $p(U\,|\,X)$ 和分布 $q(U)$，分布 $q(U)$ 的采样器以及常数 M
>
> **输出**：来自分布 $p(U\,|\,X)$ 的采样样本 u
>
> ------
>
> 1. 设置布尔变量 accept 为 false
> 2. repeat
> 3.   把 u 设置为来自分布 $q(U)$ 的样本
> 4.   从均匀分布中抽取 α，其中 $\alpha \in [0,1]$
> 5.   if $\alpha \leq (p(u\,|\,X)\,/\,Mq(u))$ then
> 6.   设置布尔变量 accept 为 true
> 7.   end if
> 8. until accept 等于 true
> 9. return u

算法 5-6   拒绝采样算法

可以证明，在每次迭代中接受 y 的概率为 $1/M$。因此，当 M 很大时，拒绝采样是不实用的。这个问题对于定义在高维数据上的分布尤其严重。[⊖]

对于单变量情况，最好用图像方式解释拒绝采样背后的直觉。考虑图 5-2。我们看到 $Mq(u)$ 充当环绕目标分布 $p(u)$ 的一个包络。

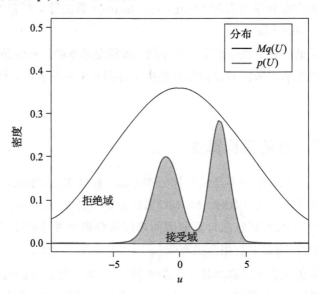

图 5-2   用于拒绝采样的包络 $Mq(U)$ 和感兴趣分布 $p(U\,|\,X)$。该图改编自 Andrieu 等（2003）

为了继续从 $p(u)$ 中抽取样本，我们可以从 $Mq(u)$ 定义的这个包络中重复抽取样本点，

⊖ 通过自适应拒绝采样可以部分解决该问题。当需要从分布 $p(u)$ 中获得多个样本 $u^{(1)}$, …, $u^{(m)}$ 时，可以使用自适应拒绝采样。它的工作方式是围绕目标分布 $p(u)$ 逐步收紧建议分布 $q(u)$。有关更多细节，请参考文献（Robert and Casella，2005）。在贝叶斯自然语言处理中使用自适应拒绝采样的例子非常少，但可以参见用于自然语言处理的示例（Carter et al.，2012）和（Dymetman et al.，2012）。

直到我们碰巧命中 $p(u)$ 图中的一个点。实际上，为了从包络中抽取样本点，我们从 $q(u)$ 中采样一个点，这将我们限制在 x 轴上与样本空间中的点相对应的点。现在，我们可以通过仅检测从 y 轴 0 坐标延伸到 y 轴 $Mq(u)$ 坐标的这条直线，并在该直线上抽取一个均匀点。如果该点在 $p(u)$ 图的下面，则采样器设法从 $p(u)$ 中抽取样本。如果该点不在 $p(u)$ 图的下面，则需要重复该过程。

一般来说，使用拒绝采样器的主要挑战是根据常数 M 找到边界分布 $q(U)$。然而，在拒绝采样的特定情况下，可以很容易地确定这些数量。考虑这样一种情况：要从样本空间 Ω 的更受限制的子空间中采样。假设存在 $p(u)$，并且目标分布具有下面的形式：

$$p'(u) = \frac{p(u)I(u \in A)}{Z}$$

其中，$A \subset \Omega$，$I(u \in A)$ 是指示器函数，如果 $u \in A$，其值为 1，否则的话为 0。Z 是一个归一化常数，用于在 A 上对 $p(u)$ 进行积分或求和。如果对于每一个 $u \in \Omega$，$p(u)$ 都可以被计算，并有效地从中采样，并且对于任意的 $u \in \Omega$，隶属度查询 $u \in A$ 可以有效地完成，那么可以使用具有建议分布 $p(u)$ 的拒绝采样对 $p'(u)$ 进行抽样。在这种情况下，$M = 1$，为了从 $p'(u)$ 中继续采样，必须从 $p(u)$ 中采样直到 $u \in A$。

Cohen 和 Johnson（2013）就是以这种方式使用拒绝采样，以便将 PCFG 的贝叶斯估计限制到紧 PCFG，也就是归一化常数（根据语法对所有可能的树求和）和为 1 的 PCFG。拒绝采样可以与狄利克雷先验配合使用。先对狄利克雷先验进行采样，然后检查结果规则的概率，看它们是否是紧的。如果它们是紧的，则这些规则概率将被接受。

逆变换采样：另一个非 MCMC 方法是逆变换采样（Inverse Transform Sampling，ITS）。对于实值随机变量 X，ITS 方法假设对于给定的 $u \in \mathbb{R}$，我们可以求出满足约束 $F(x) \leq u$ 的最大 x，其中 F 是 X 的累积分布函数（参见 1.2.1 节）。然后，逆变换采样从 $[0, 1]$ 上的均匀分布中采样出 u，返回满足约束的最大 x。

这种逆变换采样方法适用于多项式分布的采样。为了对这种分布进行采样，我们可以对随机变量 X 应用逆变换采样方法，该随机变量将多项式分布中的每个事件映射到介于 1 和 n 的唯一整数，其中 n 是多项式分布中的事件数。

对于多项式分布，逆变换采样的朴素实现在采样每个样本时具有基于 n 的线性时间复杂度，其中 n 是多项式分布中的事件数。实际上，通过使用渐近复杂度为 $O(n)$ 的预处理步骤，有一种简单的方法可以将从多项式中采样每个样本的速度增加到 $O(\log n)$。一旦使用随机变量 X 将每个事件映射到 1 和 n 之间的整数，我们就可以计算出数字向量 $\alpha_j = F(j) = \sum_{i=1}^{j} p(X = i)$，其中 $j \in (1, \cdots, n)$ 且设置 $\alpha_0 = 0$。现在，为了使用逆变换采样，我们抽取一个均匀变量 u，然后对由向量 $(\alpha_0, \cdots, \alpha_n)$ 表示的数组应用具有对数时间复杂度的二分查找算法，以便发现满足 $u \in [\alpha_{j-1}, \alpha_j]$ 的 j。最后返回与索引 j 关联的多项式事件。

5.10　蒙特卡罗积分

蒙特卡罗积分是一种针对服从目标分布 $p(U)$ 的变量的某些函数 f 计算形如 $I(f) =$

$E_{p(U)}[f(U)]$ 的期望的方法。它是蒙特卡罗采样方法背后的原始动机之一。简单形式的蒙特卡罗积分依赖于以下观察：如果 $u^{(1)}, \cdots, u^{(M)}$ 是来自目标分布的样本流，则期望可以近似为

$$I(f) = E_{p(U)}[f(U)] \approx \frac{1}{M} \sum_{i=1}^{M} f\left(u^{(i)}\right) \qquad (5.23)$$

这个近似值是有效的，因为大数定律表明：当 $M \to \infty$ 时，式（5.23）右边的和将收敛于左边的期望。

重要性采样：重要性采样采用了式（5.23）的思想，提出了一种使用建议分布 $q(U)$ 进行采样来近似期望 $I(f)$ 的方式。因此，当不容易从 p 中采样（但可以计算其值）时，可以使用重要性采样。此外，当在某些情况下选择特定的建议分布时，重要性采样比完美的蒙特卡罗积分（也就是说，当用来自 $p(U)$ 的样本估计 $I(f)$ 时）更为有效。这意味着近似积分趋向于以较少的样本收敛于 $I(f)$。

重要性采样依赖于简单的恒等式。该恒等式对于满足条件约束（即只有当 $p(u) = 0$ 时，$q(u) = 0$）的任何分布 $q(U)$ 都成立。其形式如下：

$$I(f) = E_{p(U)}[f(U)] = E_{q(U)}\left[f(U) \times \frac{p(U)}{q(U)} \right] \qquad (5.24)$$

因为期望运算符蕴含了使用 $q(U)$ 进行加权求和或加权积分的操作，而将 $q(U)$ 与 $\frac{p(U)}{q(U)}$ 相乘就会消去 $q(U)$，从而得到使用 $p(U)$ 重新加权的求和或积分操作，所以式（5.24）是成立的。

这意味着 $I(f)$ 可以近似为

$$I(f) \approx \frac{1}{M} \sum_{i=1}^{M} f\left(u^{(i)}\right) \times \frac{p(u^{(i)})}{q(u^{(i)})} = \hat{I}(f),$$

其中，$u^{(i)}(i \in \{1, \cdots, M\})$ 是从分布 $q(U)$ 中采样的。

如前面所述，$q(U)$ 的某些选择优于其他选择。抽取自建议分布的样本使用效率的一个度量是数量 $f(U) \times \frac{p(U)}{q(U)}$ 关于 $q(U)$ 的方差。如果从中采样的分布 $q^*(U)$ 具有下面的形式，该方差可以被证明是最小的。

$$q^*(u) = \frac{|f(u)| p(u)}{\int_u |f(u)| p(u) \mathrm{d}u}$$

如果 u 是离散的，则上式中的积分可以被求和取代。q^* 本身通常很难计算，或者很难从中采样。q^* 之所以是最优的，是因为它在函数 f 的绝对值和 p 的质量（或密度）两者都较大的位置设置了较大的概率质量（而不是仅根据 p 选择具有高概率质量的区域，这样在该区域中 f 可能具有无关紧要的小值）。我们想从平衡高可能性和 f 具有主导值的空间中进行点采样。

回过头看式（5.23），从 p 中抽取的用于估计积分的样本可以使用本章介绍的任何蒙特卡罗方法生成，包括马尔可夫链蒙特卡罗方法。这意味着我们可以用吉布斯采样器从状态空间中重复地抽取样本 $u^{(i)}$，并用它们去估计一个我们感兴趣的特定函数的积分。

5.11　讨论

现在，我们将简要讨论一些关于采样的方法及其在自然语言处理中的应用。

5.11.1　分布的可计算性与采样

我们已经看到，对于 MCMC，我们不需要为随机变量的给定赋值计算概率分布，以便从中抽取样本。例如，对于 Metropolis-Hastings 采样，我们所需要的是能够计算出直到倍增常数的概率分布。尽管如此，能够计算每个随机变量赋值的概率分布并不意味着从中抽样很容易。为了更正式地说明这一点，可以将为可满足的逻辑公式找到唯一相对应的赋值问题简化为从可完全计算的分布中采样的问题。

更具体地说，为上述问题找到唯一令人满意的赋值的最著名算法具有指数级的时间复杂度，而指数的大小就是变量的数目。对于这样一个公式，我们可以很容易地在变量赋值上定义分布 $p(x)$，使得当且仅当 x 是令人满意的公式时 $p(x) = 1$。分布 $p(x)$ 可按所用变量的数量以线性时间计算。然而，从 $p(x)$ 中采样相当于相对应找到一个唯一满足的布尔赋值。

5.11.2　嵌套的 MCMC 采样

MCMC 方法可以相互结合使用。例如，可以使用具有 Metropolis 的吉布斯采样器，这是一种吉布斯采样算法，其中对条件项（或至少几个条件）的采样采用单个 Metropolis 步骤，而不是直接从条件项中采样。在这种情况下，在老化阶段结束之前不需要在每个吉布斯步骤中抽取样本，因为执行单个 Metropolis-Hastings 步骤即可证明采样器在理论上将收敛为从目标分布中抽取样本。有关更多细节，请参考文献 Robert 和 Casella（2005）。具有 Metropolis 的吉布斯采样器已经在贝叶斯自然语言处理的多个问题中得到应用（Johnson et al.，2007b）。

5.11.3　MCMC 方法的运行时间

MCMC 方法的运行时间取决于两个因素之间的平衡：马尔可夫链混合所需的迭代次数和从建议分布或条件分布（在吉布斯采样的情况下）中抽取样本的运行时间。一般来说，如果可能的话，最好在坍塌模式中运行，并且不对预测不感兴趣的变量进行采样（尽管有证据表明，坍塌模式下的采样器实际上比显式采样器运行的时间更长，文献 Gao 和 Johnson（2008）中有相关的例子）。

类似地，与逐点设置相比，MCMC 方法在分块设置中可以以较少的迭代次数收敛。这里有一个权衡，因为分块设置会使采样器在每次迭代中花费更高的时间代价（例如，对于给定的样本，要求动态规划算法对整个隐结构进行采样），而需要的总迭代次数却比逐点采样器少。根据经验，分块采样器的总运行时间通常较短。

5.11.4　粒子滤波

粒子滤波（有时也称为序列蒙特卡罗方法），是一种基于观测数据对隐状态进行序列采样的采样技术。在粒子滤波中，我们假定序列模型具有隐状态序列 $Z = (Z_1, \cdots, Z_m)$ 和观测序列 $X = (X_1, \cdots, X_m)$。独立性假定与我们在隐马尔可夫模型所做的假定相同：给定 Z_i，X_i 独立于所有其他变量；给定 Z_{i-1}，Z_i 独立于所有的 $Z_j (j < i-1)$。

因此，该模型具有如下结构，与二元语法隐马尔可夫模型相同（见 8.1 节）：

$$p(Z_1, \cdots, Z_m, X_1, \cdots, X_m) = p(Z_1)p(X_1|Z_1)\prod_{i=2}^{m} p(Z_i|Z_{i-1})p(X_i|Z_i) \qquad (5.25)$$

粒子滤波的目标是近似分布 $p(Z_i | X_1 = x_1, \cdots, X_i = x_i)$ ——即以直到第 i 个位置的观测为条件，预测序列中第 i 个位置的隐状态。这意味着我们对从分布 $p(Z_i | X_1 = x_1, \cdots, X_i = x_i)$ 中采样 Z_i 感兴趣，其中 $i \in \{1, \cdots, m\}$。粒子滤波通过使用一系列的重要性采样步骤来处理该问题。分布 p 假定是已知的。

首先，粒子滤波从分布 $p(Z_1 | X_1)$ 中采样 M 个"粒子"。分布 $p(Z_1 | X_1)$ 可以通过对 $p(X_1|Z_1)$ 简单地应用贝叶斯法则，并结合分布 $p(Z_1)$ 推导出来。分布 $p(X_1|Z_1)$ 和分布 $p(Z_1)$ 都是式（5.25）中模型的组成部分。这就得到了粒子集合 $z_1^{(i)} (i \in \{1, \cdots, M\})$。

一般情况下，粒子滤波在第 j 步中会采样 M 个与 Z_j 相对应的粒子。这 M 个粒子用来近似分布 $p(Z_j | X_1, \cdots, X_j)$ ——每一个粒子 $z_j^{(i)} (i \in \{1, \cdots, M\})$ 被分配一个权重 $\beta_{j,i}$，分布 $p(Z_j | X_1, \cdots, X_j)$ 可以近似为

$$p\left(Z_j = z | X_1 = x_1, \cdots, X_j = x_j\right) \approx \sum_{i=1}^{M} I\left(z_j^{(i)} = z\right)\beta_{j,i} \qquad (5.26)$$

在每个步骤 j 中，粒子滤波依赖每个分布的层次构造。在给定先前的观测（$j \in \{1, \cdots, m\}$）的条件下，可以应用贝叶斯法则预测隐状态：

$$p\left(Z_j | X_1, \cdots, X_j\right) \propto \sum_z p\left(Z_{j-1} = z | X_1, \cdots, X_{j-1}\right) p\left(Z_j | Z_{j-1} = z\right) p\left(X_j | Z_j\right)$$

上面的数量正好等于 $E_{p(Z_{j-1}|X_1, \cdots, X_{j-1})}[p(Z_j | Z_{j-1} = z)p(X_j | Z_j)]$。因此，我们可以使用重要性采样（见 5.10 节）从 $p(Z_{j-1} | X_1, \cdots, X_{j-1})$ 中采样 M 个粒子，并对每个抽取的 z，进一步从 $p(Z_j | Z_{j-1} = z)$ 中抽样 $z_j^{(i)}$，同时设置其权值 $\beta_{j,i}$ 为与 $p(X_j = x_j | Z_j = z_j^{(i)})$ 成正比。这会引出式（5.26）中的近似值，该近似值可用于粒子滤波算法的下一步。

Levy 等（2009）使用粒子滤波来描述了一个增量解析模型，其动机是心理语言学：他们对模拟人类对语言的理解感兴趣。他们声称，基于先前的工作，有很多证据表明人类是渐近地处理语言的，因此以句子前缀为条件来建模部分句法派生的概率是有意义的。上面的表示法在部分派生的建模中使用了隐随机变量 Z_i 和表示句子中单词的 X_i，以及表示句子长度的整数 m。Levy 等人的增量解析器在模拟人类记忆限制对句子理解的影响方面尤为出色。

Yang 和 Eisenstein（2013）也开发了一种序列蒙特卡罗方法，将推文规范化为英语。他们所维护的粒子与英语中的规范化推文相对应。使用的（非贝叶斯）模型由条件对数线性模型和英语句子模型组成，其中条件对数线性模型对给定英语句子的推文分布进行建模。将这两个模型相乘，可以得到推文和英语句子上的联合分布。

5.12　本章小结

蒙特卡罗方法是贝叶斯自然语言处理中的重要机制。它们通常用于为模型采样一组参数，然后进行点估计（参见第 4 章），或者直接对要预测的结构进行采样。样本采样自后验分布。

蒙特卡罗方法的一个重要分支是马尔可夫链蒙特卡罗方法，该方法基于使用马尔可夫链遍历样本空间并收敛到与目标分布（如后验分布）相同的平稳分布。它们通常用于贝叶斯自然语言处理，因为它们只需要能够计算直到归一化常数的后验分布。这在贝叶斯情况下是很自然的，因此这时的后验分布与联合模型的分布成正比。在大多数情况下，可以很容易地计算出联合分布，但是计算将其转化为后验的归一化常数是很困难的。表 5-1 总结了在本章中提到的抽样算法。

表 5-1　关于蒙特卡罗方法和对后验 $p(U|X)$ 进行操作或采样所需组件的清单。符号 $\propto$ 表示我们只需能够计算出直到归一化常数的数量

采样器	需要从中采样的分布	需要计算的量
吉布斯采样器	$p(U_i|U_{-i}, X)$	无
吉布斯，运算符视图	与运算符邻域内的 $p(U|X)$ 成比例	$\{f_1, \cdots, f_M\}$
MH 采样器	$q(U'|U)$	$\propto p(U|X)$
独立性采样器	$q(U)$	$\propto p(U|X)$
拒绝采样器	$q(U)$ 使得 $p(U|X) \leqslant Mq(U)$	$M, p(U|X)$
切片采样器	$q(\alpha|V)$ 和 $q(V|\alpha)$	水平集
重要性采样器	$q(U)$	$q(U)$ 和 $p(U|X)$

在本章的各个部分中（如示例 5.1），我们详细说明了如何为特定模型推导特定的采样器。我们根据采样器家族（如吉布斯算法）需要遵循的基本原则推导出了采样器。需要注意的是，自然语言处理研究人员通常不遵循这种详细的推导，而是更多地依赖直觉。在大量使用特定系列的采样算法后，这种直觉会随着时间加强。类似的直觉已经用于诸如期望最大化之类的算法。然而，这种直觉有时也会产生误导，特别是在采样算法的细节方面。对于那些刚开始使用采样算法的研究人员，强烈建议从基本原理中推导采样算法，至少在对所使用的抽样算法形成更合理的直觉之前都应该如此。

5.13　习题

5.1　结合图 2-1 中的图模型，思考贝叶斯 LDA 模型。为它构建一个吉布斯采样器，对主题分布 $\theta^{(i)}$、主题参数 β 和单词主题 $z_j^{(i)}$ 进行交替采样。整数索引 i 对 N 个文档进行索引。你也可以使用生成过程 2-1。

5.2　构造一个要采样的目标分布示例，其中建议分布使得 Metropolis-Hastings 具有非常低的拒绝率，但混合速度很慢。

5.3　令 T 为如 5.8 节中所述的转移矩阵。如果对于所有的 i 和 j，都有 $\pi_i T_{ij} = \pi_j T_{ji}$，则我们说 T 满足 π

分布的细致平衡条件。证明当细致平衡条件满足时，π 是平稳分布。反之亦然吗？

5.4 下面的两个问题证明了吉布斯采样器对于简单的模型是正确的。（该习题来自 Casella 和 George（1992）的第 3 节。）考虑两个二元随机变量 X, Y 上的概率分布 $p(X, Y)$，其具有如下的概率表：

值		X	
		0	1
Y	0	p_1	p_2
	1	p_3	p_4

其中 $\sum_{i=1}^{4} p_i = 1$, $p_i \geq 0 (i \in \{1, \cdots, 4\})$。

根据 p_i 给出两个矩阵 $A_{y|x}$ 和 $A_{x|y}$，使其大小为 2×2，并满足：
$$[A_{y|x}]_{ij} = p(Y = i | X = j)$$
$$[A_{x|y}]_{ij} = p(X = i | Y = j)$$

其中 i 和 j 的取值范围是 $\{0, 1\}$。

5.5 我们对从分布 $p(X)$ 中采样感兴趣。假设我们正在使用上一个习题中的两个矩阵 $A_{y|x}$ 和 $A_{x|y}$ 采样链 $x_0 \to y_1 \to x_1 \to y_2 \cdots$。计算 $p(x_i | x_{i-1})$ 的转移概率、边缘化 y_i，并将其作为转移矩阵 $A_{x|x'}$ 写出来。计算矩阵 $A_{x|x'}$ 与特征值 1 关联的特征向量（通过求解关于 π 的方程 $\pi A_{x|x'} = \pi$），并证明 π 是边缘分布 $p(X)$。

5.6 吉布斯采样器是一个正确的采样器：给定目标分布的条件分布，运行吉布斯采样器将收敛到目标分布。对于两个随机变量 X 和 Y，这意味着条件分布 $p(X|Y)$ 和 $p(Y|X)$ 能够唯一地确定联合分布 $p(X, Y)$。解析地证明该结论（也就是证明 $p(X, Y)$ 可以由条件分布表示）。提示：你可以用条件分布表示 $p(X)$（或 $p(Y)$）吗？

变 分 推 断

在上一章中,我们描述了一些用于从后验,或者更一般地说,从概率分布中抽取样本的核心算法。在本章中,我们考虑另一种近似推断方法——变分推断。

变分推断将确定后验的问题视为优化问题。当求解出优化问题后,其输出是后验分布的一个近似版本。这意味着变分推断所要优化的目标函数是分布族上的函数。之所以称为近似推断,是由于该分布族通常不包含真实后验,且对后验分布的形式做了较严格的假定。

这里的术语"变分"指的是数学分析(如变分法)中关注泛函(将一组函数映射为实数)最大化和最小化的概念。这种分析在物理学(如量子力学)中经常使用。通常,它被用于通过描述物理元素状态的泛函来最小化能量的场景。

6.1 节通过描述在变分推断中使用的基本变分界开启本章对变分推断的讨论。然后,6.2~6.3 节讨论平均场变分推断,这是贝叶斯自然语言处理中使用的主要变分推断类型。6.4节继续讨论使用变分近似的经验贝叶斯估计。6.5 节讨论贝叶斯自然语言处理中与变分推断相关的各种主题,包括变分推断算法的初始化、收敛诊断、变分推断解码、变分推断与 KL 最小化之间的关系以及在线变分推断。6.6 节对本章进行总结。第 9 章还将讨论神经网络和表示学习场景下的变分推断。

6.1 边缘对数似然的变分界

考虑一个典型的场景,其中观测值由随机变量 $X^{(1)}, \cdots, X^{(n)}$ 表示。这些观测值是隐结构 $Z^{(1)}, \cdots, Z^{(n)}$ 的(判别或概率)函数。这些隐结构是预测的目标。

除了隐结构和观测值之外,在参数 θ 上还有一个先验 $p(\theta|\alpha)$,其中 $\alpha \in A$ 是超参数。这是顶层先验(3.5 节),但是我们稍后将针对为每个观测和隐结构抽取参数的相同场景进行处理。该典型场景的联合概率分布为

$$p(\theta, \boldsymbol{Z}, \boldsymbol{X}|\alpha)$$
$$= p\left(\theta, Z^{(1)}, \cdots, Z^{(n)}, X^{(1)}, \cdots, X^{(n)}|\alpha\right) = p\left(\theta|\alpha\right)\left(\prod_{i=1}^{n} p\left(Z^{(i)}|\theta\right) p\left(X^{(i)}|Z^{(i)}, \theta\right)\right)$$

如 3.1.2 节所述,为了计算后验,需要计算下面的边缘化常数:

$$p\left(x^{(1)}, \cdots, x^{(n)}|\alpha\right) = \int_{\theta} \sum_{z^{(1)}, \cdots, z^{(n)}} p(\theta|\alpha)\left(\prod_{i=1}^{n} p\left(z^{(i)}|\theta\right) p\left(x^{(i)}|z^{(i)}, \theta\right)\right) \mathrm{d}\theta$$

由于积分与求和操作在潜在指数空间上的耦合,所以关于该积分 – 求和组合的计算是难处理的。即使选择的先验是共轭先验,这种难处理性还是有问题的。但是选择共轭先验仍然很重要,因为它可以使算法(如变分期望最大化算法)更简单(见 3.1.2 节)。

此边缘分布的计算不仅有助于直接计算后验（将联合分布除以边缘分布）。此外，对于固定的观测值，观测数据的似然可以从边缘分布的值（称为"证据"）中得出。

如果我们考虑数据的对数似然，则可以对此问题进行部分纠正。这种纠正是通过近似对数似然进行的，而不必像之前提到的那样直接进行计算，直接计算是很难处理的。

令 $q(\theta, \mathbf{Z}) = q(\theta, Z^{(1)}, \cdots, Z^{(n)})$ 是参数和隐结构上的某个分布。考虑下面的不等式：

$$\log p(\mathbf{X}|\alpha) =$$

$$\log \left(\int_{\theta} \sum_{z^{(1)}, \cdots, z^{(n)}} q(\theta, z^{(1)}, \cdots, z^{(n)}) \times \left(\frac{p(\theta|\alpha) \left(\prod_{i=1}^{n} p(z^{(i)}|\theta) p(x^{(i)}|z^{(i)}, \theta) \right)}{q(\theta, z^{(1)}, \cdots, z^{(n)})} \right) \mathrm{d}\theta \right) \quad (6.1)$$

$$\geqslant \int_{\theta} \sum_{z^{(1)}, \cdots, z^{(n)}} q(\theta, z^{(1)}, \cdots, z^{(n)}) \times \log \left(\frac{p(\theta|\alpha) \left(\prod_{i=1}^{n} p(z^{(i)}|\theta) p(x^{(i)}|z^{(i)}, \theta) \right)}{q(\theta, z^{(1)}, \cdots, z^{(n)})} \right) \mathrm{d}\theta \quad (6.2)$$

$$= E_q \left[\log \left(\frac{p(\theta|\alpha) \left(\prod_{i=1}^{n} p(Z^{(i)}|\theta) p(x^{(i)}|Z^{(i)}, \theta) \right)}{q(\theta, \mathbf{Z})} \right) \middle| \alpha \right]$$

$$= \mathcal{F}(q, x^{(1)}, \cdots, x^{(n)}|\alpha) \quad (6.3)$$

式（6.1）是 $p(\mathbf{X}|\alpha)$ 同时乘除 $q(\theta, \mathbf{Z})$，然后对参数和隐变量进行边缘化的结果——边缘化是在把 $p(\mathbf{X}|\alpha)$ 表示为对隐变量求和的全联合分布之后进行的。这种处理本身不改变对数似然的值。式（6.2）是应用詹森不等式的结果（见附录 A），该不等式在应用对数函数中交换了求和和积分顺序。最后，式（6.3）是将求和与积分转换为关于 $q(\theta, \mathbf{Z})$ 的期望的结果。界 $\mathcal{F}$ 有时称为"ELBO"，即"证据下界"的缩写。

考虑当分布 q 等于后验分布时，即

$$q(\theta, \mathbf{Z}) = p(\theta, \mathbf{Z}|\mathbf{X}, \alpha)$$

会发生什么。

在这种情况下，使用条件概率的定义能够证明式（6.1）中的不等式可以变为等式，并且

$$\log p(\mathbf{X}|\alpha) = \mathcal{F}\left(q, x^{(1)}, \cdots, x^{(n)}|\alpha\right)$$

因为在这种情况下，界 $\mathcal{F}(q, x^{(1)}, \cdots, x^{(n)}|\alpha)$ 是紧的，这意味着后验分布使下界最大化，而 $\mathcal{F}(q, x^{(1)}, \cdots, x^{(n)}|\alpha)$ 等于边缘对数似然。因为寻找贝叶斯自然语言处理问题的后验在一般情况下是难以处理的，所以可以得出结论：在一般情况下，基于 q 优化 $\mathcal{F}(q, x^{(1)}, \cdots, x^{(n)}|\alpha)$ 也是难以处理的（如果可以这样做，我们将能够找到真正的后验）。

这就是为什么变分推断在消除这个优化问题的难处理性方面起着重要的作用。变分推断意味着这个优化问题仍可被求解，但采用了一个折中方案，即基于某个分布族 $\mathcal{Q}$ 最大化下界。选择的分布族 $\mathcal{Q}$ 至少使得寻找如下最大化问题的局部最大值是易处理的：

$$\max_{q \in \mathcal{Q}} \mathcal{F}\left(q, x^{(1)}, \cdots, x^{(n)}|\alpha\right) \quad (6.4)$$

由于真正的后验通常不属于 $\mathcal{Q}$，因此这是一种近似方法。显然，$\mathcal{Q}$ 中的分布离真实后验越近（或者 $\mathcal{Q}$ 中的分布越有表现力），这种近似解就越准确。

解的近似后验性不仅仅是因为选择 $\mathcal{Q}$ 所带来的固有限制。另一个原因是，即使使用"易处理的" $\mathcal{Q}$，上述的优化问题也是非凸的。因此，在为该优化问题寻找全局最大值方面存在

固有的困难。平均场变分推断是一种对因式分解的近似后验族（6.3 节）应用坐标上升法[⊖]来处理该问题的算法。然而，最大化问题仍然是非凸的。

6.2　平均场近似

平均场近似定义了具有因式分解形式的近似后验族。就像吉布斯采样（第 5 章）一样，平均场变分推断需要对模型中的隐变量进行划分（该划分的最常见选择是将参数与要预测的隐结构分开）。

一旦隐变量 $Z^{(1)}, \cdots, Z^{(n)}$ 和 θ 被划分成 p 个随机变量 $U_1, \cdots, U_p$，近似后验的因式分解形式就假定不同的 U_i 都是彼此独立的。更具体地讲，假定分布族 Q 的每个成员 q 都具有下面的形式：

$$q\left(U_1, \cdots, U_p\right) = \prod_{i=1}^{p} q\left(U_i\right) \tag{6.5}$$

有关贝叶斯模型的隐变量划分方法的更多讨论，可以参考 5.2.1 节。

最自然的一个近似后验族是参数 θ 与隐结构 $Z = (Z^{(1)}, \cdots, Z^{(n)})$ 中的每个随机变量组都解耦的后验族 Q。对于具有顶层设置的先验，典型的近似后验具有下面的形式：

$$q(\theta, Z) = q(\theta)q(Z)$$

因此，Q 是所有使得 θ 和所有隐结构 $Z^{(i)}(i=1, \cdots, n)$ 相互独立的分布集合。这种近似的后验族属于平均场近似族。

当为每个样本（3.5 节）抽取一组新的参数时，会得到一组参数 $\theta^{(1)}, \cdots, \theta^{(n)}$。更典型的做法是使用假定每个 $\theta^{(i)}$ 和 $Z^{(i)}$ 之间都独立的平均场近似，使得近似后验的形式为

$$\left(\prod_{i=1}^{n} q(z^{(i)})\right) \times \left(\prod_{i=1}^{n} q(\theta^{(i)})\right) \tag{6.6}$$

式（6.6）中的近似是最朴素的平均场近似，其假定模型中的所有变量都彼此独立（包括参数和隐结构）。

然而，值得注意的是，这种朴素的平均场近似本身在这种情况下并不是很有用。当我们考虑式（6.3）的下界时，通过后验族的这种因式分解我们实际上得到了每个观测对应的 n 个独立优化子问题，并且这些子问题不会相互影响。然而，这些子问题间的相互影响可以通过后面的变分期望 – 最大化算法来引入，该算法以经验贝叶斯的方式估计所有 $\theta^{(i)}$ 的联合超参数。关于经验贝叶斯的讨论见 4.3 节。有关变分期望最大化的详细信息，请参阅 6.4 节。

经过因式分解的后验族 q 不必遵循上述朴素因式分解，并且可以使用更多结构化的近似。后验的因式分解方式取决于建模者对用于进行推断的变量进行划分的选择。此外，q 中的每个因子可以是参数的（通过定义控制该因子的"变分参数"），也可以是非参数的（有关

⊖　坐标上升法是一种使实值函数 $f(y_1, \cdots, y_n)$ 的值最大化的方法。它的工作原理是迭代 f 的不同参数，在每个点基于特定的变量 y_i 最大化 f，同时保持 $y_j(j \neq i)$ 不变，并用前一步骤中的值进行固定。保证在每一步赋值给 y_i 的值都增加 f 的值，在某些情况下 f 能够收敛到最大值。

参数模型族和非参数模型族之间的区别，请参考 1.5.1 节）。在许多情况下可以证明，即使将某个因子作为非参数（为了获得更严格的近似，不需要将该因子限制到特殊形式），提供最严格近似的因子实际上也具有参数形式。见 6.3.1 节。

平均场方法实际上起源于统计物理学。在统计物理学（或统计力学）中，它们背后的主要动机是通过考虑更简单的模型来降低许多物理元素之间随机建模交互的复杂性。平均场方法现在经常用于机器学习，特别是在图模型的推断中（Wainwright and Jordan，2008）。

6.3 平均场变分推断算法

一般情况下，即使使用具有更多约束的分布集合 Q，为式（6.3）寻找最优解 q 也可能在计算上是不可行的。主要的问题是，泛函 $\mathcal{F}$ 通常会导致非凸优化问题。对于在贝叶斯自然语言处理中出现的问题，当前可用的非凸函数的优化工具非常有限。在大多数情况下，这些优化算法可保证收敛到式（6.4）中优化问题的局部最大值。

这里可以正式地描述计算难度：对于许多问题（如 PCFG（Cohen and Smith，2010a）），可以证明寻找 $\mathcal{F}$ 的全局最大值的算法可以用来求解 NP 难决策问题。

变分推断算法族可以找到式（6.4）中优化问题的一个局部最大值。它们是通过选择可以有效地计算证据下界的近似后验族来实现的。例如，通过参数化近似后验分布族，可以有效地计算证据下界及其梯度。在这种情况下，可以使用基于梯度的优化算法来找到界的局部最大值。

在贝叶斯自然语言处理中，最常见的是在 6.2 节中提到的平均场近似上下文中使用坐标上升算法进行变分推断，其中被优化的是"坐标"，并且每个"坐标"依次对应式（6.5）的因式分解中出现的每个因子。算法 6-1 给出了坐标上升平均场变分推断算法的框架。

输入：观测数据 $x^{(1)}, \cdots, x^{(n)}$、隐变量的划分 $U_1, \cdots, U_p$ 以及该划分分别对应的可能分布集合 $Q_1, \cdots, Q_p$

输出：基于因式分解的近似后验分布 $q(U_1, \cdots, U_p)$

- -

1. 对于 $i = 1, \cdots, p$，初始化来自分布集合 Q_i 的 $q^*(U_i)$：

$$q^*(U_1, \cdots, U_p) \leftarrow \left(\prod_{i=1}^{p} q^*(U_i) \right)$$

2. repeat

3.   for $i \in \{1, \cdots, p\}$ do

4.   设置 $Q^* = \{q^*(U_1)\} \times \cdots \times \{q^*(U_{i-1})\} \times Q_i \times \{q^*(U_{i+1})\} \times \cdots \times \{q^*(U_p)\}$

5. $q^*(U_i) \leftarrow$ 式（6.7）中的因子 $q(U_i)$

$$\arg\max_{q \in Q^*} \mathcal{F}(q, x^{(1)}, \cdots, x^{(n)} | \alpha) \qquad (6.7)$$

6.   end for

7. $q^*(U_1, \cdots, U_p) \leftarrow \left(\prod_{i=1}^{p} q^*(U_i) \right)$

8. until 界 $\mathcal{F}(q^*, x^{(1)}, \cdots, x^{(n)} | \alpha)$ 收敛

9. return q^*

算法 6-1   平均场变分推断算法。该算法的输入包括数据观测值、推断所依据的随机变量划分和分布族集合，并且划分中的每个元素对应一个分布族。然后，算法（使用迭代器 i）遍历划分中的不同元素，每次基于 Q_i 最大化给定观测的变分界，同时在优化时固定所有的 $q^*(U_j)(j \neq i)$

式（6.7）中的优化问题并不总是容易求解，但幸运的是，该解具有相当通用的公式。可以证明，使式（6.7）最大化的 $q^*(U_i)$ 等于

$$q^*(U_i) = \frac{\exp\left(E_{q_{-i}}[\log p(X, U_1, \cdots, U_p)]\right)}{Z_i} \qquad (6.8)$$

其中，q_{-i} 是 U_{-i} 上的分布，定义如下：

$$q_{-i}(U_1, \cdots, U_{i-1}, U_{i+1}, \cdots, U_p) = \prod_{j \neq i} q(U_j)$$

Z_i 是基于 U_i 对式（6.8）中的分子进行积分或求和得到的归一化常数。例如，如果 U_i 是离散的，则 $Z_i = \Sigma_u E_{q_{-i}}[\log p(X, U_1, \cdots, U_i = u, \cdots, U_p)]$。这个一般推导在 Bishop（2006）中有详细介绍，但在 6.3.1 节中，我们针对狄利克雷 – 多项式族推导了这种公式的特殊情况。

在实际实现算法 6-1 时，建模者需要做出以下决策：

- **隐变量的划分**　这个问题在第 5 章和 6.2 节已经进行了详细讨论。建模者必须就此问题做出的决定是如何将随机变量划分为一组具有最少交互的随机变量，或者该划分能够基于随机变量划分集中的每个成员为最大化变分界提供一些计算易处理性。
- **选择每个因子 (Q_i) 的参数**　每个因子参数化形式的确定需要在参数化的丰富度（以便我们能够获得更紧的界）和易处理性（见下文）之间取得平衡。在通常情况下，即使 Q_i 保持非参数化（或当 Q_i 包含 U_i 的样本空间上所有可能分布的集合），坐标上升步骤的解实际上也来自参数族的分布。该参数族的确定可以作为变分期望最大化算法推导的一部分，以便可以通过计算来表示变分分布（用于优化的参数，也称为"变分参数"）。
- **在坐标上升的每个步骤上优化界**　在平均场变分推断算法的每一步中，我们必须在 q 中找到最大化变分界的因子，同时根据前面迭代的值保持所有其他因子不变。如果仔细地选择每个因子的参数化，则有时可以得到这些最小 – 最大化问题的闭式解（当先验与似然共轭时尤其如此）。通常情况下，需要使用诸如梯度下降法或牛顿法之类的优化技术来求解嵌套优化问题。不幸的是，有时嵌套优化问题本身是一个非凸优化问题。

如 Kucukelbir 等（2016）的工作试图将与建模和数据收集无关的决策最小化。Kucukelbir 等人的工作提出了一种自动变分推断算法，该算法使用自动微分，已经集成到 Stan 编程语言（Carpenter et al.，2015）中。

6.3.1　狄利克雷 – 多项式变分推断

下面的示例展示了建模者在导出变量推断算法时必须做出的决策。在本节中，我们推导出一个常用于狄利克雷 – 多项式模型的平均场变分推断算法。

考虑似然是多项式集合的情况，诸如概率上下文无关语法和隐马尔可夫模型之类的自然语言处理模型通常就是这种情况。在这种情况下，模型族由 $\theta = (\theta^1, \cdots, \theta^K)$ 参数化，其中对于某个自然数 N_k，每个 θ^k 都在 $N_k - 1$ 维的概率单纯形中：

$$\theta_i^k \geqslant 0 \qquad\qquad \forall k \in \{1, \cdots, K\}, \forall i \in \{1, \cdots, N_k\}$$

$$\sum_{i=1}^{N_k} \theta_i^k = 1 \qquad\qquad \forall k \in \{1, \cdots, K\}$$

例如，在概率上下文无关语法中，K 是语法中非终结符的数目，N_k 是每个非终结符中规则的数目，θ_i^k 对应于第 k 个非终结符中第 i 个规则的概率。有关此公式的详细信息，请参考 8.2 节。令 $f_i^k(x,z)$ 是一个函数，其计算来自多项式 k 的事件 i 在 (x,z) 中触发的次数。

对于该模型，共轭先验的最常见选择是狄利克雷乘积分布，如

$$p(\theta|\alpha) \propto \prod_{k=1}^{K} \prod_{i=1}^{N_k} \left(\theta_i^k\right)^{\alpha_i^k - 1}$$

其中 $\alpha = (\alpha^1, \cdots, \alpha^K)$，$\alpha^k \in \mathbb{R}^{N_k}$，且对于所有 i 和 k，都有 $\alpha_i^k \geqslant 0$。

假定使用顶层先验，其中 $X^{(1)}, \cdots, X^{(n)}$ 是观测的随机变量，$Z^{(1)}, \cdots, Z^{(n)}$ 是隐结构，则似然为

$$\prod_{j=1}^{n} p\left(x^{(j)}, z^{(j)}|\theta\right) = \prod_{j=1}^{n} \prod_{k=1}^{K} \prod_{i=1}^{N_k} \left(\theta_i^k\right)^{f_i^k(x^{(j)}, z^{(j)})}$$

$$= \prod_{k=1}^{K} \prod_{i=1}^{N_k} \left(\theta_i^k\right)^{\sum_{j=1}^{n} f_i^k(x^{(j)}, z^{(j)})}$$

其中 $f_i^k(x,z)$ 表示来自多项式 k 的事件 i 在配对 (x,z) 中出现的次数。我们用下式简单地表示：

$$f_{k,i} = \sum_{j=1}^{n} f_i^k\left(x^{(j)}, z^{(j)}\right)$$

我们将对具有非参数 q 的平均场变分推断感兴趣，并且 q 可以分解为 $q(\theta)$ 和 $q(Z)$。从本质上讲，这是可以使用的最紧近似，同时假定近似后验族具有独立的参数和隐结构。在这种情况下，根据式（6.3）（其给出了边缘对数似然的界），泛函 $\mathcal{F}(q, x^{(1)}, \cdots, x^{(n)}|\alpha)$ 可形式化为

$$\mathcal{F}\left(q, x^{(1)}, \cdots, x^{(n)}|\alpha\right)$$

$$= E_q\left[\log\left(p(\theta|\alpha) \times \prod_{k=1}^{K} \prod_{i=1}^{N_k} \left(\theta_i^k\right)^{f_{k,i}}\right)\right] - E_q[\log q(\theta)] - E_q[\log q(Z)]$$

$$= \sum_{k=1}^{K} \sum_{i=1}^{N_k} E_q\left[\left(f_{k,i} + \alpha_i^k - 1\right) \times \log\left(\theta_i^k\right)\right] + H(q(\theta)) + H(q(Z))$$

其中 $H(q(\theta))$ 表示分布 $q(\theta)$ 的熵，$H(q(Z))$ 表示分布 $q(Z)$ 的熵（关于熵的定义，请参考附录 A）。

如果在这种情况下考虑算法 6-1，则我们在两个阶段之间进行迭代：（a）假设 $q(\theta)$ 是固定的，我们基于 $q(Z)$ 优化上式的界，（b）假设 $q(Z)$ 是固定的，我们基于 $q(\theta)$ 优化上式的界。

现在假设 $q(\theta)$ 是固定的。在这种情况下，$f_{k,i}$ 仅依赖于隐指派 $z^{(1)}, \cdots, z^{(n)}$ 而不依赖于参数，因此有

$$\mathcal{F}\left(q, x^{(1)}, \cdots, x^{(n)}|\alpha\right) = \sum_{k=1}^{K}\sum_{i=1}^{N_k} E_q\left[\left(f_{k,i} + \alpha_i^k - 1\right) \times \psi_i^k\right] + H(q(\mathbf{Z})) + \text{const}$$
$$= \sum_{k=1}^{K}\sum_{i=1}^{N_k} E_q\left[\psi_i^k f_{k,i} - \log A(\psi)\right] + H(q(\mathbf{Z})) + \text{const} \qquad (6.9)$$

其中 ψ 与 θ 和 α 具有同样的向量结构，并满足

$$\psi_i^k = E_{q(\theta)}\left[\log\left(\theta_i^k\right)\right]$$

和

$$\log A(\psi) = \sum_{z^{(1)}}\cdots\sum_{z^{(n)}} \exp\left(\sum_{k=1}^{K}\sum_{i=1}^{N_k} \psi_i^k f_{k,i}\right)$$

注意，$\log A(\psi)$ 项可以添加到式（6.9）中，由于在这一项中已经对所有可能的隐结构进行求和，所以其不依赖于隐结构。然而，$\log A(\psi)$ 依赖于 $q(\theta)$，但是现在假定 $q(\theta)$ 是固定不变的。仔细考虑式（6.9），我们可以注意到其表示 $q(\mathbf{Z})$ 和具有充分统计量 $f_{k,i}$ 和参数 ψ_i^k 的对数线性模型之间的负 KL- 散度（附录 A）。因此，在固定 $q(\theta)$ 的情况下，当选择的 $q(\mathbf{Z})$ 是具有充分统计量 $f_{k,i}$ 和参数 $\psi_i^k = E_{q(\theta)}[\log(\theta_i^k)]$ 的对数线性分布时，则我们最大化了泛函 $\mathcal{F}$。

这意味着，即使我们先验地将 $q(\mathbf{Z})$ 置于非参数族中，我们发现它的最紧解存在于一个参数族中，并且该参数族与似然具有相似的形式（近似后验族与似然之间的主要区别是，对于近似后验族，我们还需要通过 $\log Z(\psi)$ 进行归一化，因为 ψ 不一定代表多项式分布的集合）。

那相反的情况呢？也就是说，当 $q(\mathbf{Z})$ 是固定的，需要推断出 $q(\theta)$ 吗？在这种情况下，下式成立：

$$\mathcal{F}\left(q, x^{(1)}, \cdots, x^{(n)}|\alpha\right) \propto \sum_{k=1}^{K}\sum_{i=1}^{N_k}\left(E_q\left[f_{k,i}\right] + \alpha_i^k - 1\right) \times E_{q(\theta)}\left[\log\theta_i^k\right] - H(q(\theta)) \qquad (6.10)$$

如果我们仔细考虑上式，会发现它与 KL- 散度成正例，该 KL- 散度是 $q(\theta)$ 与具有超参数 $\beta = (\beta^1, \cdots, \beta^K)$ 且 $\beta_i^k = E_q[f_{k,i}] + \alpha_i^k$ 的狄利克雷分布（与先验族具有相同的形式）积间的散度。这又是一个 $q(\theta)$ 为非参数的情况，并且我们发现最紧的解具有参数形式。实际上，该解不仅是参数化的形式，而且与先验族具有相同的形式。

最终的变分推断算法是这样的：

- 以某种方式初始化 $\beta = (\beta^1, \cdots, \beta^K)$。
- 重复下面的两个步骤，直到算法收敛：
  - 使用参数 $\psi_i^k = E_{q(\theta)}[\log(\theta_i^k)|\beta]$ 将 $q(z^{(1)}, \cdots, z^{(n)})$ 表示为上述对数线性模型。
  - 将 $q(\theta)$ 表示为具有超参数 $\beta_i^k = E_q[f_{k,i}|\psi] + \alpha_i^k$ 的狄利克雷分布的乘积。

考虑 $E_{q(\theta)}[\log(\theta_i^k)|\beta]$ 和 $E_q[f_{k,i}|\psi]$ 的计算。已知对于给定的狄利克雷分布，可以使用双伽玛函数表示单参数的期望对数值，这意味着

$$E_{q(\theta)}\left[\log\left(\theta_i^k\right)|\beta\right] = \Psi\left(\beta_i^k\right) - \Psi\left(\sum_{i=1}^{N_k}\beta_i^k\right)$$

其中 Ψ 表示双伽玛函数。双伽玛函数不能用解析的方式表示，但是有一些数值方法可以找到给定参数的双伽玛函数值。有关双伽玛函数及其与狄利克雷分布关系的更多详细信息，请参考附录 B。

另一方面，可以使用高度依赖似然函数结构的算法来计算 $E_q[f_{k,i}|\psi]$。例如，对于概率上下文无关语法模型，可以使用内部 – 外部算法计算该期望。对于隐马尔可夫模型，可以使用前向 – 后向算法进行计算。有关更多详细信息，请参考第 8 章。注意，此期望是针对每个观察到的示例分别计算的，即对于每一个 $j\in\{1,\cdots,n\}$，我们计算 $E_q[f_i^k(x^{(j)},z^{(j)})|\psi]$，然后将所有这些计数汇总得到 $E_q[f_{k,i}|\psi]$。

当我们仅对 $q(Z)$ 的后验感兴趣时，对于 $q(Z)$ 的变分参数，上述两个更新步骤就会合并为下面的更新规则：

$$(\psi_i^k)^{\text{new}} \leftarrow \Psi\left(E_q\left[f_{k,i}|\psi^{\text{old}}\right]+\alpha_i^k\right) - \Psi\left(\sum_{i=1}^{N_k}E_q\left[f_{k,i}|\psi^{\text{old}}\right]+\alpha_i^k\right) \tag{6.11}$$

注意，对于这些更新，需要首先初始化变分参数 ψ_i^k。在贝叶斯自然语言处理文献中，最常见的情况是，当使用变分推断时，最终的更新规则形式如上所示。由 ψ_i^k 参数化的对数线性模型可以使用新的参数集 $\mu_i^k = \exp(\psi_i^k)$（对于所有可能的 k 和 i）对其重新参数化。在这种情况下，更新规则变为下式：

$$\left(\mu_i^k\right)^{\text{new}} \leftarrow \frac{\exp\left(\Psi(E_q[f_{k,i}|\mu^{\text{old}}]+\alpha_i^k)\right)}{\exp\left(\Psi(\sum_{i=1}^{N_k}E_q[f_{k,i}|\mu^{\text{old}}]+\alpha_i^k)\right)} \tag{6.12}$$

注意，现在我们对期望最大化算法进行了类似的更新，在该算法中我们计算期望计数，并在 M– 步中对其进行了归一化。主要的区别在于计数传递给了过滤器 exp-digamma 函数 $\exp(\Psi(x))$。图 6-1 绘制了 exp-digamma 函数，并将其与函数 $x - 0.5$ 进行比较。从图中我们可以看出，随着 x 值的增加，两个函数会越来越接近。两个函数之间的主要区别在于当 x 值小于 0.5 时，exp-digamma 函数返回非常接近于 0 的正值，而 $x - 0.5$ 返回负值。因此，式（6.12）的一种解释是在 E– 步（x 小于 0.5）期间将低期望计数截断。较高的计数也会减去与 0.5 大小差不多的值，并且 E– 步中的计数值越大，此减小对相应的 μ 参数的影响就越小。

6.3.2　与期望最大化算法的联系

上一节的变分推断算法在本质上类似于 Dempster 等（1977）提出的期望最大化算法，该算法是在频率设置中建立的。期望最大化算法的目标是根据不完整数据估计给定模型的参数。

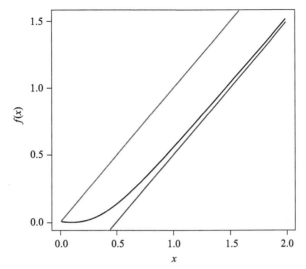

图 6-1   函数 $f(x) = \exp(\Psi(x))$ 的示意图。函数 exp-digamma（中间的线）与函数 $f(x) = x$（上面的线）和函数 $f(x) = x - 0.5$（下面的线）的比较。改编自文献 Johnson（2007b）

期望最大化算法在两个步骤之间进行迭代：E- 步（计算隐结构的后验）和 M- 步（计算一组新参数），直到边缘对数似然收敛。可以证明，期望最大化算法找到了边缘对数似然函数的局部最大值。M- 步是通过最大化模型中所有变量的期望对数似然来执行的。计算期望时所采用的分布是乘积分布：观测数据上的经验分布与在 E- 步中得出的后验分布的乘积。有关期望最大化算法的更多详细信息，请参考附录 A。

实际上，期望最大化算法与算法 6-1 中介绍的变分推断算法之间存在更深层次的联系。当仔细选择变分推断算法的输入和模型中的先验时，可将变分推断算法简化为期望最大化算法。

考虑将一组隐变量划分为两个随机变量的情况：根据算法 6-1，U_1 对应于参数上的一个随机变量，U_2 对应于模型中所有隐结构集合上的一个变量（通常是 $Z^{(1)}, \cdots, Z^{(n)}$）。因此，后验的形式为 $q(\theta, Z) = q(\theta)q(Z)$。

考虑用 $\mathcal{Q}_1$ 来表示所有分布的集合，这些分布将它们的整个概率质量放在参数空间中的单个点上。这意味着 $\mathcal{Q}_1$ 包含一个分布集合，该集合中所有分布 $q(\theta|\mu)$（用 $\mu \in \Theta$ 参数化）具有下面的形式：

$$q(\theta|\mu) = \begin{cases} 1, & \text{若 } \theta = \mu \\ 0 & \text{其他} \end{cases}$$

另一方面，$\mathcal{Q}_2$ 仍然是非参数的，并且只包含隐结构上所有可能分布的集合。最后，对于所有的 $\theta \in \Theta$，为模型选择的先验为 $p(\theta) = c$（c 为某个常数），即均匀的非信息先验（可能不合适）。

现在，泛函 $\mathcal{F}$ 本质上依赖于赋值 μ（选择 $q(\theta|\mu)$）和 $q(Z)$。我们将此泛函表示为

$$\mathcal{F}\left(q(Z), \mu, x^{(1)}, \cdots, x^{(n)}\right) = E_{q(Z)}\left[\log\left(\frac{p(\mu|\alpha)p(Z, X = (x^{(1)}, \cdots, x^{(n)})|\mu)}{q(Z)}\right)\right]$$

如果我们采用非信息常数先验，则可以在忽略先验的情况下基于 $q(\boldsymbol{Z})$ 和 μ 最大化下界：

$$\mathcal{F}\left(q(\boldsymbol{Z}), \mu, x^{(1)}, \cdots, x^{(n)}\right) \propto E_{q(\boldsymbol{Z})}\left[\log\left(\frac{p(\boldsymbol{Z}, \boldsymbol{X}=(x^{(1)}, \cdots, x^{(n)})\,|\,\mu)}{q(\boldsymbol{Z})}\right)\right]$$

这个泛函与期望最大化算法具有完全相同的最大化下界。基于 $q(\boldsymbol{Z})$ 最大化右边并且保持 μ 不变，可以得到后验 $q(\boldsymbol{Z}) = p(\boldsymbol{Z}\,|\,\boldsymbol{X}=(x^{(1)}, \cdots, x^{(n)}), \mu)$，该后验可以用于生成期望最大化算法的 E– 步。另一方面，基于 μ 最大化右边可以得到 M– 步——这样做能够在保持 $q(\boldsymbol{Z})$ 不变的情况下基于参数最大化下界。关于期望最大化算法的推导可以参考附录 A。

6.4　基于变分推断的经验贝叶斯

在经验贝叶斯设置（4.3 节）中，需要为每个观测实例抽取参数。在本章中，平均场变分推断的典型方法是使用近似的后验族，并且在后验族中所有隐结构和所有参数集彼此独立（见式（6.6））。

在这种情况下，变分推断算法（算法 6-1）实际上为每个实例 i 分别解决了一对问题，即找到后验 $q(\theta^{(i)})$ 和 $q(Z^{(i)})$。因此，在使用这种平均场近似时，我们需要额外的估算步骤，即将这些子问题的所有解整合到先验的重估算步骤中。

这就是变分期望最大化算法背后的主要思想。变分期望最大化实际上是这样一种期望最大化算法：它基于数据估计先验族的超参数，并且采用的 E– 步基于变分推断算法（比如算法 6-1 介绍的算法）发现后验的近似 E– 步；E– 步可以在 Z 和 θ 上确定近似后验，而 M– 步则基于超参数最大化边缘对数似然。

算法 6-2 给出了在 E– 步中采用平均场变分推断的变分 EM 算法。

输入：观测数据 $x^{(1)}, \cdots, x^{(n)}$、界 $\mathcal{F}(q^*, x^{(1)}, \cdots, x^{(n)}\,|\,\alpha)$

输出：因式分解的近似后验 $q(\theta^{(i)})$ 和 $q(Z^{(i)})$（其中 $i \in \{1, \cdots, n\}$），以及估计的超参数 α

- -

1. 初始化 α'
2. repeat
3. 　使用算法 6.1 与式（6.6）的因式分解形式基于 q^* 最大化 $\mathcal{F}(q^*, x^{(1)}, \cdots, x^{(n)}\,|\,\alpha')$
4. 　$\alpha' \leftarrow \arg\max_{\alpha'} \mathcal{F}(q^*, x^{(1)}, \cdots, x^{(n)}\,|\,\alpha')$
5. until 界 $\mathcal{F}(q^*, x^{(1)}, \cdots, x^{(n)}\,|\,\alpha')$ 收敛
6. return (α', q^*)

算法 6-2　平均场变分期望最大化算法（经验贝叶斯）

6.5　讨论

现在我们将讨论本章中提出的变分推断算法的一些重要问题，这些问题对变分推断算法

的性能有至关重要的影响，但没有形成完善的理论。

6.5.1　推断算法的初始化

变分推断需要适当地初始化变分参数，这不容易实现，主要是因为它没有一个完善的理论。但是人们已经证实，初始化可能会在使用变分推断时对结果产生很大的影响。

例如，对于 6.3.1 节中的狄利克雷 – 多项式族平均场变分推断算法，必须确定如何初始化 β（或者，如果该算法是在循环的第二步而不是第一步开始运行，则在计算特征 $f_{k,i}$ 的期望时，必须确定如何初始化对数线性模型 $q(z^{(1)}, \cdots, z^{(n)})$ 的参数）。

对于一般模型，$\mathcal{F}$ 代表的变分界是一个非凸的函数（基于近似的后验 q），因此算法 6-1 在收敛到变分界的全局最大值方面没有任何保证。解决这个问题的一种方法与具有随机重新开始的形式，且经常用于期望最大化算法的解决方案非常类似。变分推断算法从不同的起点开始重复运行，我们最终选择变分界具有最大值的运行。

就所使用的评估指标而言，这种方法不一定会获得最佳结果。最大变分界的目的是为观测数据获得较高的对数似然。对数似然在这里用作基础评估指标（比如解析评估指标（Black et al.，1991）或词性准确性）的代理。然而，它只是一个代理，并不与评估指标完全相关。即使我们能够在全局范围内最大化对数似然，这个问题仍然存在。

由于这个原因，旨在最大化变分界的随机重新开始有时会被更具体的初始化技术所取代，该初始化技术基于建模者对数据和模型之间关系的某种直觉。例如，一种常见的无监督依赖解析技术使用倾向于在文本位置相近的单词中使用附加的参数初始化期望最大化（Klein and Manning，2004）或变分推断（Cohen et al.，2009）。一般而言，这对于无监督依赖解析来说是非常有用的偏见（Eisner and Smith，2005；Spitkovsky et al.，2010）。

其他初始化技术包括基于简单模型的初始化，有时模型会引入一个凹的对数似然函数（Gimpel and Smith，2012）。许多用于为各种模型初始化期望最大化的技术也可以有效地用于变分推断。

6.5.2　收敛性诊断

检查变分推断算法的收敛性（或者更具体地说，算法 6-1 或算法 6-2 中的下界 $\mathcal{F}(q^*, x^{(1)}, \cdots, x^{(n)} \mid \alpha)$）相对来说比较容易，因为下界 $\mathcal{F}$ 中的所有数量都是可计算的。然而，重要的是要注意，与期望最大化不同，变分推断并不能保证在每次迭代之后都增加数据的对数似然。虽然期望最大化和变分推断都是坐标上升算法，但期望最大化为对数似然函数找到局部最大值，而变分推断仅为变分界找到局部最大值。（虽然两种算法都使用了基于詹森不等式的类似边界技术，但是由于期望最大化没有对近似后验族做任何假定，所以其对数似然界是紧的。这意味着期望最大化的界等于其最大值处的对数似然。）

6.5.3　变分推断在解码中的应用

有几种方法可以使用变分推断和变分期望最大化的输出来实际预测或估计参数。在非经验贝叶斯变分推断设置中，一旦估计出 $q(\theta)$，该后验就可以通过第 4 章中的技术概括为点估计。然后，可以使用该点估计进行解码。此外，可以直接使用 $q(\boldsymbol{Z})$ 进行最大后验解码：

$$\left(z^{(1)}, \cdots, z^{(n)}\right) = \arg\max_{\left(z^{(1)}, \cdots, z^{(n)}\right)} q\left(\boldsymbol{Z} = \left(z^{(1)}, \cdots, z^{(n)}\right)\right)$$

在经验贝叶斯设置中可以遵循类似的思路，通过计算 $\arg\max_z q(Z^{(i)} = z)$ 来解码 $z^{(i)}$。

对于变分期望最大化，可以利用最终被估计的超参数 α 得到参数点估计的概要。例如，给定这些超参数 α，可以将参数上的后验均值作为点估计 θ^*：

$$\theta^* = E[\theta|\alpha] = \int_\theta \theta p(\theta|\alpha)\mathrm{d}\theta$$

或者使用 $\theta^* = \arg\max_\theta p(\theta|\alpha)$（对应于最大化后验估计）。关于最大化后验估计的讨论，可以参考第 4 章。如果超参数 α 与参数具有相同的结构（即第 i 个坐标 α_i 中的每个超参数可以直接映射到参数 θ_i），则超参数本身可以用作点估计。超参数可能不遵守参数空间上的约束（即可能出现 $\alpha \notin \Theta$ 的情况），但它们通常会产生可用于解码基础模型的权重。

Cohen 和 Smith（2010b）利用该技术估计了一组 Logistic 正态分布的超参数，用于语法归纳。最终，他们在解码时使用高斯均值作为加权语法的参数。

当训练集和测试集之间有明显的区别，并且最终报告的是测试集上的性能度量（这与基于所有观察数据进行推断的设置相反）时，上述方法特别有用。

当存在训练集和测试集这种划分时，可以使用不同的方法来解决变分期望最大化的解码问题。使用从训练数据估计的超参数，可以对测试集执行额外的变分推断步骤，从而可以确定每个训练示例的隐结构后验（使用平均场变分推断）。根据这些结果，可以按照本节开头提到的方法，根据每个后验找到最高得分的结构，并将其用作预测的结构。

6.5.4 变分推断最小化 KL 散度

再次考虑式（6.3），重述如下：

$$\begin{aligned}\log p(\boldsymbol{X}|\alpha) &= \\ &= E_q\left[\log\left(\frac{p(\theta|\alpha)\left(\prod_{i=1}^n p(Z^{(i)}|\theta)p(x^{(i)}|Z^{(i)},\theta)\right)}{q(\theta, \boldsymbol{Z})}\right)\bigg|\alpha\right] \\ &= \mathcal{F}\left(q, x^{(1)}, \cdots, x^{(n)}|\alpha\right)\end{aligned}$$

界 $\mathcal{F}$ 实际上表示 q 和后验之间的 KL 散度（请参阅附录 A）。如本章开头所述，通过最小化 $\mathcal{F}$ 可以找到近似后验。因此，界 $\mathcal{F}$ 的最小化对应于从后验族 $\mathcal{Q}$ 中找到最小化 $\mathrm{KL}(q, p)$ 的后验 q。

KL 散度不是一个对称函数，不幸的是，KL 散度的最小化是在与期望相反的方向上完成的。在"更正确"的 KL 散度最小化问题（比如最大似然估计）中，被优化的自由分布大多数情况下应该代表 KL 散度的第二个参数，而"真"分布（在变分推论中是真实的后验）应该代表第一个参数。在反方向的优化中，$\min_q \mathrm{KL}(q, p)$ 可能找到不一定有意义的解。尽管如此，对于这种方法，KL 散度将会在 $p = q$ 时达到最小值（最小值为 0），这是理想的性质。

Koller 和 Friedman（2009）用图模型讨论了变分推断的 KL 散度最小化方向。

6.5.5　在线的变分推断

标准变分推断和变分期望最大化算法以批处理模式工作。这意味着可以预先确定可用的学习数据，然后从所有数据点计算统计量（E- 步），最后对参数进行更新（M- 步）。期望最大化的工作方式与此类似。

这些批处理算法的替代方法是在线算法。使用在线算法，首先处理每个数据点，然后更新参数。在线算法背后的动机是这样一种场景："无限"的数据点流输入算法中，推断算法需要更新其内部状态。该内部状态可用于预测，直到无限流中的更多数据到达。这种设置对于大规模数据和实际应用特别有吸引力，在这些应用中，随着将更多的数据（例如，来自 Web 的数据）被提供，统计模型会不断更新。

基于在线期望最大化（Cappé and Moulines，2009；Liang and Klein，2009；Neal and Hinton，1998；Sato and Ishii，2000）的文献思想，变分推断和变分期望最大化也可以转化为在线算法。这种转化背后的思想是，一旦计算出一个样本的后验，就对参数进行更新。然后，使用为该样本计算的统计量对当前参数进行插值（采用混合系数 $\lambda \in [0,1]$）。

如上所述，批处理算法和在线算法是各种方法中的两个极端。作为折中方案，可以使用所谓的"小批量"在线算法，其使用当前的参数集一次处理多个样本，然后才对参数进行更新。

基于这种思想的在线变分推断已经用于隐狄利克雷分配模型（Hoffman et al.，2010）和无监督语法学习（Kwiatkowski et al.，2012a）。此外，其还被用于非参数模型，如层次狄利克雷过程（Wang et al.，2011）。第 7 章对这类模型进行了描述。

6.6　本章小结

变分推断只是贝叶斯自然语言处理推断的常用方法之一。自然语言处理中最常见的变分推断是平均场变分推断，这是本章讨论的主要变体。

可以在经验贝叶斯设置中使用变分期望最大化，该算法在 E- 步中使用了变分推断子程序，同时在 M- 步中基于超参数最大化变分界。

6.7　习题

6.1　考虑示例 5.1 中的模型。写出一个平均场变分推断算法来推导 $p(\theta \mid x^{(1)}, \cdots, x^{(n)})$。

6.2　再次考虑示例 5.1 中的模型，只是现在将其更改为抽取多个参数，并为每个样本抽取 $\theta^{(1)}, \cdots, \theta^{(n)}$。
写下一个平均场变分推断算法来推导 $p(\theta^{(1)}, \cdots, \theta^{(n)} \mid x^{(1)}, \cdots, x^{(n)})$。

6.3　证明式（6.8）是正确的。此外，证明式（6.10）是正确的。

6.4　令 $\theta_1, \cdots, \theta_K$ 表示 K 个参数集，其中 K 是固定的。令 $p(X \mid \theta_i)$ 表示样本空间 Ω 中随机变量 X 的一个固定分布，其中 $|\Omega| < \infty$。假定对于任意 $x \in \Omega$ 和 $i \neq j$ 都有 $p(x \mid \theta_i) \neq p(x \mid \theta_j)$。定义由 μ 进行参数化的模型为

$$p(X \mid \mu, \theta_1, \cdots, \theta_K) = \sum_{k=1}^{K} \mu_k p(X \mid \theta_k)$$

其中 $\sum_{k=1}^{K} \mu_k = 1$ 且 $\mu_k \geq 0$。这是一个具有固定成分的混合模型。

对于 n 个观测数据 $x^{(1)}, \cdots, x^{(n)}$，其基于参数 μ 的对数似然是什么？在什么条件下对数似然（相对于 μ 而言）是凸的？

6.5　现在假定在 μ 上存在一个对称的狄利克雷先验，并由 $\alpha > 0$ 超参数化。计算 n 个观测数据 $x^{(1)}, \cdots, x^{(n)}$ 对 μ 求积分的边缘对数似然。该对数似然是关于 α 的凸函数吗？

非参数先验

考虑一个简单的混合模型，其定义了固定单词集上的分布。对该混合模型的每次抽样都对应于首先抽样一个聚类索引（对应于一个混合成分），然后基于聚类索引对单词上的特定聚类分布进行抽样。可以定义与给定聚类相关的每个分布，以便它捕获词汇表中单词的特定分布特性，或标识该单词的特定类别。如果类别没有预先定义，那么建模者将面临在混合模型中选择聚类数量的问题。一方面，如果没有足够大的成分数，那么很难表示出可能的类别范围。实际上，根据所期望的分类，非常不相似的词可能会出现在同一聚类中。如果模型中有太多的成分，则会出现相反的情况：空闲出的大部分聚类将用于表示数据中的噪声，并创建本该合并在一起的过于细粒的聚类。

理想情况下，我们希望聚类数量随着词汇量和数据中观测文本的增加而增加。这种灵活性可以通过非参数贝叶斯建模来实现。非参数贝叶斯模型的大小可能会变得非常大（它是无界的），其是数据点数量 n 的函数；但是对于任意 n 个数据点的集合，所推断的成分数量总是有限的。

对于非参数贝叶斯建模来讲，比较通用的方法是使用非参数先验，这通常是一个随机过程（大概涉及由无限线性有序集——比如整数——所索引的随机变量集合），其提供了函数集合或分布集合上的直接分布，而不是参数集上的分布。贝叶斯自然语言处理中的这类典型例子就是狄利克雷过程。狄利克雷过程是一个随机过程，通常用作非参数先验，以定义分布上的分布。从狄利克雷过程中抽取的每个分布都可以随后用于最终抽取观测数据。对于那些完全不熟悉非参数贝叶斯建模的人来讲，这似乎有些模糊，但是我们在本章后面将对狄利克雷过程进行更深入的讨论。[⊖]

非参数先验通常是参数先验的推广，其中对于特定的参数族，可以具有无穷多个参数。例如，非参数 Griffiths-Engen-McCloskey 分布可以被认为是具有无穷个成分的多项式。狄利克雷过程是一系列狄利克雷分布的极限。高斯过程是多元高斯分布的推广，从高斯过程中抽取的向量不是由有限坐标集索引，而是由连续值（例如，连续值可以被解释为时间轴）索引。

统计和机器学习文献中的贝叶斯非参数领域是一个不断发展且高度活跃的研究领域。在这一领域中，新的模型、新的推断算法和新的应用层出不穷。与贝叶斯非参数化建模相比，传统的参数化建模处于更稳定的状态，尤其是在自然语言处理中。因此，很难对这方面丰富、前沿的文献进行全面的回顾。本章的目的是对自然语言处理中贝叶斯非参数化背后的核心技术思想进行初步介绍。

狄利克雷过程在自然语言处理的贝叶斯非参数化中起着关键作用，类似于狄利克雷分布在参数化贝叶斯自然语言处理建模中的关键作用。因此，本章的重点是狄利克雷过程，具体的内容安排如下：7.1 节介绍狄利克雷过程及其各种表示；7.2 节展示如何在非参数混合模

⊖ 关于 k-均值聚类算法和狄利克雷过程之间非常直接关系的描述，请参见文献（Kulis and Jordan, 2011）。

型中使用狄利克雷过程；7.3 节展示如何采用狄利克雷过程构建层次模型，以作为解决诸如隐狄利克雷分配模型的主题数量选择等问题的基础；最后，7.4 节讨论 Pitman-Yor 过程，狄利克雷过程对其来讲是一个特殊情况，此外还简要讨论贝叶斯非参数化中使用的其他随机过程。

7.1　狄利克雷过程：三种视角

狄利克雷过程（Ferguson，1973）定义了分布上的分布。控制狄利克雷过程的参数是浓度参数（也称为强度参数）s 和基分布 G_0，其中基分布的功能是作为狄利克雷过程的"均值"，这将在后面对其进行描述。我们用 Θ 表示 G_0 的支撑集，因为通常 G_0 是一个函数 $G_0 : \Theta \to [0,1]$，其中 Θ 是为参数模型定义的一些参数空间。例如，狄利克雷过程混合模型（参见 7.2 节）就是这种情况。

每次从这类狄利克雷过程抽取的 $G \sim \mathrm{DP}(G_0, s)$ 都是一个分布，其支撑集是 G_0 支撑集的离散子集。从狄利克雷过程抽取的每一个 G 都满足以下条件：对于 Θ 的每一个有限划分 $A_1, \cdots, A_r$（每一个 A_i 都是可测的），随机向量 $(G(A_1), \cdots, G(A_r))$ 服从如下的分布：

$$(G(A_1), \cdots, G(A_r)) \sim \mathrm{Dirichlet}(sG_0(A_1), \cdots, sG_0(A_r))$$

这个性质既是必要的也是充分的，它实际上是狄利克雷过程几个等价定义中的一个。这个定义还导出了这样一个事实：从狄利克雷过程中抽取的任何 G 实际上都是一个离散分布——即对于所有的 $\theta \in \Theta \setminus \Theta_0$，抽取的任意 G 都满足 $G(\theta) = 0$，其中 Θ_0 是一个可数集。基分布 G_0 的功能是作为"均值"，其中对于任何可测集 A，期望值 $E[G(A)]$（基于分布 G 求期望）都等于 $G_0(A)$。另一方面，浓度参数控制狄利克雷过程中的方差，如下所示：

$$\mathrm{Var}(G(A)) = \frac{G_0(A)(1 - G_0(A))}{s + 1}$$

s 越大，从狄利克雷过程中抽取的 G 越接近于 G_0。

上面对狄利克雷过程的数学定义，尽管可能是基本的，但并不是建设性的。[○]在接下来的两节中，我们提供关于狄利克雷过程的另外两种视角，这些视角更具建设性，因此也更适合在贝叶斯自然语言处理中使用近似推断算法。

7.1.1　折棍子过程

Sethuraman（1994）提出的折棍子过程（图 7-1）是狄利克雷过程的建设性表示。为了定义折棍子过程，我们首先需要定义 Griffiths-Engen-McCloskey（GEM）分布。对于 $k \in \{1, 2, \cdots\}$，令 $v_k \sim \mathrm{Beta}(1, s)$，其中 $s > 0$。也就是说，从以 $(1, s)$ 为超参数的贝塔分布中抽取一个独立同分布序列。（贝塔分布定义了区间 [0, 1] 上的概率分布。）我们定义：

$$\beta_k = v_k \prod_{j=1}^{k-1} (1 - v_j) \tag{7.1}$$

○　我们的意思是，它没有以符合模型规范或模型推断的方式描述狄利克雷过程。

在这种情况下，无穷向量 $(\beta_1, \beta_2, \cdots)$ 被认为是从具有浓度参数 s 的 GEM 分布中抽取出来的。

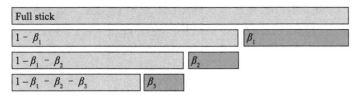

图 7-1 折棍子过程的图形化描述。右边的矩形是与无穷多项式中的每个元素相关联的实际概率。折棍子过程重复无限次，产生由 β_i 变量组成的无穷向量。在每个步骤中，棍子的左侧都会分成两部分

可以将对 GEM 分布的抽取看作抽取"无穷多项式"，因为从 GEM 分布中抽取的每个 β 都满足以下条件：

$$\beta_k \geq 0 \ \forall k \in \{1, 2, \cdots\} \tag{7.2}$$

$$\sum_{k=1}^{\infty} \beta_k = 1 \tag{7.3}$$

由于这个无穷多项式的分量之和为 1，所以分量必然迅速衰减，以使当 m 趋近于无穷大时，尾部 $\sum_{i=m}^{\infty} \beta_i$ 趋近于 0。这是通过将单位长的"棍子"折成碎段的迭代过程保证的，每次迭代将棍子的剩余部分进一步折断（式（7.1））。

基于折棍子表示，可以将从狄利克雷过程中抽取分布 $G \sim DP(G_0, s)$ 表示为生成过程 7-1。首先，从 GEM 分布中抽取和为 1 的无穷非负向量（第 1 行）。这对应于"原子"上的一个无穷多项式，该多项式是从基分布中抽取的（第 2 行）。每个原子与无穷向量的索引相关联（第 3 行）。这意味着，对于某些原子 θ_k 和系数 β，来自狄利克雷过程的每次抽取都具有式（7.4）的结构。

超参数：G_0, s

变量：$\beta_i \geq 0, \theta_i$（其中 $i \in \{1, 2, \cdots\}$）

输出：样本空间 G_0 的离散子集上的分布 G

- -

- 从分布 GEM(s) 中抽取 β
- 从 G_0 中抽取 $\theta_1, \theta_2, \cdots$
- 分布 G 具有如下的定义：

$$G(\theta) = \sum_{k=1}^{\infty} \beta_k I(\theta = \theta_k) \tag{7.4}$$

生成过程 7-1 从狄利克雷过程抽取分布

折棍子过程再次展示了参数 s 的作用。s 越大，棍子的各部分衰减到 0 的速度就越慢（各部分的长度是基于单位长度计算的）。当考虑 $v_k \sim \text{Beta}(1, s)$ 的事实时，这在式（7.1）中是显而易见的。s 越大，每个 v_k 相对于 $1 - v_k$ 来说就越小。因此，更多的概率质量都保留在棍子

的其他部分。

折棍子过程还表明，来自狄利克雷过程的任意抽样都是定义在离散（或有限）支撑集上的分布。式（7.4）中的分布将正权重指派给样本空间 G_0 的离散子集。

7.1.2 中餐馆过程

正如 7.1.1 节折棍子表示所暗示的那样，狄利克雷过程可以看作是对原子可数集上的无穷多项式分布进行的抽样，其中原子是从基分布 G_0 中抽取的。狄利克雷过程的中餐馆过程（Chinese Restaurant Process，CRP）表示描述了如何从这些多项式分布中抽取样本。

中餐馆过程本身定义了划分上的先验。与狄利克雷过程类似，它由浓度超参数 s 控制。从中餐馆过程中抽取的每个 $y^{(i)}$ 都关联于一个整数索引（表示聚类的指派）。中餐馆过程以抽取的 $y^{(1)}, \cdots, y^{(i-1)}$ 为条件，为抽取的 $y^{(i)}$ 定义了一个分布。将索引 1 指派给第一次的抽样。现在，令 $y^{(1)}, \cdots, y^{(i-1)}$ 为来自中餐馆过程的抽样，并定义 $y_i^* = \max_{j \leqslant i-1} y^{(j)}$（即 y_i^* 是具有最大索引的聚类，其中最大索引是指派给来自中餐馆过程样本中前 $i-1$ 个实例索引的最大值）。然后，为了在给定 $y^{(1)}, \cdots, y^{(i-1)}$ 的条件下抽取 $y^{(i)}$，我们使用如下的分布：

$$p\left(Y^{(i)} = r \mid y^{(1)}, \cdots, y^{(i-1)}, s\right) = \begin{cases} \dfrac{\sum_{j=1}^{i-1} I(y^{(j)} = r)}{i-1+s}, & \text{若 } r \leqslant y_i^* \\[3mm] \dfrac{s}{i-1+s}, & \text{若 } r = y_i^* + 1 \end{cases} \qquad (7.5)$$

通过为每个 $y^{(i)}$ 指派一个整数，该分布定义结合链式法则可以立即得到如下的分布：

$$p\left(y^{(1)}, \cdots, y^{(n)} \mid s\right) = p\left(y^{(1)} \mid s\right) \prod_{i=2}^{n} \underbrace{p\left(y^{(i)} \mid y^{(1)}, \cdots, y^{(i-1)}, s\right)}_{\text{式 (7.5)}}$$

其中对于 $y^{(1)} = 1$ 以外的任何值，都有 $p(y^{(1)} \mid s) = 0$。

在中餐馆过程的比喻中，当一个以 i 为索引的新"顾客"进入餐馆时，他和其他顾客坐在一张桌子上的概率与该桌子上当前的顾客人数成正比，或者以正比于 s 的概率坐到一张空桌子旁。在这里，s 的作用显而易见：s 越大，被占用的"空桌"越多。在中餐馆过程的比喻中，$y^{(i)}$ 表示指派给第 i 个顾客的桌子，y_i^* 表示第 i 个顾客就座前"被占用的桌子"数量。图 7-2 以图形化方式描述了这种后验分布。

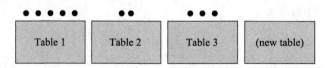

图 7-2　中餐馆过程后验分布的图形化描述。每个黑色圆圈表示坐到邻近一张桌子的"顾客"。在图中，餐馆有 10 个顾客，3 张被占用的桌子。对于 $\alpha = 1.5$，新来的顾客坐到第一张桌子的概率为 $\dfrac{5}{5+2+3+1.5} = \dfrac{5}{11.5}$，坐到第二张桌子的概率为 $\dfrac{2}{11.5}$，坐到第三张桌子的概率为 $\dfrac{3}{11.5}$，坐到空桌的概率为 $\dfrac{1.5}{11.5}$

值得注意的是，中餐馆过程中的随机变量集 $Y^{(i)}(i \in \{1, \cdots, n\})$ 是可交换的随机变量集（另见 1.3.3 节）。这意味着 $Y^{(1)}$, $\cdots$, $Y^{(n)}$ 上的联合分布与对这些随机变量进行置换后的分布相同。在中餐馆过程的比喻中，顾客进入餐馆的顺序并不重要。

狄利克雷过程的这个视角展示了参数数量随着可用数据的增加而增长的方式（参见本章开始）。样本数越大，"被占用的桌子"就越多，因此，在执行推断时使用的参数数量就越大。

中餐馆过程诱导了划分 $Y^{(i)}$ 上的一个分布，因此它只是坐在某张桌子旁边的顾客数量的函数。更正式地讲，中餐馆过程分布是长度为 m 的整数计数向量 N 的函数，其中 $m = y_n^*$（n 个顾客使用的桌子总数）和 $N_k = \sum_{i=1}^{n} I(Y^{(i)} = k)$（第 $k(k \in \{1, \cdots, m\})$ 张桌子上的顾客数量）。中餐馆过程分布的定义如下：

$$p(N|s) = \frac{s^m \left(\prod_{k=1}^{m} (N_k - 1)! \right)}{\prod_{i=0}^{n-1} (i + s)}$$

对于 CRP 过程，可以使用生成过程 7-2 来定义狄利克雷过程的表示。从 $G \sim DP(G_0, s)$ 中生成 $\theta^{(1)}$, $\cdots$, $\theta^{(n)}$ 的一个等效过程是从中餐馆过程中抽取一个划分，并为划分中的每个"桌子"指派一个来自 G_0 的抽样，然后根据第 i 个顾客所坐的桌子将 $\theta^{(i)}$ 设置为来自 G_0 的抽样。

中餐馆过程与 GEM 分布有很强的联系。令 π 是来自浓度参数为 s 的 GEM 分布的一个抽样。令 $U_1, \cdots, U_N$ 是取值为整数，且满足 $p(U_i = k) = \pi_k$ 的随机变量集合。这些随机变量生成了集合 $\{1, \cdots, N\}$ 的一个划分，其中划分中的每个集合由所有具有相同值的 U_i 组成。同样地，对于给定的 N，GEM 分布会生成集合 $\{1, \cdots, N\}$ 上的一个划分。GEM 分布生成的划分上的分布与具有浓度参数 s 的中餐馆过程生成（N 个顾客）的划分上的分布是相同的。

超参数：G_0, s

变量：$Y^{(i)}, \phi_i$（其中 $i \in \{1, \cdots, n\}$）

输出：从 $G \sim DP(G_0, s)$ 中抽样 $\theta^{(i)}$，其中 $i \in \{1, \cdots, n\}$

- 抽取 $y^{(1)}, \cdots, y^{(n)} \sim CRP(s)$
- 抽取 $\phi_1, \cdots, \phi_{y_n^*} \sim G_0$
- 对于 $i \in \{1, \cdots, n\}$ 中的每个 i，将 $\theta^{(i)}$ 设置为 $\phi_{y^{(i)}}$

生成过程 7-2　使用中餐馆过程表示的狄利克雷过程

7.2　狄利克雷过程混合模型

狄利克雷过程混合模型（Dirichlet Process Mixture Model，DPMM）是有限混合模型的推广。类似于有限混合模型，狄利克雷过程混合将每个观测与一个聚类相关联。正如预期的那样，聚类的数量可能是无限制的——观测到的数据越多，推断出的聚类就越多。每个聚类都与从基分布中抽取的参数相关联，其中基分布定义在空间 Θ 上。存在一个概率分布

$p(X|\theta)$，其中 $\theta \in \Theta$。生成过程 7-3 定义了狄利克雷过程混合模型的生成过程。

超参数：G_0, s

隐变量：$\theta^{(i)}$（其中 $i \in \{1, \cdots, n\}$ ）

观测变量：$X^{(i)}$（其中 $i \in \{1, \cdots, n\}$ ）

输出：抽取自狄利克雷过程混合模型的 $x^{(1)}, \cdots, x^{(n)}$，其中 $i \in \{1, \cdots, n\}$

- -

- 抽取 $G \sim \mathrm{DP}(G_0, s)$

- 抽取 $\theta^{(1)}, \cdots, \theta^{(n)} \sim G$

- 对于 $i \in \{1, \cdots, n\}$ 中的每个 i，抽取 $x^{(i)} \sim p(X^{(i)}|\theta^{(i)})$

生成过程 7-3   狄利克雷过程混合模型的生成过程。分布 G_0 是基分布，且其样本空间是每个混合成分的参数集合

注意与常规非贝叶斯参数混合模型的相似性。如果 G 是 Θ 中有限个元素（K 个）上的固定分布（而不是可数集），那么上述生成过程的最后两步将对应于（非贝叶斯）混合模型。在这种情况下，为 G 设置先验（可以是参数性的）将把模型变成贝叶斯有限混合模型。

7.2.1   基于狄利克雷过程混合模型的推断

在本节中，我们将介绍两种常见的 DPMM 推断方法：马尔可夫链蒙特卡罗方法和变分方法。

针对 DPMM 的马尔可夫链蒙特卡罗推断

为 DPM 定义后验推断的一种方法是确认后验分布 $p(\theta^{(1)}, \cdots, \theta^{(n)}|X, G_0, s)$。确认后验分布的最简单方法是使用吉布斯采样，该采样器对条件分布 $p(\theta^{(i)}|\theta^{(-i)}, X, G_0, s)$（其中 $i \in \{1, \cdots, n\}$ ）进行抽样（Neal，2000）。

我们的第一个观察是在给定 $\theta^{(-i)}$ 的条件下，$\theta^{(i)}$ 独立于 $X^{(-i)}$。因此，我们寻求形式为 $p(\theta^{(i)}|\theta^{(-i)}, x^{(i)}, G_0, s)$ 的条件分布。对于该条件分布，下式成立：[⊖]

$$
\begin{aligned}
p&\left(\theta^{(i)}|\theta^{(-i)}, x^{(i)}, G_0, s\right) \\
&\propto p\left(\theta^{(i)}, x^{(i)}|\theta^{(-i)}, G_0, s\right) \\
&= \frac{1}{n-1+s}\sum_{j \neq i} I\left(\theta^{(j)} = \theta^{(i)}\right) p\left(x^{(i)}|\theta^{(j)}\right) + \frac{s}{n-1+s} G_0\left(\theta^{(i)}\right) p\left(x^{(i)}|\theta^{(i)}\right) \\
&= \frac{1}{n-1+s}\sum_{j \neq i} I\left(\theta^{(j)} = \theta^{(i)}\right) p\left(x^{(i)}|\theta^{(j)}\right) \\
&\quad + \frac{s}{n-1+s}\left(\int_\theta G_0(\theta) p(x^{(i)}|\theta)\,\mathrm{d}\theta\right) p\left(\theta^{(i)}|x^{(i)}\right)
\end{aligned}
\tag{7.6}
$$

其中对于分布 $p(\theta, X) = G_0(\theta)p(X|\theta)$，$p(\theta|X)$ 是参数空间上的后验分布，即 $p(\theta|X) \propto G_0(\theta)p(X|\theta)$。

⊖   这可以通过可交换性来证明，并假定第 i 个样本是最后抽取的样本。

向式（7.6）的转换可以通过下式证明：

$$G_0\left(\theta^{(i)}\right)p\left(x^{(i)}|\theta^{(i)}\right)=G_0\left(\theta^{(i)}\right)\frac{p\left(\theta^{(i)}|x^{(i)}\right)p\left(x^{(i)}\right)}{G_0\left(\theta^{(i)}\right)}=p\left(\theta^{(i)}|x^{(i)}\right)p\left(x^{(i)}\right)$$

且

$$p\left(x^{(i)}\right)=\int_\theta G_0(\theta)p\left(x^{(i)}\mid\theta\right)\mathrm{d}\theta \tag{7.7}$$

这就是 G_0 的共轭对似然的重要性变得显而易见的地方。如果确实存在这样的共轭，那么式（7.7）中的常数可以很容易地计算出来，后验也很容易计算出来。（这种共轭对于狄利克雷过程混合模型的使用不是必需的，但是它使其更易于处理。）

这些观察结果为 $\theta^{(1)},\cdots,\theta^{(n)}$ 生成了一个简单的后验推断机制：给定 $\theta^{(-i)}$，对于每个 i 执行以下操作：

- 对于 $j\neq i$，以正比于 $p(x^{(i)}|\theta^{(j)})$ 的概率把 $\theta^{(i)}$ 设置为 $\theta^{(j)}$。

- 以正比于 $s(\int_\theta G_0(\theta)p(x^{(i)}|\theta)\mathrm{d}\theta)$ 的概率把 $\theta^{(i)}$ 设置为来自分布 $p(\theta|x^{(i)})$ 的抽样。

该采样器是式（7.6）的直接结果。$\theta^{(i)}$ 在给定相关信息下的概率可以看作是两种类型事件的组合：将一个存在的 $\theta^{(j)}(j\neq i)$ 指派给 $\theta^{(i)}$ 的事件，以及抽取一个新的 $\theta^{(i)}$ 的事件。

重复上述两个步骤直到收敛。虽然上面的采样器是完全正确的吉布斯采样器（Escobar，1994；Escobar and West，1995），但是它的混合速度非常慢。原因是每个 $\theta^{(i)}$ 都是单独采样的——座位安排是局部变化的，因此很难找到一个具有高概率的全局座位安排。Neal（2000）描述了解决这个问题的另一种吉布斯算法。该算法对桌子的分配进行抽样，并一次更改给定桌子上所有顾客的原子。他还建议将此算法用于共轭 DPM 的情况，其中 G_0 与采样 $x^{(i)}$ 的似然共轭。有关吉布斯采样或其他 MCMC 算法可用于狄利克雷过程混合模型的其他场景的深入研究，参见文献 Neal（2000）。

针对 DPMM 的变分推断

DPM 可以使用折棍子过程来表示，这使得可以为它开发一个变分推断算法 [Blei and Jordan，2004]。生成过程 7-4 给出了 DPM 的折棍子表示。

超参数：G_0, s

隐变量：$\pi, \theta_j(j\in\{1,\cdots\}), Z^{(i)}(i\in\{1,\cdots,n\})$

观测变量：$X^{(i)}(i\in\{1,\cdots,n\})$

输出：狄利克雷过程混合模型生成的 $x^{(1)},\cdots,x^{(n)}$

- -

- 抽取 $\pi\sim\text{GEM}(s)$
- 抽取 $\theta_1,\theta_2,\cdots\sim G_0$
- 对于 $i\in\{1,\cdots,n\}$ 中的每个 i，抽取 $z^{(i)}\sim\pi$ 且 $z^{(i)}$ 是整数
- 对于 $i\in\{1,\cdots,n\}$ 中的每个 i，抽取 $x^{(i)}\sim p(x^{(i)}|\theta_{z^{(i)}})$

生成过程 7-4　DPMM 使用折棍子过程的生成过程。分布 G_0 是基分布，使得其样本空间是每个混合成分的参数集合

Blei 和 Jordan 的变分推断算法使用有限的（具体而言，对应于截断的折棍子分布）变分分布来处理这个具有无穷分量的模型。

DPMM 的变分分布需要考虑隐变量 π（由 β 导出），θ_i 和 $z^{(i)}$。Blei 和 Jordan 的变分推断算法背后的重点是对 π 分布使用截断的棍子近似。因为 π 分布来自 GEM 分布，所以它由 $v_i (i \in \{1, 2, \cdots\})$ 组成，并且如 7.1.1 节所述，v_i 是从贝塔分布中抽取的。因此，要定义 π 上的变分分布，在 $v_1, v_2, \cdots$ 上定义一个变分分布就足够了。

Blei 和 Jordan 建议对 v_i 使用平均场近似，使得 $q(v_i)(i \in \{1, \cdots, K-1\})$ 是贝塔分布（就像 v_i 的真实分布一样），并且

$$q(v_K) = \begin{cases} 1 & v_K = 1 \\ 0 & v_K \neq 1 \end{cases}$$

由于 $q(v_K)$ 将其整个概率质量放在等于 1 的 v_K 上，因此无须为 $v_i(i > K)$ 定义变分分布。这样的 $q(v_K)$ 意味着对于任意的 $i > K$，根据 v_i 上的变分分布都有 $\pi_i = 0$。变分棍子在点 K 处被截断。

针对 DPMM 的其他推断算法

Daumé（2007）开发了一种相当独特的使用 DPMM 执行推断的方法。Daumé 对确定 DPM 的聚类指派感兴趣，该聚类指派根据模型使概率最大化——最大后验指派。他的算法是一种搜索算法，使可能的部分聚类和与其相关的值（桌子、盘子和与之相关的顾客）都保持在队列中。如果将值附加到这些聚类的函数（记分函数）满足某些属性（即函数是可容许的，这意味着它总是高估与队列中部分聚类一致的最佳聚类的概率），并且搜索过程中使用的波束大小为 ∞，则可以保证搜索算法能够找到该聚类的最大后验指派。Daumé 还提供了一些可容许的记分函数，并且在字符识别问题和 NIPS 会议的文档聚类上测试了他的算法。

7.2.2 狄利克雷过程混合是混合模型的极限

另一个 DPM 构造的存在提供了关于其结构的更多直觉。考虑生成过程 7-5。可以证明，当 K 变大时，该模型是对狄利克雷过程的一个很好近似。还可以证明，当 K 变大时，具有固定数量（n）的数据点实际使用的成分数量将独立于 K（近似于 $O(\alpha \log n)$，参见习题）。

常数：K 和 n

超参数：定义在 Θ 上的基分布 G_0, s，以及模型族 $F(X|\theta)(\theta \in \Theta)$

隐变量：$Z^{(1)}, \cdots, Z^{(n)}$

观测变量：$X^{(1)}, \cdots, X^{(n)}$

输出：由抽取自混合模型的 n 个点组成的集合

- -

- 生成 $\theta_1, \cdots, \theta_K \sim G_0$
- 抽取 $\pi \sim \text{Dirichlet}(\alpha / K)$（对称的狄利克雷分布）
- 对于 $j \in \{1, \cdots, n\}$ 中的每个样本索引：
  - 对于每个 $j \in \{1, \cdots, n\}$，从分布 π 中抽取 $z^{(j)}$
  - 对于每个 $j \in \{1, \cdots, n\}$，从分布 $F(X|\theta_{z_j})$ 中抽取 $x^{(j)}$

生成过程 7-5   使用有限混合模型对狄利克雷过程混合模型进行近似

7.3　层次狄利克雷过程

如 7.1.1 节所述，从狄利克雷过程中抽取的分布具有可数（或有限）的支撑集。狄利克雷过程首先从基分布中选择一个可数的原子集合，然后对这些原子指派权重。

通常希望在从狄利克雷过程抽取的原子集合上创建一些层次结构。例如，就隐狄利克雷分配模型的本质而言，文档语料库（建模为词袋）可以由一个无限的、可数的主题集合来表示，这些主题对应于词汇表上的多项式（参见 2.2 节）；每个文档可能有一个分配给每个主题的不同概率集合。

这意味着应该在所有文档之间共享原子集（对应于词汇表上的多项式分布）。但是，类似于隐狄利克雷分配模型，为每个文档选择的多项式分布（对应于 LDA 中的主题分布）应该是不同的。

注意，假定语料库中存在的主题数量是无限的，但仍然是可数的。如果将每个主题视为现实世界中的一个概念，那么这就是一个合理的建模假设。虽然这些概念的数量可能随着时间的推移而增加，但它应该仍然是可数的。

然而，主题上的任何合理先验分布（即词汇表上的多项式）是一个连续的分布（例如，狄利克雷分布）。因此，如果我们在可能的主题上为每个文档抽取一个分布 $G^{(j)} \sim \mathrm{DP}(G_0, s)$ （$j \in \{1, \cdots, n\}$），几乎可以肯定在 $G^{(j)}$ 和 $G^{(j')}$ 的支撑集的交集处不会有原子。这些无穷多项式的每一个的支撑集都是可数的，因此与用于抽取支撑集的连续空间的基数相比，它们的基数可以忽略不计。它是有问题的，因为它违反了前面提到的可数主题世界假设。Teh 等（2006）提出了该问题的解决方案（该方案能够应用到更一般化的情况，并对自然语言处理之外的其他问题进行了描述）。

作者建议使用一个层次先验 $G_0 \sim \mathrm{DP}(H, s)$，这意味着狄利克雷过程的基分布 G_0 本身就是狄利克雷过程的一个抽样。现在 G_0 有一个可数的支撑集，因此在不同的分布 $G^{(j)}$ 之间将会出现原子共享。在这个模型中，抽取的 G_0 表示对文本中出现的所有可能主题集的抽取，$G^{(j)}$ 则对每个文档中的主题概率进行重新加权。

词袋 LDA 样式模型的完整层次狄利克雷过程（Hierarchical Dirichlet Process，HDP）如下。假设 H 是主题上的一些先验分布，并且主题现在可以是连续的。例如，H 可以是概率单纯形上的狄利克雷分布，并且该概率单纯形的维度与词汇量的大小相等。

然后，为了生成 n 个文档，每个文档的长度为 $\ell_j (j \in \{1, \cdots, n\})$，我们采用生成过程 7-6。$X^{(j)}$ 是观测随机变量，其中 $X^{(j)}$ 是长度为 ℓ_j 的向量，$X_i^{(j)}$ 是文档 j 中的第 i 个词。

> **常数**：n 个文档的序列长度 $\ell_j (j \in \{1, \cdots, n\})$
> **超参数**：$H, s, s*$
> **隐变量**：$G_0, G^{(j)}, \theta^{(j)}, G_0$
> **观测变量**：$X^{(j)}$
> **输出**：n 个文档的集合。第 j 个文档包含 ℓ_j 个单词 $x^{(j)}, \cdots, x_{\ell_j}^{(j)}$

生成过程 7-6　使用狄利克雷过程的 LDA 样式模型的生成过程

- 生成 $G_0 \sim \mathrm{DP}(H, s)$
- 对于属于文档索引集 $\{1, \cdots, n\}$ 的每个 j:
  - 抽取 $G^{(j)} \sim \mathrm{DP}(G_0, s^*)$,其表示文档 j 的主题分布
  - 对于属于文档词索引集合 $\{1, \cdots, \ell_j\}$ 的每个 i:
    - 抽取 $\theta_i^{(j)} \sim G_j$,其表示一个主题
    - 抽取 $x_i^{(j)} \sim \mathrm{Multinomial}(\theta_i^{(j)})$,其表示文档中的单词

生成过程 7-6 （续）

针对层次狄利克雷过程的推断 Teh 等（2006）的原始论文建议使用 MCMC 采样对层次狄利克雷过程执行推断（第 5 章）。作者为层次狄利克雷过程提出了三种采样方案:

- 使用中餐馆特许经营表示的采样:层次狄利克雷过程可以用类似中餐馆过程的术语来描述。不是只有一个餐馆,而是有多个餐馆,每个餐馆表示来自基分布的一个抽样,而基分布本身抽取自一个狄利克雷过程。在这个采样方案中,状态空间由餐馆 j 中分配给每个顾客 i 的桌子的索引和餐馆 j 中供应到桌子 t 的菜肴的索引组成。
- 使用增强表示进行采样:对于上面提到的采样方案,假设在层次狄利克雷过程的层次结构中,第一个狄利克雷过程的基分布 G_0 被积分操作消去了,这可能会使某些模型（如 HMM）的问题复杂化,因为这些模型中的狄利克雷过程之间存在额外的依赖关系。因此,Teh 还描述了一个 MCMC 采样方案,其中 G_0 没有被积分操作消去。这个采样器与前一个类似,只是现在状态空间还包括 G_0 的簿记。
- 使用直接指派的采样:在前两个采样器中,状态空间通过桌子菜肴间的指派间接确定顾客到菜肴的指派。这会使簿记变得复杂。Teh 建议使用另一个采样器,在该采样器中,基于来自层次狄利克雷过程 G_0 的第一次抽样直接将顾客指派给菜肴。这意味着,状态空间现在由餐馆 j 中第 i 个顾客的某道菜（来自 G_0 的抽样）的指派和餐馆 j 中具有第 k 道菜肴的顾客数量的计数组成。

此外,目前已经提出了用于层次狄利克雷过程的 MCMC 采样的替代方法。例如,Wang 等（2011）开发了一种用于层次狄利克雷过程的在线变分推断算法。基于分裂 - 合并技术,Bryant 和 Sudderth（2012）开发了另一种用于层次狄利克雷过程的变分推断算法。Teh 等（2008）将最初为隐狄利克雷分配模型设计的坍塌变分推断算法扩展到层次狄利克雷过程模型。

7.4 Pitman-Yor 过程

Pitman-Yor 过程（Pitman and Yor,1997）有时也称为"双参数泊松 - 狄利克雷过程",其与狄利克雷过程密切相关,也定义了分布上的分布。Pitman-Yor 过程使用两个实值参数——强度参数 s（与中餐馆过程的强度参数作用相同）和折扣参数 $d \in [0,1]$。此外,它还使用了一个基分布 G_0。

从 Pitman-Yor 过程生成随机分布的生成过程几乎与 7.1.2 节中描述的生成过程相同。这

意味着对于 n 个观测数据，可以在 1 到 n 之间的整数集合上抽取一个划分，并为划分中的每个聚类指派一个来自 G_0 的原子。

Dirichlet 过程和 Pitman-Yor 过程的区别在于后者使用了广义的中餐馆过程，并修正了式（7.5），使得

$$p\left(Y^{(i)} = r|y^{(1)}, \cdots, y^{(i-1)}, s, d\right) =$$

$$\begin{cases} \dfrac{\left(\sum_{j=1}^{i-1} I(y^{(j)} = r)\right) - d}{i - 1 + s}, & \text{若} r \leq y_i^* \\ \dfrac{s + y_i^* d}{i - 1 + s}, & \text{若} r = y_i^* + 1 \end{cases}$$

折扣参数 d 在控制为 n 个"顾客"生成桌子的期望数量方面发挥作用。当 $d = 0$ 时，Pitman-Yor 过程简化为狄利克雷过程。随着 d 的增大，n 个顾客预计将使用更多的桌子。有关更详细的讨论，请参见 7.4.2 节。

这种修正的中餐馆过程再次引入一个分布，该分布是长度为 m 的整数计数向量 N 的函数，其中 $m = y_n^*$，$N_k = \sum_{i=1}^{n} I(Y^{(i)} = k)$。分布的具体定义如下：

$$p(N|s, d) = \frac{\prod_{k=1}^{m} \left((d(k-1) + s) \times \prod_{j=1}^{N_k-1}(j - d)\right)}{\prod_{i=0}^{n-1}(i + s)} \tag{7.8}$$

Pitman-Yor 过程也具有一个折棍子表示，其与狄利克雷过程的折棍子表示非常相似。更具体地说，对于具有基分布 G_0、强度参数 s 和折扣参数 d 的 Pitman-Yor 过程，其将与 7.1.1 节所介绍的狄利克雷过程具有相同的生成过程，现在唯一的区别是 v_k 抽样自 Beta$(1 - d, s + kd)$（Pitman and Yor，1997）。这再次表明，当 $d = 0$ 时，Pitman-Yor 过程可以简化为狄利克雷过程。

Pitman-Yor 过程可用于构造一个层次 Pitman-Yor 过程，类似于狄利克雷过程可用于创建层次狄利克雷过程的方式（7.3 节）。层次结构是由具有附加折扣参数的 Pitman-Yor 过程，而不是由狄利克雷过程构造的。例如，Wallach 等（2008）就将这种层次 Pitman-Yor 过程用于依赖解析。

7.4.1　Pitman-Yor 过程用于语言建模

语言建模是自然语言处理中最基本、最早出现的问题之一。语言模型的目标是为一个话语、一个句子或一些文本分配一个概率。例如，语言模型用于确保机器翻译系统的输出是连贯的，或者使用语音识别来评估话语的可能性，因为话语是从给定的语音信号解码而来的。

如果 $x_1 \cdots x_m$ 是一个字符串，对应于某些词汇表上的一个句子，则可以想象一个模型：逐步地生成每个单词，每次以当前位置前面的所有词为条件。被当作已知条件的词是用于生成新词的"上下文"。在数学上，这是链式法则的一个简单应用，可以将 $x_1 \cdots x_m$ 的概率定义为

$$p(x_1 \cdots x_m) = p(x_1) \prod_{i=2}^{n} p(x_i|x_1 \cdots x_{i-1}) \tag{7.9}$$

最常见和最成功的语言模型是 n 元语法模型，它简单地采用了马尔可夫假定，即生成 x_i 所需的上下文是 x_i 前面的 $n - 1$ 个单词。例如，对于二元语法模型（即 $n = 2$），式（7.9）中的概率将可以形式化为

$$p(x_1 \cdots x_m) = p(x_1) \prod_{i=2}^{n} p(x_i | x_{i-1})$$

当然，贝叶斯语言模型会在给定上下文生成新词的概率分布上设置一个先验。Teh（2006b）使用 Pitman-Yor 过程作为这些分布的先验。在该文献的术语中，令 n 元语法分布满足 $p(w | w_1 \cdots w_{n-1}) = G_{w_1 \cdots w_{n-1}}(w)$，$\pi(w_1 \cdots w_r) = w_2 \cdots w_r$，即 π 是接受一个单词序列，并删除 "最早" 单词的函数。然后，Teh 将 n 元语法分布 $G_{w_1 \cdots w_r}$（$r \leqslant n-1$）上的层次先验定义为

$$G_{\varnothing} \sim \mathrm{PY}(d_0, a_0, G_0) \qquad\qquad \text{基本情形}$$
$$G_{w_1 \cdots w_r} \sim \mathrm{PY}(d_r, a_r, G_{\pi(w_1 \cdots w_r)}) \qquad \text{递归情形，其中} 1 \leqslant r \leqslant n - 1$$

这里，G_0 是基分布，并且满足 $G_0(w) = 1 / V$，其中 V 是词汇表的大小（即它是词汇表上的均匀分布）。此外，在折扣参数上有一个均匀先验，且所有浓度参数具有先验分布 Gamma(1, 1)。

由于此先验的层次结构，为特定上下文 $w_1 \cdots w_r$ 抽取的单词更有可能在共享相同后缀 $w_1 \cdots w_r$ 的所有其他上下文中再次被抽取。

先验的这种层次定义让人想起低阶模型的回退平滑或插值，这两种方法都是 n 元语法语言模型估计的常用平滑技术（Rosenfeld，2000）。事实上，Teh（2006a）证明了他的层次先验可以看作是对 n 元语法语言模型插值的 Kneser-Ney 估计器的推广（Chen and Goodman，1996；Kneser and Ney，1995）。

Teh 设计了一个推断方案，用于根据给定单词出现的上下文（即在其之前出现的单词）来预测单词的概率，然后根据他的语言模型来计算文本的困惑度。推断算法是使用中餐馆过程表示的吉布斯采样器。

The 的报告指出：Pitman-Yor 语言模型（Pitman-Yor Language Model，PYLM）的吉布斯实现比插值的 Kneser-Ney 表现得更好，但比 "更改的 Kneser-Ney"（MKN）表现得要差，后者是 Chen 和 Goodman（1996）提出的 Kneser-Ney 改进版本。Teh 推测，PYLM 比 MKN 差的原因是推理的超参数估计值对预测来讲并不是最优的。他通过设计一种交叉验证方案来克服这些限制，以找到这些 PYLM 的超参数估计值。（MKN 的参数也使用交叉验证进行优化。）的确，与 MKN 相比，使用 PYLM 交叉验证方案得到的困惑结果要低，并且其结果总体上是 Teh 所比较的所有基线（例如，对于不同的 n 元语法大小，可以是插值的 Kneser-Ney 和层次狄利克雷模型）中最好的。

Noji 等（2013）使用 Pitman-Yor 过程将 n 元语法语言模型与主题模型结合在一起。他们的工作在 Wallach（2006）的模型基础上进行了扩展，该模型也将 n 元语法语言模型与主题模型进行了结合，但采用的是参数化设置（使用狄利克雷先验）。

7.4.2 Pitman-Yor 过程的幂律行为

当折扣参数为 0 时，Pitman-Yor 过程简化为狄利克雷过程。在本例中可以证明，中餐馆

过程表示中的期望桌子数量大约为 $s \log n$，其中 n 是顾客数量（通常与观测的数量相对应），s 是狄利克雷过程的浓度参数。

当 $d > 0$ 时，期望的桌子数量实际上以一种关键的方式变化：期望的桌子数量从对数的桌子数量变成了 sn^d。这意味着期望的桌子数量服从幂律，因此期望的桌子数量作为 n 的函数与 n 的幂成正比。

这种幂律行为非常适合自然语言建模。例如，对于使用 Pitman-Yor 的一元语法语言模型，每个桌子对应一个单词类型，而 n 对应于单词标记。因此，期望的桌子数量给出了大小为 n 的语料库中单词类型的期望数。如 Zipf（1932）所论证的那样，该设置适合幂律行为。

图 7-3 展示了 $d \neq 0$ 时狄利克雷过程与 Pitman-Yor 过程的行为。首先，该图展示了当 $d = 0$ 时（即我们使用狄利克雷过程），棍子（在狄利克雷过程和 Pitman-Yor 过程的折棍子过程表示中）第 i 部分的长度 π_i 呈指数衰减，而当使用 Pitman-Yor 过程时 π_i 则具有重尾特性。当 $d \neq 0$ 时，可以证明 $\pi_i \propto (i)^{-\frac{1}{d}}$。对于狄利克雷过程和 Pitman-Yor 过程，图 7-3 还给出了对中餐馆过程进行抽样所需占用的平均桌子数。当 $d = 0$ 时，桌子数量以对数方式增长，而当 $d > 0$ 时桌子数量增长得更快。

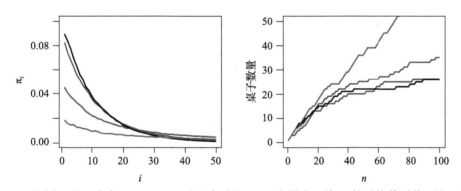

图 7-3   左图：基于来自 Pitman-Yor 过程先验的 5000 个样本，将 π_i 的平均值看作 i 的函数。
　　　　在所有情况下，浓度参数 s 的值为 10。折扣参数值 $d = 0$（狄利克雷过程）、$d = 0.1$、
　　　　$d = 0.5$ 和 $d = 0.8$。右图：基于来自中餐馆过程的 5000 个样本，将获得的平均桌子
　　　　数作为顾客数量 n 的函数。浓度参数和折扣参数与左图相同

7.5   讨论

本章主要讨论狄利克雷过程、狄利克雷过程的推导以及狄利克雷过程的不同表示方法。狄利克雷过程在贝叶斯非参数自然语言处理中起着重要的作用，但也有其他随机过程用作非参数贝叶斯先验。

机器学习文献已经提出许多其他非参数贝叶斯先验，用于解决各种问题。在本节中，我们对其他的一些非参数模型进行概述。我们没有基于这些先验来描述后验推断算法，因为这依赖于使用先验的模型的具体情况。读者应该查阅文献，以便理解如何基于这些先验进行统计推断。实际上，本节的目的是启发读者找到自然语言处理问题中所描述的先验的良好用法，因为这些先验在自然语言处理中并不经常使用。

7.5.1 高斯过程

高斯过程是一种通常用于对时间或空间观测数据进行建模的随机过程。高斯过程是由某个集合 T（例如，T 可以表示时间）索引的随机变量集合 $\{X_t \mid t \in T\}$，该随机变量集合的每个有限子集都服从多元正态分布。

因此，可以使用期望函数 $\mu: T \rightarrow \mathbb{R}$ 和协方差函数 $\mathrm{Cov}(t, t')$（表示 X_t 和 $X_{t'}$ 间的协方差）定义高斯过程。随机变量的每个子向量 $X = (X_{t_1}, \cdots, X_{t_n})$ 都服从正态分布，使得 $E[X] = (\mu(t_1), \cdots, \mu(t_n))$ 且协方差矩阵 Σ 满足 $\Sigma_{ij} = \mathrm{Cov}(t_i, t_j)$。

当将 X_t 的所有值都实例化为某个值时，可以将高斯过程视为一个函数：每个 $t \in T$ 都被映射为一个实数值。这是在贝叶斯设置中使用高斯过程的主要启发：高斯过程可以用来定义实值函数上的先验。每次对高斯过程的抽样都会产生一个特定的函数，该函数将 T 的值映射到实数值。该先验的"均值函数"是 μ。有关在机器学习中使用高斯过程的更多详细信息，请参阅文献 Rasmussen 和 Williams（2006）。

高斯过程在自然语言处理中的应用不多。有一些工作使用高斯过程进行分类和序列标记。例如，Altun 等（2004）的工作在兼容函数上定义了一个高斯过程先验，其中兼容函数用来度量观测值与某个标签的匹配程度。Altun 等人在命名实体识别问题上测试了他们的模型，与条件随机场模型相比，他们的模型降低了误差。

在自然语言处理中使用高斯过程的最新研究主要集中在回归问题上。例如，文献 Preoţiuc-Pietro 和 Cohn（2013）使用高斯过程建模 Twitter 数据中的时间变化。目标是预测（Twitter 上的）时间趋势，由标签数量的代理进行表示。假定回归函数 $f(t)$ 抽样自高斯过程先验，其中 t 表示时间，$f(t)$ 表示标签的数量（即过程中的每个 X_t 表示 $f(t)$ 的一个随机值）。作者还利用附加分类步骤中的预测结果来预测给定推文的标签。

7.5.2 印度自助餐过程

印度自助餐过程（Indian Buffet Process，IBP）描述了用于抽取无穷二元矩阵的随机过程（Griffiths and Ghahramani，2005）。它还使用了一个餐馆的比喻，类似于中餐馆过程，只是顾客基于菜肴在其他顾客中的受欢迎程度可以选择吃多个菜。印度自助餐过程由超参数 α 控制。

印度自助餐过程的比喻如下。有一家具有无穷多菜品的餐馆，点餐时要排成自助餐式的长龙。第一个顾客开始选菜，其可以从前 r_1 个盘子中挑选食物，r_1 抽取自泊松分布 $\mathrm{Poisson}(\alpha)$。当轮到第 i 个顾客选菜时，她根据菜品的流行度选取食物，第 k 盘菜被其选用的概率为 m_k / i，其中 m_k 表示前面 $i - 1$ 个顾客中选用第 k 盘菜的人数。如果所有以前被选用过的菜盘都光盘了，则第 i 个顾客可以从 r_i 个未动过的新菜盘中选菜，其中 r_i 抽取自泊松分布 $\mathrm{Poisson}(\alpha / i)$。

上述过程的描述意味着印度自助餐过程定义了无穷二元矩阵上的分布。对于这种二元矩阵（其中列和行使用自然数进行索引，而自然数对应于顾客的索引）的每个抽取 M，如果顾客选用了第 k 盘中的菜，则 $M_{ik} = 1$，否则的话为 0。

7.5.3　嵌套的中餐馆过程

嵌套的中餐馆过程（Blei et al.，2010）给出了一个具有无穷深度的无穷分支树的先验。嵌套的中餐馆过程假设存在无穷多个中餐馆，并且每个中餐馆都有无穷多个桌子。有一个主要的"根"餐馆，该餐馆中的每个桌子都指向另一个餐馆。其他餐馆中的每一张桌子也都指向另一家餐馆。每个餐馆只被引用一次，因此餐馆有一个树结构，其中节点是被引用的餐馆（或进行引用的桌子），边表示一个餐馆引用了另一个餐馆。

嵌套的中餐馆过程在此无穷树中引入了一个路径分布——来自嵌套的中餐馆过程的每个抽样都是这样的路径。假设有 M 名游客，他们准备去具有上述中餐馆的城市。游客从根餐馆开始，首先选择一个桌子，然后再转移到该桌子所引用的下一个餐馆。这个过程无限重复。在有 M 个游客的情况下，树中将有 M 条无穷路径。这些路径可以描述为无穷树的子树，并且子树的分支因子最大为 M。

Blei 等（Blei et al.（2010））使用嵌套的中餐馆过程对层次隐狄利克雷模型进行了描述。所有桌子上的无穷树假定服从层次主题分布。这意味着树中的每个节点都与文档中词汇表的分布相关联。生成过程需要使用来自嵌套的中餐馆过程（具有无穷路径）的抽样，而无须对通常的主题分布进行采样。随后，为了抽取文档中的单词，我们首先从嵌套的中餐馆过程中抽取一条路径，然后对每个单词我们首先抽取其在该无穷路径中的层号，同时基于该层号确定路径中对应的节点，最后从与该节点关联的词汇表分布中抽取单词。

7.5.4　距离依赖的中餐馆过程

如 7.1.2 节所述，中餐馆过程定义了划分上的概率分布。这个比喻是说，顾客被安排在桌子旁边的座位上，其中第 i 个顾客坐在了某个桌子旁的概率与已经坐在该桌子旁的顾客数量成正比。另外分配了一些概率质量，以便让顾客坐到一个空桌子旁。

Blei 和 Frazier（2011）的主要观察结果是中餐馆过程根据桌子来定义座位安排，更具体地说，是根据坐在桌子旁的人数。他们提出了另一种观点，即一个顾客与另一个顾客坐在一起。

更正式地讲，假设 f 是一个"衰减函数"，其必须是正的、非递增的且 $f(\infty)=0$。另外，令 D 为 $n\times n$ 矩阵，其中 D_{ij} 表示顾客 i 与顾客 j 之间的距离。我们假设 $D_{ij}\geq 0$。然后，令 $Y^{(i)}(i\in\{1,\cdots,n\})$ 是一个表示顾客 i 与谁坐在一起的随机变量，则基于距离的中餐馆过程假设：

$$p\left(Y^{(i)}=j|D,s\right)\propto\begin{cases}f\left(D_{ij}\right), & 若 i\neq j\\ s, & 若 i=j\end{cases}$$

其中，s 与浓度参数具有类似的作用。

类似于中餐馆过程，通过将桌子指派给所有通过某种路径相互连通的顾客，每个顾客挨着另一个顾客的座位安排确定了挨着桌子的座位安排。

注意，Blei 和 Fraizer 建议的过程不是顺序的。这意味着顾客 1 可以选择顾客 2，顾客 2 可以选择顾客 1。更一般而言，安排中可以有环。就原始中餐馆过程的意义来讲，基于距离的中餐馆过程不是顺序的。此外，顾客进入餐馆的顺序非常重要，并且可交换性的属性被距离依赖的中餐馆过程破坏了（另见 7.1.2 节）。

　　然而，通过在 $j > i$ 时假设 $D_{ij} = \infty$ ，$j < i$ 时假设 $D_{ij} = 1$ ，同时假设 $f(D) = 1/d$ 且 $f(\infty) = 0$ 恢复传统的顺序中餐馆过程（具有浓度参数 s）是可能的。在这种情况下，顾客只能加入具有较低索引的顾客。顾客加入到某张桌子的总概率与该顾客和坐在该桌子旁的所有其他顾客之间的距离之和成正比，公式中的距离就是坐在该桌子旁的顾客总数。

　　在自然语言处理中，使用距离依赖的中餐馆过程的次数相对较少，但是这种用法的示例包括使用距离依赖的中餐馆过程来归纳词性类别（Sirts et al.，2014）。Sirts 等人使用了一种将单词视为进入餐馆的顾客的模型，在每一点上，单词在桌子旁的位置取决于其在分布和形态特征方面与桌子上其他单词的相似性。特别地，桌子用来表示词性类别。

　　在自然语言处理中使用距离依赖的中餐馆过程的另一个例子是 Titov 和 Kle-mentiev（2012）的工作。在这个例子中，距离依赖的中餐馆过程被用来以无监督的方式诱导语义角色。

7.5.5　序列记忆器

　　序列记忆器（Wood et al.，2009）是定义非马尔可夫序列模型的层次非参数贝叶斯模型。作者的想法类似于 7.4.1 节中出现的想法。每一步中预测标记上的分布序列都抽样自 Pitman-Yor 过程。为了在给定上下文 $x_1 \cdots x_{k-1}$ 的情况下预测出第 k 个标记，需要从具有基分布 $G_{x_2 \cdots x_{k-1}}$ 的 Pitman-Yor 过程中抽样出分布 $G_{x_1 \cdots x_{k-1}}$ 。反过来，分布 $G_{x_2 \cdots x_{k-1}}$ 又是从具有基分布 $G_{x_3 \cdots x_{k-1}}$ 的 Pitman-Yor 过程中抽取的，依此类推。

　　Wood 等人描述了一种有效地利用序列记忆器进行后验推断的技术。为此，他们使用了 Pitman-Yor 过程的一个特定子族，其中子族的浓度参数为 0。这使得可以边缘化分布 $G_{x_i \cdots x_{k-1}} (i > 1)$ ，并构建最终的预测分布 $G_{x_1 \cdots x_{k-1}}$ 。它还支持序列记忆器的有效表示，该记忆器随序列长度线性增长。

　　序列记忆器主要用于语言建模，可以代替通常的 n 元马尔可夫模型。Gasthaus 和 Teh（2010）通过引入更丰富的超参数设置和高效的内存表示，进一步改进了它们。他们也描述了这种改进模型的推断算法。更丰富的超参数设置允许建模者为底层的 Pitman-Yor 过程使用非零浓度值。Shareghi 等（2015）也使用其进行结构化预测。

7.6　本章小结

　　本章简要介绍了贝叶斯非参数在自然语言处理文献中的应用。所涉及的一些重要概念包括以下内容：
- 狄利克雷过程，对于自然语言处理来讲，它是许多贝叶斯非参数模型的重要组成部分。并给出了狄利克雷过程的三个等价构造。
- 狄利克雷过程混合模型，其是有限混合模型的推广。
- 层次狄利克雷过程，其中几个狄利克雷过程嵌套在模型中，以便能够在模型的各个部分之间"共享原子"。

- Pitman-Yor 过程，其是狄利克雷过程的推广。
- 关于其他贝叶斯非参数模型和先验的一些讨论。

第 8 章给出了贝叶斯非参数的其他模型和应用，比如 HDP 概率上下文无关语法和适配器语法。

7.7 习题

7.1 证明中餐馆过程描述了可交换随机变量集上的联合分布。

7.2 在中餐馆过程的某种安排下（浓度参数为 α），令 Z_n 为一个随机变量，其表示在 n 位顾客已经就座的情况下，旁边具有就座的顾客的桌子总数。证明随着 n 的变大，$E[Z_n] \approx \alpha \log n$。

7.3 考虑式（7.2）和式（7.3）。证明来自 GEM 分布的抽样 β 事实上满足式（7.2）~式（7.3）。需要使用式（7.1）中 β 的定义。

7.4 在 7.2.1 节中，吉布斯采样器用于从狄利克雷混合模型中采样 $\theta^{(1)}, \cdots, \theta^{(n)}$。给出 G_0 是 $p-1$ 维概率单纯形上的狄利克雷分布，$p(X \mid \theta)$ 是 p 个元素上的多项式分布的情况下的采样器。

7.5 爱丽丝推导出了上一个问题中的采样器。但是，后来她发现 G_0 的更好选择是重新归一化的狄利克雷分布，其中 $\theta \sim G_0$ 中的坐标都不能大于 $1/2$（假设 $p > 2$）。根据拒绝采样（5.9 节），推导出这种 G_0 的吉布斯采样器。如有必要，请参阅 3.1.4 节。

贝叶斯语法模型

贝叶斯方法在自然语言处理中最成功的一个应用就是从语法形式中派生出概率模型。这些概率语法在自然语言处理研究人员的建模工具包中扮演着重要的角色,其应用遍及所有领域,最著名的是在形态句法层面对语言进行计算分析。

为了将贝叶斯统计应用到概率语法推断中,我们必须首先为语法的参数设置一个先验。例如,概率上下文无关语法在其规则的多项式概率上可以有一个狄利克雷先验。也可以使用更复杂的模型。例如,可以使用非参数先验来打破 PCFG 所做的独立性假设,比如使用具有概率上下文无关语法的狄利克雷过程。

在贝叶斯环境下,概率语法的大部分工作都是在无监督的情景下完成的。在这种情景下,学习者只能使用字符串,其目标是在派生树上推断出后验,甚至推断出语法的结构。当然,也有一些例外情况,比如在监督设置中同时使用贝叶斯学习与语法——本章将对一些例外情况进行介绍。

本章的大部分将专门讨论一个特殊的语法模型——概率上下文无关语法,以及其在参数化和非参数化贝叶斯环境中的应用。做这种安排有以下几个原因:

- 概率上下文无关语法是最简单的语法体系,在该语法中重写规则具有形式为 $a \rightarrow \alpha$ 的上下文无关格式,其中 a 是"非终结符",α 是可以在部分派生中替换 a 的某个对象。这种规则结构在许多其他具有"上下文无关主干"[○]的形式中很常见。这种形式的例子包括线性上下文无关重写系统(该系统扩展了自然语言处理中使用的许多语法体系,目前在自然语言处理中正在对其重新审视(Kallmeyer and Maier, 2010; Vijay-Shanker et al., 1987)、组合分类语法(Steedman and Baldridge, 2011)以及图重写语法(Rozenberg and Ehrig, 1999,在该语法中,形式的语言不是字符串集合))。他们还推广了序列模型,如隐马尔可夫模型。

- 关于概率上下文无关语法及其衍生方法的研究工作有很多。这意味着熟悉这种语法体系对任何自然语言处理研究人员来说都很重要。

- PCFG 提供了一种通用的方法来推导和沟通自然语言处理中的统计模型。它们在可处理性和表达性之间提供了一个最佳点,并且 PCFG 的使用不局限于句法解析。自然语言处理中的许多模型都可以用 PCFG 来表示。

在 8.1 节中,我们介绍隐马尔可夫模型的使用,它是一个可用于自然语言处理及其以外领域的基本序列标记模型。在 8.2 节中,我们给出 PCFG 的一般概述和本章其余部分的符号表示。在 8.3 节中,我们开始讨论使用贝叶斯方法的 PCFG。然后,我们转向语法的非参数建模,在 8.4 节介绍适配器语法。在 8.5 节中,我们介绍采用层次狄利克雷过程的 PCFG。最

○ 如果一个语法具有"上下文无关主干",它不一定表示其生成的语言是上下文无关的。这只意味着它的生成规则不需要左侧的上下文。

后，我们在 8.6 节讨论依存语法，在 8.7 节讨论同步语法，在 8.8 节讨论多语言学习，并在 8.9 节中给出一些关于进一步阅读的建议。

8.1　贝叶斯隐马尔可夫模型

隐马尔可夫模型是在许多自然语言处理应用中进行序列建模的重要模型。我们通常不认为 HMM 是"语法模型"，但它实际上是概率上下文无关语法的特殊情况。稍后在 8.2.3 节中将对此进行阐明。可以使用元组 $H = (\mathcal{T}, \mathcal{N}, \diamond, \theta)$ 来表示隐马尔可夫模型，其中

- $\mathcal{T}$ 是发射符号的有限集。
- $\mathcal{N}$ 是状态符号的有限集，并且 $\mathcal{T} \cap \mathcal{N} = \emptyset$。
- 称为"停止状态"或"下沉状态"的特殊状态符号 $\diamond \in \mathcal{T}$。
- θ 是参数向量，对于每个 $s, s' \in \mathcal{N}$ 和每个 $o \in \mathcal{N}$，其定义了下面的非负参数：
  - 初始状态概率 θ_s，其满足 $\sum_{s \in \mathcal{N}} \theta_s = 1$。
  - 发射概率 $\theta_{o|s}$（对于所有的 $s \in \mathcal{N} \setminus \{\diamond\}$ 和 $o \in \mathcal{T}$），它满足 $\sum_{o \in \mathcal{T}} \theta_{o|s} = 1$。
  - 转移概率 $\theta_{s'|s}$（对于所有的 $s \in \mathcal{N} \setminus \{\diamond\}$ 和 $s' \in \mathcal{N}$），它满足 $\sum_{s \in \mathcal{N}} \theta_{s|s'} = 1$。

隐马尔可夫模型定义了二元组对 (x, z) 的概率分布，其中 $x = x_1 \cdots x_m$ 是 $\mathcal{T}$ 上的字符串，$z = z_1 \cdots z_m$ 是来自 $\mathcal{N}$ 的状态序列，且 $z_i \neq \diamond$。该分布具有如下的定义：

$$p(x, z|\theta) = \theta_{z_1} \theta_{x_1|z_1} \left(\prod_{i=2}^{m} \theta_{z_i|z_{i-1}} \theta_{x_i|z_i} \right) \theta_{\diamond|z_m}$$

隐马尔可夫模型具有称为前向和后向算法的基本推断算法。该推断算法是动态规划算法，可用于计算给定观测值序列的特征期望。例如，它们可以计算序列中某个发射 $o|s$ 触发的期望次数，或者用于计算某个转移 $s|s'$ 触发的期望次数。有关该算法的完整描述，请参考文献 Rabiner（1989）。前向和后向算法类似于 PCFG 的内部和外部算法（请参考 8.2.2 节）。

隐马尔可夫模型的图形描述如图 8-1 所示。链结构图形化地表示了隐马尔可夫模型中的独立性假定。给定隐马尔可夫模型的一个固定参数集和一个状态 z_i，则观测值 x_i 条件独立于链中的其他节点。此外，给定隐马尔可夫模型的一个固定参数集和状态 z_{i-1}，状态 z_i 条件地独立于所有先前的状态 $z_j (j < i - 1)$。

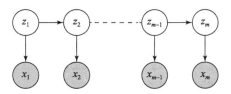

图 8-1　隐马尔可夫模型链结构的图形化描述。阴影节点表示观测值，非阴影节点表示隐状态。该序列的长度为 m，用虚线表示从 3 到 $m - 2$ 索引的隐节点和观测值

可以定义更高阶的隐马尔可夫模型——在这种情况下，给定状态的概率分布依赖于包含前一个状态的更多状态。例如，三元语法隐马尔可夫模型的某个给定状态的概率取决于其前

面的两个状态。使用三元语法隐马尔可夫模型（或更高阶隐马尔可夫模型）进行推断的算法与普通二元语法隐马尔可夫模型采用的推断算法类似。

具有无穷状态空间的隐马尔可夫模型

对于隐马尔可夫模型，可以使用控制模型复杂性的常用工具集来解决选择要使用的隐状态数的问题（当状态不与已知的状态集合——比如监督的词性标注——进行对应时）。例如，利用采样预留数据验证，我们可以不断地增加更多状态，每次对数据执行推断，并检查预留数据上对数似然函数的行为。

克服预先定义隐马尔可夫模型中隐状态数量要求的另一种方法是使用非参数建模，更具体地说，是使用层次狄利克雷过程（7.3 节）。该方法允许建模者定义无穷状态空间（隐状态的数量是可数的）。在使用观测值序列进行推断期间，用于解释数据的潜在状态数量将随着可用数据量的增加而增加。

层次狄利克雷过程隐马尔可夫模型（HDP-HMM）是一种相当直观的扩展，它将 HMM 与 HDP 结合在一起使用。在这里，我们提供了 Teh（2006b）给出的一般形式下的 HDP-HMM 详细说明，但也应注意 Beal 等（2002）提出的无穷隐马尔可夫模型。

Teh 假定的第一个模型组件是用于生成观测值的参数族 $F(\cdot|\theta)(\theta\in\Theta)$，以及在参数空间上用作先验的基分布 G_0。例如，θ 可以是观测值符号集 $\mathcal{T}$ 上的多项式分布，G_0 可以是第 $|\mathcal{T}|-1$ 个概率单纯形上的狄利克雷分布。为了生成长度为 ℓ 的观测值序列，我们使用生成过程 8-1。

常数：ℓ, s_0, s_1

隐变量：$\beta, \pi_0, \pi_i, \theta_i(i\in\{1,\cdots\}), Z_j(j\in\{1,\cdots,\ell\})$

观测变量：$X_j(j\in\{1,\cdots,\ell\})$

- 生成基无穷多项式 $\beta \sim \mathrm{GEM}(s_0)$
- 生成 $\pi_i \sim \mathrm{DP}(s_1, \beta)$，其中 $i\in\{0,1,\cdots\}$
- 生成 $\theta_i \sim G_0$，其中 $i\in\{1,\cdots\}$
- 生成 $z_1 \sim \pi_0$
- 生成 $x_1 \sim F(\cdot|\theta_{z_1})$
- 对于 $j\in\{2,\cdots,\ell\}$ 中的每个 j：
  - 生成 $z_j \sim \pi_{z_{j-1}}$
  - 生成 $x_j \sim F(\cdot|\theta_{z_j})$

生成过程 8-1　无穷隐马尔可夫模型的生成过程

生成过程假设存在一个离散状态空间，并首先生成基分布 β，该分布是状态空间上的无穷多项式分布。然后，它为每个状态抽取另外一个无穷多项式分布。该无限多项式对应于从其所索引的状态到其他状态的转移分布（因此，无穷多项式中的每个事件也都映射到其中一个状态上）。随后，使用 G_0（其是参数空间 Θ 上的基分布）为每个状态抽取发射参数。为了最终生成序列，生成过程需要遵循通常的马尔可夫过程的流程，同时使用转移和发射分布。这种无穷隐马尔可夫模型的推断类似于层次狄利克雷过程的推断（7.3 节）。有关全部的详细信息，请参考文献 Teh（2006b）和文献 Gael 等（2008）。

8.2 概率上下文无关语法

自然语言处理中最基本、最通用的一个模型族是概率上下文无关语法（PCFG）。概率上下文无关语法通过引入概率解释增强了上下文无关语法（Context-Free Grammar，CFG）。上下文无关语法是一种语法体系，它提供了一种机制来定义上下文无关语言（语法的语言是由语法生成的字符串集合）。它们还将这种语言中的每个字符串与一个或多个短语 – 结构树形式的语法派生关联起来，如图 8-2 所示。这个短语 – 结构树是一个带标签的树，节点上的标签表示它们在生成的句子中所包含的子字符串的句法类别（NP 表示名词短语，VP 表示动词短语，等等）。从左到右读取的结果表示创建该派生的句子。在特定语言中这类树的集合称为"树库"。

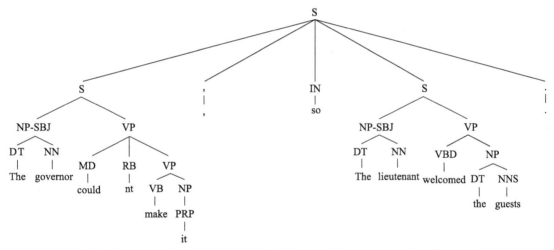

图 8-2　宾州树库（Marcus et al., 1993）启发的一个英语短语 – 结构树示例

更正式地讲，上下文无关语法是元组 $G = (\mathcal{T}, \mathcal{N}, S, \mathcal{R})$，其中

- $\mathcal{T}$ 是终结符的有限集。这些终结符包括出现在上下文无关语法生成的短语 – 结构树结果中的符号。
- $\mathcal{N}$ 是非终结符的有限集，其可以标注短语 – 结构树中的节点，并且 $\mathcal{T} \cap \mathcal{N} = \emptyset$。
- $\mathcal{R}$ 是生成规则的有限集。每个元素 $r \in \mathcal{R}$ 具有 $a \to \alpha$ 形式，其中 $a \in \mathcal{N}$ 且 $\alpha \in (\mathcal{T} \cup \mathcal{N})^*$。我们用 $\mathcal{R}_a$ 表示集合 $\{r \in \mathcal{R} \mid r = a \to \alpha\}$，即与规则左侧非终结符 $a \in \mathcal{N}$ 相关联的规则。
- S 是指定的开始符号，其始终出现在短语 – 结构树的顶部。

在其最一般的形式中，上下文无关语法也可以具有形如 $a \to \varepsilon$ 的规则，其中 ε 是"空词"。在自然语言处理中，特别令人感兴趣的是乔姆斯基范式上下文无关语法。乔姆斯基范式语法只允许语法中出现形如 $a \to t$（其中 $a \in \mathcal{N}$ 且 $t \in \mathcal{T}$）或 $a \to b\,c$（其中 $a, b, c \in \mathcal{N}$）的生成规则。乔姆斯基范式的原始定义也允许出现规则 $S \to \varepsilon$，但在贝叶斯自然语言处理的上下文无关语法的大多数应用中，这条规则都没有被添加到语法中。为简单起见，我们不会在讨

论的语法中引入 ε 规则。(尽管如此，ε 规则对于建模语言理论的特定成分（如空类别或 "空白"）很有用。)

乔姆斯基范式在自然语言处理中很有用，因为它通常具有简单的基本推断算法，如 CKY 算法（Cocke and Schwartz，1970；Kasami，1965；Younger，1967）。乔姆斯基范式的简单性并没有牺牲其表达能力——可以证明，任何上下文无关语法都可以简化为乔姆斯基范式形式，该形式可以生成等价的语法派生和相同的字符串语言。因此，我们重点关注乔姆斯基范式形式的上下文无关语法。[⊖]

概率上下文无关语法将参数集 θ 附加到上下文无关语法 G（这些也称为规则概率）中。这里，θ 是 $|\mathcal{N}|$ 个向量的集合。每个 $\theta_a(a \in \mathcal{N})$ 是概率单纯形中长度为 $|\mathcal{R}_a|$ 的向量。θ_a 中的每个坐标对应参数 $\theta_{a \to bc}$ 或参数 $\theta_{a \to t}$。使用概率上下文无关语法需要满足以下要求：

$$\theta_{a \to bc} \geq 0 \qquad\qquad a \to bc \in \mathcal{R} \qquad (8.1)$$

$$\theta_{a \to t} \geq 0 \qquad\qquad a \to t \in \mathcal{R} \qquad (8.2)$$

$$\sum_{b,c:a \to bc \in \mathcal{R}} \theta_{a \to bc} + \sum_{t:a \to t \in \mathcal{R}} \theta_{a \to t} = 1 \qquad\qquad \forall a \in \mathcal{N} \qquad (8.3)$$

这意味着每个非终结符都与该非终结符的可能规则上的多项式分布相关联。参数 θ 定义了短语 – 结构树上的概率分布 $p(Z \mid \theta)$。假设 z 由规则序列 $r_1, \cdots, r_m$ 组成，其中 $r_i = a_i \to b_i c_i$ 或 $r_i = a_i \to x_i$。分布 $p(Z \mid \theta)$ 具有下面的定义：

$$p(Z = (r_1, \cdots, r_m) \mid \theta) = \left(\prod_{i=1}^m \theta_{r_i} \right) \qquad (8.4)$$

并非满足上述约束（式（8.1）～式（8.3））的每个规则概率赋值都能得到树空间上的有效概率分布。某些规则概率导致了 "不一致" 的 PCFG——这意味着这些 PCFG 将非零概率分配给无限长度的树。例如，对于具有规则 $S \to SS$（概率为 0.8）和 $S \to buffalo$（概率为 0.2）的语法，存在一个非零的概率来生成具有无限产出的树。关于这个问题的完整讨论，参见文献 Chi（1999）。

在大多数的贝叶斯自然语言处理文献中，通常都假定 PCFG 中潜在的符号语法是已知的。它可以是与特定自然语言处理问题兼容的手工编写的语法，也可以是通过读取树库的解析树中出现的规则而学到的语法。

对于 PCFG，观测值通常是派生 z 产生式中的句子。这意味着 PCFG 定义了一个额外的随机变量 X，其取值范围是 $\mathcal{T}$ 上的字符串。它满足 $X = \text{yield}(Z)$，其中 $\text{yield}(z)$ 是一个判别函数，它返回产生式 z 中的字符串。例如，假设图 8-2 中的派生为 z，则 $\text{yield}(z)$ 返回字符串 "The governor could n't make it, so the lieutenant welcomed the guests."。

分布 $p(Z \mid x, \theta)$ 是拥有产生式 x 的所有可能派生树的条件分布。由于 X 是 Z 的判别函数，基于式（8.4），可以将分布 $p(X, Z \mid \theta)$ 定义为

$$p(x, z \mid \theta) = \begin{cases} p(z \mid \theta) & \text{yield}(z) = x \\ 0 & \text{yield}(z) \neq x \end{cases}$$

⊖   注意，并非总是可以将 PCFG 转换为乔姆斯基范式形式的 PCFG，且同时在派生和字符串上保持相同的分布。转换可能需要进行近似处理。参见文献 Abney 等（1999）。

在本章中，字符串 x 中的单词通常表示为 $x_1 \cdots x_m$，其中 m 是 x 的长度，每个 x_i 是终结符集 $\mathcal{T}$ 中的一个符号。

与 PCFG 相关的另一类重要模型是加权上下文无关语法。对于加权的上下文无关语法，概率 $\theta_{a \to bc}$ 和 $\theta_{a \to t}$ 不具有和为 1 的约束（式（8.2））。它们可以是任意的非负权值。加权 PCFG 引入了分布 $p(Z \mid \theta)$，其定义为

$$p(z|\theta) = \frac{\prod_{i=1}^{m} \theta_{r_i}}{A(\theta)} \tag{8.5}$$

其中，$A(\theta)$ 是具有如下形式的归一化常数：

$$A(\theta) = \sum_z \prod_{i=1}^{m} \theta_{r_i}$$

对于一致的 PCFG，$A(\theta) = 1$。对于规则概率的任何赋值（即满足式（8.1）～式（8.2）的权重赋值），都有 $A(\theta) \leqslant 1$。对于加权上下文无关语法，$A(\theta)$ 不总是有限实数。函数 $A(\theta)$ 对于具有特定权重设置的某些语法也可以发散到无穷大，因为可能需要对具有不同产生式的无穷多个派生进行求和。

8.2.1　作为多项式分布集的 PCFG

通常将贝叶斯自然语言处理生成模型中的参数集分解为多项式分布集。一般来讲，θ 是由 K 个子向量组成的向量，第 k 个子向量的长度为 $N_k (k \in \{1, \cdots, K\})$。这意味着需满足以下条件：

$$\theta_{k,k'} \geqslant 0 \qquad \forall k \in \{1, \cdots, K\} \text{ 且 } k' \in \{1, \cdots, N_k\}$$
$$\sum_{k'=1}^{N_k} \theta_{k,k'} = 1 \qquad \forall k \in \{1, \cdots, K\}$$

对于 PCFG，K 等于语法中的非终结符数量，N_k 是与索引 k 相关联的非终结符 a 的规则集 $\mathcal{R}_a$ 的大小。我们用 $\theta_{k,k'}$ 表示第 k 个多项式中的事件 k'。

在这种抽象模型中，每个多项式事件对应于某结构块。对于 PCFG，这些结构块是生成规则。令 $f_{k,k'}(x, z)$ 表示索引为 k 的非终结符的生成规则 k' 在字符串对和短语 – 结构树 (x, z) 中的触发次数。定义在字符串对和短语结构树上的概率模型为

$$p(x, z|\theta) = \prod_{k=1}^{K} \prod_{k'=1}^{N_k} \theta_{k,k'}^{f_{k,k'}(x,z)} \tag{8.6}$$

如果假定 $\boldsymbol{x} = (x^{(1)}, \cdots, x^{(n)})$ 和 $\boldsymbol{z} = (z^{(1)}, \cdots, z^{(n)})$ 是根据式（8.6）生成的，独立于给定的参数，则这些数据的似然为

$$p(\boldsymbol{x}, \boldsymbol{z}|\theta) = \prod_{k=1}^{K} \prod_{k'=1}^{N_k} \theta_{k,k'}^{\sum_{i=1}^{n} f_{k,k'}(x^{(i)}, z^{(i)})}$$

8.2.2　PCFG 的基本推断算法

针对 PCFG 的贝叶斯推断通常需要计算给定句子的边缘量，比如某个非终结符生成句子

中子字符串的概率（称为"内部概率"），或者根据给定 PCFG 计算字符串的总概率。

确定这些量的推断算法通常基于动态规划。在通常情况下，在贝叶斯设置中这些动态规划算法与前述的加权语法（即在语法中指派给规则的概率不满足式（8.2））一起使用。例如，这些类型的加权语法与变分更新规则（比如式（6.11）中的规则）一起出现。对此的更多讨论见 8.3.3 节。

我们在本节处理的第一个基本推断算法是内部算法。内部算法根据 PCFG（乔姆斯基范式形式）计算给定句子 $x_1 \cdots x_m$ 的总概率（或权重），即

$$\text{in}(S, 1, m) = \sum_{z:\text{yield}(z)=x_1 \cdots x_m} p(z|\theta)$$

这里，$p(Z|\theta)$ 是由权重 θ 参数化的 PCFG 分布，开始符号为 S。在符号表示 $\text{in}(S, 1, m)$ 中使用参数 1 和 m 是经过深思熟虑的：可以为句子中的其他非终结符和其他跨距计算该数量。通常有

$$\text{in}(a, i, j) = \sum_{z \in A(a,i,j)} p(z|\theta)$$

其中 $A(a, i, j) = \{z \mid \text{yield}(z) = x_i \cdots x_j, h(z) = a\}$。这意味着 $\text{span}(i, j)$ 的非终结符 a 的内部概率是生成字符串 $x_i \cdots x_j$ 的总概率，其中字符串的生成是从非终结符 a 开始的。函数 $h(z)$ 返回派生 z 的根节点。注意，在此公式中，我们允许根是任意的非终结符，而不仅仅是 S。像通常一样，将概率 $p(z|\theta)$ 定义为派生中所有规则的乘积。

可以使用相同形式的数量，通过递归程序来计算内部数量。以下是递归定义：

$$\text{in}(a, i, i) = \theta_{a \to x_i} \qquad\qquad a \in \mathcal{N}, a \to x_i \in \mathcal{R}, 1 \le i \le m$$
$$\text{in}(a, i, j) = \sum_{k=i}^{j} \sum_{a \to bc \in \mathcal{R}} \theta_{a \to bc} \times \text{in}(b, i, k) \times \text{in}(c, k+1, j) \qquad a \in \mathcal{N}, 1 \le i < j \le m$$

中间量 $\text{in}(a, i, j)$ 可以解释为所有树的总权重，其中非终结符 a 涵盖位置 i 和位置 j 间的单词 $x_i \cdots x_j$。许多执行模型都可用于计算上述的递归方程。一种简单的方法是采用自底向上的动态规划。对于动态规划表中的元素 $\text{in}(a, i, j)$，算法从具有较小宽度 $j - i + 1$ 的元素开始计算，直到计算出宽度为 n 的元素 $\text{in}(S, 1, n)$ 为止。还可以使用议程算法（如 Eisner 等（2005）开发的算法），另请参考文献 Smith（2011）。

另一个重要的关注量是使用外部算法计算的外部概率。外部数量计算生成派生的"外部"部分的概率。更正式地讲，对于索引给定字符串的任意 $i < j$ 和非终结符 a，$\text{out}(a, i, j)$ 被定义为

$$\text{out}(a, i, j) = \sum_{z \in B(a,i,j)} p(z|\theta)$$

其中 $B(a, i, j) = \{z \mid \text{yield}(z) = x_1 \cdots x_{i-1} y\, x_{j+1} \cdots x_n, y \in \mathcal{T}^*, y\ \text{在}\ z\ \text{中的头部是}\ a\}$。这意味着外部概率是生成部分派生 $x_1 \cdots x_{i-1} a\, x_{j+1} \cdots x_n$ 的总概率，其中 a 是尚未被完全重写为字符串的非终结符。与内部概率类似，外部概率也可以采用递归的方式进行如下计算（这次是自顶向下）：

$$\text{out}(S, 1, n) = 1$$
$$\text{out}(a, 1, n) = 0 \qquad\qquad a \in \mathcal{N}, a \neq S$$

$$\text{out}(a,i,j) = \sum_{k=1}^{j-1} \sum_{b \to c\, a \in \mathcal{R}} \theta_{b \to c\, a} \times \text{in}(c,k,i-1) \times \text{out}(b,k,j)$$
$$+ \sum_{k=j+1}^{n} \sum_{b \to a\, c \in \mathcal{R}} \theta_{b \to a\, c} \times \text{in}(c,j+1,k) \times \text{out}(b,i,k) \quad a \in \mathcal{N}, 1 \leqslant i < j \leqslant n$$

内部和外部算法最重要的用途是计算涵盖给定句子某些位置的非终结符的特征期望。更正式地讲，首先定义下面的指示器：

$$I(\langle a,i,j \rangle \in z) = \begin{cases} 1 & z \text{ 中 } i \text{ 和 } j \text{ 之间 } a \text{ 涵盖的单词} \\ 0 & \text{其他} \end{cases}$$

然后基于内部和外部概率计算

$$E\left[I(\langle a,i,j \rangle \in Z)|x_1 \cdots x_m\right] = \frac{\sum_{z,\text{yield}(z)=x_1 \cdots x_m} p(z|\theta) I(\langle a,i,j \rangle \in z)}{p(x_1 \cdots x_m|\theta)}$$

这是因为，可以证明

$$E\left[I(\langle a,i,j \rangle \in Z)|x_1 \cdots x_m\right] = \frac{\text{in}(a,i,j) \times \text{out}(a,i,j)}{\text{in}(S,1,n)}$$

类似地，也可以计算形如 $E[I(\langle a \to b\, c,i,k,j \rangle \in Z)|x_1 \cdots x_m]$ 的期望。这里，如果在 z 中使用规则 $a \to b\, c$，使得 a 涵盖位置 i 与位置 j 间的单词，且下一层中的 b 涵盖位置 i 与位置 k 间的单词，c 涵盖位置 k 与位置 j 间的单词，则 $I(\langle a \to b\, c,i,k,j \rangle \in z)$ 等于 1。可以证明：

$$E\left[I(\langle a \to b\, c,i,k,j \rangle \in Z)|x_1 \cdots x_m\right] = \frac{\theta_{a \to b\, c} \times \text{in}(b,i,k) \times \text{in}(c,k+1,j) \times \text{out}(a,i,j)}{\text{in}(S,1,n)} \quad (8.7)$$

最后，形如 $E[I(\langle a \to x_i,i \rangle \in Z)|x_1 \cdots x_m]$ 的期望可以类似地定义为：

$$E\left[I(\langle a \to x_i,i \rangle \in Z)|x_1 \cdots x_m\right] = \frac{\theta_{a \to x_i} \times \text{out}(a,i,i)}{\text{in}(S,1,n)} \quad (8.8)$$

内部概率在 PCFG 采样算法中也占有重要的地位。内部概率可以用在从分布 $p(Z|x_1 \cdots x_m, \theta)$ 中抽取一棵树 z 的采样算法中。算法 8-1 给出了该采样算法。该算法假定已经计算出相关句子的内部概率表（对于固定的 θ）。然后，基于内部概率元素表，对给定节点的左孩子和右孩子进行递归采样。

输入：具有权值 θ 的概率上下文无关语法 G，字符串 $x = x_1 \cdots x_m$，非终结符 $a \in \mathcal{N}$，端点对 (j,j')，内部概率表 "in."

输出：基于内部—外部表的一个采样树，其以涵盖 x_j 到 $x_{j'}$ 的单词的非终结符 a 为头节点

1. if $j = j'$ then
2. 将以 a 为根节点，单词 x_j 在 a 的下面的树指派给 z
3. return z
4. end if
5. for 所有可能的 $b, c(b, c \in \mathcal{N})$ 对应的规则 $a \to b\, c \in \mathcal{R}$ do

算法 8-1　一种递归算法 SamplePCFG。在给定固定字符串和固定参数的条件下，该算法用于从概率上下文无关语法（具有乔姆斯基范式）中进行采样

6.　　for $q \leftarrow j$ 到 $j' - 1$ do

7.　　　sampleMult$(a \rightarrow b\,c, q) \leftarrow \theta_{a \leftarrow b\,c} \times \text{in}(b, j, q) \times \text{in}(c, q+1, j')$

8.　　end for

9.　end for

10. 归一化 s: $\text{sampleMult}(a \rightarrow b\,c, q) \leftarrow \dfrac{\text{sampleMult}(a \rightarrow b\,c, q)}{\sum_{a \rightarrow b\,c,\,q} \text{sampleMult}(a \rightarrow b\,c, q)}$

11. 从多项式 sampleMult 中采样一个事件 $(a \rightarrow b\,c, q)$

12. $z_{\text{left}} \leftarrow \text{SamplePCFG}(G, \theta, x, b, (j, q), \text{in})$

13. $z_{\text{right}} \leftarrow \text{SamplePCFG}(G, \theta, x, c, (q+1, j'), \text{in})$

14. $z \leftarrow$ 　　a
　　　z_{left}　z_{right}

15. return z

算法 8-1 （续）

上述内部和外部两种算法可以与乔姆斯基范式下的 PCFG 一起使用。这些算法的扩展实际上适用于任意语法（无 ε 规则）。例如，Earley 算法可以用来计算上述形式的特征期望（Earley，1970）。

PCFG 基本推断的计算复杂度

乔姆斯基范式语法的内部和外部算法的渐进复杂度均为 $O(Gm^3)$，其中 m 是字符串的长度，G 是语法的长度（语法所有生成规则的总长度）。这意味着在最坏的情况下，渐近复杂度可以是非终结符数目的立方 $O(N^3 m^3)$，其中 N 是终结符数目，因为语法的大小可以是非终结符数目的立方。利用优化技术——"折叠技巧"可以改进动态规划算法的复杂度（Burstall and Darlington，1977；Johnson，2007a），内部和外部算算法的复杂度可以进一步减小到 $O(N^2 m^3 + N^3 m^2)$。

需要注意的是，一旦计算了给定字符串的内部和外部概率表，基于特定的参数集我们就可以根据这个概率表和算法 8-1 高效地抽取尽可能多的树，而且无须重新计算内部—外部概率表。算法 8-1 最坏情况下的渐近复杂度在语法长度上是线性的，在字符串长度上是二次的。（注意，运行时间是随机的，平衡树的采样速度比不平衡树快。）在执行采样算法之前，只在外循环中计算第 6～8 行，就可以提高算法的速度。最后，可以使用对数时间的采样算法进一步加速多项式采样（更多信息见 5.9 节）。只有在基于相同的内部概率表采样多个树时，这些修改才有效。

8.2.3　作为隐马尔可夫模型的 PCFG

使用右分支的 PCFG 可以简化为隐马尔可夫模型。更具体地讲，使用 8.1 节中的符号定义一个 PCFG，使得

- 非终结符集合为 $((\mathcal{N} \setminus \diamond) \times \{0, 1\}) \cup \{S\}$。
- 终结符集合为 $\mathcal{T}$。

- 对于每对状态 $s, s' \in \mathcal{N} \setminus \{\diamond\}$，存在一个具有概率 $\theta_{s'|s}$ 的规则 $(s, 0) \to (s, 1)(s', 0)$。

- 对于每个状态 $s \in \mathcal{N} \setminus \{\diamond\}$，存在一个具有概率 $\theta_{\diamond|s}$ 的规则 $(s, 0) \to (s, 1)$。

- 对于每个状态和观测符对 $s \in \mathcal{N} \setminus \diamond$，$o \in \mathcal{T}$，存在一个具有概率 $\theta_{o|s}$ 的规则 $(s, 1) \to o$。

- 对每个状态 $s \in \mathcal{N} \setminus \{\diamond\}$，存在一个具有概率 θ_s 的规则 $S \to (s, 0)$。

这个 PCFG 导出了与状态序列等价的派生上的分布。要从给定的派生中生成状态序列，必须从开始符号 S 开始遍历派生，然后通过始终选择给定节点的右孩子来访问树中的非终结符节点。

PCFG 的基本推断也可以用来计算隐马尔可夫模型的特征期望。实际上，内部和外部动态规划算法可以看作是前向和后向算法的推广。然而，在序列结构上运行内部和外部算法会导致计算复杂度是序列长度的三次方，而前向和后向算法的计算复杂度关于序列长度是线性的（关于状态的数目是二次的）。前向和后向算法的复杂度之所以在序列长度上是线性的，是因为它们利用了序列的线性结构——前向和后向算法只需维护具有一个端点的动态规划表（另一个端点可以是句子的最后一个单词或第一个单词），而无须计算具有两个端点（子字符串在字符串中的起点和终点）的内部概率表。

8.3 贝叶斯概率上下文无关语法

一旦定义了 PCFG，下一步自然就是将其引入到贝叶斯上下文。这是本节的重点。

8.3.1 PCFG 的先验

共轭狄利克雷乘积分布是 PCFG 参数先验的一个自然选择，可以将其视为多项式的集合。参数 θ 的先验分布可定义为：

$$p(\theta|\alpha) \propto \prod_{a \in \mathcal{N}} \left(\prod_{a \to b\,c \in \mathcal{R}(a)} \theta_{a \to b\,c}^{(\alpha_{a \to b\,c} - 1)} \right) \times \left(\prod_{a \to t \in \mathcal{R}(a)} \theta_{a \to t}^{(\alpha_{a \to t} - 1)} \right) \qquad (8.9)$$

这里，α 是与 θ 具有相同分解形式的超参数向量。每个 $\alpha_{a \to b\,c}$ 是非负的。关于式（8.9）中缺失的归一化常数的定义见第 3 章。

此外，还可以探索超参数 α 的不同粒度。例如，不是令语法中的每个规则关联一个超参数，对于每个 $a \in \mathcal{N}$，可以使用单个超参数 α_a 为每个非终结符 $a \in \mathcal{N}$ 定义一个对称狄利克雷分布。或者，甚至让语法中的所有规则共用单个超参数 α。

式（8.9）中的分布与式（8.4）中 PCFG 定义的分布是共轭的。让我们假设完整的数据场景，其中来自语法的派生 $z^{(1)}, \cdots, z^{(n)}$ 是可观测的。用 $x^{(1)}, \cdots, x^{(n)}$ 表示这些派生的产出。则后验

$$p\left(\theta | \alpha, z^{(1)}, \cdots, z^{(n)}, x^{(1)}, \cdots, x^{(n)}\right)$$

是具有超参数 $\alpha + \sum_{j=1}^{n} f(x^{(j)}, z^{(j)})$ 的狄利克雷乘积分布，其中函数 f 返回语法规则索引的向量，使得 $f_{a \to b\,c}(x, z)$ 表示规则 $a \to b\,c$ 在 (x, z) 中出现的次数，$f_{a \to t}(x, z)$ 表示规则 $a \to t$ 在 (x, z) 中出现的次数。

如前所述，并不是对 PCFG 规则概率的所有赋值（或者更一般地说，多项式生成分布）都能得到一致的 PCFG。这意味着，式（8.9）中的狄利克雷先验可能会给不一致的 PCFG 分配一个非零的概率质量。这一问题在贝叶斯自然语言处理文献中很大程度上被忽视了，可能是因为它在经验上几乎没有什么不同。

8.3.2　贝叶斯 PCFG 的蒙特卡罗推断

8.2.2 节给出了在给定参数 θ 的情况下从 PCFG 中进行采样的基本算法。正如 Johnson 等（2007a）所指出的，该算法可以直接用于具有狄利克雷乘积先验的显式语句 – 分块吉布斯采样器。Johnson 等人对该模型采用了 MCMC 推断，其中 $x^{(1)}, \cdots, x^{(n)}$ 是观测句子的集合，目标预测是派生集合 $z^{(1)}, \cdots, z^{(n)}$。符号语法本身被认为是已知的。Johnson 等人为 PCFG 模型使用了顶层狄利克雷乘积先验，如式（8.9）中对乔姆斯基范式语法的描述。

Johnson 等人设计的吉布斯采样器以交替的方式分别从 $p(Z^{(i)} | x^{(i)}, \theta)$ 中抽取 $z^{(i)}$，从 $p(\theta | z^{(1)}, \cdots, z^{(n)}, x^{(1)}, \cdots, x^{(n)}, \alpha)$ 中抽取 θ。后一个分布也是狄利克雷分布，因为狄利克雷乘积分布与 PCFG 的似然共轭。更多细节请参考 8.3.1 节和第 5 章。为了从分布 $p(Z^{(i)} | x^{(i)}, \theta)$ 中抽取样本，可以使用算法 8-1。

就第 5 章的术语而言，这个吉布斯采样器是一个显式的语句 – 分块采样器。因此，它趋向于缓慢地收敛，并且在对 θ 进行更新之前，还需要重新解析整个输入字符串库。Johnson 等人设计了一个处理这两个问题的 Metropolis-Hastings 算法（或者更准确地说是使用 Metropolis-Hastings 的吉布斯采样算法）。

当采样器坍塌时，将从消去 θ 的后验分布 $p(Z | X, \alpha)$ 中直接采样。坍塌设置中的语句 – 分块吉布斯采样器使用下面的条件分布：

$$p\left(z^{(i)} | x^{(1)}, \cdots, x^{(n)}, z^{(-i)}, \alpha\right) = \frac{p\left(x^{(i)} | z^{(i)}\right) p\left(z^{(i)} | z^{(-i)}, \alpha\right)}{p\left(x^{(i)} | z^{(-i)}, \alpha\right)} \tag{8.10}$$

分布 $p(X^{(i)} | Z^{(i)})$ 只是一个将其全部概率质量放置在字符串生成式 $(Z^{(i)})$ 上的确定性分布。条件概率 $p(z^{(i)} | z^{(-i)}, \alpha)$ 也可以通过依赖于先验与 PCFG 似然的共轭性来计算（参见习题）。然而，当前没有已知的有效方法来计算 $p(x^{(i)} | z^{(-i)}, \alpha)$。这意味着该条件分布只能计算到归一化常数，所以理想的选择是使用 MCMC 采样进行计算。

因此，Johnson 等人通过对建议分布进行采样，然后进行 Metropolis-Hastings 校正来解决从式（8.10）中的条件分布中采样的问题。算法 8-2 给出了它们的算法。

> **输入**：一个 PCFG 模型，取值范围为 PCFG 中规则的向量 α，来自语法语言的字符串集合 $x^{(1)}, \cdots, x^{(n)}$
> **输出**：抽样自语法定义的后验分布的 n 棵树 $z = (z^{(1)}, \cdots, z^{(n)})$，其中语法具有超参数为 α 的狄利克雷先验

算法 8-2　一种对后验 $p(z | x, \alpha) = \int_{\theta} p(z, \theta | x, \alpha) \mathrm{d}\theta$ 进行采样的算法，该后验是具有狄利克雷先验的 PCFG 的后验

1. 随机地初始化 n 棵树 $z^{(1)}, \cdots, z^{(n)}$
2. repeat
3.   for $i \to 1$ to n do
4.   对每个规则 $a \to \beta \in \mathcal{R}$ 计算

$$\theta'_{a \to \beta} = \frac{\sum_{j \neq i} f_{a \to \beta}(x^{(j)}, z^{(j)}) + \alpha_{a \to \beta}}{\sum_{\beta:a \to \beta \in \mathcal{R}} \sum_{j \neq i} f_{a \to \beta}(x^{(j)}, z^{(j)}) + \alpha_{a \to \beta}}$$

5.   从 PCFG 分布 $p(Z \mid X = x^{(i)}, \theta')$ 中抽取 z
6.   以下面的概率将 $z^{(i)}$ 设置为 z：

$$\min\left\{1, \frac{p(Z^{(i)} = z \mid x^{(i)}, z^{(-i)}, \alpha) p(z^{(i)} \mid x^{(i)}, \theta')}{p(Z^{(i)} = z^{(i)} \mid x^{(i)}, z^{(-i)}, \alpha) p(Z^{(i)} = z \mid x^{(i)}, \theta')}\right\}$$

7.   end for
8. until 算法收敛
9. return $z^{(1)}, \cdots, z^{(n)}$

算法 8-2（续）

每次抽取树之后都无须从头重新计算 $\theta'_{a \to \beta}$。可以保留一个全局计数以及采样器的当前状态（包括语料库中每个句子的树），然后减去当前树的计数，再加上新抽取树的计数。

推断稀疏语法　Johnson 等人的报告指出，使用 PCFG 和狄利克雷先验的贝叶斯推断与不使用贝叶斯推断的普通最大期望算法得到的结果没有根本的不同。他们用简单的语法测试了自己的贝叶斯推断，以分析一种班图语（塞索托语）的形态。

他们发现，自己的 MCMC 推断对狄利克雷分布的超参数不是很敏感（就形态分割和精确分割的 F_1- 度量而言）。但 $\alpha < 0.01$ 时除外，这种情形下的性能较低。另一方面，较小的 α 值（但大于 0.01）导致 θ 的后验相对稀疏。因此，较小的 α 值可以用于估计稀疏的 θ，从而得到一个可解释的模型，该模型具有少量有效的语法规则。当 α 降低到 0.01 左右时，其模型的性能急剧上升到峰值。在此峰值之后，随着 α 进一步降低到更小的值，性能缓慢降低。

8.3.3　贝叶斯 PCFG 的变分推断

PCFG（具有狄利克雷乘积先验）的平均场变分推断可以看作是 6.3.1 节中狄利克雷多项式族给出的变分推断算法的特例。PCFG 必须专门处理的部分是计算式（6.11）中的特征期望 $E_q[f_{k,i} \mid \psi^{old}]$。

这些特征期望可以用式（8.7）和式（8.8）来计算。更具体地说，为了计算特征 $f_{k,i}$ 的期望（其中 k 表示非终结符节点 a，i 表示规则 $a \to b\,c$），必须对由 i, k, j 索引的所有可能的形如 $E[I(\langle a \to b\,c, i, k, j \rangle \in Z) \mid x_1 \cdots x_m]$ 的期望求和。形如 $a \to x_i$ 的规则的期望可直接使用式（8.8）进行计算。

狄利克雷乘积分布与 PCFG 似然的共轭性使得平均场变分推断算法的推导更加简单，但狄利克雷乘积分布并不是 PCFG 变分推断的唯一可能先验。例如，Cohen 等（2009）使用

Logistic 正态分布的乘积作为 PCFG 语法的先验。为了进行推断，他们使用一阶泰勒近似来计算 Logistic 正态先验的归一化常数——对于该归一化常数，计算变分界的期望并不容易。

8.4 适配器语法

概率上下文无关语法具有很强的独立性假定：如果已知某个节点上非终结符的身份，则在该给定节点下的部分派生的概率条件独立于该节点之上的所有重写规则。基于这些较强的独立性假定，可以使用简单的基本推断机制来推导诸如 8.2.2 节所述的特征期望。

不过，对于建模语言来讲，这些独立性假定可能过于严格。基于解析的文献已经注意到了这一点，尤其是在有监督设置下的由树库驱动的解析中。为了克服该问题，人们已经提出了许多解决方案，适配器语法就是该问题的一个解决方案。

适配器语法是一种语法模型，它们最适合于只有字符串可用的学习场景（没有短语 – 结构树样本，即在无监督设置下）。类似于 PCFG，适配器语法定义了短语 – 结构树的分布。它们基于 PCFG 定义了短语 – 结构树的分布。对于一个给定的短语 – 结构树，使用元组 $(z_1', \cdots, z_m')$ 表示 Subtrees(z)，其中 z_i' 表示 z 的第 i 个直接孩子的子树。此外，对于一个给定的短语 – 结构树 z，我们用 $h(z) \in \mathcal{N}$ 表示其根非终结符，$r(z) \in \mathcal{R}$ 表示出现在该树顶部的规则。（$r(z)$ 的左侧总是 $h(z)$。）

我们假设存在一个 PCFG，其采用 8.2 节中的符号表示。对于 $a \in \mathcal{N}$，适配器语法定义了分布 G_a 和 H_a 上的如下统计关系集：

$$\forall a \in \mathcal{N}: G_a \quad 使得 \quad G_a(z) = \theta_{a \to \beta} \prod_{i=1}^{m} H_{h(z_i')}(z_i') \tag{8.11}$$

$$其中\ h(z) = a, r(z) = a \to \beta, \text{Subtrees}(z) = (z_1', \cdots, z_m')$$

$$\forall a \in \mathcal{N}: H_a \quad 使得 \quad H_a \sim C_a(G_a) \tag{8.12}$$

其中 G_a 和 H_a 都是以 $a \in \mathcal{N}$ 为根节点的短语 – 结构树上的分布。

这里，C_a 是一个适配器，它定义了分布集合上的一个分布。这个集合中的每个分布都是在短语 – 结构树上定义的。分布 G_a 作为适配器的"基分布"。因此，平均而言，上述分布集中的每个分布都与 G_a 有一定的相似性。在适配器语法的最一般形式中，实际的适配器是未指定的。这意味着可以使用短语 – 结构树分布上的任何分布（都是基于 G_a）。如果 C_a 把它所有的概率质量都放在 G_a 上（这意味着式（8.12）被 $H_a = G_a$ 所取代），那么上述统计关系的最后一步就是常规 PCFG 的定义。

短语 – 结构树的最终分布是 H_S，从中我们抽取出了完整树。适配器语法的关键思想是选择 C_a，这样我们就可以打破 PCFG 具有的独立性假定，而该假定对于建模语言而言可能太严格了。通过对适配器使用 Pitman-Yor 过程，C_a 可以作为打破这些独立性假定的一个例子。8.4.1 节描述了 Pitman-Yor 过程的这种运用。

适配器语法对"适应非终结符"集合（用 $\mathcal{A}$ 表示）和非适应非终结符集合（即 $\mathcal{N} \setminus \mathcal{A}$）做了区分。对于非适应非终结符，$C_a$ 仅指概率恒等映射，即把 G_a 映射到将 G_a 的概率设置为 1 的分布。

8.4.1 Pitman-Yor 适配器语法

Pitman-Yor 适配器语法（Pitman-Yor Adaptor Grammar，PYAG）是一种统计模型，其定义了满足式（8.11）～式（8.12）中关系的短语 - 结构树分布上的分布，同时对 $C_a(a \in \mathcal{N})$ 使用了具有强度参数 s_a 和折扣参数 d_a 的 Pitman-Yor 过程。从非终结符 $a \in \mathcal{A}$ 永远不可能出现在祖先为 a 的派生中来讲，自适应非终结符集合 $\mathcal{A}$ 被假定是"非递归的"。如果无法避免这些情况，则可能无法正确定义 PYAG（参考本章习题）。

来自 PYAG 的一个抽样定义了短语 - 结构树上的一个分布 $H_S(Z)$。$H_S(Z)$ 的支撑集（即具有非零概率的短语 - 结构树）由基础上下文无关语法的树语言所包含。生成过程 8-2 给出了用于生成 $z^{(1)}, \cdots, z^{(n)}$（短语 - 结构树集合）的 PYAG 生成模型。

常数：上下文无关语法，适配器语法 $C_a(a \in \mathcal{N})$

超参数：$\alpha > 0$，强度参数 $s_a > 0$，折扣参数 $d_a, a \in \mathcal{A}$

隐变量：$\theta_a(a \in \mathcal{N}), H_a(a \in \mathcal{A})$，语法派生 $Z^{(1)}, \cdots, Z^{(n)}$

观测变量：字符串 $X^{(1)}, \cdots, X^{(n)}$

- -

- 为底层上下文无关语法生成 PCFG 参数 $\theta \sim \text{Dirichlet}(\alpha)$（参见式（8.9））
- 根据 PYAG 的式（8.11）～式（8.12）生成 H_S，其中 $C_a(a \in \mathcal{A})$ 是强度参数为 s_a，折扣参数为 d_a 的 Pitman-Yor 过程，（当 $a \in \mathcal{N} \setminus \mathcal{A}$ 时，C_a 为概率恒等映射）
- 对于 $i \in \{1, \cdots, n\}$ 中的每个 i，生成 $z^{(i)} \sim H_S$
- 对于 $i \in \{1, \cdots, n\}$ 中的每个 i，设置 $x^{(i)} = \text{yield}(z^{(i)})$

生成过程 8-2　Pitman-Yor 适配器语法的生成过程

在不失一般性的情况下，我们实际上可以假设所有的非终结符都是适配的，即 $\mathcal{A} = \mathcal{N}$，因为具有折扣参数 $d_a = 1$ 的 Pitman-Yor 过程可简化为恒等函数。注意生成过程 8-2 增加了从狄利克雷分布生成 PCFG 参数的步骤。这一步出现在 Johnson 等（2007b）的原始 PYAG 公式中，可以使模型完全贝叶斯化。分布 H_S 本身是一个随机变量，因此可以被边缘化。通过这种方式，我们可以揭示 PYAG 直接在短语 - 结构树上诱导的分布，类似于 PCFG 使用的方式。

有可能写出一个解析表达式，其指定了定义在 $\mathbf{Z}$（n 个短语 - 结构树的集合）上的适配器语法的分布。然而，从中餐馆过程的角度理解适配器语法更具启发性，也更容易掌握，因此我们首先描述基于先前的树 $z^{(1)}, \cdots, z^{(i-1)}$ 生成短语 - 结构树 $z^{(i)}$ 的生成过程。

一旦抽取了 PCFG 的参数 θ，就可以从下面的分布中连续地生成短语 - 结构树：

$$p\left(Z^{(i)} | z^{(1)}, \cdots, z^{(i-1)}, s, d, \theta\right) \tag{8.13}$$

来自式（8.13）的树是从开始符号 S 开始自顶向下生成的。任何非适应非终结符 $a \in \mathcal{N} \setminus \mathcal{A}$ 可以通过从 $\mathcal{R}_a$ 中抽取规则来扩展。有两种方法可以扩展 $a \in \mathcal{A}$：

- 以概率 $(n_z - d_a)/(n_a + s_a)$ 将 a 扩展为子树 z（该树以 a 为根，其产出在 $\mathcal{T}^*$ 中），其中 n_z 是树 z 在以前生成的 $z^{(1)}, \cdots, z^{(i-1)}$ 中作为子树的次数，n_a 是以前生成的以 a 为根的子树（标记）的总数。

- 以概率 $(s_a + k_a d_a)/(n_a + s_a)$ 在 PCFG 中通过从 $\mathcal{R}_a$ 中抽取 θ_a 来对 a 进行扩展, 其中 k_a 是 $z^{(1)}, \cdots, z^{(i-1)}$ 中以前生成的以 a 为根的子树（类型）的总数。

计数 n_z, n_a 和 k_a 都是以前生成的短语 – 结构树的函数。

适配器语法的状态, 即对所有隐结构的赋值, 可以用一组分析来描述。假设我们使用适配器语法来抽取 $x^{(1)}, \cdots, x^{(n)}$ 及其对应的短语 – 结构树 $z^{(1)}, \cdots, z^{(n)}$。此外, 用 $z(a)$ 表示适配器语法生成的子树列表且子树以非终结符 a 为头部。这意味着 $z(a) = ((z(a))^{(1)}, \cdots, (z(a))^{(k_a)})$ 具有

$$\sum_{i=1}^{k_a} n_{z(a)^{(i)}} = n_a$$

适配器语法可以看作是定义在分析集合上的一个分布。分析 u 是一个二元组 (z, ℓ), 其中 z 是一个短语 – 结构树, ℓ 是一个函数。令 $\text{Nodes}(z)$ 为短语 – 结构 z 中的节点集合。$\ell \in \text{Nodes}(z) \to \mathbb{N}$ 的定义如下。对于任意 $q \in \text{Nodes}(z)$ 和 $l(q)$, 令 a 为节点 q 的非终结符。则 $\ell(q)$ 为子树 q 支配的 $z(a)$ 中的索引。如果 q 支配子树 z', 那么这意味着 $z' = z(a)^{(\ell(q))}$。

注意, 对于 $a \in \mathcal{N}$, $z(a)$ 是 $u^{(1)}, \cdots, u^{(n)}$ 的一个确定性函数。因此, 适配器语法在分析中定义的分布, 现在可以很容易地用 $\boldsymbol{u} = (u^{(1)}, \cdots, u^{(n)})$ 进行定义, 其中 $u^{(i)}$ 中的短语 – 结构对应于树 $z^{(i)}$。更具体地说, 有

$$p(\boldsymbol{u}|s, d, \alpha) = \prod_{a \in \mathcal{N}} \left(\frac{B(\alpha_a + f(z(a)))}{B(\alpha_a)} \right) \times \text{PY}(m(a)|s_a, d_a) \quad (8.14)$$

其中, $f(z(a))$ 是语法中由 a 在左侧的规则索引的一个向量, $f_{a \to \beta}(z(a))$ 表示 $a \to \beta$ 在列表 $z(a)$ 中的所有子树中出现的总次数。此外, $m(a)$ 是与 $z(a)$ 具有相同长度的向量, 且 $m_i(a) = n_{z(a)^{(i)}}$。因此, $m(a)$ 是一个整数向量, 概率 $\text{PY}(m(a)|s_a, d_a)$ 是根据 Pitman-Yor 过程在式（7.8）中定义的分布来计算的, 在这里重复如下:

$$\text{PY}(m(a)|s_a, d_a) = \frac{\prod_{k=1}^{k_a} \left((d_a(k-1) + s_a) \times \prod_{j=1}^{m_k(a)-1} (j - d_a) \right)}{\prod_{i=0}^{n_a-1} (i + s_a)}$$

关于整数向量 y 的函数 $B(y)$ 定义如下（参考式（2.3））:

$$B(y) = \frac{\Gamma\left(\sum_{i=1}^{|y|} y_i \right)}{\prod_{i=1}^{|y|} \Gamma(y_i)}$$

8.4.2　PYAG 的折棍子视角

类似于 Pitman-Yor 过程（或狄利克雷过程）的折棍子过程表示, 适配器语法也具有折棍子表示（Cohen et al., 2010）。

用于描述适配器语法的折棍子过程是为了支持变分推断而开发的。这种变分推断算法基于 Blei 和 Jordan（2004）开发的狄利克雷过程的截断折棍子变分推断算法。有关更多详细信息, 请参见下一节。

生成过程 8-3 描述了适配器语法的折棍子过程的生成过程。

常数：上下文无关语法

超参数：$\alpha > 0$，强度参数 $s_a > 0$，折扣参数 d_a，$a \in \mathcal{A}$

隐变量：无穷多项式 $\pi_a (a \in \mathcal{A})$，$\theta_a (a \in \mathcal{N})$，语法派生 $Z^{(1)}, \cdots, Z^{(n)}$，$Z_{a,i}$（其中 $a \in \mathcal{A}$ 且 $i \in \mathbb{N}$）

观测变量：字符串 $X^{(1)}, \cdots, X^{(n)}$

- -

- 对于每个 $a \in \mathcal{A}$，抽取 $\theta_a \sim \mathrm{Dirichlet}(\alpha_a)$
- 对于每个 $a \in \mathcal{A}$，按如下方式定义 G_a：
  - 抽取 $\pi_a \mid s_a, d_a \sim \mathrm{GEM}(s_a, d_a)$
  - 对每个 $i \in \{1, \cdots\}$，按如下方式构造树 $z_{a,i}$：
    - 从 $\mathcal{R}_a$ 中抽取 $a \rightarrow b_1 \cdots b_m$
    - $z_{a,i} =$

      $$
      \begin{array}{c}
      a \\
      \overbrace{\qquad\qquad} \\
      b_1 \quad \cdots \quad b_n
      \end{array}
      $$

    - 当 $\mathrm{yield}(z_{a,i})$ 具有非终结符时：
      - 从 $z_{a,i}$ 的产生式中选择一个未扩展的非终结符 b
      - 如果 $b \in \mathcal{A}$，根据 G_b（该项已经在步骤 2 前面的迭代中进行了定义）扩展 b
      - 如果 $b \in \mathcal{N} \setminus \mathcal{A}$，根据 $\mathrm{Multinomial}(\theta_B)$ 采用来自 $\mathcal{R}_b$ 的规则扩展 b
  - 对每个 $i \in \{1, \cdots\}$，定义 $G_a(z_{a,i}) = \pi_{a,i}$
- 对于 $i \in \{1, \cdots, n\}$ 中的每个 i，按如下方式抽取 z_i：
  - 如果 $S \in \mathcal{A}$，抽取 $z^{(i)} \mid G_S \sim G_S$
  - 如果 $S \notin \mathcal{A}$，按照第 4 行抽取 $z^{(i)}$
- 对于 $i \in \{1, \cdots, n\}$ 中的每个 i，设置 $x^{(i)} = \mathrm{yield}(z^{(i)})$

生成过程 8-3　具有折棍子表示的适配器语法的生成过程

8.4.3　基于 PYAG 的推断

本节讨论适配器语法推断方案的两种主要方法：MCMC 推断和变分推断。

MCMC 推断　考虑式（8.14）中定义的分析上的分布。适配器语法通常考虑的推断是这样的：给定字符串集合 $\boldsymbol{x} = (x^{(1)}, \cdots, x^{(n)})$，要求推断出该集合的解析树（短语 - 结构树）。

通过边缘化短语 - 结构树，可以从分析的分布中推导出短语 - 结构树的分布。更具体地说，我们对 $p(\boldsymbol{Z} \mid \boldsymbol{x}, s, d, \alpha)$ 感兴趣。然而，不容易计算出该后验。

为了执行推断，Johnson 等（2007b）建议使用成分方式的 Metropolis-Hastings 算法。他们首先根据适配器语法的特定状态，指定如何创建静态 PCFG，即适配器语法的快照。该快照语法包括底层上下文无关语法中的所有规则，以及将非终结符直接重写为字符串的规则，这些规则对应于出现在历史派生向量 $z(a)$（其中 $a \in \mathcal{N}$）中的子树。所有这些规则都是根据下面的估计进行概率赋值的：

$$
\theta'_{a \rightarrow \beta} = \left(\frac{k_a d_a + s_a}{n_a + d_a} \right) \left(\frac{f_{a \rightarrow \beta}(z(a)) + \alpha_{a \rightarrow \beta}}{k_a + \sum_{a \rightarrow \beta \in \mathcal{R}_a} \alpha_{a \rightarrow \beta}} \right) + \sum_{i : \mathrm{yield}(z(a)^{(i)}) = \beta} \frac{n_{z(a)^{(i)}} - s_a}{n_a + d_a} \qquad (8.15)
$$

前两个相乘的项负责从底层上下文无关语法中选择语法规则。右边的求和项是以非终结符重写为字符串的形式添加到快照语法的规则的最大后验估计。

创建该快照语法，然后将其与 Metropolis-Hastings 算法配合使用，其中建议分布基于快照语法，并使用来自式（8.15）中的 θ' 估计值（即以语料库中的字符串为条件，我们使用快照语法定义分析上的分布）。目标分布是式（8.14）所指定的分布。注意，真实的目标分布需要一个归一化常数，根据适配器语法对应于字符串本身的概率，但是在计算拒绝或接受更新的概率时，该常数在 Metropolis-Hastings 算法中被抵消了。

他们采样所用的 Metropolis-Hastings 算法是基于成分方式的——每个分析 $u^{(i)}$ 都基于快照语法进行采样。此时，将计算接收率，如果 Metropolis-Hastings 采样器决定接收 $u^{(i)}$ 的这个样本，则将更新采样器的状态，并重新计算快照语法。

变分推断　Cohen 等（2010）提出了一种变分推断算法，该算法基于 8.4.2 节描述的适配器语法的折棍子表示。他们的变分推断算法的主要思想与狄利克雷过程混合所用的变分推断算法的思想类似（参见 7.2 节）。每个适应非终结符（以及相应的强度和浓度参数）的每个非参数棍子都与一个变分分布相关联，变分分布是个截断的棍子——该分布服从有限情况下的 GEM 分布（见式（7.1））。

与 MCMC 推断相比，适配器语法的截断折棍子变分推断算法的一个主要优点是其 E 步可以并行化。另一方面，它的主要缺点是需要为每个适应非终结符选择一个固定的字符串子集，而变分分布可能将非零概率分配给该非终结符。对于某个特定的适应非终结符，其特定的字符串子集是从由该非终结符支配的子树产出的字符串集合中选择的。Cohen 等人使用启发式方法来为每个适应非终结符选择这样的子集。

在线混合方法　Zhai 等（2014）开发了一种结合 MCMC 推断和变分推断的适配器语法推断算法。该推断算法是一个在线算法。训练数据以小批量的方式进行处理。在每个小批处理步骤中，算法更新后验，以使其反映新数据中的信息。在此更新过程中，MCMC 推断用于估计对当前后验进行更新所需的充分统计量。

这种推断算法（通常是在线算法）背后的主要动机是能够处理不间断的数据流，而不需要迭代地多次遍历数据，或者将数据全部保存在内存中。

8.5　层次狄利克雷过程 PCFG

对于 PCFG 的参数先验（比如 8.3.1 节所描述的先验），符号语法是固定的，因此语法中的非终结符数量也是固定的。Liang 等（2007）提出了一种 PCFG 模型，该模型通过使用非参数贝叶斯建模克服了这一限制。他们的目标是通过贝叶斯非参数建模，自动确定准确表示数据所需的非终结符的数量。

他们的模型基于层次狄利克雷过程（见第 7 章），并且令语法类别的数量随着观测到的树数量的增加而增加，而语法的先验包括无穷多个（可数的）非终结符。模型的参数 θ 是一个无穷向量，具有如下子向量（下面的 k 在无穷个非终结符集上变化）：

- $\theta_k^{\text{type}}(k \in \{1, \cdots\})$ ——对于每个 k，其是固定长度的多项式，给出了非终结符 k 在语法中可用的"规则类型"上的分布。在 Liang 等人基于乔姆斯基范式语法进行的实验中，可用的规则类型是终结前规则"emission"和二元规则"binary"。因此，对于层次狄利克雷过程 PCFG（HDP-PCFG），这个多项式的大小是 2。

- $\theta_k^{\text{emission}}(k \in \{1, \cdots\})$——对于每个 k，该向量是语法中终结符上的多项式分布。它对应于将非终结符重写为单词的规则概率。

- $\theta_k^{\text{binary}}(k \in \{1, \cdots\})$——这是终结符对上的无穷多项式分布。因此，它也可以被看作是由终结符对所索引的一个双无穷矩阵。每个 $\theta_{k,k_1,k_2}^{\text{binary}}$ 都给出了一个二元规则的概率，该二元规则可以在右侧将非终结符 k 重写为非终结符对 k_1 和 k_2。

生成过程 8-4 给出了 HDP-PCFG 模型的生成流程。注意，二元规则概率的先验分布用 $\text{DP}(\alpha^{\text{binary}}, \beta\beta^{\text{T}})$ 表示。向量 β 是一个无穷向量，其所有正元素的总和是 1。因此，$\beta\beta^{\text{T}}$ 是一个双无穷矩阵，其中坐标 k, k' 对应的元素是 $\beta_k\beta_{k'}$，因此该矩阵中所有元素的总和也是 1。它可以看作是二元规则右侧上的分布。对于使用 $\beta\beta^{\text{T}}$ 作为基分布的狄利克雷过程先验，其抽样是具有同样形式的双无穷矩阵（其所有元素的和为 1），并且该矩阵对应于非终结符对（其来自 β 中可用的非终结符可数集）所有可能的二元规则扩展。

常数：样本数 n

超参数：$\alpha \geq 0, \alpha^{\text{type}} \geq 0, \alpha^{\text{emission}} \geq 0$，浓度参数 $\alpha^{\text{binary}} \geq 0$

参数：$\beta, \theta_k^{\text{type}}, \theta_k^{\text{emission}}$，离散有限集上的分布 θ_k^{binary}

隐变量：$Z^{(1)}, \cdots, Z^{(n)}$

观测变量：$X^{(1)}, \cdots, X^{(n)}$

- -

- 从具有超参数 α 的 GEM 分布中抽取一个无穷列向量 β。无穷向量 β 索引语法中对应的非终结符。
- 对于每个语法符号 $k \in \{1, 2, \cdots\}$：
  - 抽取 $\theta_k^{\text{type}} \sim \text{Dirichlet}(\alpha^{\text{type}})$
  - 抽取 $\theta_k^{\text{emission}} \sim \text{Dirichlet}(\alpha^{\text{emission}})$
  - 抽取 $\theta_k^{\text{binary}} \sim \text{DP}(\alpha^{\text{binary}}, \beta\beta^{\text{T}})$
- 对于每个 $i \in \{1, \cdots, n\}$，按如下方式抽取树 $z^{(i)}$（以及字符串 $x^{(i)}$）：
  - 当 $z^{(i)}$ 的产生式不都是终结符时：
    - 在 $z^{(i)}$ 中挑选一个未展开的节点，并用 k 表示其非终结符
    - 从 θ_k^{type} 中抽取一个规则类型
    - 如果规则类型为"emission"，通过从 $\theta_k^{\text{emission}}$ 中抽取一个规则扩展该节点
    - 如果规则类型为"binary"，通过从 θ_k^{binary} 中抽取一个规则扩展该节点
  - 将 $x^{(i)}$ 设置为完全展开的 $z^{(i)}$ 的产生式

生成过程 8-4　HDP-PCFG 模型的生成过程

生成过程 8-4 实际上缺少了顶端根符号生成的基本细节。Liang 等人在他们的模型描述中并没有处理此问题，但可以通过添加一个额外的初始化步骤轻松地解决它，该初始化步骤

从 $DP(\alpha^{root}, \beta)$ 生成的分布中为树抽取一个根非终结符。

HDP-PCFG 模型是一个层次狄利克雷过程模型,因为狄利克雷过程是在从 GEM 分布中抽取 β 的基础上再抽取二元规则的。β 的抽样不但提供了非终结符的基本集合,而且也是二元规则进行规则概率构造的基础。

该模型再次展示了使用层次狄利克雷过程进行"原子共享"的重要性(见 7.3 节)。来自可数原子集的 GEM 分布的顶层抽样可确保在二元规则中共享非终结符的概率不为零。

Liang 等人为他们的 HDP-PCFG 模型开发了一种基于截断折棍子表示的推断算法,该截断折棍子表示是由 Blei 和 Jordan(2004)共同提出的,其目的是对狄利克雷过程混合模型执行推断。Liang 等人的算法基于平均场变分推断,其中二元规则参数、发射参数、规则类型参数(对一个有限的、截断的符号子集 $k \in \{1, \cdots, K\}$)、$Z^{(i)}$ 上的分布和 β 上的分布都进行了因式分解:上面的每个成分都有自己的变分分布。

HDP-PCFG 模型的扩展

PCFG 本身对于建模语言来说是相当弱的模型(或者更精确地说,是其句法规则)。从树库中读取 PCFG 语法并按原样使用(使用任何一种合理的估计技术,比如贝叶斯或频率论方法),会导致相当糟糕的结果。

实际上,文献中已经指出 PCFG 本身可能太弱,无法对自然语言中的句法规则进行建模。最大的一个问题是出现在各种树库中的句法类别本身无法单独为派生步骤提供足够的上下文信息。每当通过考虑节点及其直接子节点从树库中提取语法时,上述问题就会出现。为了解决这一问题,我们可以通过隐状态来细化所提取的语法类别(Cohen,2017;Matsuzaki et al.,2005;Prescher,2005)。这意味着语法中的每个非终结符都由一个表示其状态的整数进行索引,并且永远不能观测到该状态。

在 L-PCFG(隐变量 PCFG)的频率论方法中,学习器的目标是在不观察隐状态的情况下估计此隐变量 PCFG 的参数。统计分析模型本身仍然是一个 PCFG,但是现在的数据不完整,因为其不包含每个语法节点隐状态的附加信息。这改变了从树库中抽取的朴素 PCFG 模型的表达能力,因为现在每个派生的概率都是可能派生的乘积之和——派生现在包括隐状态,并且求和是基于该派生隐状态的所有可能组合进行的。对于一个朴素 PCFG,其派生的概率就是出现在该派生中规则的乘积。

然而,关联于每个非终结符的隐状态数量的选择问题并不简单。以前的工作只有试图使用固定数量的状态,后来针对隐变量 PCFG 的估计算法使用了诸如粗到细的期望最大化算法(Petrov et al.,2006)、其他自动分割技术(Dreyer and Eisner,2006)、使用谱方法的阈值奇异值(Cohen and Collins,2014;Cohen et al.,2013)以及基于矩方法的其他估计算法(Cohen et al.,2014)。

在贝叶斯的背景下,Liang 等人将 HDP-PCFG 模型扩展为一个语法细化模型,其中贝叶斯非参数帮助选择隐状态的数量,以细化 PCFG 中的非终结符。他们设计了一个类似 HDP-PCFG 的模型,没有使用不可观测的无穷非终结符集合,而是扩展已知非终结符的固定集合和二元规则,使得无穷的原子集合细化了这些非终结符和规则。

令 $\mathcal{N}$ 是非终结符的固定集合。则 HDP-PCFG 的细化扩展按如下的方式抽取分布:

- 对每个非终结符 $a \in \mathcal{N}$，从 GEM 分布中抽取无穷多项式 β_a。

- 对每个非终结符 $a \in \mathcal{N}$ 和 $k \in \{1, 2, \cdots\}$，抽取无穷多项式 $\theta_{a,k}^{\mathrm{emission}}$。索引 k 的取值范围是非终结细化。

- 对每个规则 $a \to b\ c$ 和 $k \in \{1, 2, \cdots\}$，从基分布为 $\beta_b \beta_c^{\mathrm{T}}$ 的狄利克雷过程中抽取双无穷矩阵 $\theta_{a \to b\ c,\ k}^{\mathrm{binary}}$。

上面的参数与从朴素 HDP-PCFG 中抽取的参数非常相似，只是使用来自固定集的非终结符或来自固定规则集的规则对它进行索引。此外，作者还为一元规则增加了参数。

8.6　依存语法

依存语法（Tesnière，1959；Tesnière et al.，2015）是指使用有向树（在图论意义上）描述语法的语言学理论。在这些树中，单词对应顶点，边表示语法关系。有关依存语法和依存解析在自然语言处理中的应用，请参见文献 Kübler 等（2009）。

状态划分非参数依存模型

Finkel 等（2007）基于层次狄利克雷过程为依存树设计了几个非参数贝叶斯模型。他们模型的核心思想是生成一个节点处于隐状态的依存树，而这些隐状态来源于狄利克雷过程生成的原子集合。每个这样的原子都是单词或观测值的分布。一旦生成了一个隐状态，该隐状态就可以生成观测值。

令 Z 表示遍布于依存树的随机变量，其中 z_i 表示依存树中第 i 个节点的状态。这些状态来自于某个离散集。此外，令 X 表示每个状态生成的观测值，取值范围是某些词汇表。然后，用 x_i 表示由状态 z_i 生成的观测值。用 $c(i)$ 表示节点 i 的子节点列表，$Z_{c(i)}$ 表示节点 i 的所有子节点隐状态组成的向量。图 8-3 给出了依存树这种诠释的图形示例。在这个图中，$Z_{c(3)} = (1, 2, 1)$ 且 $c(2) = (1)$。如果 i 是叶节点，则 $c(i) = \varnothing$。因此，$c(1) = c(4) = c(6) = \varnothing$。（节点按在句子中的顺序编号，即节点 1 为"The"，节点 2 为"King"，节点 3 为"Welcomed"，依此类推。）

图 8-3　具有隐状态的依存树。第一行表示隐状态，第二行表示从这些隐状态生成的单词

在给定模型参数的情况下，Finkel 等人提出了三个逐步改进的模型来生成 $z^{(1)}, \cdots, z^{(n)}$ 和对应的 $x^{(1)}, \cdots, x^{(n)}$，该模型假定了解实际的树结构，目标是用隐状态和观测值填充此树结构。他们的模型基于自上而下生成的隐状态概率分解，每次基于父状态生成节点的子状态。如果节点 1 是具有 m 个节点的依存树 Z 的根，则有

$$p(z, x) = p(z_1) \times \left(\prod_{i:c(i) \neq \varnothing} p(z_{c(i)}|z_i) \right) \times \left(\prod_{i=1}^{m} p(x_i|z_i) \right) \qquad (8.16)$$

对于他们的第一个模型——"独立子节点"，有

$$p\left(z_{c(i)}|z_i\right) = \prod_{j \in c(i)} p\left(z_j|z_i\right) \tag{8.17}$$

独立子节点模型对于自然语言的建模是不现实的，因为它假定的独立性假设过于严格（在给定父节点的条件下，所有兄弟节点彼此相互独立）。因此，Finkel 等人提出了另外两个模型。在他们的第二个模型——"马尔可夫子节点"中，对于一个子节点，在给定其父节点和兄弟节点的条件下，假定该节点独立于其他子节点。具体地讲，如果 $c(i) = (j_1, \cdots, j_r)$，则

$$p\left(z_{c(i)}|z_i\right) = p\left(z_{j_1}|z_i\right) \times \left(\prod_{k=2}^{r} p\left(z_{j_k}|z_{j_{k-1}}, z_i\right)\right) \tag{8.18}$$

Finkel 等人没有指定生成子节点的顺序，这是完成模型所必需的。他们的最后一个模型——"同步子节点"假定所有子节点作为一个节点块是同时生成的。这意味着 $p(z_{c(i)} | z_i)$ 没有被分解。

Finkel 等人模型的主要思想是对 Z_i 使用非参数分布。假定隐状态获得整数值 $\{1, 2, \cdots\}$。隐状态分布的先验是用层次狄利克雷过程（见 7.3 节）构造的。

对于独立子节点模型，其生成过程如下：首先，从 $\text{GEM}(s_0)$ 中抽取整数的基本分布，其中 s_0 是浓度参数。然后，对于每个 $k \in \{1, 2, \cdots\}$，抽取分布 $\pi_k \sim \text{DP}(\pi, s_1)$。式（8.17）中的条件分布使用了分布 $\pi_k(k \geqslant 2)$——即 $p(z_j | Z_i = k) = \pi_{k, z_j}$。（注意，式（8.16）中出现的分布 $p(Z_1)$ 使用了 π_1。）此外，为了生成观测值 X，需要从狄利克雷分布生成多项式分布 ϕ_k。然后，将式（8.16）中的观测值分布设为 $p(x_i | Z_i = k) = \phi_{k, x_i}$。

对于他们的同步子节点模型，Finkel 等人为 $\text{DP}(s_2, G_0)$ 中的所有子节点抽取了一个隐状态上的分布，其中 G_0 定义为从上面描述的先验中抽取的来自式（8.17）的独立子节点分布。这个抽取为依存树中的每个节点 i 定义了 $p(z_{c(i)} | z_i)$。根据 Finkel 等人的观点，利用独立子节点分布作为同步子节点分布的基分布可以提高一致性——如果某个子节点状态序列具有较高的概率，那么类似的隐状态序列（即与高概率序列重叠的序列）也具有高概率。

马尔可夫子节点模型（式（8.18））的隐状态分布上的先验类似地使用了层次狄利克雷过程。利用该模型可以生成 $\pi_{k\ell}$，其在给定隐状态对（父节点和兄弟节点）的条件下对应于隐状态上的分布，其中父节点的隐状态为 k，兄弟节点的隐状态为 ℓ。观测值的处理与独立子节点模型相同。

8.7 同步语法

术语"同步语法"泛指定义多字符串语言（语言是字符串元组的集合）的语法，最常见的是两种语言。通常，这意味着此类语法是通过两个词汇集合 $\mathcal{T}_1$ 和 $\mathcal{T}_2$（每个词汇集分别用于不同的语言，比如法语和英语）定义的，并且它们的语法规则会生成同步派生：派生可以分解为语言中两个字符串上的两棵解析树。解析树的不同部分彼此对齐。当然，同步语法也可以进行概率扩展。

自然语言处理中最常见的概率同步语法类型是同步 PCFG。这类语法的规则具有固定的

非终结符集 $\mathcal{N}$，以及形如 $a \to \langle \alpha, \beta \rangle$ 的规则，其中 $a \in \mathcal{N}$，$\alpha \in (\mathcal{N} \cup \mathcal{T}_1)^*$，$\beta \in (\mathcal{N} \cup \mathcal{T}_2)^*$。右侧的 α 对应一种语言，β 对应于另一种语言。此外，每个规则都具有一个比对函数（alignment function），可以将 α 中的非终结符映射到 β 中的非终结符。对 α 和 β 的不同限制，结合比对（alignment）的限制会产生不同的同步 PCFG 族。例如，对于反转 - 转导语法（Wu，1997），$\alpha = \alpha_1 \cdots \alpha_m$ 是非终结符和词汇表上的一个字符串，β 或者是将 α 中来自 $\mathcal{T}_1$ 的元素替换为来自 $\mathcal{T}_2$ 的元素得到的字符串，或者是将 α 反转（α 的反转是 $\alpha_m \cdots \alpha_1$）的 $\mathcal{T}_1$ 中的元素替换为 $\mathcal{T}_2$ 中的元素得到的字符串。α 和 β 中相同的非终结符彼此对齐。

同步语法的自然应用是机器翻译。同步语法通常用于基于语法的机器翻译，其中非终结符携带一些句法解释（如表示名词短语或动词短语），以及基于层次短语的翻译（其非终结符通常不具有句法解释）。有关同步语法及其与机器翻译的关系的更多信息，请参见文献 Williams 等（2016）。在贝叶斯上下文中，关于同步语法的许多工作通常都是通过非参数贝叶斯建模学习语法规则本身（同步语法归纳）以进行机器翻译而完成的。这方面的工作包括文献（Blunsom et al.，2009b；Blunsom et al.，2009a；Neubig et al.，2011；Sankaran et al.，2011；Levenberg et al.，2012）。（Yamangil and Shieber，2010）使用同步语法归纳算法处理句子压缩问题。文献（Zhang et al.，2008）是学习同步语法（对于基于短语的机器翻译）的语法规则，而不必使用非参数建模的一个早期工作。

其他贝叶斯语法也已经扩展到同步设置。例如，Huang 等（2011）将适配器语法（8.4节）扩展为同步适配器语法，并使用它们来解决音译问题。他们使用的语法将一种语言的音节映射到另一种语言，并对某些非终结符进行了调整，以捕获音译成目标语言中其他音节组的音节组。

8.8　多语言学习

本章重点讨论结构化模型，其中底层主干模型是众所周知的形式或语法，比如隐马尔可夫模型或概率上下文无关语法。然而多年来，许多研究人员已经开发出具有创造性的生成模型来解决自然语言处理中的特定问题。这些模型的基本构件块是一组概率分布，如多项式分布（第 3 章）或狄利克雷分布。这些构件块就像乐高积木一样被组装在一起，成为一个模型。在本节中，我们将提供一个针对多语言学习的模型示例。

多语言学习是一个广义的概括性术语，用于在多种语言中使用语言数据来估计每种语言的模型，这些模型可用于解决自然语言处理中的问题，如解析或词性标注。多语言学习通常利用不同语言中语料库之间的某种弱比对或强比对。

8.8.1　词性标注

Snyder 等（2008）提出了贝叶斯学习在多语言学习情景中的一个早期应用。他们提出的模型以非监督的方式学习双语言词性标签模型。

生成过程 8-5 描述了双语言词性标注模型的生成过程。正如在贝叶斯环境中所期望的那样，生成过程首先从先验分布中抽取模型参数（发射参数和转移参数）。发射参数是在给定每种语言的特定词性标签的条件下，其单词集合上的多项式分布。转移参数根据以前的标签生成新的标签。标签是基于两种语言中句子之间的比对[⊖]生成的。Snyder 等人提出的模型的主要创新之处在于，两个对齐单词的词性标签提供了关于彼此的信息。当两个单词在两个句子中对齐时，它们的词性标签通过"耦合分布"ω 进行耦合。

常数：句子长度 N 和 N'

超参数：$\alpha_0, \alpha_1, \alpha_0', \alpha_1', \alpha_\omega > 0$

参数：$\phi_t \in \mathbb{R}^{|V|}, \theta_t \in \mathbb{R}^{|T|} (t \in T), \phi_t' \in \mathbb{R}^{|V'|}, \theta_t' \in \mathbb{R}^{|T'|} (t \in T', \omega)$

隐变量：两种语言的词性标签 $y_1, \cdots, y_N \in T, y_1', \cdots, y_N' \in T'$

观测变量：第一种语言和第二种语言中的单词 $x_1, \cdots, x_N \in V, x_1', \cdots, x_N' \in V'$，单词之间的比对 a

- - - - - - - - - - - - - - - - - - - -

- （第一种语言）对每个 $t \in T$，从具有超参数 α_0 的狄利克雷分布中抽取标签 ϕ_t 上的转移多项式分布
- （第一种语言）对每个 $t \in T$，从具有超参数 α_1 的狄利克雷分布中抽取词汇表 θ_t 上的发射多项式分布
- （第二种语言）对每个 $t \in T'$，从具有超参数 α_0' 的狄利克雷分布中抽取标签 ϕ_t' 上的转移多项式分布
- （第二种语言）对每个 $t \in T'$，从具有超参数 α_1' 的狄利克雷分布中抽取词汇表 θ_t' 上的发射多项式分布
- 从狄利克雷分布中抽取 $T \times T'$ 上的多项式分布 ω
- 为四个标签 $y, y_0 \in T$ 和 $y', y_0' \in T'$ 定义分布 $p(y, y' | y_0, y_0') \propto \phi_{y_0, y} \phi_{y_0', y'}' \omega_{y, y'}$
- 令 $a_0 = \{i | \neg \exists j (i, j) \in a\}$ 是第一种语言中未在 a 中对齐的索引集合
- 令 $a_0' = \{j | \neg \exists i (i, j) \in a\}$ 是第二种语言中未在 a 中对齐的索引集合
- 从如下的分布中抽取标签 $y_1, \cdots, y_N$ 和 $y_1', \cdots, y_N'$：

$$p(y_1, \cdots, y_N, y_1', \cdots, y_{N'}') = \prod_{i \in a_0} \phi_{y_{i-1}, y_i} \prod_{j \in a_0'} \phi_{y_{j-1}', y_j'} \prod_{(i,j) \in a} p(y_i, y_j' | y_{i-1}, y_{j-1}')$$

- （第一种语言）对每个 $i \in [N]$，从多项式 θ_{y_i} 中发射单词 x_i
- （第二种语言）对每个 $j \in [N']$，从多项式 $\theta_{y_j'}$ 中发射单词 x_j'

生成过程 8-5 Snyder 等人提出的双语言词性标注模型的生成过程。比对 a 是将一种语言中的单词与另一种语言中的单词对齐的索引对集合。不需要完全指定比对（即两种语言的单词可以是不对齐的）。每个单词最多与一个单词对齐。每种语言的单词（词汇表）集合分别为 V 和 V'。每种语言的词性标签集合分别为 T 和 T'。生成过程描述了单个句子对的抽取。参数 ϕ_t、θ_t、θ_t' 和 ϕ_t' 都是隐变量，在推断过程中可以通过积分消去

原则上，该模型也可用于频率论设置，并使用期望最大化算法（附录 A）等进行估计。但是，在此设置中使用贝叶斯模型有几个优点。首先，不同语言的所有参数都抽取自相同的先验分布。这意味着该先验分布通过一个通用分布将所有这些语言联系在一起。这个先验分布本身是参数化的，这个超参数可以被认为是描述了数据中使用的所有语言的一个属性（比如转移和发射参数的稀疏程度）。

Snyder 等基于词性标签对词性标签和单词进行采样的推断机制让人联想到隐马尔可夫模型。他们的模型依赖于比对来一起生成标签对，但是这些标签所依赖的信息与二元语法 HMM 所使用的信息类型相同——序列中待生成标签前面的所有标签。

Snyder 等（2009b）进一步扩展了他们的模型，以便引入一种完全多语言模型——对两种以上语言建模的词性标注模型。他们通过在模型中引入一种新的成分来做到这一点——超语言标签，这是一种粗略的标签，且假定所有语言都通用，但实际上是不可观测的。这些超语言标签是由一个非参数模型生成的（第 7 章）。

8.8.2　语法归纳

自然语言处理中的语法归纳问题是对各种形式的语言语法进行无监督学习的总称。它涉及学习具有规则的实际语法（比如上下文无关语法）、仅从字符串估计现有语法的参数（产生概率），或从不一定具有显式语法体系的字符串集合中归纳出解析树。

在多语言学习的背景下，Snyder 等（2009a）描述了用于多语言语法归纳的贝叶斯模型。他们的模型依赖于一个树编辑模型，该模型将两种语言中的两个句子（彼此的翻译）的一对树（对应于解析树）对齐。这种树编辑模型（（Jiang et al.，1995）也称其为无序树比对）有助于捕获跨语言的句法规则。

他们模型的生成过程是对 Klein 和 Mannin（2004）提出的成分 – 上下文模型（Constituent-Context Model，CCM）的扩展。主要的新颖之处在于多语言（更准确地说是双语）设置。一旦抽取出模型参数，该模型就可以通过从均匀分布中抽取一对对齐的解析树（每种语言一个解析树）进行工作。接下来是句子对生成阶段，在这一阶段中，句子的成分（constituents）、非成分（distituents）、成分上下文和非成分上下文被抽取出来。这些元素是以各种形式在数据（语法归纳过程所基于的数据）中观测到的所观测词性标签序列的子字符串。例如，成分是由解析树中的某个节点控制的子字符串。任何不是成分的子字符串都是非成分。

Snyder 等人引入的模型在贝叶斯上下文中继承了 CCM 模型的一个属性：模型会过度生成观测到的数据。之所以会出现这种情况，是因为成分、非成分和上下文都是由重叠的字符串组成的，因此观测数据的不同部分会被多次生成。

与 CCM 模型相比，Snyder 等人的模型引入了另一种新颖性。对于在开始时生成的一对解析树中所有对齐的节点，它将生成一个 Giza 分数。这是基于使用 GIZA++（Och and Ney，2003）创建的成对句子之间的单词比对生成另一部分观测数据（两种语言中的词性标签序列除外）的分数。令 a 和 b 是两个生成的解析树中的一对对齐的节点。令 m 为根据 GIZA++ 比对所对齐的，且由每棵树中的节点 a 和 b 进行支配的单词对（每种语言一个单词）的数量。另外，令 n 为句子中一个词与 a 或 b 对齐，而另一个词不受 b 或 a 支配的单词对的数目。则

Giza 分数是 $m - n$。

  Giza 分数与根据 GIZA++ 将一对子字符串进行对齐的对齐程度相匹配。给定节点对的得分越高，它们对齐的可能性就越高。因此，模型中的 Giza 分数生成组件是一种确保后验推断将查找以匹配 Giza 分数的方式对齐的树的方法。

8.9 延伸阅读

  本章所介绍的主题绝不是对在贝叶斯框架中为语法学习和语法估计而发展起来的丰富文献的详尽描述。这里我们提供一些额外的重要文献。

  上下文无关语法是自然语言处理的核心，也是语言学和形式语言理论中语言的句法模型的核心。长期以来，人们一直认为它们的表达能力太有限，无法表达自然语言的语法。通过语法体系对语言建模的目标是识别一种语法，该语法生成的语言应尽可能接近自然语言。这意味着：一方面，它应该生成某种语言中的任何可能的句子；另一方面，它不应过度生成——否则就不是一种好的自然语言模型。（一个只为英语单词中的某些词汇表 V 生成 V^* 的语法很容易用一些规则来描述，但显然作为用于英语的模型会导致过度生成。）

  许多语言中最突出的特性是跨越依赖或交错依赖，这通常是由自由词序引起的，但使用上下文无关语法很难将其表示出来。这种特性以不同的方式出现在语言中，为了适应它，有人提出了替代语法体系，最著名的是那些经常被称为"轻度上下文敏感"（Mildly Context-Sensitive，MCS）的语法。

  之所以这么称呼这些语法体系，是因为如果使用类似于上下文无关语法中的生成规则来表示它们的语法，那么就要求左侧包含一些额外的上下文（其不仅仅是单个非终结符），这就没有使用上下文敏感规则的全部表达能力。通常，这样的规则会产生无穷非终结符集，或者无穷规则集（因此它们生成的语言不再是上下文无关的）。

  已经应用到贝叶斯自然语言处理中的"接近上下文无关"的 MCS 语法体系中最常见的两个例子是树邻接语法（Tree Adjoining Grammar，TAG）（Joshi and Schabes，1997）和组合类别语法（Combinatory Categorial Grammar，CCG）（Steedman，2000）。这两种体系是弱等价的（Weir，1988）。这意味着使用树邻接语法生成的任何语言也可以用组合类别语法进行表示，反之亦然。然而，它们没有同样强大的生成能力。每一种体系都表示一个不同的派生集，并且在一种派生与另一种派生之间创建一对一的映射并不总是可能的，即使在这两种语法生成相同的语言的情况下也是如此。

  MCS 语法与 CKY 算法和内部—外部算法类似，但是增加了计算复杂度。对于接近上下文无关的树邻接语法和组合类别语法，解析算法的复杂度是 $O(n^6)$，其中 n 为句子长度。

  原则上，对这些语法应用贝叶斯统计需要的相关概念和在本章中针对上下文无关语法所描述的概念相似。语法中的参数被表示为多项式集合，并由此进行推断。在贝叶斯上下文中使用此类语法的一些研究工作有：使用组合类别语法进行贝叶斯语法归纳（Bisk and Hockenmaier，2013；Huang et al.，2012；Kwiatkowski et al.，2012b）和使用树邻接语法和贝叶斯非参数方法进行解析（Yamangil and Shieber，2013）等。自动机形式的体系也已经在贝叶斯自然语言处理中使用，比如进行语义解析的文献（Jones 等（2012））。

此外，Cohn 等（2010）开发了使用贝叶斯非参数模型的吉布斯采样来学习树替换语法（Tree Substitution Grammar，TSG）。树替换语法是另一种具有上下文无关主干的体系，在这种体系中，上下文无关规则可以用整个子树替换部分派生中的非终结符。这些子树的产生式由非终结符或终结符组成。Cohn 等人的非参数模型控制了树替换语法中学习到的片段的大小。树替换语法的表达能力不一定要取代上下文无关语法的表达能力，但它可以成为更好的语言模型。这是因为树替换语法无须像上下文无关语法那样具有直接的组合能力，就可以生成频繁的子结构，从而可以更好地泛化语言数据。文献 Post 和 Gildea（2009）和文献 Post 和 Gildea（2013）开发了针对诱导树替换语法的两个类似非参数模型。

还需要注意的是，在采用贝叶斯统计的自然语言处理中使用语法模型并不局限于无监督设置。例如，Shindo 等（2012）开发了一个具有贝叶斯成分的符号细化树替换模型，并报告了模型的最新解析结果。这里，符号细化指的是隐状态以文献 Matsuzaki 等（2005）、Prescher（2005）和 Petrov 等（2006）的方式细化了出现在树库中的句法类别。可以参考8.5.1 节。

最后，如果我们愿意放弃使用贝叶斯统计对语法的更"传统"使用，那么我们可以找到使用贝叶斯方法对语法的底层结构进行推断的用例。例如，文献 Stolcke 和 Omohundro（1994）展示了如何使用"贝叶斯模型合并"过程来学习语法的结构。他们的想法是基于模型合并的思想（Omohundro，1992）。模型合并的工作方式是为每个可用数据点建立一个初始模型，然后通过合并当前可用模型集中的子结构迭代地合并这些模型。合并操作后，将根据新模型的适应度得分应用"合并"操作。为了进行语法学习，Stolcke 和 Omohundro 使用了给定数据的贝叶斯模型的后验分布。为此，他们使用了从参数中分解结构的先验。结构的概率与它的指数大小成反比，因此简单模型的概率更高。

8.10　本章小结

概率语法是自然语言处理中最常用的通用模型族。因此，考虑到大多数概率语法都是生成模型的事实，这使得贝叶斯自然语言处理的重点都被放在这些语法的贝叶斯模型和推断算法的开发上。本章的重点是概率上下文无关语法及其在参数和非参数贝叶斯分析中的使用。因此，我们介绍了 PCFG 推断的基础知识，以及它们与狄利克雷先验和非参数模型（如适配器语法和层次狄利克雷过程 PCFG）的使用。

8.11　习题

8.1　考虑 3.4 节讨论的指数模型族。证明式（8.5）定义的模型是指数模型，同时基于 8.2 节的符号表示定义指数模型的不同成分。

8.2　考虑具有规则 $S \to S\,a$，$S \to S\,b$ 和 $S \to c$ 的上下文无关语法，其中 S 是非终结符，a，b 和 c 是终结符。你能找到使得语法不一致（或非"紧"）的规则概率赋值吗？如果不能，证明该赋值不存在。（另请参考 8.3.1 节。）

8.3　在式（8.7）~式（8.8）中，我们展示了如何计算跨越字符串中某些位置的非终结符的特征期望，以及类似的规则。可以将这两个分别视为"高度 1"和"高度 2"的特征。写出对特征"高度 3"的期望计算公式。

8.4 证明式（8.9）中的先验与式（8.5）中的 PCFG 分布共轭。给出缺失的后验归一化常数。

8.5 考虑具有规则 $S \to S\ a$ 和 $S \to a$ 的上下文无关语法。在 8.4.1 节中，我们提到了 PYAG 不能以上下文无关语法作为基语法来改写非终结符 S。能否解释一下，如果允许我们改写 S，为什么具有生成过程 8-2 中形式的 PYAG 是病态的？

表征学习与神经网络

近年来，表征学习的新技术在自然语言处理的文献中占有重要的地位。这种表征学习是在连续的空间中进行的，在该空间中，单词、句子甚至段落都由密集且相对较短的向量表示。表征学习也旨在避开特征设计的问题，而运用表征学习之前的传统统计技术（如线性模型）需要与特征设计一起使用。数据的连续数据表示是直接从简单的原始数据形式（例如，表示句子中单词共现的指示器向量）中提取的，这些数据表示可以替代用作线性模型部件的特征模板。

在表征学习领域最常用的工具是神经网络。不严格地讲，这些网络是通过非线性函数（如 sigmoid 函数或 tanh 函数）进行值（输入值的线性变换）传播的复杂函数，并且这些值产生的输出可以以同样的方式进一步传播到网络的上层。神经网络架构中的这种传播使得可以创建比线性模型更具表现力的模型。如上所述，神经网络的一个主要优势是，它们通常不需要从数据中直接地提取显式的特征，因为网络中的较低层会执行这种"特征提取"。此外，它们能够描述复杂的非线性分类决策规则。这些决策规则的复杂性使神经网络感到"数据匮乏"——详见 9.1 节。

在自然语言处理中，"神经"一词已成为用来描述结合非线性函数在连续空间（以及此类空间中表示符号的信息）中进行学习的笼统术语。这一术语不一定如过去所介绍的那样，是指神经网络的严格运用，而是更广泛地涉及计算图或非线性函数（如 sigmoid 函数）的运用。

神经网络日益广泛的应用部分源于表征学习的新技术在自然语言处理中不断增加的重要性，其也已成为自然语言处理中一系列不一定需要复杂表征学习问题的标准工具。例如，神经网络现在也常用于固定维度输入的分类（例如，可以使用前馈神经网络结合词袋模型执行文档分类）。

贝叶斯方法和神经网络的使用之间存在多种联系。首先，可以对神经网络的权值（或者，对表征学习模型的参数）设置先验。更间接地讲，建模者通过生成建模可以引入连续的隐变量，通过这些变量，我们可以确定给定数据的后验分布。

本章所涵盖的内容是目前在自然语言处理中普遍使用的表征学习方法的基础，其目的是提供这一领域的基本介绍，特别是在贝叶斯上下文中。因此，本章尽可能地将表征学习、神经网络和贝叶斯方法联系起来。

9.1 神经网络与表征学习：为什么是现在

神经网络的三次浪潮 现代神经网络背后的种子思想可以追溯到 20 世纪 40 年代[⊖]，

⊖ 这里描述的三次历史视角是基于 Goodfellow 等（2016）在书中的描述。

在此期间，McCulloch 和 Pitts（1943）提出了一种以阈值为分类方式的线性模型。随后，Rosenblatt（1958）提出了感知器算法来学习这种线性模型的权重。这些早期想法后来成为连接主义运动的基础。他们还开启了对神经网络的第一次兴趣浪潮，但是随着对感知器及其学习复杂函数（如 XOR 函数）能力不强的批判，人们对神经网络的兴趣大大降低了。这种批判在 Minsky 和 Papert（1969）出版的《感知器》一书中达到顶峰。

神经网络的第二次浪潮始于 20 世纪 80 年代，伴随着认知科学领域中连接主义的复兴。虽然认知科学领域的前期工作主要集中在符号模型上，但连接主义提出，认知建模应该更好地与人工神经网络相结合，以便与神经科学背景下的大脑工作方式更加紧密地联系在一起。在连接主义日益流行期间，神经网络取得了一些重要成就，例如成功地运用反向传播算法（LeCun et al., 1989；Rumelhart et al., 1988）。这次浪潮还促进了语言学习领域的一些工作（Elman, 1991；Harris, 1992；Neco and Forcada, 1997）。

在 20 世纪 90 年代中期，随着概率建模（比如核方法和图模型）作为神经网络补充方法的日益成功（概率建模在解决机器学习中某些问题的同时，可以提供足够的理论基础），神经网络在学术研究中的使用有所下降（Goodfellow et al, 2016）。

第三次（也是目前流行的神经网络浪潮）始于 2005 年左右。在这一浪潮之前，神经网络的支持者继续致力于这些模型的研究，在有限的资金和机器学习社区的支持下，他们设法证明了神经网络在若干个问题上的成功应用，这些应用包括图像分类（以及计算机视觉中的其他问题）、语音识别和语言建模。在第三次浪潮中，神经网络建模通常称为"深度学习"，指的是需要训练大量的隐藏层，这些隐藏层位于神经网络的输入层和输出层之间，以达到解决一些问题的最佳性能。

神经网络在机器学习中以其目前的形式被重新审视的原因之一是现在正在收集的数据规模，以及在学术界和工业界发现该规模对于精确建模的重要性。现在正在收集大量的数据。虽然线性模型的性能稳定在这些数据上（也就是说，利用这些线性模型的全部能力并不需要这么多的数据），但神经网络却不是这样。随着越来越多数据的获得，神经网络继续改善建模性能。这并不奇怪，因为神经网络生成的决策面和决策规则很复杂，特别是由多个隐藏层组成的深层决策面和决策规则，因此可以利用这些数据进行更好的泛化⊖。如上所述，神经网络的这种特性已经改善了计算机视觉、语言建模以及机器学习等其他领域的状态。

如果没有高性能计算的进步，就不可能有大规模数据的使用能力，而高性能计算也推动了神经网络当前形式的兴起。人们发现，与计算机中的标准中央处理单元（Central Processing Unit，CPU）相比，神经网络特别适合运行于图形处理单元（Graphics Processing Unit，GPU）。虽然 GPU 最初是为了更高效地渲染图形而开发的，但它们逐渐采用更通用的形式，以更高效和并行的方式执行矩阵和向量运算，这非常适合深度学习计算和其他科学应用，尤其当 CPU 的速度似乎比过去增长得更慢时。

⊖ 讨论决策规则复杂性的方法有很多种，比如神经网络所涉及的方法。例如，如果一个"非线性"神经网络在二维空间上执行二元分类，那么将正例与负例分隔开的曲线可能具有复杂的模式。这与线性分类器相反，在线性分类器的平面中有一条直线将这两种类型的样本分隔开。表明神经网络决策面复杂性的一个理论属性是：具有一个隐藏层的神经网络可以逼近一个大函数集。正如文献（Funahashi, 1989；Cybenko, 1989；Hornik et al., 1989）所描述的（此属性通常称为"通用逼近"）。

自然语言处理中的第三波浪潮   神经网络的第三次浪潮并没有忽视自然语言处理领域。此外，自然语言处理领域最近重新发现了针对各种自然语言处理问题的词学习表示的有用性（Turian et al., 2010）。在这方面的研究中，词不再被表示为符号单元，而是基于与其他词共现的统计信息被投影到欧几里得空间。这些投影通常称为"词嵌入"。这一发现标志着自然语言处理领域的重大转变，以至于大部分自然语言处理工作都将词表示为向量（另见 9.2 节）。这种转变还与神经网络的使用密切相关，神经网络非常适合处理连续表示（比如词嵌入）。词嵌入的概念源于较早的工作，这些工作以向量空间模型中的文本为基础（例如，文献（Hofmann，1999a；Mitchell and Lapata，2008；Turney and Pantel，2010））。

第三次浪潮在初始阶段就播下了自然语言处理与神经网络结合的种子。例如，Bengio 等（2003）创建了一个神经语言模型，Henderson 和 Lane（1998）完成了使用神经网络进行句法解析的早期工作（另见文献 Henderson（2003）和文献 Titov 和 Henderson（2010））。当 Collobert（2011）展示如何将各种自然语言处理问题（包括词性标注、分块、命名实体识别和语义角色标记）全部构造为神经网络的分类问题时，他们就将神经网络更加突出地融入到了自然语言处理研究人员的意识中。研究人员提出，与当时可用的技术相比，使用他们的框架并不需要太多的特征工程。可以说，这确实是神经网络和表征学习算法的一个巨大优势。

在现代自然语言处理的早期神经网络中，大量使用了现成的模型，如 seq2seq（9.4.3 节）和没有充分利用中间结构的预训练词嵌入（9.2 节）。即使当预测是针对特定自然语言处理问题的复杂结构时，seq2seq 模型也与"字符串化"过程一起使用——将这种结构简化为字符串，以便可以使用现成的神经工具来学习字符串映射。自此，中间结构在神经自然语言处理文献中变得更加重要，并且 seq2seq 模型被进一步扩展，以便处理树，甚至图。中间结构的使用和浅层字符串化的使用之间的精确平衡仍然是不断追寻的目标。

如本书所述，贝叶斯方法的应用主要集中在离散结构上。在某种程度上，以这种方式提出的方法与神经网络之间有点不匹配。如第 2 章所述，贝叶斯方法主要用于生成模型的上下文中，而神经网络架构通常用于定义判别模型（尽管从原理上讲，它们也可以用于描述生成模型）。此外，使用神经网络进行学习可能会非常复杂，如果在神经网络的参数上设置先验，并寻找后验，则学习会变得更加复杂。尽管如此，这并没有阻止许多研究人员在贝叶斯上下文中探索和解释神经网络，正如我们在本章中所讨论的那样。

由于在过去 10 年中不断扩展用途，神经网络的已经与以前使用过的常规通用架构（如前馈网络和循环神经网络），以及能够传播和处理向量、矩阵甚至张量的复杂计算图（其中计算图传播的向量、矩阵甚至张量可以作为神经网络的输入/输出值和权重）成为同义词。从某种意义上讲，用神经网络为自然语言处理设计良好模型的工程已经变成以计算图的形式设计和搜索具有最佳性能的网络架构⊖。这种搜索既可以手动完成（通过仔细考虑问题和反复试验不同的网络架构），也可以自动完成（通过调整超参数，或说自动搜索架构，见 9.5 节）。

这些计算图可以很容易地用于优化目标函数，这是机器学习中的标准（1.5.2 节）。最常用的目标函数仍然是对数似然，在神经网络文献中通常称为"交叉熵"（以等价的形式）。有一些通用算法，如反向传播（见 9.3.1 节），可以根据自动微分等原理对任意计算图的这些目

⊖　一些人认为这种"手工"架构设计的需求已经取代了线性模型所需的手工特征工程。参见 9.5.2 节。

标函数进行优化。事实上，随着自动微分的出现，我们可以指定一个函数，然后自动计算其导数和梯度。因此，引入一些软件包如 Torch（Collobert et al., 2002）、TensorFlow（Abadi et al., 2016）、DyNet（Neubig et al., 2017）和 Theano（Al-Rfou et al., 2016）等就不足为不奇了。这些软件包允许用户定义计算图和数据送入计算图的方式。完成定义之后，可以使用自动微分和反向传播算法（9.3.1 节）以黑箱的形式进行学习。

9.2　词嵌入

近年来，自然语言处理领域取得的一个最重要的进展，也许是广泛地使用词嵌入来取代词的符号表示。词嵌入是词的向量表示。对于词汇表 V 和整数 k，维度为 k 的词嵌入函数是一个将 V 映射到 $\mathbb{R}^k$ 的函数。

当词嵌入所表示的词的行为相似时，词嵌入往往会聚集在一起。在这种情况下，"行为"的概念通常是不明确的，但可以指定句法分类（即最常与同一词性相关的词将聚在一起）或语义关联（语义相关的词将聚在一起）。词嵌入向量之间的相似度通常通过点积或余弦相似度$^\ominus$来度量。

最突出的是，词嵌入有助于处理未出现在给定问题（例如解析或词性标注）训练数据中的词。词嵌入函数是通过利用大型语料库中的共现数据（没有任何注释）学习的，因此构建词嵌入函数的词汇表比训练数据所包含的词汇表大，并且覆盖了测试数据中的大量词（包括训练数据中"未见的词"）。对共现统计量的依赖基于分布假设（Harris, 1954）。该假设指出，在相似的上下文中词的共现意味着它们具有相似的含义（即 Firth 在 1957 年所指出的："为了了解一个词，可以从经常与其一起使用的词着手。"$^\ominus$）。由于趋于"行为相似"的词最终在嵌入空间中彼此接近，因此词嵌入可以通过利用出现在训练数据中词的信息来极大地缓解未见词的问题。我们不使用词符号作为模型中的特征，而使用词的向量表示来利用这种相似性。

在本节中，我们主要介绍一种特定类型的词嵌入模型，即 skip-gram 模型，其是许多其他模型的基础。介绍该模型的另一个原因是它有一个贝叶斯版本（9.2.2 节）。

9.2.1　词嵌入的 skip-gram 模型

skip-gram 模型是一个条件模型，其以中心词为条件生成该中心词周围的上下文（Mikolov et al., 2013a）。来自该模型的每个样本都包含中心词及其周围的上下文。对于上下

$\ominus$ 两个向量 $u \in \mathbb{R}^d$ 和 $v \in \mathbb{R}^d$ 之间余弦相似度的计算公式为 $\dfrac{\sum\limits_{i=1}^{d} u_i v_i}{\sqrt{\sum\limits_{i=1}^{d} u_i^2} \cdot \sqrt{\sum\limits_{i=1}^{d} v_i^2}}$。它提供了两个向量 u 和 v 之间角度的余弦值。

$\ominus$ 尽管在自然语言处理中广泛使用该句法，是为了证明使用共现统计量来推导词典中不同词的中心词嵌入是合理的，但这是否是 Firth 的初衷是有争议的——他可能是指通过"惯用搭配"来识别一个歧义词相比于该词其他含义的特定含义。

文大小 $c \in \mathbb{N}$ 和词汇表 V，skip-gram 模型具有下面的形式：

$$\prod_{j=-c,j\neq 0}^{c} p(w_j \mid w_0) \tag{9.1}$$

其中 $w_0 \in V$ 是中心词，样本中的词序列是 $(w_{-c}, w_{-c+1}, \cdots, w_0, w_1, \cdots, w_c) \in V^{2c+1}$。令 $w_1, \cdots, w_N$ 是语料库中的一个词序列。如果我们在 skip-gram 模型估计中采用频率论方法，例如最大似然估计（见第 1 章），那么我们将最大化下面的目标函数：⊖

$$\frac{1}{N} \sum_{i=1}^{N} \sum_{j=-c,j\neq 0}^{c} \log p\left(w_{i+j} \mid w_i\right) \tag{9.2}$$

尽管 skip-gram 模型与 n 元语法模型（在该模型中，词是根据文本中其前面的固定数量词生成的）具有很强的相似性，但是它们在底层生成过程中存在显著的差异。当对给定的语料库进行 skip-gram 建模时，我们将多次生成每个词。这是因为我们生成上下文（而不是中心词），而一个词可以出现在不同中心词的多个上下文中。因此，skip-gram 模型不是语料库的生成模型，而是可以多次生成同一个词的模型。

skip-gram 模型与普通 n 元语法模型的另一个不同之处是，我们在式（9.1）中对形如 $p(w_j \mid w_0)$ 的因子所采取的建模方式。对于像 skip-gram 模型这样的表征学习模型（Mikolov et al., 2013a），该概率被建模为

$$p\left(w_j \mid w_0, u, v\right) = \frac{\exp\left(u(w_0)^{\mathrm{T}} v(w_j)\right)}{\sum_{w \in V} \exp\left(u(w_0)^{\mathrm{T}} v(w)\right)} \tag{9.3}$$

其中 $u: V \to \mathbb{R}^k$ 和 $v: V \to \mathbb{R}^k$ 是将词映射到词嵌入的函数——一个用于中心词，另一个用于上下文。我们估计这些函数，并将它们看作 skip-gram 模型的参数。学习的目标是基于 u 和 v，最大化式（9.2）中的目标函数，以便得到上下文（u）和中心词（v）的词嵌入。

该模型学习的参数会导致频繁共现的中心词和上下文词的嵌入向量的点积具有较高的值（因为在这种情况下，概率被最大化）。因此，通过上下文，共现模式中彼此相似的词将映射为欧几里得空间中彼此接近的向量。

遗憾的是，式（9.3）中的模型不实用，因为计算右侧需要对整个词汇表（分母中）求和。词汇表可能相当大，为大约数 10 万个数量级的词类型，因此该分母的计算量非常大。在一般情形下，对于词及其上下文配对出现的样本的对数似然目标函数，其梯度的计算是不易处理的。

Mikolov 等（2013b）提出了一种称为负采样的技术来解决这个问题。取代式（9.3），负采样使用下面的模型来估计 $p(w_j \mid w_0, u, v)$：

$$p\left(w_j \mid w_0, u, v\right) = \sigma\left(u(w_0)^{\mathrm{T}} v(w_j)\right) \prod_{w \in \mathrm{neg}(w_0)} \sigma\left(-u(w_0)^{\mathrm{T}} v(w)\right)$$

其中，$\sigma(z) = \dfrac{1}{1 + e^{-z}}$（sigmoid 函数），$\mathrm{neg}(w_0)$ 是一个 "负" 词样本集合——即不可能出现

⊖ 式（9.2）中的索引可以为负，也可以超出文本中的词数。我们假定该文本的开头和结尾都用 c 个符号填充，以适应这种情况。

在 w_0 上下文中的词。这些词采样自幂参数提升为 $\alpha=\dfrac{3}{4}$（$\alpha<1$ 是该方法的超参数，与分布的原始形式相比，该参数导致一元语法分布"扁平化"）的一个一元语法分布（通过使用频率计数，可以从语料库中估计出该分布）。结合负采样的 skip-gram 建模通常被称为 word2vec 中的一个模型（Mikolov et al., 2013a, b）。word2vec 中的第二个模型是连续词袋（Continuous Bag-Of-Word，CBOW）模型，其从上下文中预测一个词——这与 skip-gram 模型的预测方式相反。CBOW 模型的名称来自表示上下文的方式——出现在上下文中的词嵌入的平均值。在这种情况下，类似于隐狄利克雷分配模型中使用的词袋模型（2.2 节），文本中的词顺序将丢失。CBOW 模型使用的取代负采样的一种方法是层次 softmax（Mikolov et al., 2013a）。对于该方法，词汇表上的求和变成词汇表对数大小上的求和。通过层次 softmax，一个词的概率可以建模为二叉树中的一条路径，其中二叉树的叶子是词汇表中的词。

9.2.2   贝叶斯 skip-gram 词嵌入

如本章开头所述，将离散对象表示为连续向量是当前表征学习和神经网络技术的核心。因此，当这些技术与贝叶斯方法相结合时，它们通常利用高斯分布作为先验或表示隐状态。如 9.3.2 节所述，高斯分布（B.5 节）可用于建模从中抽取神经网络参数的分布，或者用于对隐连续变量进行建模（9.6.1 节）。贝叶斯词嵌入就是如此。

Barkan（2017）提出了一个基于 word2vec 的简单贝叶斯模型。他的动机是为词嵌入提供一个更健壮的推断过程，以便其对超参数调整不那么敏感，并为给定词而不是单个向量提供向量上的密度。在这个模型中，每个由嵌入函数 u 和 v 定义的向量都有一个高斯先验，它们在模型中起着参数的作用。该模型定义了嵌入向量和二元指示器变量的联合分布，其中二元指示器用于指示一对词（标记及其上下文）是否在语料库中的特定位置共现。

更具体地讲，该贝叶斯模型通过下面的方式设置 u 和 v 的先验：

$$p(u,v\mid\tau)=\left(\prod_{w\in V}p(u(w)\mid\tau)\right)\times\left(\prod_{w\in V}p(v(w)\mid\tau)\right) \tag{9.4}$$

其中 $p(u(w))$ 和 $p(v(w))$ 都是均值为 0，协方差矩阵为 $\tau^{-1}I$（I 是 $k\times k$ 的单位矩阵）的多元高斯分布。

令 $C(i)$ 表示在语料库 $(w_1,\cdots,w_N)$ 的 w_i 上下文中出现的词的多重集。我们定义随机变量 D_{iw}，其中 $i\in[N]([N]=\{1,\cdots,N\})$ 且 $w\in V$。如果 w 出现在 $C(i)$ 中 $r\geqslant1$ 次，则 D_{iw} 的值为 r；如果 $w\notin C(i)$，则 D_{iw} 的值为 -1。然后，我们将模型的似然函数定义为

$$\prod_{i=1}^{N}\prod_{w\in V}p\left(D_{iw}\mid u,v\right) \tag{9.5}$$

其中

$$p\left(D_{iw}=d\mid u,v\right)=\sigma\left(du(w_i)^{\mathrm{T}}v(w)\right)$$

并且 $\sigma(z) = \dfrac{1}{1 + e^{-z}}$（sigmoid 函数）。全部的联合模型定义为式（9.4）和式（9.5）的乘积。式（9.5）中的积可以根据 $w \in C(i)$ 和 $w \notin C(i)$ 划分为两部分。显然，第二部分包含更多的乘积项，这导致计算它们的乘积（或对它们的对数求和）非常困难。类似于 word2vec，（Barkan，2017）使用负采样对其进行处理。

到目前为止，我们的讨论主要集中在定义一个词嵌入函数，该函数将一个词映射到一个向量（或者可能是向量上的分布）。然而，词并不是独立存在的，无论是在句法上（"I can（能）can（装）the can（罐头）"）还是在语义上（比较"the bank of the river is green and flowery"和"the bank increased its deposit fees"中"bank"一词的用法），都可以根据其上下文进行不同的解释。随之而来的一个问题是，我们是否可以定义一个词嵌入函数，该函数将词的上下文作为参数。最近的研究（Devlin et al.，2018；Peters et al.，2018）表明这是可能的，并可以在各种自然语言处理问题中达到更先进的结果。

下面介绍一个将上下文嵌入与贝叶斯关联起来的早期工作。Bražinskas 等（2017）提出了一个 skip-gram 语境化模型，通过该模型可以将词嵌入表示为分布。在这个模型中，词 w 的上下文 c 是在给定 w 本身的条件下生成的，二者中间有一个隐变量 z（嵌入向量）。用来定义模型的分布为

$$p(c \mid w) = \int_z p(z \mid w) p(c \mid z) \mathrm{d}z$$

其中，$p(z \mid w)$ 使用高斯分布建模，$p(c \mid z)$ 使用神经网络进行建模。隐变量 z 可以表示词在该上下文中的词义或所属的句法类别。

该模型的推断很难处理。为此，作者使用具有平均场近似的变分推断，使得对于数据中给定的词及其上下文，每个因子都表示一个分布 z。具体可以参考第 6 章和 9.6.1 节。这项工作的灵感源于 Vilnis 和 McCallum（2015）的高斯嵌入（其中一个词的嵌入使用高斯分布表示），但是有两个主要区别。首先，Vilnis 和 McCallum（2015）的工作没有提供语境化嵌入（即我们最终得到一个独立于其上下文的单个词分布作为输出）。此外，关于高斯嵌入的原始工作并没有定义一个生成模型，通过该模型可以在贝叶斯环境下进行后验推断。通过直接优化基于 KL- 散度项的目标函数来确定每个词的分布。

9.2.3　讨论

虽然我们在前面的讨论都集中在预训练的嵌入上，但词嵌入可以是预训练的，也可以是训练的（通用与特定的任务）。对于预训练的嵌入，我们使用一个大型语料库，通过诸如 word2vec 等技术来估计词嵌入。另一方面，训练的嵌入需要结合我们试图解决的特定自然语言处理问题（例如机器翻译或摘要提取）进行估计。预训练的嵌入具有可以与大型语料库（通常很容易找到大量无标签的文本数据）一起使用的优势，而训练的嵌入的优势在于可以将学习的向量专门针对当前问题进行调整，但是其通常使用较少的数据，因为针对特定任务的带注释语料库往往较小。在神经网络的训练过程（通常使用反向传播算法，见 9.3.1 节）开始时，可以将要训练的嵌入初始化为预训练的嵌入。

在欧几里得空间中，嵌入词的思想可以进一步推广，句子、段落甚至整个文档都可以作为向量的嵌入。实际上，这是 9.4.3 节讨论的编码器 – 解码器模型背后的主要思想之一。另外，与 word2vec 模型类似，目前已经开发出用于嵌入较大文本块的模型（Le and Mikolov, 2014）。

9.3　神经网络

在现代的形式中，神经网络是复杂的嵌套函数，其相应地描述了用于分类和回归的复杂决策空间。这些函数的核心由两部分组成。

- 线性函数：这些函数将神经网络运行的基本输入或者神经网络已经计算出的值作为输入。
- 非线性激活函数：其是将线性函数的输出传递到神经网络下一层的函数。

例如，logistic 回归（4.2.1 节）可以重新表述为神经网络。图 9-1 以图形方式描述了这样的神经网络。网络的输入是 $x \in \mathbb{R}^d$，其中 d 是某些固定维数。我们将每个向量坐标 $x_i (i \in [d])$ 乘以权值 w_i，然后加上一个偏置项。这个线性项现在通过 logistic 函数（或 sigmoid 函数）来计算神经网络的最终输出。

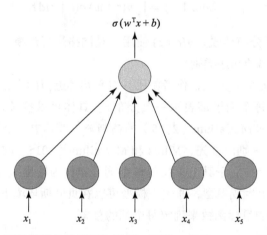

图 9-1　表示 logistic 回归模型的神经网络示例。函数 σ 表示 sigmoid 函数。神经网络的权值
为 $w \in \mathbb{R}^5$，偏置项为 $b \in \mathbb{R}$

神经网络的强大来自其对复杂决策面的表达能力[⊖]。以 logistic 回归为例，我们可以继续构建一个将前一层的激活值作为输入的函数层级，计算激活值的线性变换，并将变换结果传递到下一层。在这种情况下，logistic 回归上面的输出模型将被多个作为下一层输入的输出所取代。如图 9-2 所示。

⊖　通过核化，线性模型可以得到复杂的决策面。参考文献 Murphy（2012）。

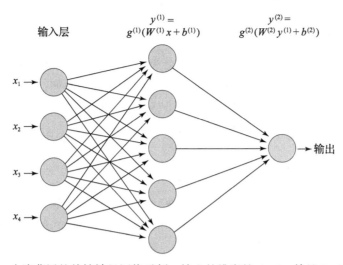

图 9-2 具有一个隐藏层的前馈神经网络示例。输入的维度是 $d_0=4$，并且 $L=2$，$d_1=5$，$d_2=1$

更具体地讲，在这样一个神经网络（也被称为前馈神经网络）中，我们将有一组权值矩阵 $W^{(i)}(i\in\{1,\cdots,L\})$ 和一组偏置向量 $b^{(i)}(i\in\{1,\cdots,L\})$，其中 L 是网络中的层数。每个矩阵 $W^{(i)}$ 属于 $\mathbb{R}^{d_i\times d_{i-1}}$，其中 d_i 表示第 i 层中所需单元的数量。向量 $b^{(i)}$ 属于 $\mathbb{R}^{d_i}$。当 $i=0$ 时，单元数量对应神经网络输入 $x\in\mathbb{R}^d$ 的维度（即 $d_0=d$）。最后，我们还有一组激活函数 $g^{(i)}:\mathbb{R}^{d_i}\to\mathbb{R}^{d_i}$（$1\leqslant i\leqslant L$）。这些函数通常对其输入按坐标进行逐一处理（但不必完全如此，比如池化或归一化的情况）。例如，$g^{(i)}$ 可以在每个坐标上返回 sigmoid 函数的值。表 9-1 给出了神经网络常用的激活函数示例。

表 9-1 自然语言处理中神经网络常用的激活函数示例。函数 $I(\Gamma)$ 是语句 Γ 的指示器函数（如果 Γ 为真，则指示器函数的输出为 1，否则为 0）。函数 $g:\mathbb{R}\to\mathbb{R}$ 将当前层中的值的线性组合 (x) 映射到新值

激活函数名	原函数 $g(x)$	导函数
恒等函数	$g(x)=x$	$g'(x)=1$
阶跃函数	$g(x)=I(x\geqslant 0)$	$x\neq 0$ 时 $g'(x)=0$；$x=0$ 时，未定义
logistic 函数（sigmoid）	$g(x)=\dfrac{1}{1+\mathrm{e}^{-x}}$	$g'(x)=g(x)(1-g(x))$
双曲线正切（tanh）	$g(x)=\dfrac{\mathrm{e}^x-\mathrm{e}^{-x}}{\mathrm{e}^x+\mathrm{e}^{-x}}$	$g'(x)=1-(g(x))^2$
校正线性单元 (ReLU)$^{\ominus}$	$g(x)=xI(x\geqslant 0)$	$g'(x)=I(x\geqslant 0)$
Softplus	$g(x)=\log(1+\mathrm{e}^x)$	$g'(x)=\dfrac{1}{1+\mathrm{e}^{-x}}$

现在我们可以递归地定义神经网络的输出。我们从 $y^{(0)}=x$ 开始，然后对于 $i\in\{1,\cdots,L\}$，定义

⊖ ReLU 的一种变体，称为 leaky ReLU，有时用来代替普通的 ReLU 激活函数（Maas et al., 2013）。leaky ReLU 的函数形式为 $g(x)=xI(x\geqslant 0)+\alpha xI(x<0)$，其中 α 是较小的值，比如 0.001。这就解决了永远不会更新的"死亡神经元"问题，因为它们总是具有负的预激活值；结果，其梯度更新为 0。

$$y^{(i)} = g^{(i)}\left(W^{(i)}y^{(i-1)} + b^{(i)}\right) \tag{9.6}$$

神经网络的最终输出 $y^{(L)}$ 通常是标量，在分类的情况下，其可能表示离散输出空间上的概率分布，其中输出是通过对 $g^{(L)}$ 使用 logistic 函数计算的。例如，在二元分类的情况下，神经网络在结果 $\{0, 1\}$ 上定义了条件概率模型 $y^{(L)}=p(1|x, W^{(i)}, b^{(i)}, i \in [L])$，其中 $[L]$ 表示集合 $\{1, \cdots, L\}$。该模型的参数自然是权值矩阵和偏置向量。

9.3.1 频率论估计和反向传播算法

假设我们已经定义一个以 x 为条件的 y 空间上的条件概率模型，那么我们可以采用频率论方法，通过最大化该模型参数和数据的目标函数来估计权值矩阵和偏置向量。例如，可以通过最大化数据的对数似然来实现（1.5.2 节）。在这种情况下，假设我们接收集合 $(x^{(k)}, z^{(k)})$ $(k \in \{1, \cdots, N\})$ 作为估计算法的输入，然后我们的目标是找到（见 1.5.2 节）

$$\left(W^{(i)}, b^{(i)}\right)_{i=1}^L = \arg \max_{(W^{(i)},b^{(i)})_{i=1}^L} \underbrace{\sum_{k=1}^N \log p\left(z^{(k)} \mid x^{(k)}, W^{(i)}, b^{(i)}, i \in [L]\right)}_{\mathcal{L}((W^{(i)},b^{(i)})_{i=1}^L)} \tag{9.7}$$

这种最大化问题通常不具有闭形式的解，只是训练数据的一个简单函数。因此，我们需要使用要求计算 $\mathcal{L}\left((W^{(i)}, b^{(i)})_{i=1}^L\right)$ 的梯度的优化技术。这种优化技术将"跟随"函数关于参数的梯度，从而提供函数递增的方向。通过这种方式，它将找到关于神经网络参数的 $\mathcal{L}\left((W^{(i)}, b^{(i)})_{i=1}^L\right)$ 的一个局部最大值（见 A.3 节）。梯度的计算使得"更新规则"可以迭代地更新参数，直到收敛到局部最大值。[⊖]

为了计算梯度，我们首先注意到，当 $g^{(i)}$ 对其输入进行坐标操作时，第 j 个输出坐标 $y_j^{(i)}$ $(i \in \{1, \cdots, L\})$ 具有下面的形式：

$$y_j^{(i)} = g_j^{(i)}\left(a_j^{(i)}\right) \qquad \text{激活值} \tag{9.8}$$

$$a_j^{(i)} = \sum_{\ell=1}^{d_i} W_{j\ell}^{(i)} y_\ell^{(i-1)} + b_j^{(i)} \qquad \text{预激活值} \tag{9.9}$$

定义 $a^{(i)}$ 满足 $a^{(i)} \in \mathbb{R}^{d_i}$。这些向量也称为"预激活"值。我们需要计算 $y^{(L)}$ 关于参数 $W_{st}^{(r)}$ 和 $b_s^{(r)}$ 的梯度，其中 $r \in [L]$，$s \in [d_r]$，$t \in [d_{r-1}]$。为简单起见，我们假设 $d_L=1$（即神经网络只有一个输出）。

为了计算这个导数，我们将多次使用链式法则。我们从定义数据项 $\delta_s^{(r)}$（其中 $r \in [L]$，$s \in [d_r]$）开始：

$$\delta_s^{(r)} = \frac{\partial y_1^{(L)}}{\partial a_s^{(r)}} \tag{9.10}$$

⊖ 尽管现在大多数神经网络软件包都提供自动方法来优化目标函数，并计算它们的梯度，但在本节，为了完整性，我们将给出计算这些梯度的方法推导。

利用链式法则（在式（9.11）中），我们得到了计算 $\delta_s^{(r)}$ 的递推公式：

$$\delta_1^{(L)} = \left(g_1^{(L)}\right)'\left(a_1^{(L)}\right) \qquad \text{基本情形}$$

$$\delta_s^{(r)} = \sum_{\ell=1}^{d_{r+1}} \frac{\partial y_1^{(L)}}{\partial a_\ell^{(r+1)}} \frac{\partial a_\ell^{(r+1)}}{\partial a_s^{(r)}} \qquad (9.11)$$

$$= \sum_{\ell=1}^{d_{r+1}} \delta_\ell^{(r+1)} \frac{\partial a_\ell^{(r+1)}}{\partial a_s^{(r)}} \qquad r \in \{L-1,\cdots,1\}, s \in [d_L] \qquad (9.12)$$

其中，$\left(g_j^{(i)}\right)'(z)$ 表示 $g_j^{(i)}(z)$ 对 $z \in \mathbb{R}$ 的导数值。

要完全计算 $\delta_s^{(r)}$，我们需要能够计算 $\frac{\partial a_\ell^{(r+1)}}{\partial a_s^{(r)}}$。根据式（9.8）～式（9.9），下面的关系成立：

$$a_\ell^{(r+1)} = \sum_{k=1}^{d_r} W_{\ell k}^{(r+1)} g_k^{(r)}\left(a_k^{(r)}\right) + b_\ell^{(r+1)}$$

同样地

$$\frac{\partial a_\ell^{(r+1)}}{\partial a_s^{(r)}} = W_{\ell s}^{(r+1)} \left(g_s^{(r)}\right)'\left(a_s^{(r)}\right)$$

把这个代入式（9.12），我们得到

$$\delta_s^{(r)} = \sum_{\ell=1}^{d_{r+1}} \delta_\ell^{(r+1)} \left(g_s^{(r)}\right)'\left(a_s^{(r)}\right) W_{\ell s}^{(r+1)} \qquad r \in \{L-1,\cdots,1\}, s \in [d_L] \qquad (9.13)$$

现在，我们可以使用式（9.10）计算 $y_1^{(L)}$ 关于权值和偏置项的导数：

$$\frac{\partial y_1^{(L)}}{\partial W_{st}^{(r)}} = \frac{\partial y_1^{(L)}}{\partial a_s^{(r)}} \frac{\partial a_s^{(r)}}{\partial W_{st}^{(r)}} = \delta_s^{(r)} y_t^{(r-1)} \qquad (9.14)$$

$$\frac{\partial y_1^{(L)}}{\partial b_s^{(r)}} = \frac{\partial y_1^{(L)}}{\partial a_s^{(r)}} \frac{\partial a_s^{(r)}}{\partial b_s^{(r)}} = \delta_s^{(r)} \qquad (9.15)$$

注意，为了计算 $\delta_s^{(r)}$，可以首先将所有输入传到神经网络，以便得到所有的 y 和所有的 a。这称为"前向"步。然后，从顶层向后计算，我们可以根据所有计算出的 y 和 a，在"反向"步中计算 $\delta_s^{(r)}$。反向传播算法的名称来自式（9.13）：我们将 $\delta_s^{(r)}$ 项从顶层向下反向传播到第一层。

目标函数的计算　例如，在式（9.7）的对数似然目标情况下，如果我们假设 $z^{(k)} \in \{0,1\}$，则条件概率可建模为

$$y_1^{(L)} = p\left(z^{(k)} = 1 \mid x^{(k)}, W^{(i)}, b^{(i)}, i \in [L]\right)$$

然后，对数似然目标函数中的每个求和项都可以表示为下面函数的输出：

$$\log p\left(z^{(k)} \mid x^{(k)}, W^{(i)}, b^{(i)}, i \in [L]\right) = \log\left((y_1^{(L)})^{z^{(k)}}(1 - y_1^{(L)})^{1-z^{(k)}}\right)$$
$$= \underbrace{z^{(k)} \log y_1^{(L)} + \left(1 - z^{(k)}\right) \log\left(1 - y_1^{(L)}\right)}_{\mathcal{L}(k, (W^{(i)}, b^{(i)})_{i=1}^L)} \qquad (9.16)$$

根据链式法则，式（9.16）的这些项中的每一个关于 $W_{st}^{(r)}$ 的导数为

$$\frac{\partial \mathcal{L}\left(k, (W^{(i)}, b^{(i)})_{i=1}^L\right)}{\partial W_{st}^{(r)}} = \begin{cases} \frac{1}{y_1^{(L)}} \frac{\partial y_1^{(L)}}{\partial W_{st}^{(r)}} & \text{if } z^{(k)} = 1 \\ -\frac{1}{y_1^{(L)}} \frac{\partial y_1^{(L)}}{\partial W_{st}^{(r)}} & \text{if } z^{(k)} = 0 \end{cases}$$

其中，$\frac{\partial y_1^{(L)}}{\partial W_{st}^{(r)}}$ 来自式（9.14）。同样，我们可以类似地使用式（9.15）来计算目标函数关于偏置项的梯度。

反向传播算法背后的直觉 如本节开头所述，反向传播算法的目标是计算作为网络权值项和偏置项（即网络参数）函数的神经网络输出的梯度，或者更精确地讲，是计算作为输出函数的目标函数的梯度。式（9.10）定义了 $\delta_s^{(r)}$ 项，提供了网络输出作为第 r 层中第 s 个神经元的预激活 ($a_s^{(r)}$) 的变化函数的"变化量"。式（9.10）基于链式法则的推导表明，变化量 $\delta_s^{(r)}$ 可以表示为网络输出关于第 $r+1$ 层中每个第 ℓ 个预激活的变化量乘以第 ℓ 个神经元的预激活作为 ($a_s^{(r)}$) 变化量的函数的变化量的加权平均。因此，第 $r+1$ 层的预激活被用作中间变量。网络上层的变化作为网络下层预激活变化的函数可以通过这些中间预激活来表示。有关链式法则的更多介绍，请参考附录 A.2.2。需要注意的是，虽然链式法则是我们在本节中推导反向传播算法的主要工具，但是复杂函数的自动微分需要的不仅仅是链式法则的简单应用。当使用现成的深度学习框架（比如 PyTorch 和 Tensorflow）进行神经网络建模时，这些实现细节现在通常是隐藏的。反向传播算法和第 8 章中描述的内部 – 外部算法之间也存在很强的关联性。更多细节参考文献 Eisner（2016）。

反向传播算法中的权值初始化 与神经网络结合使用的大多数目标函数都是非凸的，并且具有多个极值。当神经网络中存在隐藏层时，就会出现这种非凸性，这在无监督学习中很常见（因为隐藏层在神经网络不同参数间的交互中引入了高阶乘法项）。因此，使用反向传播算法对神经网络权值进行初始化是至关重要的，而反向传播算法本质上是以梯度下降的方式优化目标函数。此外，如果在算法开始时没有以适当的方式选择权值，则可能会迅速出现梯度爆炸或梯度消失（9.4.2 节）。

存在各种各样的初始化技术示例。例如，神经网络的权值可以通过从均值为 0，方差与网络连接数的平方根成反比的高斯变量中采样来初始化（Glorot and Bengio, 2010）。另外，Saxe 等（2014）没有使用采样分别初始化每个权值，而是提出使用正交矩阵来联合初始化给定层中的所有权值。特别地，正交矩阵保留输入给定层的向量大小，以防止梯度爆炸或梯度消失。有关更多详细信息，请参考文献 Eisenstein（2019）。

9.3.2 神经网络权值的先验

在贝叶斯设置下，处理神经网络最自然的方法是对神经网络的权值设置先验，而神经

网络的结构是固定的。这一直是在贝叶斯背景下进行神经网络学习的主要方法。实际上，MacKay（1992）就对单层神经网络的权值应用了高斯先验。该先验使用均值 0 和控制方差的超参数 α。相应地，该超参数也设置了先验，其和高斯先验一起形成了一个层次模型（3.5 节）。

然后，MacKay 通过寻找后验函数（α 也是后验的参数）的近似最大值，来优化神经网络权值。他发现，对神经网络中的所有权值使用单个 α 超参数，会导致相对较差的泛化，因为每个神经元在神经网络中的作用是不同的。为了解决这个问题，他为每种类型的权值（输入权值、隐藏层权值和输出权值）设置了单独的方差超参数。就 MacKay 的工作而言，贝叶斯框架的使用主要是为了正则化神经网络中的权值。自此之后，高斯分布经常用作贝叶斯上下文中神经网络权值的先验（Neal，2012）。

事实上，Graves（2011）进一步发展了这种对权值设置高斯分布形式的先验的思想。作者研究了高斯和拉普拉斯分布作为先验，并使用变分推断得出权值的后验，其中近似后验假设为高斯分布或 δ 分布（即将所有质量放在单个点上的分布）。他没有像第 6 章所描述的那样使用坐标上升来优化变分界，而是使用数值积分，通过从权值的近似后验中随机地采样权值来计算由变分界定义的期望。正如 Graves 所指出的，用近似后验期望难以处理的变分推断取代后验推断（其要求对神经网络进行复杂的积分），乍一看似乎很荒谬。但是，近似后验更易于进行数值积分，可以更容易地使用。

另一种确定神经网络参数后验的方法是使用随机梯度朗之万动力学（Stochastic Gradient Langevin Dynamic，SGLD）（Welling and Teh，2011）。在这种情况下，我们对神经网络的参数执行随机梯度步骤，其中计算出的梯度包括先验对数概率关于参数的梯度，以及对数似然函数关于参数的梯度：$^{\ominus}$

$$F(\theta) = \frac{1}{n} \nabla_\theta \log p(\theta) + \sum_{i=1}^{n} \nabla_\theta \log p\left(x^{(i)} \mid \theta\right)$$

其中，$x^{(1)}, \cdots, x^{(n)}$ 由观测数据点组成，θ 表示模型的参数。

如果对数似然函数确实是由神经网络建模的，则可以使用反向传播算法计算其梯度。对参数的更新需要用到该梯度的方向与采样自多维高斯分布的附加噪声：

$$\theta_{t+1} \leftarrow \theta_t - \mu_t F(\theta_t) + \xi_t$$

其中 ξ_t 是均值为 0 的多元高斯的样本，θ_t 是参数更新集合中时间步骤 t 的参数集合，μ_t 是学习率。

可以证明，当运行这些梯度更新时，随着 t 的增加，参数上的分布（给定高斯噪声，我们有一个 θ_t 上的分布，因此可以将其视为随机变量）最终收敛到参数上的真实后验（Teh et al.，2016）。这种收敛性要求随着 t 的增加，学习率更接近于 0（另见 4.4 节）。例如，在自然语言处理中，Shareghi 等（2019）使用 SGLD 处理依存解析问题。有关随机梯度下降的更多信息，请参考 A.3.1 节。

　　$\ominus$　也可以"批量"计算这个梯度。详见 A.3.1 节。

9.4　神经网络在自然语言处理中的现代应用

就在自然语言处理中的当前形式而言，神经网络已经变得很复杂。它们使用更高级的网络结构，特别是循环神经网络（Recurrent Neural Network，RNN）和卷积神经网络（Convolutional Neural Network, CNN）。

9.4.1　循环神经网络和递归神经网络

循环神经网络（Elman, 1990）最初是作为时间序列模型开发的，其中时间步长是离散的。因此，它们非常适合以线性形式对自然语言进行建模。在线性形式中，时间维可以交换。例如，交换给定句子中的位置（或文档中的句子索引）。在循环神经网络的普通形式中，其通过将状态和新输入（例如，句子中的下一个词）同时输入到非线性函数来维持每一步的状态更新。

更正式地讲，循环神经网络为第 t（$t \geqslant 0$）个时间步保持状态 $h^{(t)} \in \mathbb{R}^d$，并在时间步 t 接收输入 $x^{(t)} \in \mathbb{R}^k$。在通用形式的示例中，循环神经网络按如下方式更新 $h^{(t)}(t \geqslant 1)$（Pascanu et al., 2013）：

$$h^{(t)} = W_{\text{rec}} g\left(h^{(t-1)}\right) + W_{\text{in}} x^{(t)} + b \qquad (9.17)$$

其中，$W_{\text{rec}} \in \mathbb{R}^{d \times d}$，$W_{\text{in}} \in \mathbb{R}^{d \times k}$，$b \in \mathbb{R}^d$，$g: \mathbb{R}^d \to \mathbb{R}^d$ 是一个坐标方式的激活函数。⊖可以任意选择状态 $h^{(0)}$，因此其定义未指定。图 9-3a 给出了式（9.17）所述的循环神经网络的示意图表示。

可以将循环神经网络的计算"展开"（图 9-3b），并表示为一组前馈计算。在每一步都有一个用于计算 $h^{(t)}$ 的隐藏层。这种展开的循环神经网络与式（9.6）所给出的前馈网络的主要区别在于：循环神经网络情况下的网络参数都是一样的，即所有层共用同一个权值项和偏置项集合。此外，对于普通的前馈网络，每个隐藏层都没有新的输入。输入是从一开始就送入的。话虽如此，原则上并没有什么可以阻止我们在前馈神经网络中限制某些参数（实际上，在实践中已经这样做了）或为网络的某些隐藏层提供新的输入。

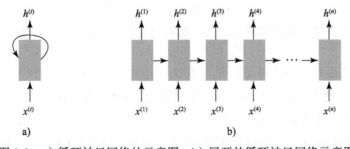

图 9-3　a）循环神经网络的示意图；b）展开的循环神经网络示意图

给定循环神经网络的展开表示，可以使用反向传播来计算任何输出关于参数的梯度。令 $W_{\text{rec}}^{(t)}$，$W_{\text{in}}^{(t)}$ 和 $b^{(t)}$ 表示展开网络的权值。关于参数 W_{red}，W_{in} 和 b 的梯度就是每层中对应参数

⊖　符号 rec 代表 recurrent，in 代表 input。

的梯度之和。根据链式法则，循环神经网络中目标 $\mathcal{L}$ 关于参数 θ 的梯度为

$$\frac{\partial \mathcal{L}}{\partial \theta} = \sum_{t=1}^{T} \frac{\partial \mathcal{L}}{\partial \theta^{(t)}} \cdot \frac{\partial \theta^{(t)}}{\partial \theta}$$

其中，T 是展开的时间步长，$\theta^{(t)}$ 是对应第 t 个时间步的展开参数。由于 $\frac{\partial \theta^{(t)}}{\partial \theta}=1$（因为 $\theta^{(t)}=\theta$），因此 $\mathcal{L}$ 关于 θ 的导数是展开网络中关于 $\theta^{(t)}$ 的所有导数的总和。这种基于反向传播的梯度计算变体，也称为"基于时间的反向传播"（Werbos，1990）。

尽管循环神经网络专注于表示序列的网络情况（当前循环单元的输入是上一步循环单元的输出），但我们可以进一步扩展这一想法，并将多个"历史"向量送入较高层次的单元中。例如，这可以使用树结构来完成。具有这种循环神经网络泛化形式的网络称为递归神经网络（Recursive Neural Network）（Pollack，1990）。

在网络的不同节点上共享参数的递归神经网络的计算，可以像循环神经网络那样展开，并使用有向无环图表示全部计算。这种展开形式可以用于计算梯度，以便优化训练目标。这种反向传播计算技术被称为"基于结构的反向传播"（Goller and Kuchler，1996），是基于时间的反向传播的一种推广。

循环神经网络能够用来解决具有自然语言输入的问题：自然语言输入的长度通常是变化的，在许多应用（比如分类）中，我们需要一个固定大小的向量来应用最终的分类步骤。循环神经网络可以用来逐标记地"读取"输入，且其维护的内部状态可以在最后一个时间步中用作整个输入的表示。例如，这个输入表示可以送入分类器。卷积神经网络（9.4.4 节）还解决了自然语言输入中的固定大小向量问题。

可以使循环神经网络的训练适应贝叶斯设置。例如，Fortunato 等（2017）使用了"反向传播贝叶斯"的方式，该方式类似于 9.3.2 节 Graves（2011）所提到的。他们在循环神经网络的权值上设置先验，然后使用变分贝叶斯推断推导出权值的后验。在变分推断过程中将反向传播算法作为子程序使用。他们还引入"后验粉碎"（posterior shattering）的思想，其中每一个优化步骤中的近似后验都以该步骤中使用的小批量数据点为条件。这减少了学习过程中的方差。文献 Gal 和 Ghahramani（2016c）提出了一种贝叶斯方式的神经网络正则化技术：dropout。有关更多详细信息，请参考 9.5.1 节。

9.4.2　梯度消失与梯度爆炸问题

像 sigmoid 和 tanh 这样的激活函数倾向于将较大范围的值"压缩"到较小的范围。实际上，sigmoid 将 $\mathbb{R}$ 映射到区间 $[0，1]$。因此，当我们在深度神经网络上应用反向传播算法时（或者，当我们基于时间或结构对长序列或大图应用反向传播时），我们可能得到某些参数的小梯度值。这可能导致梯度下溢，或者导致优化算法的收敛非常慢（Pascanu et al.，2013）。

再次考虑循环神经网络的情况，如式（9.17）所示。假设有一个可以分解为不同时间步的目标函数 $\mathcal{L}$，其中 $\mathcal{L} = \sum_{t=1}^{T} \mathcal{L}_t$。

在这种情况下，$\mathcal{L}_t$ 关于任何参数 θ 的导数为

$$\frac{\partial \mathcal{L}_t}{\partial \theta} = \sum_{k=1}^{t} \left(\frac{\partial \mathcal{L}_t}{\partial h^{(t)}} \frac{\partial h^{(t)}}{\partial h^{(k)}} \frac{\partial^+ h^{(k)}}{\partial \theta} \right)$$

其中，$\dfrac{\partial^+ h^{(k)}}{\partial \theta}$ 指 $h^{(k)}$ 关于 θ 的"直接导数"（Pascanu et al.，2013），而此时 $h^{(k-1)}$ 被视为关于参数 θ 的常数（因此，当求 $h^{(k-1)}$ 关于 θ 的导数时，我们没有对 $h^{(k-1)}$ 进一步应用链式法则）。导数 $\dfrac{\partial h^{(t)}}{\partial h^{(k)}}$ 可以表示为

$$\frac{\partial h^{(t)}}{\partial h^{(k)}} = \prod_{i=t}^{k-1} \frac{\partial h^{(i)}}{\partial h^{(i-1)}} = \prod_{t=i}^{k-1} W_{\text{rec}}^{\text{T}} \text{diag}\left(g'(h^{(i-1)}) \right) \tag{9.18}$$

其中 diag 是一个函数，接收一个向量（在本例中是激活函数坐标方式的导数）作为输入，并将其转换为向量值在对角线上的对角矩阵。注意，$\dfrac{\partial h^{(t)}}{\partial h^{(t)}}$ 是矩阵的简写，其元素是 $h^{(t)}$ 的特定坐标关于 $h^{(k)}$ 的特定坐标的导数。这是一个可以完全揭示反向传播方程的梯度公式。

例如，当 W_{rec} 的最大奇异值很小时，式（9.18）右侧的范数会很快达到 0，此时就会出现梯度消失问题。如果奇异值 λ 小于 $\dfrac{1}{\gamma}$，就会发生这种情况，其中 γ 是 $\|\text{diag}(g'(h^{(i-1)}))\|$ 的上界。在这种情况下，根据式（9.18）可以得到[一]

$$(9.19)$$

$$\left\| \frac{\partial h^{(t)}}{\partial h^{(k)}} \right\| \leqslant \| W_{\text{rec}}^{\text{T}} \| \cdot \left\| \text{diag}\left(g'(h^{(i-1)}) \right) \right\| < \frac{1}{\gamma} \gamma < 1$$

式（9.19）意味着可能存在这样的情况：$\mu < 1$，且对所有的时间步 k 有 $\left\| \dfrac{\partial h^{(t)}}{\partial h^{(k)}} \right\| < \mu$。在这种情况下，我们可以得到

$$\left\| \frac{\partial \mathcal{L}_t}{\partial h^{(t)}} \cdot \frac{\partial h^{(t)}}{\partial h^{(k)}} \right\| = \left\| \frac{\partial \mathcal{L}_t}{\partial h^{(t)}} \cdot \prod_{i=t}^{k-1} \frac{\partial h^{(i)}}{\partial h^{(i-1)}} \right\| \leqslant \mu^{t-k} \left\| \frac{\partial \mathcal{L}_t}{\partial h^{(t)}} \right\|$$

由上式可知，随着时间步的增加，未来时间步对梯度项的贡献以指数速度趋近于 0。每当 $\mu < 1$ 时，梯度消失就会发生。而如果 W_{rec} 的最大奇异值过大，则可能出现相反的问题。在这种情况下，梯度会变得越来越大，直到梯度"爆炸"，且收敛变得不稳定，或者出现溢出。通常使用"梯度剪切"（如果梯度大于某个阈值，则对其进行剪切）解决该问题。梯度消失和梯度爆炸问题背后原因的直觉是我们通过反向传播将梯度相乘。将过多的这些项相乘可能会导致这样的问题。

长 – 短时记忆单元和网关循环单元　解决循环深度网络中梯度消失问题的一种方式是使

　　[一]　矩阵范数是基于谱范数取值的，谱范数对应于矩阵的最大奇异值。

用一种称为长 – 短时记忆（Long Short-Term Memory，LSTM）单元的抽象神经元。该长 – 短时记忆单元由 Hochreiter 和 Schmidhuber（1997）提出，如图 9-4 所示。LSTM 单元在每个时间步维持一个内部单元状态 $c^{(t)}$，并输出一个状态 $\alpha^{(t)}$。这两种状态是由下面两个方程确定的向量：

$$c^{(t)} = f^{(t)} \odot c^{(t-1)} + i^{(t)} \odot z^{(t)} \qquad \text{记忆单元} \qquad (9.20)$$

$$\alpha^{(t)} = o^{(t)} \odot \tanh\left(c^{(t)}\right) \qquad \text{隐状态输出} \qquad (9.21)$$

其中，$\odot$ 表示逐元素地向量乘（Hadamard 积），$f^{(t)}$，$i^{(t)}$，$z^{(t)}$ 和 $o^{(t)}$ 的值由下面的式子确定：

$$i^{(t)} = \sigma\left(W^i x^{(t)} + U^i \alpha^{(t-1)} + b^i\right) \qquad \text{输入网关}$$

$$f^{(t)} = \sigma\left(W^f x^{(t)} + U^f \alpha^{(t-1)} + b^f\right) \qquad \text{遗忘网关}$$

$$z^{(t)} = \tanh\left(W^z x^{(t)} + U^z \alpha^{(t-1)} + b^z\right)$$

$$o^{(t)} = \sigma\left(W^o x^{(t)} + U^o \alpha^{(t-1)} + b^o\right) \qquad \text{输出网关}$$

其中 $c^{(t)}$，$\alpha^{(t)}$，$i^{(t)}$，$f^{(t)}$，$z^{(t)}$，$o^{(t)} \in \mathbb{R}^d$ 是由 LSTM 单元维护的向量（比如，上面的 σ 表示逐元素地应用表 9-1 中描述的 sigmoid 函数），W^i，W^f，W^z，$W^o \in \mathbb{R}^{d \times k}$ 是 LSTM 的权值矩阵，b^i，b^f，b^z，b^o 是偏置参数。在考虑 LSTM 时，我们看到以下结构。向量 $c^{(t)}$ 表示 LSTM 单元的内部状态，其是前一时间步的内部状态和 $z^{(t)}$（其直接依赖于输入）之间的插值。这意味着内部状态 $c^{(t)}$ 可以通过"忘记"状态中的一些先前信息（因为先前状态与遗忘网关 $f^{(t)}$ 相乘）以及包含来自输入的一定级别信息（因为 $z^{(t)}$ 与"输入网关" $i^{(t)}$ 相乘）进行更新。最后，$\alpha^{(t)}$ 是 LSTM 单元的输出，其是内部状态的变换与"输出网关" $o^{(t)}$ 的乘积。

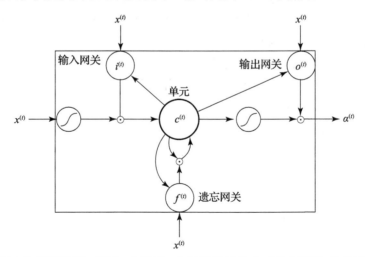

图 9-4　LSTM 单元示意图，其中 $x^{(t)}$ 是第 t 个时间步的输入（图中所有 $x^{(t)}$ 均表示同一个向量）。图中有三个网关：输出网关、输入网关和遗忘网关。该单元维护一个内部状态 $c^{(t)}$，并输出一个状态 $\alpha^{(t)}$。LSTM 单元使用了不同的运算，比如 sigmoid（由曲线运算符表示）和 Hadamard 积（由 $\odot$ 表示）[⊖]

　⊖　该图改编自 https://tex.stackexchange.com/questions/332747/how-to-draw-a-diagram-of-long short-term memory。

LSTM 不太容易出现梯度消失问题的原因是其内部状态 $c^{(t)}$（式（9.20））不包括应用于状态本身的非线性（压缩）函数，该函数能够引起"压缩"复合。来自上一个时间步的信息将加在一起，组合为新的单元状态。有些信息可能被遗忘（通过遗忘网关与 $c^{(t-1)}$ 相乘），而通过合并 $z^{(t)}$ 可以添加信息。LSTM 的构造方式允许通过更新单元状态传播远程依赖关系。

LSTM 是使用网关的神经网络单元家族的一部分。这种神经网络单元的另一个例子是网关循环单元（Gated Recurrent Unit, GRU），最初是为机器翻译而开发的（Cho et al., 2014）。GRU 维护由下式定义的网关和状态：

$$r^{(t)} = \sigma(W^r x^{(t)} + U^r \alpha^{(t-1)}) \qquad \text{重置网关}$$
$$z^{(t)} = \sigma(W^z x^{(t)} + U^z \alpha^{(t-1)}) \qquad \text{更新网关}$$
$$\alpha^{(t)} = z^{(t)} \odot \alpha^{(t-1)} + (1 - z^{(t)}) \odot \beta^{(t-1)} \qquad \text{输出}$$
$$\beta^{(t)} = \tanh\left(W^\beta x^{(t)} + U^\beta (r^{(t)} \odot \alpha^{(t-1)})\right) \qquad (9.22)$$

重置网关 $r^{(t)}$ 和更新网关 $z^{(t)}$ 控制下一个状态 $\alpha^{(t)}$ 保留来自上一个隐藏状态的信息量。原则上，GRU 使用的参数数量将低于 LSTM 使用的参数数量。

LSTM 和 GRU 是可能用于循环神经网络的单元的抽象形式，可以将它们堆叠起来（将一个 LSTM 单元的输出作为输入，提供给另一个 LSTM 单元）或以其他方式组合。实际上，（下一节中的）神经编码器－解码器就是建立在这个思想之上的。有关使用循环神经模型进行序列建模的早期工作，可以参考文献 Graves（2012）。

9.4.3　神经编码器－解码器模型

神经编码器－解码器模型是循环神经网络模型，其读取一个符号序列（通常用向量表示），然后输出一个符号序列。该模型是目前在自然语言处理领域广泛使用的通用神经网络架构之一。这种神经网络架构通常也被称为"序列到序列模型"，或简称为 seq2seq。

这种模型由两个主要组件组成，通常是编码器 LSTM 单元和解码器 LSTM 单元，它们被"缝合"在一起，以便将其中一个单元的输出作为另一个单元的输入。更具体地讲，编码器部分是接收顺序输入并维护内部状态的 LSTM 单元⊖，解码器部分还包括（a）在读取序列后，接收编码器的最后状态作为输入的单元；（b）输出符号的单元；（c）接收序列中前一个位置的输出作为输入，并继续该过程的单元。图 9-5 给出了编码器－解码器模型的示意图。

在现代版本中，神经编码器－解码器模型首次被引入机器翻译（Cho et al., 2014；Sutskever et al., 2014）源于 20 年前在连接主义框架下处理机器翻译的努力（Castano and Casacuberta 1997；Neco and Forcada 1997），或参见（Kalchbrenner and Blunsom, 2013）。自那时起，这些模型广泛应用于许多其他类型的问题，这些问题需要将一个符号序列转换为另一个序列，比如摘要提取（或更一般地说，生成）、问题回答以及句法和语义解析。

⊖　虽然我们通常参考组成编码器－解码器模型的 LSTM 单元，但一种自然的变体是使用 GRU 单元。这种变体在自然语言处理中很常见。

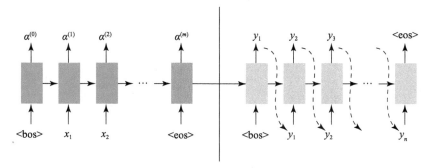

图 9-5　编码器－解码器模型的展开图。左边是编码器，右边是解码器。编码器还在每个位置 t 返回输出状态 $\alpha^{(t)}$。另一方面，解码器在每一步都输出一个符号，直到到达句子结束符号为止。上一步中的输出用作下一步的输入。输出符号由每个位置的输出状态决定。块本身"包含"了"单元记忆"（在 LSTM 中就是 $c^{(t)}$，参见式（9.20））。标记 bos 和 eos 是序列的开始标记和结束标记

　　Cho 等（2014）提出的神经编码器－解码器模型已经成为其他变体的基础，该模型对形如 $p(y_1, \cdots, y_n \mid x_1, \cdots, x_m)$ 的分布进行建模，并将输入符号序列 $x_1 \cdots x_m$ 映射到输出序列 $y_1 \cdots y_n$。该模型首先通过一个循环单元（比如 GRU 或 LSTM）计算输入序列的一个（全局）向量 c。该向量 c 是输入扫描中最后一步的单元记忆（见描述 LSTM 的式（9.20））。然后，解码器使用循环单元（比如 LSTM）来定义生成输出符号的以下概率：

$$p(y_t \mid y_1, \cdots, y_{t-1}, x_1, \cdots, x_m) = g\left(\bar{\alpha}^{(t)}, y_{t-1}, c\right) \tag{9.23}$$

其中 g 是概率函数（其通过一些权值进行参数化，例如，通过使用 softmax 函数将其参数组合成概率），$\bar{\alpha}^{(t)}$（式（9.21））是解码器循环单元在位置 t 处的输出状态，y_{t-1} 是前一个解码器状态下的输出符号，c 是上面定义的上下文向量。$y_1 \cdots y_n$ 的总概率自然定义为式（9.23）[⊖] 中各因子的乘积。

　　已经提出了许多编码器－解码器模型的变体，其中最突出的是包含"注意力机制"的变体（Bahdanau et al., 2015）。注意力机制旨在解决输出序列预测中的局部性问题。在输出的每个位置，通常存在输入的特定部分与预测的相关输出符号最相关。注意力机制通过将整个输入序列中所有 LSTM 隐藏状态的输出作为输出单元的输入来工作。这不同于仅使用编码器的最后状态作为解码器的输入。图 9-6 描述了注意力机制。通过"注意力权值"，该机制在输入序列元素和输出序列元素之间创建了软对齐。这对于神经机器翻译非常有用，例如，在传统的机器翻译模型（如基于短语的模型）中，单词对齐建模非常重要。

　　更正式地，令 t 是编码器序列中的索引，s 是解码器序列中的索引。另外，对于编码器（在长度为 n 的序列上），令 $\alpha^{(s)}$ 在式（9.21）（对于 GRU，是式（9.22））中定义，对于解码器令 $\bar{\alpha}^{(t-1)}$，是其在索引 $t-1$ 处对应的状态。我们还假设在编码器和解码器状态之间存在参数化的相似度函数 $\text{sim}(\alpha, \bar{\alpha})$。我们计算系数：

⊖　Sutskever 等（2014）提出的编码器－解码器模型有一些差异，例如，c 事实上不是用作所有解码步骤的输入，而是用作第一个解码器步骤的输入。

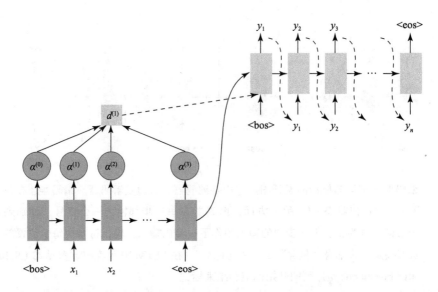

图 9-6 带有注意力机制的神经编码器－解码器模型的展开图。在每一个时间步创建作为编码器状态的加权平均值的上下文向量 $d^{(t)}$，并在每一个位置将该上下文向量送入解码器。编码器的每个元素和解码器的每个元素之间有一个通过 $d^{(t)}$ 的连接

$$\beta_t(s) = \frac{\exp(\text{sim}(\overline{\alpha}^{(t-1)}, \alpha^{(s)}))}{\sum_{s'=1}^{n} \exp(\text{sim}(\overline{\alpha}^{(t-1)}, \alpha^{(s')}))}$$

我们现在计算加权上下文向量，其定义为

$$d^{(t)} = \sum_{s=1}^{n} \beta_t(s)\alpha^{(s)}$$

并使用该上下文向量作为解码器单元在索引 t 处的输入，以及解码器在索引 $t-1$ 处的输出，该输出也是在索引 t 处的输入。上下文向量 $d^{(t)}$ 允许解码器在预测输出时专注于编码器状态中的特定索引。由于可能对 $\beta_t(s)$ 进行了参数化，神经网络可以学习如何设置这些系数，以专注于编码器状态的相关部分。

可以使用各种相似度分数，比如 α 和 $\bar{\alpha}$ 之间的点积，或 $\alpha^T W \bar{\alpha}$ 形式的参数化点积，其中 W 是神经网络中的附加参数。还可以将两个输入向量连接到相似性函数，比如 $v^T \tanh(W[\alpha : \bar{\alpha}])$（其中，$v$ 和 W 是神经网络的参数）。关于基于注意力模型的记分函数的深入研究可以参考文献 Luong 等（2015）。

编码器－解码器模型中的编码器组件通常逐个标记地扫描输入序列。有时建议以相反的方向扫描输入，以便使编码器偏向于更注重对句子开头的编码。为了辅助克服长距离依赖性的问题，还可以使用双向 LSTM 编码器（Huang et al., 2015），在该编码器中同时从左到右和从右到左扫描输入序列。图 9-7 给出了双向 LSTM 编码器的示意图。

此外，模型可能更倾向于将一个单词从输入序列复制到输出序列。这在机器翻译的上下文中尤其如此。在机器翻译中，如果一种语言中的命名实体在目标语言中没有对应的词，则其可能以相同的方式写入目标语言中。为此，Gu 等（2016）引入了"复制机制"的概念，

该机制基于注意力向量，从输入序列中复制单词。输出特定单词的总概率变成输出词汇表上的 softmax 概率和输入单词上的 softmax（基于注意力权值）概率之间的混合。

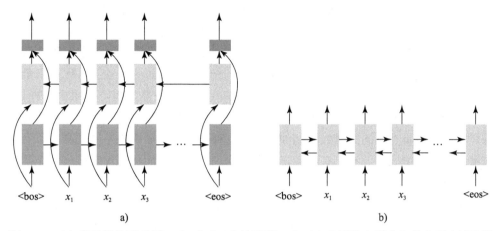

图 9-7　双向编码器的示意图。a）对于双向编码器，有两个分别从左到右和从右到左读取输入的 LSTM 编码器。因此，每个位置的最终表示是从两个方向进行读取的两个编码器在相关位置的状态组合；b）用于描述图 9-7a 的通用示意图表示

从技术角度来看，神经编码器 - 解码器模型可以相对容易地用当前的计算图软件包实现，这使得其作为建模选项更加具有吸引力。对于 seq2seq 模型，也有很多现成的软件包，比如 OpenNMT（Klein et al.，2017）和 Nematus（Sennrich et al.，2017）是广泛流行的。

9.4.4　卷积神经网络

卷积神经网络是一种受视觉处理系统启发的神经网络架构。该架构在计算机视觉和图像处理问题上已经取得巨大的成功，我们以来自图像处理的一个例子开始我们的讨论。

考虑这样一种情况：研究人员对构建将图像分为两类的分类器感兴趣。二元标签指示图像中是否出现椅子。如果图像的大小是固定的，则可以构建一个前馈网络，将输入图像映射到输出，其中图像的每个输入像素都有一个神经元和与神经元相关联的对应权值。然而，对于为图像中的每个像素都设置一组权值的神经网络来说，所需的参数数量将多得惊人。此外，泛化到"未见的椅子"将需要大量的数据。在理想情况下，我们希望网络以抽象的方式学习椅子的某些特性，并以与椅子在图片中的位置不变的方式在图像中识别它们。一般来说，我们希望识别图像中不同的抽象特征，这些特征可以进一步用于分类。

卷积神经网络旨在通过减少网络需要学习的参数数量来解决这些问题，以便使图像的每个小区域都使用一组固定的参数。例如，我们可以使用尺寸为 4×4 的滑动窗口扫描尺寸为 128×128 的图像。该窗口可以逐像素移动或用更大的步长（由称为"步幅大小"的参数控制）移动来扫描图像。在窗口中的每个扫描点，我们得到一个数值，它是一组权值向量和窗口中像素值之间的点积。这个数值有可能进一步送入非线性激活单元。

这个过程的结果是，原始图像中每个滑动窗口位置有一个新的"元像素"。我们可能有几种类型的滑动窗口，从而产生几个新的元像素矩阵。每个这样的矩阵对应一个特定的滑动

窗口滤波器（具有与该滤波器相关联的一组不同的权值），可以检测图像的某些特定属性。

因此，卷积神经网络的第一层可能包含一组滤波器，每个滤波器会导致尺寸小于原始图像的新矩阵。这些滤波器的每一个输出都可以进一步通过一组新的滑动窗口运行，从而缩小元像素的数量，直到达到可以用于最终神经元分类的小数量为止。

卷积神经网络通常也交错地使用池化层（比如最大池化），最常用于在卷积之后获得固定大小的向量。这意味着每个矩阵（特定滤波器的结果）都经过某种变换（比如求最大值或求平均值）得到一个单个数值。例如，最大池化将在特定滤波器的矩阵结果中选择最大值。这种池化的结果可以通过滑动窗口再次卷积。在自然语言的情况下，应用卷积的矩阵在不同的训练样本中可能具有不同的维数。例如，发生这种可变性的原因是不同的样本具有不同的句子长度。在这种情况下，池化有助于将这种可变大小的矩阵简化为固定维度的矩阵。本节稍后将对此进行描述。

虽然卷积神经网络在视觉任务（比如图像理解和图像分类）方面取得了巨大的成功（Krizhevsky et al., 2012），但经过一段时间之后其才成为神经网络自然语言处理工具包中的标准工具。最初，卷积神经网络在表示图像的矩阵上使用滑动窗口进行卷积，这让人想起了 n 元语法建模。以类似的方式处理句子的自然方法是创建一个矩阵，其中每一列对应句子中的一个单词（以词嵌入的形式），这些列是根据单词在句子中的位置进行索引的。因此，我们将卷积应用于单个维度。

这就是 Kalchbrenner 等（2014）展示如何在句子中使用卷积神经网络时所采用的方法。句子由 $K×N$ 矩阵表示，其中 N 是句子的长度，K 是所用单词嵌入的大小。然后应用尺寸为 $K×M$ 的滑动窗口，其中 M 是在每个卷积步骤中合在一起的单词数。注意，窗口大小是高度 K，因为单词嵌入的不同坐标之间没有局部性（即嵌入中的坐标 1 和坐标 2 彼此间的本身关联性并不比坐标 1 和坐标 3 间的关联性多）。因此，当应用滑动窗口时，全部的单词嵌入被合并在一起。

应用此卷积可以得到维度为 $αM(α≤1)$ 的向量，并且该维度依赖于步幅大小。在通常情况下，对句子应用多个滤波器，每个滤波器可以具有不同的滑动窗口，然后对所有滤波器的结果应用最大池化或其他类型的池化，以获得固定大小的向量。类似于使用循环神经网络进行编码，该方法可用于将可变长度的句子简化为具有固定维度的向量。这个固定维度向量现在可以方便地用于分类步骤。

例如，考虑图 9-8。它描述了两种类型的卷积：顶部卷积采用 4 个单词的窗口大小，底部卷积采用 2 个单词的窗口大小。每个单词都由维度为 4 的词嵌入表示。窗口在句子"The king welcomed the guests yesterday evening"上滑动，因此对于大小为 4 的窗口得到大小为 4 的窗口应用结果，对于大小为 2 的窗口得到大小为 6 的窗口应用结果。注意，还可以使用开始标记和结束标记在句子的两端填充句子，在这种情况下，两个卷积窗口都能得到大小为 7 的窗口应用结果（这种填充方式通常称为"宽"卷积，而不是"窄"卷积）。每个卷积使用的滤波器数目都是 3，这就是顶部卷积能够得到一个大小为 4×3 的矩阵，而下面的卷积能够得到大小为 6×3 的矩阵的原因。最后，应用最大池化，在每个矩阵的每一行取最大值，从而得到表示整个句子的六维向量。注意，向量的这个维数只是滤波器数量的函数，而不是句子长度的函数。因此，我们得到了变长句子的固定维表示。

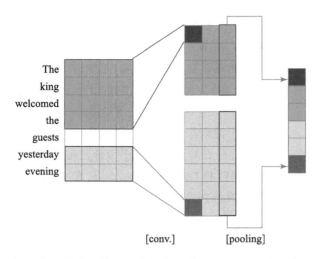

[conv.]　　　　[pooling]

图 9-8　用于编码句子表示的卷积神经网络示例。第一层是卷积层，第二层是最大池化层。
　　　　有两个卷积：一个大小为 4，一个大小为 2。有关该图的详细解释请参考正文。图
　　　　改编自文献 Narayan 等（2018b）

最近，卷积神经网络已用于序列到序列的建模，比如机器翻译（Gehring et al., 2017）。
与基于循环神经网络（9.4.3 节）的 seq2seq 模型一样，这些模型（具有昵称"convseq2seq"）
也由编码器和解码器组成，并且编码器和解码器都使用了卷积。

9.5　调整神经网络

反向传播算法（9.3.1 节）一直是训练神经网络并确定其权值的主要手段，但其并不
能直接解决诸如选择神经网络大小（隐藏层数和每层神经元数）、激活函数类型和其他超
参数等问题。此外，反向传播如果单独使用，可能会导致过拟合。在这一节中，我们将
描述如何正则化神经网络并微调其超参数，且在相关的情况下，描述其与贝叶斯方法的
联系。

9.5.1　正则化

正则化是在估计模型时防止过拟合的一种方法。过拟合是指学习算法设置模型权值的方
式，该方式能够处理训练数据中出现的特性，但该特性不一定代表一般的规则。这导致训练
数据的性能明显高于预留的测试数据。当估计的模型族高度复杂时，就会出现过拟合，从而
有能力保留上述特性。

为了避免模型估计的过拟合，通常使用正则化。通过正则化，我们为训练过程中优化的
目标函数（比如对数似然）增加一个附加项，对于过于复杂的模型，该项可用作惩罚项。神
经网络训练中最常使用的正则化项是神经网络权值的 L_2 平方范数或者 L_1 范数（这会导致稀
疏的权值集合——许多权值在训练过程中被设置为 0）。如 4.2.1 节所述，这两个正则化项都
具有贝叶斯解释。

另一种常见的正则化方法是 Dropout（Srivastava et al., 2014），即神经网络中的某些神

经元在训练过程中被"丢弃"。这意味着它们对激活和梯度计算的贡献为 0,其是通过断开与网络其余部分的连接来实现的。在训练的每个阶段(例如,在梯度的批量优化中),隐藏层或输入中的每个单元都有一定的概率被丢弃。这可以防止网络依赖于少量输入(或隐藏神经元),或者神经元通过彼此相互依赖,为预测输出提供信号(Eisenstein,2019)。

Gal 和 Ghahramani(2016b)以贝叶斯方式解释了 Dropout。在他们的模型中,神经网络的权值存在高斯先验。此外,由于推断是难以处理的,作者使用变分推断(第 6 章)来寻找后验。他们引入的关键思想是变分分布的形式,其中变分分布是权值集合以一定概率归 0 的神经网络。这类似于 9.4.4 节中提到的 Dropout 方法。Gal 和 Ghahramani 对 Dropout 的诠释使得神经网络等价于近似的深度高斯过程——一种将高斯过程(见 7.5.1 节)相互应用的层次模型(Damianou and Lawrence, 2013)。Gal 和 Ghahramani(2016a)进一步将工作扩展到了卷积神经网络的应用(9.4.4 节)。他们的目标是对卷积神经网络使用贝叶斯方法,以便于模型可以处理少量数据而不过拟合。Gal 和 Ghahramani(2016a)在数字识别数据集上测试了他们的贝叶斯神经网络。

Chirkova 等(2018)在自然语言处理领域的工作对循环神经网络的权值设置了先验。该先验与权值的绝对值成反比。然后通过变分推断找到近似后验。该后验用于寻找循环神经网络的稀疏参数集。

9.5.2　超参数调整

在构建神经模型时必须确定架构(即网络结构)。甚至在确定了架构类型之后仍然需要做出许多决策,比如确定每层神经元的数量(在前馈网络的情况下)、使用的层数量和使用的激活函数类型(或神经单元类型,如 LSTM 和 GRU)。过大的网络可能会过拟合,而过小的网络可能无法很好地泛化数据。

尽管最新的研究表明可以自动学习或搜索性能良好的神经网络架构(iu et al., 2018; Real et al., 2018; Zoph and Le, 2017),但这些决策大多是通过使用"反复试验"做出的:尝试各种值,最后选择的超参数是在验证集上表现最好的。这种优化超参数的过程是至关重要的,在许多情况下可以获得性能最佳的神经网络。

使用梯度下降等标准方法优化超参数是有问题的。首先,性能或代理目标函数(如对数似然)通常对于这些超参数是不可微的。更糟糕的是,对于需求最大化的性能,我们可能没有明确的函数或解析形式来将其作为超参数的函数。这意味着我们必须把性能函数视为一个黑箱——给定一组特定的超参数,我们就可以找到学习模型的性能。以机器翻译中的 BLEU 度量为例,其度量系统输出和正确的目标参考之间的 n 元语法重叠。

近年来,人们已经提出了一些开发"黑箱超参数优化器"的建议,这类优化器不需要梯度计算,也不需要对其优化的目标函数使用显式形式。无导数优化(Rios and Sahinidis, 2013)就是一个例子,一些相关的思想可以追溯到 20 世纪 50 年代(Chernoff,1959)。黑箱优化算法通常将一组超参数和基于这些超参数的模型的性能作为输入,并将下一个要尝试

⊖　这比交叉验证的强度要小。在交叉验证中,我们重复几个实验,每次都是在不属于训练集的那部分上测试模型。

的超参数或最终决定要使用的超参数作为返回输出。

通过在机器学习领域（Snoek et al.，2012）重新发现的贝叶斯优化概念（Močkus，1975，2012）可以为超参数调优建立贝叶斯连接。假设我们要最大化的性能函数是 $f(\alpha)$，其中 α 是诸如神经网络大小的超参数集合。贝叶斯优化首先在函数 f 上定义一个先验（通常是高斯过程，有关高斯过程的更多信息可以参考 7.5.1 节）。然后，定义一个获取函数 g，该函数是 f 的易于优化的代理函数。在给定先前已经评估的点的情况下，该代理函数使用 f 来选择要评估的点。贝叶斯优化的工作方式是：在获取函数的优化之间进行迭代，并在获取函数选择的点上评估 f，然后使用算法得到的新结果对 f 的后验进行更新。

获取函数必须考虑关于 f 信念的当前状态，以便选择下一个要评估的点。事实上，可以使用各种类型的获取函数。比如，那些选择点，以使 f 上的当前分布的期望改进最大化的函数。在这种情况下，我们有

$$g(\alpha' \mid \mathcal{D}) = E_{p(f'|\mathcal{D})}[\max\{0, f'(\alpha') - f(\alpha_{\max})\}]$$

其中，$\alpha_{\max}$ 是 f 目前为止可以获得最大评估值的点。最大化期望改进的另一种方法是通过获取函数最大化改进的概率：

$$g(\alpha' \mid \mathcal{D}) = E_{p(f'|\mathcal{D})}[I(f'(\alpha') \geq f(\alpha_{\max}))]$$

这种获取函数通常比期望改进效果差，因为其忽略了改进的规模，只关注最大化任意改进的概率。

关键的思想是，获取函数必须在开发（其探索的点可能具有较高的 f 值，且根据 f，当前保持的分布具有低方差）和探索（其探索的点可能具有较高的方差）之间保持平衡。算法 9-1 给出了贝叶斯优化算法的示意图。从第 2 行可以看出为什么将这种类型的优化称为贝叶斯优化。该算法将 f 的先验和估计值作为输入，以便找到优化函数的后验。随后，在第 4～5 行中，其为 f 选择下一个评估点。

输入：作为黑箱进行评估的函数 $f(\alpha)$，f 类型的函数上的先验 $p(f')$，获取函数 g

输出：α^*，使函数 f 最大的建议值

- - - - -

1. 设置 $n = 0, \mathcal{D} = \emptyset$
2. 设置 f 的当前后验，$p(f'|\mathcal{D}) = p(f')$
3. **repeat**
4. 　设置 $\alpha_{n+1} = \arg\max_{\alpha'} g(\alpha' \mid \mathcal{D})$
5. 　令 $y_{n+1} = f(\alpha_{n+1})$（评估 f）
6. 　$\mathcal{D} \leftarrow \mathcal{D} \cup \{(\alpha_{n+1}, y_{n+1})\}$
7. 　基于新 $\mathcal{D}$ 更新后验 $p(f'|\mathcal{D})$
8. 　$n \leftarrow n+1$
9. **until** 满足停止标准（比如 $n > T$，T 为一个固定的正整数值）
10. **return** $\alpha^* = \alpha_n$

算法 9-1　贝叶斯优化算法

9.6　神经网络生成建模

深度生成模型利用神经网络来学习样本空间上的概率分布，而不必对样本空间中的元素进行任何分类，或者至少在模型训练期间不包含分类标签。典型的神经网络模型学习具有 $p(Z \mid X)$ 形式的条件分布，其中 Z 是输出随机变量，X 是输入随机变量。另一方面，在接触了 X 的样本之后，深度生成模型学习具有 $p(X)$ 形式的分布。当要生成与训练数据具有类似形式分布的样本时，这尤其有用。

虽然不是传统意义上的贝叶斯（因为没有在神经网络的参数上设置先验分布，也没有进行直接的后验推断），但是深层生成建模与贝叶斯学习有一些惊人的相似之处，其中最显著的是通过确定隐变量上的"后验"分布，以帮助生成输入。

到目前为止，两种最流行的通过深度生成模型来建模分布的方法是变分自编码器（Variational AutoEncoder，VAE）（Kingma and Welling，2014）和生成对抗网络（Generative Adversarial Network，GAN）（Goodfellow et al. 2014）。在这些模型中，术语"生成"的使用通常是指使用隐变量（通常是连续向量）来生成模型的输出。这两种生成建模方法是独立开发的，研究人员对它们之间的联系进行了探索（Hu et al., 2018）。

9.6.1　变分自编码器

本节我们首先介绍对变分自编码器的直观认识，然后给出其变分近似的完整推导。

作为自动编码器的 VAE

自动编码器通常提供一种方法来建模输入分布，并将输入分布的显著特征提取到表示中。这些编码器将随机变量 Y 送入"压缩"层，以便获得每个 y 的隐藏表示 z。然后在另一个步骤中使用隐藏表示来恢复 y。第一步称为"编码"，第二步称为"解码"。注意，我们假设来自随机变量 Y 的样本是可观测的，而 Z 是不可观测的。

变分自编码器通过维护一个概率编码器来利用这种基本的自动编码器方法，这意味着存在一个将每个 y 概率地编码为 z 的分布 $q(Z \mid y)$。当优化变分自编码器时，该概率编码器会越来越接近 Z 的先验分布（比如，均值为 0 的高斯分布）。解码器包括以编码的 z 为输入，并试图恢复 y 的一个分布。变分自编码器中的关键思想是编码器和解码器都用神经网络表示。更准确地讲，编码器 $q(Z \mid y)$ 通常是由循环神经网络（其对句子 y 进行编码）参数化的高斯分布，比如在自然语言处理模型中就是这样。解码器是一个可以参数化为 z 的函数的神经网络（比如还可以是循环神经网络 RNN）。

我们旨在通过变分自编码器最小化的目标函数为

$$\mathrm{KL}(q(Z \mid y) \| p(Z)) - E_{q(z \mid y)}[\log p(y \mid Z)]$$

这个目标函数证实了上述直觉。第一项是一个 KL-散度项，其使 q 更接近先验 $p(Z)$（参见附录 A.1.2）。第二项确保在从编码器得到的可能潜在表示的分布下，我们能够很好地恢复 y。

在实践中，变分自编码器是通过指定编码器和解码器网络来实现的。将 y 作为输入的编码器网络与来自先验分布 $p(Z)$ 的样本一起提供了来自编码器 $p(Z \mid y)$ 的样本。然后解码器网络将该样本作为输入，并尝试恢复输入 y。

在"条件"设置中也可以设置变分自编码器。此时，需要一个附加的随机变量 X，使得先验 $p(Z \mid X)$ 和编码器 $q(Z \mid Y, X)$ 都以 X 为条件。就神经网络架构而言，这意味着来自 X 的实例（作为训练集和解码过程的一部分被提供）被用作编码器网络和解码器网络的附加输入。例如，如下所述，这种形式的变分自编码器可以用于机器翻译——X 是输入句子，Y 是目标语言中的句子。

Bowman 等（2016）为句子构建了一个变分自编码器模型，其中潜在表示旨在以连续的方式对句子的语义进行建模。与循环语言模型（Mikolov et al., 2011）相反，他们的模型旨在通过隐状态 Z 创建句子的全局表示。编码器模型和解码器模型都是循环神经网络（具有单层的 LSTM 单元）。Bowman 等人使用他们的模型对语言建模问题进行了实验，模型的性能比循环神经网络的性能稍差。他们还在缺词填补任务上测试了他们的模型，实验结果表明他们的模型显著优于 RNN 语言模型基线。

使用全局语义空间的思想后来被用于机器翻译。Zhang 等（2016）提出了一个条件变分自编码器模型（见下节），该模型使用隐随机变量 Z 表示全局语义空间。变分方法近似的后验被用于语义空间变量，而该变量条件依赖于源句子和目标句子。然而，在解码过程中，不能访问目标语言中的句子，而是使用生成目标句子的模型。该模型以所有先前生成的单词、z 和源句子 x 为条件生成目标句子中的单词 y_j（第 j 个单词）。作者使用蒙特卡罗近似来评估目标函数。

在下一节中，我们将利用与第 6 章的联系来描述变分自编码器的完整数学推导。我们的推导借鉴了文献（Doersch, 2016）。

基于变分近似的变分自编码器

第 6 章深入研究了贝叶斯自然语言处理中的变分推断。基于后验分布最大化变分界的原理也可用于学习使用神经网络的生成模型。虽然学习模型在模型参数具有先验的意义上不一定是贝叶斯，但学习目标与变分推断有很强的关系，并且与贝叶斯模型中的隐变量有着共同的用途。

变分自编码器的目标是学习观测变量 Y 上的分布。Y 上的分布由一个不可观测的隐变量控制，因此在神经网络文献中，变分自编码器被称为无监督学习。为了生成模拟和泛化训练数据的样本，可以对使用变分自编码器学到的分布 $p(Y)$ 进行采样。

为此，我们考虑一个熟悉的隐变量建模的简单设置。我们有一个模型 $p(Y, Z \mid \theta)$，其中 Z 是隐变量，Y 是观测变量。变分自编码器最初是在 Z 和 Y 都来自向量样本空间的情况下引入的。这意味着 $p(Y, Z \mid \theta)$ 的样本空间是 $\mathbb{R}^d \times \mathbb{R}^k$（$d$ 和 k 是整数）的子集。分布 $p(Y, Z \mid \theta)$ 的因式分解通常是 $p(Y \mid Z, \theta)p(Z \mid \theta)$。

对于变分自编码器，经常使用的概率分布 $p(Y \mid Z = z, \theta)$ 是高斯分布（在引入变分自编码器时所使用的分布也是高斯分布），尤其在计算机视觉等的应用中更是如此。尽管如此，我们并不局限于高斯"解码器"分布。在自然语言处理中（如本节开头所述），解码器分布通常是 LSTM 循环神经网络或离散空间上的分布（如类别分布）。当 Y 是高斯随机变量时，其满足 $Y \sim \text{Gaussian}(f(z, \theta), \sigma^2 I_{d \times d})$，其中 $I_{d \times d}$ 是维度为 d 的单位矩阵，f 是定义高斯分布均值向量的确定性函数。由于隐变量 Z 在生成 Y 之前通过 f 被屏蔽，所以没有必要为其选择一个复杂的分布。因此，我们经常选择 $Z \sim \text{Gaussian}(0, I_{k \times k})$。

与神经建模的关系起始于选择通过神经网络定义的 $f(z, \theta)$。随机变量 Y 是从通过使用神经网络创建的一组参数进行参数化的分布中生成的。

神经网络函数 f 和参数 θ 的学习是通过最大化数据的对数似然来实现的。更具体地讲，给定一组独立同分布的训练实例 $y^{(1)}, \cdots, y^{(n)}$，我们的目标是基于 θ 和 f 最大化下面的目标函数（其中 f 本身由一组神经网络参数控制）：

$$
\log p\left(y^{(1)}, \ldots, y^{(n)} \mid \theta, f\right) = \sum_{i=1}^{n} \log p\left(y^{(i)} \mid \theta, f\right)
$$
$$
= \sum_{i=1}^{n} \int_{z} p\left(y^{(i)} \mid z, \theta, f\right) p(z \mid \theta) \mathrm{d}z
$$

对于特定的 i，令 $y = y^{(i)}$。为了最大化上式，我们使用变分推断（更多细节参考 6.1 节）。我们定义了一个变分分布 $q(z \mid y)$（每个训练实例都有对应的变分分布）。然后，我们的目标是最小化 $q(z \mid y)$ 和 $p(z \mid y, \theta, f)$ 之间的 KL- 散度。利用 KL- 散度的定义和贝叶斯法则，我们得到

$$
\begin{aligned}
\text{KL}(q(Z \mid y), p(Z \mid y, \theta, f)) &= E_{q(Z \mid y)}[\log q(z \mid y) - \log p(z \mid y, \theta, f)] \\
&= E_{q(Z \mid y)}[\log q(z \mid y) - \log p(y \mid z, \theta, f) - \log p(z)] \\
&\quad + \log p(y \mid \theta, f)
\end{aligned}
$$

通过重新排列这些项，并再次使用 KL- 散度的定义，我们得到

$$
\begin{aligned}
&\log p(y \mid \theta, f) - \text{KL}(q(Z \mid y), p(Z \mid y, \theta, f)) \\
&= E_{q(Z \mid y)}[\log p(y \mid z, \theta, f)] - \text{KL}(q(Z \mid y), p(Z \mid \theta)) \quad (9.24)
\end{aligned}
$$

如果 $q(Z \mid y) = p(Z \mid y, \theta, f)$，则上述方程的左边项（关于 q）是最大的。在这种情况下，q 是给定特定示例的隐变量上的真实后验。

对于手头的高斯模型，通常也将 $q(Z \mid y)$ 设置为具有均值 $\mu(y, \upsilon)$ 和对角协方差矩阵 $\Sigma(y, \upsilon)$ 的高斯分布。均值和协方差矩阵是 y 和一些参数 υ 的确定性函数。该函数也通过神经网络实现（例如，υ 可用作此类网络的参数）。在这种情况下，式（9.24）中的第二项 $\text{KL}(q(Z \mid y), p(Z \mid \theta))$ 具有闭形式（作为 $\mu(y, \upsilon)$ 和 $\Sigma(y, \upsilon)$ 的函数），因为其是两个多元高斯分布之间的 KL- 散度）。见文献 Doersch（2016）。

为了最大化式（9.24）中的边界，我们可以使用随机梯度下降（见附录 A.3.1）。对于给定的 $y = y^{(i)}$，我们可以从当前的分布 $q(Z \mid y, \mu(y, \upsilon), \Sigma(y, \upsilon))$ 中采样 z，并更新 θ 和 f（通过式（9.24）中的第一项）以及 θ 和 υ（通过式（9.24）中的第二项）。对于第一项，这就需要获取神经网络目标函数的梯度，其可以通过反向传播实现。

然而，这种随机更新存在一个问题。原则上，式（9.24）中的第一项 $E_{q(Z \mid y)}[\log p(y \mid z, \theta, f)]$ 依赖于 $\mu(y, \upsilon)$ 和 $\Sigma(y, \upsilon)$，因此也依赖于 υ。之所以存在这种依赖关系，是因为 $q(Z \mid y)$ 由 υ

参数化。在从当前的 q 分布中采样单个 z，对期望中的项进行随机梯度更新时，我们忽略了这种依赖性，没有基于第一项对 $\mu(y,\upsilon)$ 和 $\Sigma(y,\upsilon)$ 进行任何更新。

为了解决这个问题，我们没有从分布 $q(Z|y)$ 中采样 z，而是从具有零均值和单位协方差矩阵（其中 ε 与 z 的维数相同）的高斯分布中采样 ε，然后用 $\mu(y,\upsilon)+\Sigma^{1/2}(y,\upsilon)\cdot\varepsilon$ 替换式（9.24）中的 z。实际上，当使用 z 的这种公式时，我们得到与 $q(Z|y,\mu(y,\upsilon),\Sigma(y,\upsilon))$ 相同的分布。这种"重参数化"技巧（另请参考下文）将在梯度近似中使用的随机样本与我们用来得到梯度的参数进行了解耦。这种技巧降低了变分自编码器对自然语言处理的吸引力，因为离散变量（作为隐变量）不像高斯变量那样，可以容易地被重新参数化（见下文）。

术语变分自编码器的产生受到优化过程和作为自动编码器（即通过需要恢复输入的隐表示（Z）对输入（Y）进行编码的机制，见9.6.1节）的变分界的启发。我们首先通过使用参数 υ 的变分分布编码 Y，这就创建了一个变分分布 $q(Z|Y)$。然后我们采样 z，并通过参数 θ 和神经网络 f（神经网络的输出 $f(z,\theta)$ 给出了 Y 上解码分布的均值）将 z "解码"回 Y。

变分自编码器的学习可以看作对编码器–解码器神经网络执行随机梯度下降。在每一步，我们通过选择 $i\in[n]$ 来采样一个训练样本，然后独立地从具有 0 均值和单位协方差的高斯分布中采样 ε。

我们旨在使用随机梯度下降（关于 ε 上的"分布"和 n 个训练样本）优化的最终边界基于式（9.24），如下所示：

$$\mathcal{L}\left(y^{(1)},\cdots,y^{(n)}\mid\theta,f,\upsilon,\mu,\Sigma\right)$$
$$=\frac{1}{n}\sum_{i=1}^{n}\left(E_{\varepsilon}\left[\log p\left(y^{(i)}\mid Z=\mu(y^{(i)},\upsilon)+\Sigma^{1/2}(y^{(i)},\upsilon)\cdot\varepsilon,\theta,f\right)\right]\right.$$
$$\left.-\mathrm{KL}(q(Z\mid y^{(i)}),p(Z\mid\theta))\right)$$

变分自编码器提供了一种从估计的神经网络中为 Y 抽取样本的方法。这首先是通过从高斯分布 $\mathrm{Gaussian}(0,I_{k\times k})$ 中采样 z 来实现的。然后通过从高斯分布 $\mathrm{Gaussian}(f(z,\theta),\sigma^2 I_{d\times d})$ 中采样 y 来对 z 进行解码。[⊖] 这只是遵循了前面描述的生成过程。在该过程中，通过变分自编码器，我们可以学习样本空间上的生成分布。然而，也可能构造用于预测的变分自编码器模型。这种变分自编码器被称为条件变分自编码器，它们假设存在另一个观测到的随机变量 X。在这种情况下，我们的目标是学习一个利用隐变量 Z 的条件模型：$p(Y|X)=\int_{z}p(Y|X,z)p(z|X)\mathrm{d}z$。该模型和不包括 X 的模型的主要区别在于：在这种情况下，神经网络 f 是 z，θ 和 x 的函数。最常见的情况是，Y 是具有均值 $f(z,x,\theta)$，协方差矩阵为对角协方差矩阵（对角线上的值为 σ^2）的高斯分布。

重参数化技巧

在本节中，我们将详细介绍前面提到的重参数化"技巧"。这种技巧已经广泛地用于变

⊖ 或者，我们可能想要通过积分完全消去隐变量 Z，以便得到 Y 上的模型。但是，如果 $p(Z)$ 和 $p(Y|Z)$ 之间没有共轭性，则这并不总是可能的。

分自编码器，或者每当需要使用反向传播算法通过神经网络中的"随机节点"微分目标函数时（随机节点是指神经网络中由随机变量组成的节点，例如变分自编码器中的隐变量 Z），就需使用这种技巧。[⊖]

再次考虑，为了最大化变分自编码器的变分界，需要能够计算形如 $E_{q(z|\theta)}[f(z)]$ 的期望，其中 $q(z|\theta)$ 是具有学习参数 θ（均值和方差）的高斯分布，而 f 是 z 的函数。为此，我们改为计算基于标准高斯变量 ε（均值为 0 和标准差为 1）的期望。通过将 ε 与学习到的方差相乘，再加上均值来对其进行线性变换，以得到与 z 等价的随机变量（高斯随机变量的线性变换仍然是高斯随机变量）。一般来讲，$q(z|\theta)$ 可以是需要计算 $f(z)$ 期望及其梯度的任意参数化分布。

重参数化技巧通常需要找到随机变量 ε 的分布 $q(\varepsilon)$，使得 $z = g(\varepsilon, \theta)$（对于函数 g），并且 ε 独立于 θ（在高斯情况下，g 是使用 θ 所包含的方差和均值的线性变换）。一旦我们找到了这样的 $q(\varepsilon)$，期望 $E_{q(z|\theta)}[f(z)]$ 和这个期望（关于 θ）的梯度可以重新参数化为

$$E_{q(z|\theta)}[f(z)] = E_{q(\varepsilon)}[f(g(\varepsilon, \theta))] \tag{9.25}$$

$$\nabla_\theta E_{q(z|\theta)}[f(z)] = E_{q(\varepsilon)}[\nabla_\theta f(g(\varepsilon, \theta))] \tag{9.26}$$

这种参数化的重要结果是：现在可以使用独立于分布 $q(z|\theta)$ 的样本来计算期望及其梯度——我们无须推断此分布就可计算这些量。例如，一组独立样本 $\varepsilon_1, \cdots, \varepsilon_n$ 可用来将式（9.25）近似为

$$E_{q(z|\theta)}[f(z)] \approx \frac{1}{n} \sum_{i=1}^n f(g(\varepsilon_i, \theta)) \tag{9.27}$$

在 Z 是离散随机变量的情况下，这种重参数化存在问题，因为此时不存在关于 $\theta = (\theta_1, \cdots, \theta_k)$（$K$ 个事件）可微的函数 g，而可微条件正是式（9.26）必需的。这就是 Gumbel-softmax "技巧"发挥作用的时候。令 $U_1, \cdots, U_k$ 是从区间 $[0, 1]$ 上的均匀分布中抽取的随机变量序列。如果 $G_k = -\log(-\log U_k)$，且我们将随机变量 X 定义为

$$X = \arg\max_k \log\theta_k + G_k \tag{9.28}$$

则 X 服从参数为 $(\theta_1, \cdots, \theta_k)$ 的类别分布（附录 B.1）。随机变量 G_k 被认为具有 Gumbel 分布。注意，通过这种方式，我们设法重新参数化关于 θ 的类别分布。更具体地讲，如果我们希望 $q(\cdot|\theta)$ 是多项式分布，则可以定义 $\varepsilon = (G_1, \cdots, G_k)$。函数 $g(\varepsilon, \theta)$ 依次输出长度为 K 的独热向量（即除一个坐标为 1 外，其他所有坐标都为 0），其中 1 在式（9.28）规定的坐标中。然后，我们就完成了重新参数化，其中关于 q 的期望可以使用来自 ε 的样本（如式（9.27）所述）进行计算。

但是，仍然存在一个问题：上面指定的函数 g 是不可微的。在这里，我们将独热向量的使用放宽到 $K-1$ 维概率单纯形中的任何向量（关于概率单纯形，可以参考第 2 章）。我们将

⊖   有时可以将随机节点作为隐藏变量（例如，当它是小空间上的多项式分布时）通过积分消去，在这种情况下不需要重参数化技巧。

$g: \mathbb{R}^K \to \mathbb{R}^K$ 定义为

$$[g(\varepsilon, \theta)]_k = \frac{\exp\left((\log \theta_k + \varepsilon_k)/\tau\right)}{\sum_{j=1}^{K} \exp\left((\log \theta_j + \varepsilon_j)/\tau\right)}$$

其中 τ 是超参数（τ 越大，g 的峰值就越大）。使用这种重参数化技巧，然后应用 softmax 分布，我们可以在概率单纯形上使用隐变量 z，以便更好地拟合离散数据。关于此，可参考文献 Maddison 等（2017）以及附录 B.9 节。

9.6.2 生成对抗网络

生成对抗网络是一种神经网络架构，旨在使用判别建模在样本空间上创建生成模型。生成对抗网络由"生成器"和"判别器"组成。生成器为判别器生成输入，判别器反过来试图将这些输入与训练数据中的样本区分开来。建立目标函数的方式是：生成器试图最大化判别器的误差，并因此尝试创建与训练样本输入最相似的输入，从而概括其分布。

更具体地讲，生成对抗网络将模型建立在两个神经网络——G（生成器）和 D（判别器）——之上，其中两个神经网络的内部结构仍然不明确。然而，D 需要是从 Y 的空间 $\mathbb{R}^d$ 到 $[0, 1]$（输出概率）的函数，G 需要是从 $\mathbb{R}^k$ 到 $\mathbb{R}^d$ 的函数，其将抽取自"噪声分布"$p(Z)$ 的向量 z 映射到 Y 的空间。注意 $p(Z)$ 是固定的。例如，这个分布通常被假定为具有单位协方差和零均值的多元高斯分布。如果 $p(Z)$ 是参数化的，则可能需要使用重参数化技巧，如 9.6.1 节所述。

生成对抗网络背后的关键思想是，判别器 D 识别 y 是否抽取自基础分布 $p(Z)$。而另一方面，生成器 G 通过生成 D，难以从真实分布辨别的样本来"欺骗"D。这一思想体现在以下用于训练 D 和 G 的极小极大化目标函数中：

$$\min_G \max_D \frac{1}{n} \sum_{i=1}^{n} \log D\left(y^{(i)}\right) + E_{p(Z)}\left[\log(1 - D(G(z)))\right]$$

第一项只是对数据的引用，可以用来调整 D，以使其确实匹配数据上的分布。第二项代表了极小极大目标背后的主要思想。一方面，该项基于 D 进行最大化，试图对 G 所生成的样本给予较低的概率。另一方面，我们也试图最小化这一项，从而"欺骗"D，使其将 G 根据 $p(Z)$ 生成的样本识别为高概率。

我们现在指定一个 Y 上的生成模型，该模型是通过使用生成器 G（一旦通过学习得到了 G）从数据中学习得到的。Y 上的模型是通过使用下面的生成模型抽取 Y 而指定的：

$$z \sim p(Z)$$
$$y = G(z)$$

实际上，D 和 G 分别是通过参数 θ_D 和 θ_G 进行参数化的，采用这种方式可以基于这些参数优化极小极大目标。与神经网络的训练一致，该目标函数可以使用类似于随机梯度下降的优化算法进行优化。

虽然生成对抗网络的基本形式已经被成功地用于学习连续域（如图像和音频）上的分布，但这种形式的生成对抗网络对于自然语言处理来讲用途有限。生成对抗网络能够较好地处理连续的观测数据，但是对于自然语言处理中常见的离散（观测）数据却效果不佳。这是因为基于噪声分布构建生成器（可以针对其计算关于参数的梯度）是一项艰巨的任务。例如，与图像不同的是，图像的光谱是根据它们之间的连续距离度量的，而如何为文本创建这样的光谱并度量句子之间的距离就不那么清楚了。尽管如此，自然语言处理领域中有一些讨论生成对抗网络的最新工作，例如文献 Caccia 等（2018）和文献 Tevet 等（2018）。

尽管生成对抗网络旨在学习由给定数据点表示的样本空间上的分布，但它们通常只是倾向于记住它们训练时所使用的训练示例（称为“模式合并”，mode collapse）。此外，由于我们还发现了生成对抗网络的点估计，并且没有执行完全的后验推断，因此我们无法表示参数设置上的任何多模态。为了缓解这些问题，Saatci 和 Wilson（2017）提出了贝叶斯生成对抗网络的思想。在他们的阐述中，其对生成器和判别器（$p(\theta_G \,|\, \alpha_G$ 和 $p(\theta_D \,|\, \alpha_D)$）的参数设置了先验。为了执行推断，需要迭代地对下面的后验进行采样：

$$p(\theta_G \,|\, z, \theta_D) \propto \left(\prod_{j=1}^{R} D\left(G(z^{(a_j)}) \right) \right) p(\theta_G \,|\, \alpha_G)$$

$$p\left(\theta_D \,|\, z, y^{(1)}, \cdots, y^{(n)}, \theta_G \right) \propto \prod_{i=1}^{N} D\left(y^{(b_i)} \right) \times \prod_{j=1}^{R} \left(1 - D\left(G\left(z^{(a_j)} \right) \right) \right) \times p(\theta_D \,|\, \alpha_D)$$

其中，$z^{(1)}, \cdots, z^{(r)}$ 是在每个采样步骤中从 $p(Z)$ 抽取的样本。此外，$\{a_j\}_{j=1}^{N}$ 表示来自分布 $p(Z)$ 的样本子集（用于小批量），$\{b_i\}_{i=1}^{R}$ 表示观测数据 $x^{(i)}(i \in [n])$ 的子集（也用于小批量）。Saatci 和 Wilson 提出使用随机梯度哈密顿蒙特卡罗（Stochastic Gradient Hamiltonian Monte Carlo，SGHMC）方法（Chen et al. 2014）从这些后验分布中采样。

Goodfellow 等（2014）诠释的生成对抗网络是贝叶斯生成对抗网络的一个特例，在这个例子中，其对判别器和生成器使用了均匀先验。此外，对于 Goodfellow 等人的原始诠释，我们遵循最大后验估计（见 4.2.1 节），而不是在生成器和判别器上的后验之间进行迭代。

9.7 本章小结

表征学习和神经网络已经成为自然语言处理工具包中的重要工具。它们用自动特征和表示构造取代了对线性模型手动构造“特征”的需要。这就依靠神经网络的架构工程。它也标志着自然语言处理的一个转变，其开始将单词、句子、段落甚至整个文档表示为密集的连续向量。自然语言处理中最常用的两种神经网络架构是循环神经网络和卷积神经网络。

本章概述了在自然语言处理中流行的建模神经网络的主要技术，但仅仅涵盖了相关技术的冰山一角。神经网络在自然语言处理中的应用方面具有动态变化的目标，并且发展很快。例如，有证据表明，“Transformer”模型（Vaswani et al., 2017）或基于卷积的 seq2seq 模型

（Gehring et al.，2017）等在某些自然语言处理任务上具有较高的性能，并且高于基于循环神经网络的 seq2seq 模型。它们在计算上也具有优势，因为它们的函数比循环神经网络函数更容易在 GPU 上并行化。本章不讨论这些模型和其他相关模型的架构细节。

虽然神经网络改变了自然语言处理的大部分内容，并且已经渗透到该领域目前所做的大部分建模工作中（本章仅涵盖这方面的一小部分），但这类研究是否能够突破自然语言处理中仍然存在的"障碍"还有待观察：关于自然语言的交流和推理不只是一个浅层次的交流，也许是更接近于人类层面的交流。

在这种层次上的推理需要对世界有深刻的理解，而这种理解很难单纯通过观察用于训练神经网络模型的给定问题的特定输入 – 输出对来进行编码。此外，神经网络还未克服对少量数据进行学习的问题。例如，在机器翻译方面，有研究认为，对于具有少量并行数据（低资源设置）的语言对，旧的统计机器翻译技术优于神经机器翻译（Koehn and Knowles，2017）；也可参见（Artetxe et al.，2018；Sennrich et al.，2016）。其他重要的应用，比如复杂问答、摘要提取和对话（如"聊天机器人"）等还远远没有得到解决。例如，许多商业对话系统在很大程度上仍然依赖于具有手工编制规则和脚本的系统。

贝叶斯学习在这方面可以做出一个小但重要的贡献。来自贝叶斯设置下的隐变量推断（如变分推断）思想已经得到应用，并且可以进一步用于开发神经网络的估计和学习算法。此外，传统的贝叶斯建模需要构建一个生成模型（例如，以图模型的形式），因此会产生更多可解释模型。另一方面，神经网络通常会产生"黑箱"，它使得特定神经网络如何执行手头的任务很难理解。这又是一种情况，来自贝叶斯学习的概念（比如生成可解释的隐结构）可以通过理解神经模型的决策来帮助推动神经网络在自然语言处理领域的进步。

将神经网络理解为一种可解释模型（不一定是在贝叶斯上下文中）的研究方向激发了自然语言处理领域当前的许多兴趣（Lei et al.，2016；Li et al.，2015；Linzen，2018），包括最近专门针对此的一系列研讨会[⊖]。

在贝叶斯上下文中解释神经网络也有另外的用途，比如在贝叶斯建模中产生的表示可用来增强神经网络获得的表示。例如，文献 Mikolov and Zweig（2012）、Ghosh 等（2016）和 Narayan 等（2018a）将隐狄利克雷分配模型（第 2 章的 LDA）和神经网络结合使用，可以为网络提供额外的上下文主题信息。

有关神经网络在自然语言处理中应用的更多信息，请参考文献 Goldberg（2017）和 Eisenstein（2019）。

9.8　习题

9.1　讨论：在嵌入空间中，词嵌入的期望属性及这些属性之间的关系是什么？这是否依赖于手头的问题，如果是，又是如何依赖的？

9.2　证明异或问题不能用线性分类器来解决。更具体地讲，如果给定具有样本 (x_1, x_2) 和标签 $y(x_i, x_2)$ 的数据集：

⊖　见 https://blackboxnlp.github.io/。

(x_1, x_2)	y
$(0,0)$	0
$(0,1)$	1
$(1,0)$	1
$(1,1)$	0

证明不存在权值 w_1，w_2 和偏置 b 满足下面的约束：

$$w_1 x_1 + w_2 x_2 + b \geqslant 0$$

当且仅当 $y(x_1, x_2) = 1$。用阶跃激活函数为同样的输入推导一个两层神经网络，使该网络能够完美地对上述异或数据进行分类（你可以选择中间层的单元数）。

9.3　对于上述神经网络，将其激活函数改为 sigmoid 函数，使用数据的对数似然作为目标函数，推导出其反向传播更新规则。你需要为其创建更新规则的优化器是梯度下降（请参见附录 A.3 节）。

9.4　证明上述神经网络的对数似然函数目标具有多个极大值。

9.5　当对图 9-1 中的网络采用反向传播推导方案时，你得到了什么更新规则（对于对数似然目标函数）？更新规则将导致收敛到相应的对数似然函数的全局最大值吗？

9.6　计算表 9-1 中每个激活函数的导数，并证明 $\tanh(x) = 2\sigma(x) - 1$，其中 σ 是 sigmoid 函数。

结 束 语

　　贝叶斯自然语言处理是自然语言处理中一个相对较新的领域，出现于 21 世纪初，直到最近才发展成当前的成熟状态。它的未来仍然有待观察。诺贝尔物理学奖得主丹尼斯·加博尔（Dennis Gabor）曾说过："虽然我们无法预测未来，但我们可以创造未来。"我相信这也适用于贝叶斯自然语言处理。贝叶斯自然语言处理在下面的几个关键领域中可以获得进一步的发展。

- 非参数模型的应用——非参数建模是贝叶斯统计的一个基本组成部分，特别是在考虑贝叶斯分析在机器学习方面的最新发展时更是如此。目前已经提出了各种各样的非参数模型，其中一些以一般的形式，另一些则是以特定问题的形式。尽管如此，在贝叶斯自然语言处理中，除少数例外，人们仍然非常关注狄利克雷过程及其衍生方法。寻找能够最大程度地利用非参数模型的应用，有可能使自然语言处理文献在这方面更加丰富。

- 构建更加丰富的先验——在贝叶斯建模中使用先验分布的能力是此类建模的核心。先验可以概括当前问题的知识和专家意见。这对于语言来说尤其如此，因为编码先验的语言知识的潜力是巨大的。然而，迄今为止，在自然语言处理中很少使用先验集，有限的几次主要侧重于使用狄利克雷分布。总之，构造和使用新的先验具有巨大的潜力（比如，通过语言知识的先验启发）。

　　这意味着我们将不得不摆脱 Raiffa 和 Schlaifer（1961）所给出的传统共轭定义，他们关注通过特定先验和似然来寻找后验分布的便利性。共轭已经与"后验具有闭形式解"等价（尽管这不是共轭的最初定义），也许现在是时候从计算共轭的角度进行思考了。也就是说，先验和似然之间的共轭在计算上是可处理的，但不一定导致简单的后验数学公式。计算共轭意味着后验可能是一个黑箱，可以有效地用于各种任务（其中效率采用计算复杂度进行度量），并且可以用新数据反复更新黑箱。

- 与其他机器学习技术的融合——近年来，神经网络已成为自然语言处理机器学习工具包中的重要工具。虽然在机器学习文献中已有将贝叶斯学习与神经网络联系起来的工作，但是在自然语言处理中将两者进行联系的工作却很少。贝叶斯学习可用于控制神经网络结构的复杂性，也可用于通过先验设置参数权值。

- 在自然语言处理中扩展贝叶斯推断——在过去的 10 年中，自然语言处理研究人员使用的文本资源的规模获得了巨大增长。在机器学习和自然语言处理中对贝叶斯分析的一个批评是：在"大数据"时代，贝叶斯推断无法（通过计算）扩展到大型数据集。

像 MCMC 推断这样的方法收敛很慢，处理的规模也比我们现在所用的方法小得多。尽管如此，近年来统计和机器学习领域的研究人员在可扩展贝叶斯推断算法方面取得了进展。例如，提出了 MCMC 方法和变分推断方法的随机版本。这些知识还没有以完整的形式转移到自然语言处理领域，并且为了在自然语言处理的贝叶斯上下文中对大型数据集进行推断，这可能是必要的。关于大数据时代贝叶斯推断的讨论，参见文献 Jordan（2011）和 Welling（2014）。

基本概念

这里概述了深度学习的历史、兴起，以及在一些领域的最新进展。同时，我们将讨论深度学习面临的一些挑战及其未来的潜力。

A.1 信息论的基本概念

本节定义了信息论中的一些基本概念，例如熵、交叉熵和 KL- 散度。有关信息论的完整介绍，请参见文献 Cover 和 Thomas（2012）。

A.1.1 熵和交叉熵

分布为 p，样本空间为 Ω 的离散随机变量 X 的熵定义为

$$H(p) = -\sum_{x \in \Omega} p(X = x) \log p(X = x)$$

熵总是非负的。如果熵是 0，那么随机变量就是一个概率为 1 的常数值。熵越大，随机变量的不确定性越大，或者从某种意义上说，随机变量的分布越接近均匀分布。（通常规定 $0\log 0$ 等于 0，否则需对其进行定义。这是因为当 p 趋近于 0 时，$p\log p$ 的极限是 0。）

当使用 $\log_2$ 代替 $\log$ 时，熵提供了对随机变量进行编码所需的期望比特数。随机变量的每个值 x 都由 $\log_2 P(X = x)$ 个比特的编码组成。这背后的动机可以通过交叉熵的概念来证明。对于给定的随机变量，它的两个分布之间的交叉熵 $H(p, q)$ 定义为

$$H(p, q) = -\sum_x p(X = x) \log q(X = x)$$

若对于每个 $x(x \in \Omega)$，其编码长度为 $\log_2 q(X = x)$，则当使用以 2 为底的对数 $\log_2$ 时，交叉熵给出了编码来自分布 p 的随机样本所需使用的期望比特数。给定优化问题 $\min_q H(p, q)$，交叉熵在 $p = q$ 时达到最小值。此时，$H(p, q) = H(p)$。因此，从这个意义上来讲，采用为每个 $x(x \in \Omega)$ 指派 $\log_2 q(X = x)$ 个比特的编码方法对来自分布 p 的随机样本进行编码是最优的。

若使用自然对数计算熵，则熵的单位是"自然比特"。特别地，当采用不同基数的对数计算熵时，熵会按倍数因子 $\log_a b = \dfrac{\log_c a}{\log_c b}$（$a$，$b$，$c > 0$）改变。

熵的概念也可以自然地扩展到连续随机变量（交叉熵的概念也可以扩展）。如果 θ 是一个密度为 $p(\theta)$ 的随机变量，则熵 $H(\theta)$ 定义为

$$H(\theta) = \int_{-\infty}^{\infty} p(\theta) \log p(\theta) \mathrm{d}\theta$$

连续随机变量的熵也称为"微分熵"。离散随机变量的熵与连续随机变量的熵有几个不同之处：连续随机变量的熵可能为负或发散到无穷大，并且在变量变化时不会保持不变。

A.1.2 Kullaack-Leibler 散度

两个离散分布 p 和 q 之间的 Kullback-Leibler 散度（KL- 散度）定义为

$$\begin{aligned}
\mathrm{KL}(p, q) &= \sum_x p(X = x) \log \left(\frac{p(X = x)}{q(X = x)} \right) \\
&= \sum_x p(X = x) \log p(X = x) - \sum_x p(X = x) \log q(X = x) \\
&= H(p, q) - H(p)
\end{aligned}$$

KL- 散度是两种分布之间不相似度的度量。KL- 散度越大，p 和 q 的差异越大。KL- 散度总是非负的，只有当 $p = q$ 时才等于 0。一般情况下，KL- 散度是不对称的，即 $\mathrm{KL}_{(p, q)} \neq KL_{(q, p)}$。与熵类似，KL- 散度可以推广到连续情形。

A.2 其他基本概念

本书提到了三个概念：詹森不等式、连续随机变量的变换和期望最大化算法，我们将在这里讨论这些概念。

A.2.1 詹森不等式

在概率论的背景下，詹森不等式指出，如果 f 是关于实值随机变量 X 的凸函数，则
$$f(E[X]) \leqslant E[f(X)]$$

这样，对于凹函数 g，则有 $g(E[X] \geqslant E[g(X)])$（因为负的凸函数是凹的）。詹森不等式可用于得出变分推断的证据下界（第 6 章）。所使用的函数 g 是 $g(x) = \log x$，而詹森不等式则应用在边缘对数似然上。有关更多详细信息，请参见 6.1 节。

A.2.2 微分的链式法则

链式法则是机器学习和自然语言处理中用来对目标函数求导的最重要的一个原理，例如变分推断和反向传播算法都需要用到它。

令 $f : \mathbb{R}^d \to \mathbb{R}$ 和 $g : \mathbb{R}^k \to \mathbb{R}^d$ 是两个不同的可微函数。函数 f 将 $x \in \mathbb{R}^d$ 映射到实数域 $\mathbb{R}$，因此，我们可以创建复合函数 $f(g(y))$，其中 $y \in \mathbb{R}^k$。我们用 h 表示创建的复合函数，即 $h(y) = f(g(y))$，其中 $h : \mathbb{R}^k \to \mathbb{R}$。通过改变变量，可以定义函数 $h(u) = f(u)$，其中 $u \in \mathbb{R}^d$，且对于任意 $j \in \{1, \cdots, d\}$，有 $u_j = [g(y)]_j$。

根据链式法则，h 对 y_i 的导数可以表示为

$$\frac{\partial h}{\partial y_i} = \sum_{j=1}^{d} \frac{\partial h}{\partial u_j} \cdot \frac{\partial u_j}{\partial y_i}$$

如果我们把 h 对 y_i 的微分看作是当 y_i 受到扰动时 h 产生的 "变化量"，那么这一变化量可以按如下方式进行计算：首先计算 h 相对于每个 u_j 的变化量与 g（通过向量 u）相对于 y_i 的变化量的乘积，然后对所有的积求和。

A.2.3　连续随机变量的变换

有时，分布的参数并不适用于当前的应用。例如，在 4.2.2 节中，本书讨论了对多项式分布上的后验使用拉普拉斯近似。注意多项式分布上的后验是在概率单纯形上定义的，而拉普拉斯近似所给的近似后验却定义在 $\mathbb{R}^d$ 上。因此，最好先对概率单纯形随机变量进行变换，使它们变成无界的，且变换后的多元随机变量的每个坐标都跨越区间 $(-\infty, \infty)$。通过使用 logit 函数可以完成此操作。

此时需要提出的问题是如何计算新变换后的随机变量的概率分布，因为这是后续拉普拉斯近似和在新空间中对随机变量进行一般操作所必需的。通过使用雅可比变换可以完成概率分布的计算。

雅可比变换的工作原理如下。假设已知 $\mathbb{R}^d$ 中的某个多元随机变量的概率密度函数，且该密度函数为 $f(\theta)$，其中 $\theta \in \Omega \subseteq \mathbb{R}^d$。另外，假设给定函数 $r : \Omega \to \mathbb{R}^d$，$r$ 可微且是双射函数。令函数 s 为 r 的逆函数，即 $s(\mu) = r^{-1}(\mu)$。$\mu = r(\theta)$ 定义了一个新的多元随机变量。则 μ 的概率密度为 $g(\mu) = f(s(\mu)) | \det(J(\mu)) |$，其中函数 $J : f(\Omega) \to \mathbb{R}^d \times \mathbb{R}^d$ 定义如下：

$$[J(\mu)]_{ij} = \frac{\partial s_i}{\partial \mu_j}(\mu)$$

这里函数 $s_i : \Omega \to \mathbb{R}$ 的定义为 $s_i(\mu) = [s(\mu)]_i$（即 $s(\mu)$ 的第 i 个分量）。J 也被称为 "雅可比矩阵"（在这里 s 是多变量函数）。

在积分中的变量发生变化后，这种变换也经常用于计算积分（无论计算是否涉及概率论）。通常情况是，在进行此类变换后，积分更容易计算，或者简化为众所周知的具有解析解的积分。

A.2.4　期望最大化算法

第 6 章对变分推断和变分期望最大化算法进行了深入的探讨。本节通过给出在数据不完整的经典频率设置中进行参数估计的期望最大化算法的一些信息进行讨论。

一般情况如下。给定模型 $p(X, Z | \theta)$，其中 X 是观察到的随机变量，Z 是隐随机变量。已知 $x^{(1)}, \cdots, x^{(n)}$ 是从 $p(X | \theta^*) = \sum_z p(X, z | \theta^*)$ 中采样到的 n 个观测值，我们的目标是确定真实的参数 θ^*。基于参数 θ 最大化边缘对数似然 $L(\theta)$，可以确定参数 θ^* 的值：

$$L(\theta) = \sum_{i=1}^{n} \log p\left(x^{(i)}|\theta\right) = \sum_{i=1}^{n} \log \left(\sum_{z} p\left(x^{(i)}, z|\theta\right)\right)$$

一般来讲，边缘对数似然函数 $L(\theta)$ 不是凸函数，具有多个全局最大值。通常也很难计算出它的全局最大值。期望最大化算法是一种坐标上升算法，它迭代地创建满足 $L(\theta_i) \geq L(\theta_{i-1})$ 的参数序列 $\theta_1, \theta_2, \cdots$，并最终收敛到 $L(\theta)$ 的局部最大值。

注意，$L(\theta)$ 也可以用以下方式表示：

$$L(\theta) = \sum_{i=1}^{n} \log \left(E_{q_i(Z)}\left[\frac{p\left(x^{(i)}, z|\theta\right)}{q_i(z)}\right]\right)$$

对于隐变量上固定分布 $q_1(Z), \cdots, q_n(Z)$ 的任何集合，其支撑集都包含 p 对 Z 的支撑集（要看到这一点，只需展开 $q_i(Z)$ 下的期望，分子和分母中的 $q_i(z)$ 项将抵消）。詹森不等式告诉我们，可以为基于任意 θ 和前述所有 q_i 的 $L(\theta)$ 定义下界 $B(\theta|q_1, \cdots, q_n)$：

$$B(\theta|q_1, \ldots, q_n) = \sum_{i=1}^{n} E_{q_i(Z)}\left[\log\left(\frac{p\left(x^{(i)}, z|\theta\right)}{q_i(z)}\right)\right]$$

可以看出，对于任何 θ，当 $q_i(Z) = p(Z|x^{(i)}, \theta)$ 时有 $B(\theta|q_1, \cdots, q_n) = L(\theta)$。期望最大化算法利用了这一观察结果，通过交替地基于 θ 和基于 q_i 最大化下界 B 来迭代地求下界 B 的最大值。因此，期望最大化算法的工作流程如下：

- 初始化参数 θ_1，并令 $j=1$。
- 重复以下步骤，直到 $B(\theta|q_1, \cdots, q_n)$ 收敛（或达到固定的迭代次数）：
  - （E 步）：对所有的 $i \in \{1, \cdots, n\}$ 计算 $q_i(Z|x^{(i)}, \theta_1)$，并确定下界 $B(\theta|q_1, \cdots, q_n)$。
  - （M 步）：$\theta_{i+1} \leftarrow \arg\max_\theta B(\theta|q_1, \cdots, q_n), j = j+1$。

注意，期望最大化算法并不是最大化下界 $B(\theta|q_1, \cdots, q_n)$ 的唯一选择。还可以使用其他优化技术，通常也会达到局部最大值。

A.3 优化的基本概念

在自然语言处理和更一般的机器学习中，经常需要优化一个目标函数，以便寻找它的最小值或最大值。例如，在执行最大似然估计或训练神经网络时，这是必需的。虽然在某些基本情况下（如多项式事件的对数似然优化）往往存在闭式解，但更多的时候是优化问题没有解析解，因此需要一种算法或程序来评估目标函数及其梯度。

假设一个实函数以数据集 $D = \{x^{(1)}, \cdots, x^{(n)}\}$ 和参数集 $\theta \in \mathbb{R}^d$ 为输入，其将参数映射为实数值，并具有以下结构：⊖

⊖ 正如优化文献中通常描述的那样，很容易将讨论集中在关于 θ 的一般可微函数 $f(\theta)$ 的优化上。

$$f(\theta \mid D) = \frac{1}{n} \sum_{i=1}^{n} \ell\left(\theta \mid x^{(i)}\right) \qquad (\text{A.1})$$

例如，D 可以是训练样本集，ℓ 是 $x^{(i)}$ 采样自模型 $p(\cdot \mid \theta)$ 的对数概率。我们还假设 ℓ 关于 θ 是可微的。优化的目标是计算：

$$\theta^* = \arg\max_{\theta} f(\theta \mid D)$$

最基本的程序是"梯度上升"，它首先计算 ℓ 关于 θ 的梯度，然后使用下面的更新规则进行参数更新：

$$\theta_{t+1} \leftarrow \theta_t + \mu \sum_{i=1}^{n} \nabla_{\theta} \ell\left(\theta_t \mid x^{(i)}\right) \qquad (\text{A.2})$$

它从一个预先初始化的 $\theta_0 \in \mathbb{R}^d$ 开始，然后创建更新参数序列 $\theta_0, \theta_1, \cdots, \theta_t, \cdots$。这个更新规则背后的关键思想是从当前位置 θ_t 沿梯度方向"向前走一步"，因为梯度给出了函数值增加的方向。当目标是最小化目标函数时，更新规则改为

$$\theta_{t+1} \leftarrow \theta_t - \mu \sum_{i=1}^{n} \nabla_{\theta} \ell\left(\theta_t \mid x^{(i)}\right)$$

这一次是沿着与梯度相反的方向更新参数。超参数 μ 是称为"步长"或"学习速率"的实数，其控制着梯度方向上步长的大小。特别地，较小的 μ 值可能导致缓慢地收敛到 θ^*，而过大的 μ 值可能导致在临近 θ^* 的点之间来回震荡，但会以较大的距离"错过" θ^*。

还有一些二阶优化方法，它们利用优化函数的海森（Hessian）矩阵来加快收敛速度。（实值函数 $f : \mathbb{R}^d \to \mathbb{R}$ 在点 θ 处的海森矩阵是 $H \in \mathbb{R}^{d \times d}$，且满足 $H_{ij} = \dfrac{\partial^2 f}{\partial \theta_i \partial \theta_j}(\theta)$。）二阶牛顿法使用的更新规则如下：

$$\theta_{t+1} \leftarrow \theta_t + \mu H(\theta_t)^{-1} \nabla_{\theta} f(\theta_t)$$

这个更新是基于函数 f 在点 θ_t 处的二阶泰勒展开。由于计算海森矩阵的逆的代价很高（甚至只计算海森矩阵，代价也很高，它的计算复杂度关于 d 是二次的。），所以常用的更新规则使用近似的海森矩阵。这也被称为拟牛顿法。

A.3.1　随机梯度下降

从方程 A.2 中可以看出，梯度上升的更新规则需要计算 ℓ 关于所有 $x^{(i)}$ 的梯度，并将这些梯度相加。如果 n 很大，更新梯度的计算量就会很大，此时就可以使用随机梯度上升（或下降）算法优化 f。

随机梯度下降（Stochastic gradient descent，SGD）依赖于这样一种观察，即用下面的期望来重新表述方程 A.1 中的目标函数：

$$f(\theta \mid D) = E_{q(X)}[\ell(\theta \mid X)] \qquad (\text{A.3})$$

其中 $q(X)$ 是 D 中元素上的均匀分布。所以，f 的梯度可以使用从 $\{1, \cdots, n\}$ 中随机（或均匀）采样的单个样本 i 的目标函数 $\ell(\theta \mid x^{(i)})$ 进行（粗略）近似。实际上，随机梯度下降首先通过从 D 中重复均匀地抽取样本 $x^{(i)}$，然后采用如下的更新规则更新参数：

$$\theta_{t+1} \leftarrow \theta_t + \mu \nabla_\theta \ell \left(\theta_t \mid x^{(i)} \right)$$

随机梯度下降还可以应用于批量数据。在这种情况下，采样 D 的一个子集，然后计算子集中每个样本 $x^{(i)}$ 的梯度。式（A.3）中的期望采用抽样子集的梯度平均值进行近似。这通常被称为在优化过程中使用"小批量"。该方法在实际使用随机梯度下降时得到了广泛应用。

由于随机梯度下降使用的梯度只是近似的，所以学习率的使用尤其重要。有许多最新的研究着眼于改进随机优化算法，其研究动机是自适应地确定学习率。这意味着 θ 的每个坐标可以使用不同的学习率，并且学习率也可在迭代之间改变。此类算法的两个例子是 AdaGrad（Duchi et al.，2011）和 Adam（Kingma and Ba，2014），它们经常用于优化神经网络目标函数（第 9 章）。对于随机梯度下降和后验推断之间的关系，其中随机梯度下降被证明等价于执行近似后验推断，具体信息参见文献 Mandt 等（2016）。

A.3.2　约束优化

有时我们感兴趣的是在一个特定的定义域中对目标函数求最大值（或最小值），而不是目前所描述的仅仅在定义域 $\mathbb{R}^d$ 中。在这种情况下，给定定义域 Θ 和函数 $f: \Theta \to \mathbb{R}^d$，我们的目标是求解

$$\theta^* = \arg\max_{\theta \in \Theta} f(\theta)$$

例如，当 θ 表示一个多项分布的集合时，目标函数的优化自然就是这种情况（如 PCFG）。在这种情况下，Θ 就相当于概率单纯形的笛卡儿积。在其他情况下，Θ 表示可行解 θ 上的线性约束。定义域 Θ 给出了可行解的集合。

在这样的约束条件下，有多种方法可以优化函数 f。当 f 是线性函数，Θ 可以被描述为线性约束集时，优化问题就属于线性规划领域（Boyd and Vandenberghe，2004）。如果 θ 进一步限制为只包含整数或 0/1 值（正如自然语言处理中的某些推断问题），那么优化问题就属于整数线性规划（Integer Linear Programming，ILP）。关于整数线性规划在自然语言处理中的早期应用，参见示例（Roth and Yih, 2005）。

对于约束优化问题，通常也可以使用梯度下降等算法进行求解。但是如果梯度更新后导致当前解不在定义域 Θ 之内，需要将该解投影回定义域 Θ。例如，通过求解一个更容易的优化问题，使当前不可行解和 Θ 中的一个点之间的 L_2 范数最小化就可以进行这样的投影。

最后，在 Θ 上应用一个可逆变换 g，使我们最终在一个新的定义域 $g(\Theta)$ 中得到一个无约束问题，有时也是一种选择。一旦我们应用了这个变换，我们就可以使用到目前为止描述的常见优化算法。约束优化超出了本书的范围。要了解更多，请参见 Boyd 和 Vandenberghe（2004）。

概率分布清单

本附录提供了一些在本书中提到的各种概率分布的基本信息。

B.1　多项式分布

参数	整数 $n, k \geqslant 1$，满足约束 $\theta_i \geqslant 0$ 和 $\sum_{i=1}^{k} \theta_i = 1$ 的 $\theta_1, \cdots, \theta_k$
样本空间 Ω	满足约束 $\sum_{i=1}^{k} x_i = n$ 的整数向量 $x = (x_1, \cdots, x_k)$
概率密度函数	$f(x) = \dfrac{n!}{\prod_{i=1}^{k} x_i!} \prod_{i=1}^{k} \theta_i^{x_i}$
均值 $E[X_i]$	$n\theta_i$
方差 $\mathrm{Var}(X_i)$	$n\theta_i(1-\theta_i)$
协方差 $\mathrm{Cov}(X_i, X_j)$	$-n\theta_i\theta_j$，对 $i \neq j$

注意：
- 狄利克雷分布与多项式分布是共轭的。
- 当 $n = 1$ 时，多项式分布是和为 1 的二元向量上的"类别分布"。有了类别分布，Ω 可以是 k 个对象的任意一个。有时，类别分布也称为"多项式分布"，因为当 Ω 是上述二元向量时，类别分布是多项式分布的一个特例。
- 每个与 a_i 关联且概率为 θ_i 的有限集 $A = \{a_1, \cdots, a_d\}$，其上的分布通常也称为多项式分布。

B.2　狄利克雷分布

参数	整数 $d \geqslant 2$，正数 $\alpha_1, \cdots, \alpha_d$
样本空间 Ω	$\theta \in \Omega \subset \mathbb{R}^d$ 且满足约束 $\theta_i \geqslant 0$ 和 $\sum_{i=1}^{d} \theta_i = 1$
概率密度函数	$f(\theta) = \dfrac{1}{B(\alpha)} \times \left(\prod_{i=1}^{d} \theta_i^{\alpha_i - 1} \right)$，其中 $B(\alpha)$ 是 Beta 函数
众数	$(\mu_1, \cdots, \mu_d)$，如果 $\alpha_i > 1$ 则 $\mu_i = \dfrac{\alpha_i - 1}{\sum_{i=1}^{d} \alpha_i - d}$

（续）

均值 $E[\theta_i]$	$\dfrac{\alpha_i}{\sum_{i=1}^{d}\alpha_i}$
方差 $E[\log\theta_i]$	$\psi(\alpha_i)-\psi\left(\sum_{i=1}^{d}\alpha_i\right)$，其中 ψ 是双伽玛函数
协方差 $\mathrm{Var}(\theta_i)$	$\dfrac{\alpha_i(\alpha_*-\alpha_i)}{\alpha_*^2(\alpha_*+1)}$，其中 $\alpha_*=\sum_i\alpha_i$

注意：

- $B(\alpha)$ 是贝塔函数，其定义为

$$B(\alpha)=\frac{\prod_{i=1}^{d}\Gamma(\alpha_i)}{\Gamma\left(\sum_{i=1}^{d}\alpha_i\right)}$$

其中，$\Gamma(x)$ 是伽玛函数（Weisstein, 2014）。

- $\psi(x)$ 是双伽玛函数，它是对数伽玛函数的一阶导数：

$$\psi(x)=\frac{\mathrm{d}}{\mathrm{d}x}\log\Gamma(x)$$

双伽玛函数没有解析形式，可以用数值算法近似，也可以通过级数展开近似（第 3 章）。⊖

- 当 $d=2$ 时，狄利克雷分布可以看作是定义在 $[0,1]$ 上的分布（由于 $\theta_2=1-\theta_1$）。在这种情况下，它被称为贝塔分布（请参阅 2.2.1 节）。
- 对称狄利克雷是超参数 α_i 都相同的狄利克雷分布。
- 如果对于所有的 $i\in\{1,\cdots,d\}$ 都有 $\alpha_i=1$，则狄利克雷分布就变成概率单纯形上的均匀分布。（它的密度是常数。）

B.3　泊松分布

参数	"速率" $\lambda>0$
样本空间 Ω	包含 0 的自然数集合：$\{0,1,2,\cdots\}$
概率密度函数	$f(n)=\dfrac{\lambda_n}{n!}\exp(-\lambda)$
众数	$\lceil\lambda\rceil-1$
均值	λ
方差	λ

⊖　http://web.science.mq.edu.au/~mjohnson/code/digamma.c。

注意：

- λ 的共轭先验是伽玛分布。

- 如果 $X_1, \cdots, X_n$ 是速率为 $\lambda_1, \cdots, \lambda_n$ 的独立泊松随机变量，则 $p\left(X_1, \cdots, X_n \mid \sum_{i=1}^{n} X_i = K\right)$ 是

  具有参数 K 和 $\theta_i = \dfrac{\lambda_i}{\sum\limits_{i=1}^{n} \lambda_i}$ 的多项式分布（B.1 节）。

B.4　伽玛分布

参数	形状参数 $\alpha > 0$，尺度参数 $\theta > 0$
样本空间 Ω	$\Omega = \mathbb{R}^{+}$
概率密度函数	$f(x) = \dfrac{1}{\Gamma(\alpha)\theta^{\alpha}} x^{\alpha-1} \exp(-x/\theta)$
均值 $E[X]$	$\alpha\theta$
众数	$(\alpha-1)\theta\,(\alpha > 1)$
方差 $\mathrm{Var}(X)$	$\alpha\theta^2$
熵	$\alpha + \log\theta + \log(\Gamma(\alpha)) + (1-\alpha)\psi(\alpha)$

注意：

- 在层次贝叶斯模型中常被用作超参数的模糊先验。

- 另一个常见的参数化方法是使用两个参数：形状 α 和"速率" β，其中 $\beta = \dfrac{1}{\theta}$。

- 如果对于独立分布的 $\alpha_1, \cdots, \alpha_K$，$X_i \sim \mathrm{Gamma}(\alpha_i, 1)$，则 $\left(\dfrac{X_1}{\sum\limits_{i=1}^{K} X_i}, \cdots, \dfrac{X_K}{\sum\limits_{i=1}^{K} X_i}\right)$ 服从具有参

  数 $(\alpha_1, \cdots, \alpha_K)$ 的狄利克雷分布。另请参阅 3.2.1 节。

B.5　多元正态分布

参数	整数 $d \geq 1$，$\mu \in \mathbb{R}^{d}$，半正定矩阵 $\Sigma \in \mathbb{R}^{d \times d}$
样本空间 Ω	$\Omega = \mathbb{R}^{d}$
概率密度函数	$f(\theta) = \dfrac{1}{(2\pi)^{d/2}\sqrt{\det(\Sigma)}} \exp\left(-\dfrac{1}{2}(\theta-\mu)^{\mathrm{T}} \Sigma^{-1} (\theta-\mu)\right)$
均值	μ
众数	μ
方差和协方差	$\mathrm{Cov}(\theta_i, \theta_j) = \Sigma_{ij}$
熵	$\dfrac{d}{2}(1+\log(2\pi)) + \dfrac{1}{2}\log(\det(\Sigma))$

注意：

- 概率密度函数围绕均值对称。
- 累积分布函数没有闭形式。
- 当考虑均值参数时，多元正态分布与自身是共轭的。
- 通常称为多变量高斯分布，或仅称为高斯分布，其以卡尔·弗里德里希·高斯（Carl Friedrich Gauss，1777～1855）的名字命名。

B.6 拉普拉斯分布

参数	$\mu \in \mathbb{R}, \lambda > 0$
样本空间 Ω	$\Omega = \mathbb{R}$
概率密度函数	$f(\theta) = \dfrac{1}{2\lambda} \exp\left(-\dfrac{\vert \theta - \mu \vert}{\lambda}\right)$
均值 $E[\theta]$	μ
众数	μ
方差 $\mathrm{Var}(\theta)$	$2\lambda^2$
熵	$1 + \log(2\lambda)$

注意：

- 拉普拉斯分布可以作为 L_1 正则化的贝叶斯解释（4.2.1 节）。

B.7 Logistic 正态分布

参数	整数 $d \geq 2, \eta \in \mathbb{R}^{d-1}$，半正定矩阵 $\Sigma \in \mathbb{R}^{(d-1) \times (d-1)}$
样本空间 Ω	满足约束 $\theta_i \geq 0$ 和 $\sum\limits_{i=1}^{d} \theta_i = 1$ 的 $\theta \in \Omega \subset \mathbb{R}^d$
概率密度函数	见下文
众数	$\dfrac{\exp(\eta'_i)}{1 + \sum\limits_{i=1}^{d-1} \exp(\eta_i)}$，其中对于 $i \leq d-1$ 和 $\eta'_d = 1$ 有 $\eta'_i = \eta_i$
均值	无解析解
方差	无解析解

注意：

- Logistic 正态分布的概率密度函数的定义为

$$f(\theta) = \frac{1}{\sqrt{(2\pi)^d \det(\Sigma)}} \times \left(\prod_{i=1}^{d} \theta_i\right)^{-1} \exp\left(-\frac{1}{2}(\log(\theta_{-d}/\theta_d) - \eta)^{\top} \Sigma^{-1} \log(\theta_{-d}/\theta_d) - \eta)\right)$$

其中 $\log(\theta_{-d} / \theta_d) \in \mathbb{R}^{d-1}$ 的定义为

$$\log(\theta_{-d}/\theta_d)]_i = \log(\theta_i/\theta_d) \ \ \forall i \in \{1, \cdots, d-1\}$$

- 来自 Logistic 正态分布的采样等价于从以 (η, Σ) 为参数的多元正态分布（见上文）中采样一个实值向量 $\mu \in \mathbb{R}^{d-1}$，然后令

$$\theta_i = \frac{\exp(\mu_i)}{1 + \sum_{j=1}^{d-1} \exp(\mu_j)} \ \ \forall i \in \{1, \cdots, d-1\}$$

$$\theta_d = \frac{1}{1 + \sum_{j=1}^{d-1} \exp(\mu_j)}$$

B.8 逆 Wishart 分布

参数	$m, p \in \mathbb{N}, m > p-1$，正定矩阵 $\psi \in \mathbb{R}^{p\times p}$
样本空间 Ω	$T \in \Omega$ 是可逆正定矩阵
概率密度函数	$f(T) = \dfrac{\det(\psi)^{m/2}}{\det(T)^{\frac{m+p+1}{2}} 2^{\frac{m+p}{2}} \Gamma_p(m/2)} \exp\left(-\dfrac{1}{2}\mathrm{tr}(\psi T^{-1})\right)$
均值 $E[T]$	$\dfrac{\psi}{m-p-1}$
众数	$\dfrac{\psi}{m-p+1}$
方差 $\mathrm{Var}(T_{ij})$	$\dfrac{(m-p+1)(\psi_{ij})^2 + (m-p-1)\psi_{ii}\psi_{jj}}{(m-p)(m-p-1)^2(m-p-3)}$

注意：

- 函数 $\mathrm{tr}(A)$ 称为矩阵 $A \in \mathbb{R}^{p\times p}$ 的迹，即 A 中所有主对角元素的和 $\sum_{i=1}^{p} A_{ii}$。
- 如果 A 来自 Wishart 分布，那么 A^{-1} 来自逆 Wishart 分布。
- 逆 Wishart 是多元正态分布协方差矩阵参数的共轭先验。

B.9 Gumbel 分布

参数	$\mu \in \mathbb{R}, \beta > 0$
样本空间 Ω	$\Omega = \mathbb{R}$
概率密度函数	$f(x) = \dfrac{1}{\beta}\exp\left(-\dfrac{x-\mu}{\beta} - \exp\left(-\dfrac{x-\mu}{\beta}\right)\right)$
众数	μ
均值	$\mu + \beta\gamma$ 其中 $\gamma \approx 0.5772156649$（Euler-Mascheroni 常数）
方差	$\dfrac{\pi^2}{6}\beta^2$
熵	$\log\beta + \gamma + 1$

注意：

- 如果 U 是 $[0,1]$ 上的均匀随机变量，则 $G = \mu - \beta \log(-\log U)$ 服从上述的 Gumbel 分布。
- 对于 K 个独立的 Gumbel 随机变量序列 $G_1, \cdots, G_k$（其中 $\mu = 0$，$\beta=1$）和 $(\theta_1, \cdots, \theta_K)$（表示类别分布），我们可以在 $K-1$ 阶概率单纯形上定义以 $X = (X_1, \cdots, X_K)$ 为随机变量的具体分布（Maddison et al., 2017）：

$$X_k = \frac{\exp\left((\log \theta_k + G_k)/\tau\right)}{\sum_{j=1}^{K} \exp\left((\log \theta_j + G_j)/\tau\right)}$$

其中 τ 是定义分布的参数。

- 在同样的设置下，$Y = \arg\max_k \log \theta_k + G_k$ 服从 $\{1, \cdots, K\}$ 上的多项式分布，其中事件 k 的概率为 θ_k。

参 考 文 献

Abadi, M., Barham, P., Chen, J., Chen, Z., Davis, A., Dean, J., Devin, M., Ghemawat, S., Irving, G., Isard, M., et al. (2016). TensorFlow: A system for large-scale machine learning. In *Proc. of the 12th USENIX Conference on Operating Systems Design and Implementation (OSDI)*, vol. 16, pages 265–283.

Abney, S., McAllester, D., and Pereira, F. (1999). Relating probabilistic grammars and automata. In *Proc. of the 37th Annual Meeting of the Association for Computational Linguistics*, pages 542–549, College Park, MD. DOI: 10.3115/1034678.1034759.

Ahmed, A. and Xing, E. P. (2007). On tight approximate inference of the logistic normal topic admixture model. In *Proc. of the 11th International Conference on Artifical Intelligence and Statistics*. Omnipress.

Aitchison, J. (1986). *The Statistical Analysis of Compositional Data*. Chapman and Hall, London. DOI: 10.1007/978-94-009-4109-0.

Al-Rfou, R., Alain, G., Almahairi, A., Angermueller, C., Bahdanau, D., Ballas, N., Bastien, F., Bayer, J., Belikov, A., Belopolsky, A., et al. (2016). Theano: A python framework for fast computation of mathematical expressions. *ArXiv Preprint ArXiv:1605.02688*, 472:473.

Altun, Y., Hofmann, T., and Smola, A. J. (2004). Gaussian process classification for segmenting and annotating sequences. In *Proc. of the 21st International Conference on Machine Learning (ICML 2004)*, pages 25–32, New York, Max-Planck-Gesellschaft, ACM Press. DOI: 10.1145/1015330.1015433.

Andrieu, C., De Freitas, N., Doucet, A., and Jordan, M. I. (2003). An introduction to MCMC for machine learning. *Machine Learning*, 50(1-2), pages 5–43.

Artetxe, M., Labaka, G., Agirre, E., and Cho, K. (2018). Unsupervised neural machine translation.

Ash, R. B. and Doléans-Dade, C. A. (2000). *Probability and measure theory*. Access online via Elsevier.

Bahdanau, D., Cho, K., and Bengio, Y. (2015). Neural machine translation by jointly learning to align and translate. In *Proc. of the 3rd International Conference on Learning Representations (ICLR)*.

Barkan, O. (2017). Bayesian neural word embedding. In *Proc. of the 31st Conference on Artificial Intelligence (AAAI)*, pages 3135–3143.

Barnett, V. (1999). *Comparative Statistical Inference*. Wiley. DOI: 10.1002/9780470316955.

Beal, M. J., Ghahramani, Z., and Rasmussen, C. E. (2002). The infinite hidden Markov model. In *Machine Learning*, pages 29–245. MIT Press.

Bejan, C., Titsworth, M., Hickl, A., and Harabagiu, S. (2009). Nonparametric Bayesian models for unsupervised event coreference resolution. In Bengio, Y., Schuurmans, D., Lafferty, J., Williams, C., and Culotta, A., Eds., *Advances in Neural Information Processing Systems 22*, pages 73–81. Curran Associates, Inc.

Bengio, Y., Ducharme, R., Vincent, P., and Jauvin, C. (2003). A neural probabilistic language model. *Journal of Machine Learning Research*, 3(Feb):1137–1155. DOI: 10.1007/3-540-33486-6_6.

Berger, J. O. (1985). *Statistical Decision Theory and Bayesian Analysis*. Springer. DOI: 10.1007/978-1-4757-4286-2.

Berger, A. L., Pietra, V. J. D., and Pietra, S. A. D. (1996). A maximum entropy approach to natural language processing. *Computational Linguistics*, 22(1), pages 39–71.

Bertsekas, D. P. and Tsitsiklis, J. N. (2002). *Introduction to Probability*, vol. 1. Athena Scientific Belmont, MA.

Bishop, C. M. (2006). *Pattern Recognition and Machine Learning*. Springer.

Bisk, Y. and Hockenmaier, J. (2013). An HDP model for inducing combinatory categorial grammars. *Transactions of the Association for Computational Linguistics*, 1, pages 75–88.

Black, E., Abney, S., Flickenger, D., Gdaniec, C., Grishman, R., Harrison, P., Hindle, D., Ingria, R., Jelinek, F., Klavans, J., Liberman, M., Marcus, M., Roukos, S., Santorini, B., and Strzalkowski, T. (1991). A procedure for quantitatively comparing the syntactic coverage of English grammars. In *Proc. of DARPA Workshop on Speech and Natural Language*. DOI: 10.3115/112405.112467.

Blei, D. M., Ng, A. Y., and Jordan, M. I. (2003). Latent Dirichlet allocation. *Journal of Machine Learning Research*, 3, pages 993–1022.

Blei, D. M., Griffiths, T. L., and Jordan, M. I. (2010). The nested chinese restaurant process and Bayesian nonparametric inference of topic hierarchies. *Journal of the ACM (JACM)*, 57(2), page 7. DOI: 10.1145/1667053.1667056.

Blei, D. M. and Frazier, P. I. (2011). Distance dependent chinese restaurant processes. *Journal of Machine Learning Research*, 12, pages 2461–2488.

Blei, D. M. and Jordan, M. I. (2004). Variational methods for the Dirichlet process. In *Proc. of the 21st International Conference on Machine Learning*. DOI: 10.1145/1015330.1015439.

Blei, D. M. and Lafferty, J. D. (2006). Correlated topic models. In Weiss, Y., Schölkopf, B., and Platt, J., Eds., *Advances in Neural Information Processing Systems 18*, pages 147–154. MIT Press.

Blunsom, P. and Cohn, T. (2010a). Inducing synchronous grammars with slice sampling. In *Human Language Technologies: The 2010 Annual Conference of the North American Chapter of the Association for Computational Linguistics*, pages 238–241, Los Angeles, CA.

Blunsom, P. and Cohn, T. (2010b). Unsupervised induction of tree substitution grammars for dependency parsing. In *Proc. of the 2010 Conference on Empirical Methods in Natural Language Processing*, pages 1204–1213, Cambridge, MA. Association for Computational Linguistics.

Blunsom, P., Cohn, T., Dyer, C., and Osborne, M. (2009a). A Gibbs sampler for phrasal synchronous grammar induction. In *Proc. of the Joint Conference of the 47th Annual Meeting of the ACL and the 4th International Joint Conference on Natural Language Processing of the AFNLP*, pages 782–790, Suntec, Singapore. Association for Computational Linguistics. DOI: 10.3115/1690219.1690256.

Blunsom, P., Cohn, T., and Osborne, M. (2009b). Bayesian synchronous grammar induction. In Koller, D., Schuurmans, D., Bengio, Y., and Bottou, L., Eds., *Advances in Neural Information Processing Systems 21*, pages 161–168. Curran Associates, Inc.

Börschinger, B. and Johnson, M. (2014). Exploring the role of stress in Bayesian word segmentation using adaptor grammars. *Transactions of the Association for Computational Linguistics*, 2(1), pages 93–104.

Bouchard-côté, A., Petrov, S., and Klein, D. (2009). Randomized pruning: Efficiently calculating expectations in large dynamic programs. In Bengio, Y., Schuurmans, D., Lafferty, J., Williams, C., and Culotta, A., Eds., *Advances in Neural Information Processing Systems 22*, pages 144–152. Curran Associates, Inc.

Bowman, S. R., Vilnis, L., Vinyals, O., Dai, A. M., Jozefowicz, R., and Bengio, S. (2016). Generating sentences from a continuous space. *Proc. of the 20th SIGNLL Conference on Computational Natural Language Learning (CoNLL)*. DOI: 10.18653/v1/k16-1002.

Boyd, S. and Vandenberghe, L. (2004). *Convex optimization*. Cambridge University Press. DOI: 10.1017/cbo9780511804441.

Bražinskas, A., Havrylov, S., and Titov, I. (2017). Embedding words as distributions with a Bayesian skip-gram model. *ArXiv Preprint ArXiv:1711.11027*.

Bryant, M. and Sudderth, E. B. (2012). Truly nonparametric online variational inference for hierarchical Dirichlet processes. In Pereira, F., Burges, C., Bottou, L., and Weinberger, K., Eds., *Advances in Neural Information Processing Systems 25*, pages 2699–2707. Curran Associates, Inc.

Burstall, R. M. and Darlington, J. (1977). A transformation system for developing recursive programs. *Journal of the ACM*, 24(1), pages 44–67. DOI: 10.1145/321992.321996.

Caccia, M., Caccia, L., Fedus, W., Larochelle, H., Pineau, J., and Charlin, L. (2018). Language GANs falling short. *ArXiv Preprint ArXiv:1811.02549*.

Cappé, O. and Moulines, E. (2009). On-line expectation–maximization algorithm for latent data models. *Journal of the Royal Statistical Society: Series B (Statistical Methodology)*, 71(3), pages 593–613. DOI: 10.1111/j.1467-9868.2009.00698.x.

Carlin, B. P. and Louis, T. A. (2000). *Bayes and Empirical Bayes Methods for Data Analysis*. CRC Press. DOI: 10.1201/9781420057669.

Carpenter, B., Gelman, A., Hoffman, M., Lee, D., Goodrich, B., Betancourt, M., Brubaker, M. A., Guo, J., Li, P., and Riddell, A. (2015). Stan: a probabilistic programming language. *Journal of Statistical Software*.

Carter, S., Dymetman, M., and Bouchard, G. (2012). Exact sampling and decoding in high-order hidden Markov models. In *Proc. of the 2012 Joint Conference on Empirical Methods in Natural Language Processing and Computational Natural Language Learning*, pages 1125–1134, Jeju Island, Republic of Korea. Association for Computational Linguistics.

Casella, G. and Berger, R. L. (2002). *Statistical Inference.* Duxbury Pacific Grove, CA. DOI: 10.2307/2532634.

Casella, G. and George, E. I. (1992). Explaining the Gibbs sampler. *The American Statistician,* 46(3), pages 167–174. DOI: 10.2307/2685208.

Castano, A. and Casacuberta, F. (1997). A connectionist approach to machine translation. In *Proc. of the 5th European Conference on Speech Communication and Technology.*

Chang, J., Gerrish, S., Wang, C., Boyd-Graber, J. L., and Blei, D. M. (2009). Reading tea leaves: How humans interpret topic models. In Bengio, Y., Schuurmans, D., Lafferty, J., Williams, C., and Culotta, A., Eds., *Advances in Neural Information Processing Systems 22,* pages 288–296. Curran Associates, Inc.

Chen, H., Branavan, S., Barzilay, R., Karger, D. R., et al. (2009). Content modeling using latent permutations. *Journal of Artificial Intelligence Research,* 36(1), pages 129–163.

Chen, T., Fox, E., and Guestrin, C. (2014). Stochastic gradient Hamiltonian Monte Carlo. In *Proc. of the 31st International Conference on Machine Learning (ICML),* pages 1683–1691. DOI: 10.24963/ijcai.2018/419.

Chen, S. F. and Goodman, J. (1996). An empirical study of smoothing techniques for language modeling. In *Proc. of the 34th Annual Meeting of the Association of Computational Linguistics,* pages 310–318, Stroudsburg, PA. DOI: 10.3115/981863.981904.

Chernoff, H. (1959). Sequential design of experiments. *The Annals of Mathematical Statistics,* 30(3):755–770. DOI: 10.1214/aoms/1177706205.

Chi, Z. (1999). Statistical properties of probabilistic context-free grammars. *Computational Linguistics,* 25(1), pages 131–160.

Chinchor, N. (2001). Message understanding conference (MUC) 7, LDC2001T02, Linguistic Data Consortium.

Chinchor, N. and Sundheim, B. (2003). Message understanding conference (MUC) 6, LDC2003T13, Linguistic Data Consortium.

Chirkova, N., Lobacheva, E., and Vetrov, D. (2018). Bayesian compression for natural language processing. In *Proc. of the Conference on Empirical Methods in Natural Language Processing (EMNLP).* DOI: 10.1162/coli_r_00310.

Cho, K., Van Merriënboer, B., Gulcehre, C., Bahdanau, D., Bougares, F., Schwenk, H., and Bengio, Y. (2014). Learning phrase representations using RNN encoder-decoder for statistical machine translation. *Proc. of the Conference on Empirical Methods in Natural Language Processing (EMNLP).* DOI: 10.3115/v1/d14-1179.

Cocke, J. and Schwartz, J. T. (1970). Programming languages and their compilers: Preliminary notes. Technical report, Courant Institute of Mathematical Sciences, New York University.

Cohen, S. B. (2017). Latent-variable PCFGs: Background and applications. In *Proc. of the 15th Meeting on the Mathematics of Language (MOL).* DOI: 10.18653/v1/w17-3405.

Cohen, S. B. and Collins, M. (2014). A provably correct learning algorithm for latent-variable PCFGs. In *Proc. of the 52nd Annual Meeting of the Association for Computational Linguistics (Volume 1: Long Papers),* pages 1052–1061, Baltimore, MD. DOI: 10.3115/v1/p14-1099.

Cohen, S. B., Gimpel, K., and Smith, N. A. (2009). Logistic normal priors for unsupervised probabilistic grammar induction. In Koller, D., Schuurmans, D., Bengio, Y., and Bottou, L., Eds., *Advances in Neural Information Processing Systems 21*, pages 321–328. Curran Associates, Inc.

Cohen, S. B., Blei, D. M., and Smith, N. A. (2010). Variational inference for adaptor grammars. In *Human Language Technologies: The 2010 Annual Conference of the North American Chapter of the Association for Computational Linguistics*, pages 564–572, Los Angeles, CA.

Cohen, S. B., Stratos, K., Collins, M., Foster, D. P., and Ungar, L. (2013). Experiments with spectral learning of latent-variable PCFGs. In *Proc. of the 2013 Conference of the North American Chapter of the Association for Computational Linguistics: Human Language Technologies*, pages 148–157, Atlanta, GA.

Cohen, S. B., Stratos, K., Collins, M., Foster, D. P., and Ungar, L. (2014). Spectral learning of latent-variable PCFGs: Algorithms and sample complexity. *Journal of Machine Learning Research*, 15, pages 2399–2449.

Cohen, S. B. and Johnson, M. (2013). The effect of non-tightness on Bayesian estimation of PCFGs. In *Proc. of the 51st Annual Meeting of the Association for Computational Linguistics (Volume 1: Long Papers)*, pages 1033–1041, Sofia, Bulgaria.

Cohen, S. and Smith, N. A. (2009). Shared logistic normal distributions for soft parameter tying in unsupervised grammar induction. In *Proc. of Human Language Technologies: The 2009 Annual Conference of the North American Chapter of the Association for Computational Linguistics*, pages 74–82, Boulder, CO. DOI: 10.3115/1620754.1620766.

Cohen, S. and Smith, N. A. (2010a). Viterbi training for PCFGs: Hardness results and competitiveness of uniform initialization. In *Proc. of the 48th Annual Meeting of the Association for Computational Linguistics*, pages 1502–1511, Uppsala, Sweden.

Cohen, S. B. and Smith, N. A. (2010b). Covariance in unsupervised learning of probabilistic grammars. *Journal of Machine Learning Research*, 11, pages 3017–3051.

Cohn, T., Blunsom, P., and Goldwater, S. (2010). Inducing tree-substitution grammars. *The Journal of Machine Learning Research*, 11, pages 3053–3096.

Collobert, R., Bengio, S., and Mariéthoz, J. (2002). Torch: A modular machine learning software library. *Technical Report*, Idiap.

Collobert, R., Weston, J., Bottou, L., Karlen, M., Kavukcuoglu, K., and Kuksa, P. (2011). Natural language processing (almost) from scratch. *Journal of Machine Learning Research*, 12(Aug):2493–2537.

Cover, T. M. and Thomas, J. A. (2012). *Elements of Information Theory*. John Wiley & Sons.

Cox, R. T. (1946). Probability, frequency and reasonable expectation. *American Journal of Physics*, 14(1), pages 1–13. DOI: 10.1119/1.1990764.

Cybenko, G. (1989). Approximation by superpositions of a sigmoidal function. *Mathematics of Control, Signals and Systems*, 2(4):303–314. DOI: 10.1007/bf02551274.

Damianou, A. and Lawrence, N. (2013). Deep Gaussian processes. In *Proc. of the 16th International Conference on Artificial Intelligence and Statistics (AISTATS)*, pages 207–215.

Daume, H. (2007). Fast search for Dirichlet process mixture models. In Meila, M. and Shen, X., Eds., *Proc. of the 11th International Conference on Artificial Intelligence and Statistics (AISTATS-07)*, vol. 2, pages 83–90. *Journal of Machine Learning Research—Proceedings Track.*

Daume III, H. (2007). Frustratingly easy domain adaptation. In *Proc. of the 45th Annual Meeting of the Association of Computational Linguistics*, pages 256–263, Prague, Czech Republic.

Daume III, H. (2009). Non-parametric Bayesian areal linguistics. In *Proc. of Human Language Technologies: The 2009 Annual Conference of the North American Chapter of the Association for Computational Linguistics*, pages 593–601, Boulder, CO. DOI: 10.3115/1620754.1620841.

Daume III, H. and Campbell, L. (2007). A Bayesian model for discovering typological implications. In *Proc. of the 45th Annual Meeting of the Association of Computational Linguistics*, pages 65–72, Prague, Czech Republic.

Dempster, A. P., Laird, N. M., and Rubin, D. B. (1977). Maximum likelihood from incomplete data via the EM algorithm. *Journal of the Royal Statistical Society, Series B*, 39(1), pages 1–38.

DeNero, J., Bouchard-Côté, A., and Klein, D. (2008). Sampling alignment structure under a Bayesian translation model. In *Proc. of the 2008 Conference on Empirical Methods in Natural Language Processing*, pages 314–323, Honolulu, HI. Association for Computational Linguistics. DOI: 10.3115/1613715.1613758.

Devlin, J., Chang, M.-W., Lee, K., and Toutanova, K. (2018). BERT: Pre-training of deep bidirectional transformers for language understanding. *ArXiv Preprint ArXiv:1810.04805.*

Doersch, C. (2016). Tutorial on variational autoencoders. *ArXiv Preprint ArXiv:1606.05908.*

Doyle, G. and Levy, R. (2013). Combining multiple information types in Bayesian word segmentation. In *Proc. of the 2013 Conference of the North American Chapter of the Association for Computational Linguistics: Human Language Technologies*, pages 117–126, Atlanta, GA.

Dreyer, M. and Eisner, J. (2006). Better informed training of latent syntactic features. In *Proc. of the 2006 Conference on Empirical Methods in Natural Language Processing*, pages 317–326, Sydney, Australia. Association for Computational Linguistics. DOI: 10.3115/1610075.1610120.

Dreyer, M. and Eisner, J. (2011). Discovering morphological paradigms from plain text using a Dirichlet process mixture model. In *Proc. of the Conference on Empirical Methods in Natural Language Processing (EMNLP)*, pages 616–627, Edinburgh. Supplementary material (9 pages) also available.

Duchi, J., Hazan, E., and Singer, Y. (2011). Adaptive subgradient methods for online learning and stochastic optimization. *Journal of Machine Learning Research*, 12(Jul):2121–2159.

Dymetman, M., Bouchard, G., and Carter, S. (2012). Optimization and sampling for nlp from a unified viewpoint. In *Proc. of the 1st International Workshop on Optimization Techniques for Human Language Technology*, pages 79–94, Mumbai, India. The COLING 2012 Organizing Committee.

Earley, J. (1970). An efficient context-free parsing algorithm. *Communications of the ACM*, 13(2), pages 94–102. DOI: 10.1145/357980.358005.

Eisenstein, J. (2019). *Natural Language Processing*. MIT Press.

Eisenstein, J. and Barzilay, R. (2008). Bayesian unsupervised topic segmentation. In *Proc. of the 2008 Conference on Empirical Methods in Natural Language Processing*, pages 334–343, Honolulu, HI. Association for Computational Linguistics. DOI: 10.3115/1613715.1613760.

Eisenstein, J., Ahmed, A., and Xing, E. (2011). Sparse additive generative models of text. In Getoor, L., and Scheffer, T., Eds., *Proc. of the 28th International Conference on Machine Learning (ICML-11)*, pages 1041–1048, New York, NY, ACM.

Eisner, J. (2002). Transformational priors over grammars. In *Proc. of the ACL-02 Conference on Empirical Methods in Natural Language Processing*, vol. 10, pages 63–70. Association for Computational Linguistics. DOI: 10.3115/1118693.1118702.

Eisner, J., Goldlust, E., and Smith, N. A. (2005). Compiling comp ling: Weighted dynamic programming and the dyna language. In *Proc. of Human Language Technology Conference and Conference on Empirical Methods in Natural Language Processing*, pages 281–290, Vancouver, British Columbia, Canada. Association for Computational Linguistics. DOI: 10.3115/1220575.1220611.

Eisner, J. and Smith, N. A. (2005). Parsing with soft and hard constraints on dependency length. In *Proc. of the 9th International Workshop on Parsing Technology*, pages 30–41, Vancouver, British Columbia. Association for Computational Linguistics. DOI: 10.3115/1654494.1654498.

Eisner, J. (2016). Inside-outside and forward-backward algorithms are just backdrop (tutorial paper), In *Proc. of the Workshop on Structured Prediction for NLP*, pages 1–17.

Elman, J. L. (1990). Finding structure in time. *Cognitive Science*, 14(2):179–211. DOI: 10.1207/s15516709cog1402_1.

Elman, J. L. (1991). Distributed representations, simple recurrent networks, and grammatical structure. *Machine Learning*, 7(2–3):195–225. DOI: 10.1007/bf00114844

Elsner, M., Goldwater, S., Feldman, N., and Wood, F. (2013). A joint learning model of word segmentation, lexical acquisition, and phonetic variability. In *Proc. of the 2013 Conference on Empirical Methods in Natural Language Processing*, pages 42–54, Seattle, WA. Association for Computational Linguistics.

Escobar, M. D. (1994). Estimating normal means with a Dirichlet process prior. *Journal of the American Statistical Association*, 89(425), pages 268–277. DOI: 10.2307/2291223.

Escobar, M. D. and West, M. (1995). Bayesian density estimation and inference using mixtures. *Journal of the American Statistical Association*, 90(430), pages 577–588. DOI: 10.1080/01621459.1995.10476550.

Feinberg, S. E. (2011). Bayesian models and methods in public policy and government settings. *Statistical Science*, 26(2), pages 212–226. DOI: 10.1214/10-sts331.

Ferguson, T. S. (1973). A Bayesian analysis of some nonparametric problems. *The Annals of Statistics*, 1(2), pages 209–230. DOI: 10.1214/aos/1176342360.

Finetti, B. d. (1980). Foresight; its logical laws, its subjective sources. In Kyberg, H.E. and Smokler, H.E., Eds., *Studies in Subjective Probability*, pages 99–158.

Finkel, J. R., Grenager, T., and Manning, C. D. (2007). The infinite tree. In *Proc. of the 45th Annual Meeting of the Association of Computational Linguistics*, pages 272–279, Prague, Czech Republic.

Finkel, J. R. and Manning, C. D. (2009). Hierarchical Bayesian domain adaptation. In

Proc. of Human Language Technologies: The 2009 Annual Conference of the North American Chapter of the Association for Computational Linguistics, pages 602–610, Boulder, CO. DOI: 10.3115/1620754.1620842.

Firth, J. R. (1957). A synopsis of linguistic theory, 1930–1955. *Studies in Linguistic Analysis*.

Fortunato, M., Blundell, C., and Vinyals, O. (2017). Bayesian recurrent neural networks. *ArXiv Preprint ArXiv:1704.02798*.

Frank, S., Keller, F., and Goldwater, S. (2013). Exploring the utility of joint morphological and syntactic learning from child-directed speech. In *Proc. of the 2013 Conference on Empirical Methods in Natural Language Processing*, pages 30–41, Seattle, WA. Association for Computational Linguistics.

Frank, S., Feldman, N. H., and Goldwater, S. (2014). Weak semantic context helps phonetic learning in a model of infant language acquisition. In *Proc. of the 52nd Annual Meeting of the Association for Computational Linguistics (Volume 1: Long Papers)*, pages 1073–1083, Baltimore, MD. DOI: 10.3115/v1/p14-1101.

Fullwood, M. and O'Donnell, T. (2013). Learning non-concatenative morphology. In *Proc. of the 4th Annual Workshop on Cognitive Modeling and Computational Linguistics (CMCL)*, pages 21–27, Sofia, Bulgaria. Association for Computational Linguistics.

Funahashi, K.-I. (1989). On the approximate realization of continuous mappings by neural networks. *Neural Networks*, 2(3):183–192. DOI: 10.1016/0893-6080(89)90003-8.

Gal, Y. and Ghahramani, Z. (2016a). Bayesian convolutional neural networks with Bernoulli approximate variational inference. In *Proc. of the 4th International Conference on Learning Representations (ICLR) Workshop Track*.

Gal, Y. and Ghahramani, Z. (2016b). Dropout as a Bayesian approximation: Representing model uncertainty in deep learning. In *Proc. of the 33rd International Conference on Machine Learning (ICML)*, pages 1050–1059.

Gal, Y. and Ghahramani, Z. (2016c). A theoretically grounded application of dropout in recurrent neural networks. In Lee, D. D., Sugiyama, M., Luxburg, U. V., Guyon, I., and Garnett, R., Eds., *Advances in Neural Information Processing Systems 29*, pages 1019–1027, Curran Associates, Inc.

Gao, J. and Johnson, M. (2008). A comparison of Bayesian estimators for unsupervised Hidden Markov Model POS taggers. In *Proc. of the 2008 Conference on Empirical Methods in Natural Language Processing*, pages 344–352, Honolulu, HI. Association for Computational Linguistics. DOI: 10.3115/1613715.1613761.

Gasthaus, J. and Teh, Y. W. (2010). Improvements to the sequence memoizer. In Lafferty, J., Williams, C., Shawe-Taylor, J., Zemel, R., and Culotta, A., Eds., *Advances in Neural Information Processing Systems 23*, pages 685–693. Curran Associates, Inc.

Gehring, J., Auli, M., Grangier, D., Yarats, and Dauphin, Y. N. (2017). Convolutional sequence to sequence learning. In *Proc. of the 34th International Conference on Machine Learning (ICML)*, vol. 70, pages 1243–1252, Sydney, Australia.

Gelman, A., Carlin, J. B., Stern, H. B., and Rubin, D. B. (2003). *Bayesian Data Analysis*, 2nd ed., Chapman and Hall/CRC Texts in Statistical Science.

Gelman, A. and Shalizi, C. R. (2013). Philosophy and the practice of Bayesian statistics. *British Journal of Mathematical and Statistical Psychology*, 66(1), pages 8–38. DOI: 10.1111/j.2044-8317.2011.02037.x.

Geman, S. and Geman, D. (1984). Stochastic relaxation, Gibbs distributions, and the Bayesian restoration of images. *IEEE Transactions on Pattern Analysis and Machine Intelligence*, 6(6), pages 721–741. DOI: 10.1109/tpami.1984.4767596.

Geweke, J. (1992). Evaluating the accuracy of sampling-based approaches to the calculation of posterior moments. *Bayesian Statistics*, 4, pages 169–193.

Ghosh, S., Vinyals, O., Strope, B., Roy, S., Dean, T., and Heck, L. (2016). Contextual LSTM (CLSTM) models for large scale NLP tasks. *ArXiv Preprint ArXiv:1602.06291*.

Gimpel, K. and Smith, N. A. (2012). Concavity and initialization for unsupervised dependency parsing. In *Proc. of the 2012 Conference of the North American Chapter of the Association for Computational Linguistics: Human Language Technologies*, pages 577–581, Montréal, Canada.

Glorot, X. and Bengio, Y. (2010). Understanding the difficulty of training deep feedforward neural networks. In *Proc. of the 30th International Conference on Artificial Intelligence and Statistics (AISTATS)*, pages 249–256.

Goldberg, Y. (2017). *Neural Network Methods for Natural Language Processing*. Morgan & Claypool Publishers. DOI: 10.2200/s00762ed1v01y201703hlt037.

Goldwater, S., Griffiths, T. L., and Johnson, M. (2006). Contextual dependencies in unsupervised word segmentation. In *Proc. of the 21st International Conference on Computational Linguistics and 44th Annual Meeting of the Association for Computational Linguistics*, pages 673–680, Sydney, Australia. DOI: 10.3115/1220175.1220260.

Goldwater, S., Griffiths, T., and Johnson, M. (2009). A Bayesian framework for word segmentation: Exploring the effects of context. *Cognition*, 112(1), pages 21–54. DOI: 10.1016/j.cognition.2009.03.008.

Goldwater, S. and Griffiths, T. (2007). A fully Bayesian approach to unsupervised part-of-speech tagging. In *Proc. of the 45th Annual Meeting of the Association of Computational Linguistics*, pages 744–751, Prague, Czech Republic.

Goller, C. and Kuchler, A. (1996). Learning task-dependent distributed representations by backpropagation through structure. In *Proc. of IEEE International Conference on Neural Networks*, vol. 1, pages 347–352. DOI: 10.1109/icnn.1996.548916.

Goodfellow, I., Pouget-Abadie, J., Mirza, M., Xu, B., Warde-Farley, D., Ozair, S., Courville, A., and Bengio, Y. (2014). Generative adversarial nets. In *Advances in Neural Information Processing Systems 27*, pages 2672–2680.

Goodfellow, I., Bengio, Y., Courville, A., and Bengio, Y. (2016). *Deep Learning*. MIT Press, Cambridge. DOI: 10.1038/nature14539.

Goodman, J. (1996). Parsing algorithms and metrics. In *Proc. of the 34th Annual Meeting of the Association for Computational Linguistics*, pages 177–183, Santa Cruz, CA. DOI: 10.3115/981863.981887.

Graves, A. (2011). Practical variational inference for neural networks. In Shawe-Taylor, J., Zemel, R. S., Bartlett, P. L., Pereira, F., and Weinberger, K. Q., Eds., *Advances in Neural Information Processing Systems 24*, pages 2348–2356, Curran Associates, Inc.

Graves, A. (2012). Supervised sequence labelling. In *Supervised Sequence Labelling with Recurrent Neural Networks*, pages 5–13, Springer. DOI: 10.1007/978-3-642-24797-2_2.

Griffiths, T. (2002). Gibbs sampling in the generative model of Latent Dirichlet Allocation. Technical report, Stanford University.

Griffiths, T. L., Kemp, C., and Tenenbaum, J. B. (2008). Bayesian models of cognition. In Sun, R., Ed., *Cambridge Handbook of Computational Cognitive Modeling*, pages 59–100. Cambridge University Press, Cambridge.

Griffiths, T. L., Chater, N., Kemp, C., Perfors, A., and Tenenbaum, J. B. (2010). Probabilistic models of cognition: exploring representations and inductive biases. *Trends in Cognitive Sciences*, 14(8), pages 357–364. DOI: 10.1016/j.tics.2010.05.004.

Griffiths, T. and Ghahramani, Z. (2005). Infinite latent feature models and the Indian buffet process. *Gatsby Computational Neuroscience Unit, Technical Report*, 1.

Gu, J., Lu, Z., Li, H., and Li, V. O. (2016). Incorporating copying mechanism in sequence-to-sequence learning. pages 1631–1640. DOI: 10.18653/v1/p16-1154.

Haghighi, A. and Klein, D. (2007). Unsupervised coreference resolution in a nonparametric Bayesian model. In *Proc. 45th Annual Meeting of the ACL*, pages 848–855, Prague, Czech Republic. Association for Computational Linguistics.

Harris, Z. S. (1954). Distributional structure. *Word*, 10(2–3):146–162. DOI: 10.1080/00437956.1954.11659520.

Harris, C. L. (1992). Connectionism and cognitive linguistics. In *Connectionist Natural Language Processing*, pages 1–27, Springer. DOI: 10.1007/978-94-011-2624-3_1.

Hastings, W. K. (1970). Monte Carlo sampling methods using Markov chains and their applications. *Biometrika*, 57(1), pages 97–109. DOI: 10.2307/2334940.

Henderson, J. (2003). Inducing history representations for broad coverage statistical parsing. In *Human Language Technologies: The 2003 Annual Conference of the North American Chapter of the Association for Computational Linguistics*. DOI: 10.3115/1073445.1073459.

Henderson, J. and Lane, P. (1998). A connectionist architecture for learning to parse. In *Proc. of the 17th International Conference on Computational Linguistics (Volume 1: Long Papers)*, pages 531–537, Association for Computational Linguistics. DOI: 10.3115/980451.980934

Hochreiter, S. and Schmidhuber, J. (1997). Long short-term memory. *Neural Computation*, 9(8):1735–1780. DOI: 10.1162/neco.1997.9.8.1735.

Hoffman, M., Bach, F. R., and Blei, D. M. (2010). Online learning for latent Dirichlet allocation. In Lafferty, J., Williams, C., Shawe-Taylor, J., Zemel, R., and Culotta, A., Eds., *Advances in Neural Information Processing Systems 23*, pages 856–864. Curran Associates, Inc.

Hofmann, T. (1999a). Probabilistic latent semantic analysis. In *Proc. of Uncertainty in Artificial Intelligence*, pages 289–296.

Hofmann, T. (1999b). Probabilistic latent semantic indexing. In *Proc. of the 22nd Annual International ACM SIGIR Conference on Research and Development in Information Retrieval, SIGIR'99*, pages 50–57, New York. DOI: 10.1145/312624.312649.

Hornik, K., Stinchcombe, M., and White, H. (1989). Multilayer feedforward networks are universal approximators. *Neural Networks*, 2(5):359–366. DOI: 10.1016/0893-6080(89)90020-8.

Hovy, E., Marcus, M., Palmer, M., Ramshaw, L., and Weischedel, R. (2006). Ontonotes: The 90% solution. In *Proc. of the Human Language Technology Conference of the NAACL, Companion Volume: Short Papers*, pages 57–60, New York. Association for Computational Linguistics.

Hu, Z., Yang, Z., Salakhutdinov, R., and Xing, E. P. (2018). On unifying deep generative models.

Huang, Y., Zhang, M., and Tan, C. L. (2011). Nonparametric Bayesian machine transliteration with synchronous adaptor grammars. In *Proc. of the 49th Annual Meeting of the Association for Computational Linguistics: Human Language Technologies*, pages 534–539, Portland, OR.

Huang, Y., Zhang, M., and Tan, C.-L. (2012). Improved combinatory categorial grammar induction with boundary words and Bayesian inference. In *Proc. of COLING 2012*, pages 1257–1274, Mumbai, India. The COLING 2012 Organizing Committee.

Huang, Z., Xu, W., and Yu, K. (2015). Bidirectional LSTM-CRF models for sequence tagging. *ArXiv Preprint ArXiv:1508.01991*.

Jaynes, E. T. (2003). *Probability Theory: The Logic of Science*. Cambridge University Press. DOI: 10.1017/cbo9780511790423.

Jeffreys, H. (1961). *Theory of Probability*. Oxford University. DOI: 10.1063/1.3050814.

Jelinek, F. and Mercer, R. L. (1980). Interpolated estimation of Markov source parameters from sparse data. In *Proc. of Workshop on Pattern Recognition in Practice*, Amsterdam, The Netherlands.

Jiang, T., Wang, L., and Zhang, K. (1995). Alignment of trees—an alternative to tree edit. *Theoretical Computer Science*, 143(1), pages 137–148. DOI: 10.1016/0304-3975(95)80029-9.

Johnson, M. (2007a). Transforming projective bilexical dependency grammars into efficiently-parsable CFGs with unfold-fold. In *Proc. of the 45th Annual Meeting of the Association of Computational Linguistics*, pages 168–175, Prague, Czech Republic.

Johnson, M. (2007b). Why doesn't EM find good HMM POS-taggers? In *Proc. of the 2007 Joint Conference on Empirical Methods in Natural Language Processing and Computational Natural Language Learning (EMNLP-CoNLL)*, pages 296–305, Prague, Czech Republic. Association for Computational Linguistics.

Johnson, M. (2008). Using adaptor grammars to identify synergies in the unsupervised acquisition of linguistic structure. In *Proc. of ACL-08: HLT*, pages 398–406, Columbus, OH. Association for Computational Linguistics.

Johnson, M., Griffiths, T., and Goldwater, S. (2007a). Bayesian inference for PCFGs via Markov chain Monte Carlo. In *Human Language Technologies 2007: The Conference of the North American Chapter of the Association for Computational Linguistics; Proceedings of the Main Conference*, pages 139–146, Rochester, NY.

Johnson, M., Griffiths, T. L., and Goldwater, S. (2007b). Adaptor grammars: A framework for specifying compositional nonparametric Bayesian models. In Schölkopf, B., Platt, J., and Hoffman, T., Eds., *Advances in Neural Information Processing Systems 19*, pages 641–648. MIT Press.

Johnson, M., Demuth, K., Jones, B., and Black, M. J. (2010). Synergies in learning words and their referents. In Lafferty, J., Williams, C., Shawe-Taylor, J., Zemel, R., and Culotta, A., Eds., *Advances in Neural Information Processing Systems 23*, pages 1018–1026. Curran Associates, Inc.

Johnson, M., Christophe, A., Dupoux, E., and Demuth, K. (2014). Modelling function words improves unsupervised word segmentation. In *Proc. of the 52nd Annual Meeting of the Association for Computational Linguistics (Volume 1: Long Papers)*, pages 282–292, Baltimore, MD. DOI: 10.3115/v1/p14-1027.

Johnson, M. and Goldwater, S. (2009). Improving nonparameteric Bayesian inference: experiments on unsupervised word segmentation with adaptor grammars. In *Proc. of Human Language Technologies: The 2009 Annual Conference of the North American Chapter of the Association for Computational Linguistics*, pages 317–325, Boulder, CO. DOI: 10.3115/1620754.1620800.

Jones, B., Johnson, M., and Goldwater, S. (2012). Semantic parsing with Bayesian tree transducers. In *Proc. of the 50th Annual Meeting of the Association for Computational Linguistics (Volume 1: Long Papers)*, pages 488–496, Jeju Island, Republic of Korea.

Jordan, M. I. (2011). Message from the president: The era of big data. *International Society for Bayesian Analysis (ISBA) Bulletin*, 18(2), pages 1–3.

Joshi, M., Das, D., Gimpel, K., and Smith, N. A. (2010). Movie reviews and revenues: An experiment in text regression. In *Human Language Technologies: The 2010 Annual Conference of the North American Chapter of the Association for Computational Linguistics*, pages 293–296, Los Angeles, CA.

Joshi, A. K. and Schabes, Y. (1997). Tree-adjoining grammars. In *Handbook of Formal Languages*, pages 69–123. Springer. DOI: 10.1007/978-3-642-59126-6_2.

Kalchbrenner, N. and Blunsom, P. (2013). Recurrent continuous translation models. In *Proc. of the Conference on Empirical Methods in Natural Language Processing (EMNLP)*, pages 1700–1709.

Kalchbrenner, N., Grefenstette, E., and Blunsom, P. (2014). A convolutional neural network for modelling sentences. In *Proc. of the 52nd Annual Meeting of the Association for Computational Linguistics (Volume 1: Long Papers)*, vol. 1, pages 655–665. DOI: 10.3115/v1/p14-1062.

Kallmeyer, L. and Maier, W. (2010). Data-driven parsing with probabilistic linear context-free rewriting systems. In *Proc. of the 23rd International Conference on Computational Linguistics (Coling 2010)*, pages 537–545, Beijing, China. Coling 2010 Organizing Committee. DOI: 10.1162/coli_a_00136.

Kasami, T. (1965). An efficient recognition and syntax-analysis algorithm for context-free languages. Technical Report AFCRL-65-758, Air Force Cambridge Research Lab.

Katz, S. M. (1987). Estimation of probabilities from sparse data for the language model component of a speech recognizer. In *IEEE Transactions on Acoustics, Speech and Signal Processing*, pages 400–401. DOI: 10.1109/tassp.1987.1165125.

Kingma, D. P. and Ba, J. (2014). Adam: A method for stochastic optimization. *ArXiv Preprint ArXiv:1412.6980*.

Kingma, D. P. and Welling, M. (2014). Auto-encoding variational Bayes. In *Proc. of the 2nd*

International Conference on Learning Representations (ICLR).

Klein, G., Kim, Y., Deng, Y., Senellart, J., and Rush, A. M. (2017). OpenNMT: Open-source toolkit for neural machine translation. In *Proc. of the System Demonstrations of the 55th Annual Meeting of the Association for Computational Linguistics*, pages 67–72. DOI: 10.18653/v1/p17-4012.

Klein, D. and Manning, C. (2004). Corpus-based induction of syntactic structure: Models of dependency and constituency. In *Proc. of the 42nd Meeting of the Association for Computational Linguistics (ACL'04), Main Volume*, pages 478–485, Barcelona, Spain. DOI: 10.3115/1218955.1219016.

Kneser, R. and Ney, H. (1995). Improved backing-off for m-gram language modeling. In *Proc. of the IEEE International Conference on Acoustics, Speech and Signal Processing*, vol. I, pages 181–184, Detroit, MI. IEEE Inc. DOI: 10.1109/icassp.1995.479394.

Koehn, P. and Knowles, R. (2017). Six challenges for neural machine translation. In *Proc. of the 1st Workshop on Neural Machine Translation*, pages 28–39, Association for Computational Linguistics. DOI: 10.18653/v1/w17-3204.

Koller, D. and Friedman, N. (2009). *Probabilistic Graphical Models: Principles and Techniques*. MIT Press.

Krizhevsky, A., Sutskever, I., and Hinton, G. E. (2012). ImageNet classification with deep convolutional neural networks. In *Advances in Neural Information Processing Systems 25*, pages 1097–1105. DOI: 10.1145/3065386.

Kübler, S., McDonald, R., and Nivre, J. (2009). *Dependency Parsing*. Synthesis Lectures on Human Language Technologies. Morgan & Claypool. DOI: 10.2200/s00169ed1v01y200901hlt002.

Kucukelbir, A., Tran, D., Ranganath, R., Gelman, A., and Blei, D. M. (2016). Automatic differentiation variational inference. *arXiv preprint arXiv:1603.00788*.

Kulis, B. and Jordan, M. I. (2011). Revisiting k-means: New algorithms via Bayesian nonparametrics. *arXiv preprint arXiv:1111.0352*.

Kumar, S. and Byrne, W. (2004). Minimum bayes-risk decoding for statistical machine translation. In Susan Dumais, D. M. and Roukos, S., Eds., *HLT-NAACL 2004: Main Proceedings*, pages 169–176, Boston, MA. Association for Computational Linguistics.

Kwiatkowski, T., Goldwater, S., Zettlemoyer, L., and Steedman, M. (2012a). A probabilistic model of syntactic and semantic acquisition from child-directed utterances and their meanings. In *Proc. of the 13th Conference of the European Chapter of the Association for Computational Linguistics*, pages 234–244, Avignon, France.

Kwiatkowski, T., Goldwater, S., Zettlemoyer, L., and Steedman, M. (2012b). A probabilistic model of syntactic and semantic acquisition from child-directed utterances and their meanings. In *Proc. of the 13th Conference of the European Chapter of the Association for Computational Linguistics*, pages 234–244, Avignon, France.

Le, Q. and Mikolov, T. (2014). Distributed representations of sentences and documents. In *Proc. of the 31st International Conference on Machine Learning (ICML)*, pages 1188–1196.

LeCun, Y., Boser, B., Denker, J. S., Henderson, D., Howard, R. E., Hubbard, W., and Jackel, L. D. (1989). Backpropagation applied to handwritten zip code recognition. *Neural Computation*, 1(4):541–551. DOI: 10.1162/neco.1989.1.4.541.

Lei, T., Barzilay, R., and Jaakkola, T. (2016). Rationalizing neural predictions. In *Proc. of the Conference on Empirical Methods in Natural Language Processing (EMNLP)*. DOI: 10.18653/v1/d16-1011.

Levenberg, A., Dyer, C., and Blunsom, P. (2012). A Bayesian model for learning scfgs with discontiguous rules. In *Proc. of the 2012 Joint Conference on Empirical Methods in Natural Language Processing and Computational Natural Language Learning*, pages 223–232, Jeju Island, Korea. Association for Computational Linguistics.

Levy, R. P., Reali, F., and Griffiths, T. L. (2009). Modeling the effects of memory on human online sentence processing with particle filters. In Koller, D., Schuurmans, D., Bengio, Y., and Bottou, L., Eds., *Advances in Neural Information Processing Systems 21*, pages 937–944. Curran Associates, Inc.

Li, J., Chen, X., Hovy, E., and Jurafsky, D. (2015). Visualizing and understanding neural models in NLP. *ArXiv Preprint ArXiv:1506.01066*. DOI: 10.18653/v1/n16-1082.

Liang, P., Petrov, S., Jordan, M., and Klein, D. (2007). The infinite PCFG using hierarchical Dirichlet processes. In *Proc. of the 2007 Joint Conference on Empirical Methods in Natural Language Processing and Computational Natural Language Learning (EMNLP-CoNLL)*, pages 688–697, Prague, Czech Republic. Association for Computational Linguistics.

Liang, P. and Klein, D. (2009). Online EM for unsupervised models. In *Proc. of Human Language Technologies: The 2009 Annual Conference of the North American Chapter of the Association for Computational Linguistics*, pages 611–619, Boulder, CO. DOI: 10.3115/1620754.1620843.

Lidstone, G. J. (1920). Note on the general case of the Bayes-Laplace formula for the inductive or posteriori probabilities. *Transactions of the Faculty of Actuaries*, 8(182).

Lin, C.-C., Wang, Y.-C., and Tsai, R. T.-H. (2009). Modeling the relationship among linguistic typological features with hierarchical Dirichlet process. In *Proc. of the 23rd Pacific Asia Conference on Language, Information and Computation*, pages 741–747, Hong Kong, China. City University of Hong Kong.

Lindsey, R., Headden, W., and Stipicevic, M. (2012). A phrase-discovering topic model using hierarchical Pitman-Yor processes. In *Proc. of the 2012 Joint Conference on Empirical Methods in Natural Language Processing and Computational Natural Language Learning*, pages 214–222, Jeju Island, Republic of Korea. Association for Computational Linguistics.

Linzen, T. (2018). What can linguistics and deep learning contribute to each other? *ArXiv Preprint ArXiv:1809.04179*. DOI: 10.1353/lan.2019.0001.

Liu, H., Simonyan, K., and Yang, Y. (2018). Darts: Differentiable architecture search. *ArXiv Preprint ArXiv:1806.09055*.

Luong, T., Pham, H., and Manning, C. D. (2015). Effective approaches to attention-based neural machine translation. In *Proc. of the Conference on Empirical Methods in Natural Language Processing (EMNLP)*, pages 1412–1421. DOI: 10.18653/v1/d15-1166.

Maas, A. L., Hannun, A. Y., and Ng, A. Y. (2013). Rectifier nonlinearities improve neural network acoustic models. In *Proc. of the 30th International Conference on Machine Learning (ICML)*, page 3.

MacKay, D. J. (1992). A practical Bayesian framework for backpropagation networks. *Neural Computation*, 4(3):448–472. DOI: 10.1162/neco.1992.4.3.448.

Maddison, C. J., Mnih, A., and Teh, Y. W. (2017). The concrete distribution: A continuous relaxation of discrete random variables. In *Proc. of the 5th International Conference on Learning Representations (ICLR)*.

Mandt, S., Hoffman, M., and Blei, D. (2016). A variational analysis of stochastic gradient algorithms. In *Proc. of 33rd International Conference on Machine Learning (ICML)*, pages 354–363.

Marcus, M. P., Santorini, B., and Marcinkiewicz, M. A. (1993). Building a large annotated corpus of English: The Penn treebank. *Computational Linguistics*, 19(2), pages 313–330.

Matsuzaki, T., Miyao, Y., and Tsujii, J. (2005). Probabilistic CFG with latent annotations. In *Proc. of the 43rd Annual Meeting of the Association for Computational Linguistics (ACL'05)*, pages 75–82, Ann Arbor, MI. DOI: 10.3115/1219840.1219850.

McCulloch, W. S. and Pitts, W. (1943). A logical calculus of the ideas immanent in nervous activity. *The Bulletin of Mathematical Biophysics*, 5(4):115–133. DOI: 10.1007/bf02478259

McGrayne, S. B. (2011). *The Theory that Would not Die: How Bayes' Rule Cracked the Enigma Code, Hunted Down Russian Submarines, and Emerged Triumphant from Two Centuries of Controversy*. Yale University Press.

Metropolis, N., Rosenbluth, A. W., Rosenbluth, M. N., Teller, A. H., and Teller, E. (1953). Equation of state calculations by fast computing machines. *Journal of Chemical Physics*, 21, pages 1087–1092. DOI: 10.1063/1.1699114.

Mikolov, T., Kombrink, S., Burget, L., Černocky, J., and Khudanpur, S. (2011). Extensions of recurrent neural network language model. In *Proc. of the IEEE International Conference on Acoustics, Speech and Signal Processing (ICASSP)*, pages 5528–5531. DOI: 10.1109/icassp.2011.5947611

Mikolov, T., Chen, K., Corrado, G., and Dean, J. (2013a). Efficient estimation of word representations in vector space. *ArXiv Preprint ArXiv:1301.3781*.

Mikolov, T., Sutskever, I., Chen, K., Corrado, G. S., and Dean, J. (2013b). Distributed representations of words and phrases and their compositionality. In Burges, C. J. C., Bottou, L., Welling, M., Ghahramani, Z., and Weinberger, K. Q., Eds., *Advances in Neural Information Processing Systems 26*, pages 3111–3119, Curran Associates, Inc.

Mikolov, T. and Zweig, G. (2012). Context dependent recurrent neural network language model. *SLT*, 12(234–239):8. DOI: 10.1109/slt.2012.6424228

Mimno, D., Wallach, H., and McCallum, A. (2008). Gibbs sampling for logistic normal topic models with graph-based priors. In *NIPS Workshop on Analyzing Graphs*.

Mimno, D., Wallach, H., Talley, E., Leenders, M., and McCallum, A. (2011). Optimizing semantic coherence in topic models. In *Proc. of the 2011 Conference on Empirical Methods in Natural Language Processing*, pages 262–272, Edinburgh, Scotland, UK. Association for Computational Linguistics.

Minka, T. (1999). The Dirichlet-tree distribution. Technical report, Justsystem Pittsburgh Research Center.

Minka, T. (2000). Bayesian linear regression. Technical report, Massachusetts Institute of Technology.

Minsky, M. and Papert, S. (1969). Perceptrons. DOI: 10.7551/mitpress/11301.001.0001 214

Mitchell, J. and Lapata, M. (2008). Vector-based models of semantic composition, pages 236–244.

Močkus, J. (1975). On Bayesian methods for seeking the extremum. In *Proc. of the IFIP Technical Conference on Optimization Techniques*, pages 400–404, Springer. DOI: 10.1007/978-3-662-38527-2_55

Močkus, J. (2012). *Bayesian Approach to Global Optimization: Theory and Applications*, vol. 37, Springer Science & Business Media. DOI: 10.2307/2008419

Murphy, K. P. (2012). *Machine Learning: A Probabilistic Perspective.* MIT Press.

Nakazawa, T. and Kurohashi, S. (2012). Alignment by bilingual generation and monolingual derivation. In *Proc. of COLING 2012*, pages 1963–1978, Mumbai, India.

Narayan, S., Cohen, S. B., and Lapata, M. (2018a). Don't give me the details, just the summary! Topic-aware convolutional neural networks for extreme summarization. In *Proc. of the Conference on Empirical Methods in Natural Language Processing (EMNLP)*, pages 1797–1807.

Narayan, S., Cohen, S. B., and Lapata, M. (2018b). Ranking sentences for extractive summarization with reinforcement learning. In *Proc. of the Conference of the North American Chapter of the Association for Computational Linguistics: Human Language Technologies*, pages 1747–1759. DOI: 10.18653/v1/n18-1158

Neal, R. M. (2000). Markov chain sampling methods for Dirichlet process mixture models. *Journal of Computational and Graphical Statistics*, 9(2), pages 249–265. DOI: 10.2307/1390653.

Neal, R. M. (2003). Slice sampling. *Annals of Statistics*, 31, pages 705–767. DOI: 10.1214/aos/1056562461.

Neal, R. M. (2012). *Bayesian Learning for Neural Networks*, vol. 118, Springer Science & Business Media. DOI: 10.1007/978-1-4612-0745-0

Neal, R. M. and Hinton, G. E. (1998). A view of the EM algorithm that justifies incremental, sparse, and other variants. In *Learning in Graphical Models*, pages 355–368. Springer. DOI: 10.1007/978-94-011-5014-9_12.

Neco, R. P. and Forcada, M. L. (1997). Asynchronous translations with recurrent neural nets. In *Proc. of the International Conference on Neural Networks*, vol. 4, pages 2535–2540, IEEE. DOI: 10.1109/icnn.1997.614693

Neiswanger, W., Wang, C., and Xing, E. P. (2014). Asymptotically exact, embarrassingly parallel MCMC. In *Proc. of the 30th Conference on Uncertainty in Artificial Intelligence, UAI*, pages 623–632, Quebec City, Quebec, Canada. AUAI Press.

Neubig, G., Watanabe, T., Sumita, E., Mori, S., and Kawahara, T. (2011). An unsupervised model for joint phrase alignment and extraction. In *Proc. of the 49th Annual Meeting of the Association for Computational Linguistics: Human Language Technologies*, pages 632–641, Portland, OR.

Neubig, G., Dyer, C., Goldberg, Y., Matthews, A., Ammar, W., Anastasopoulos, A., Ballesteros, M., Chiang, D., Clothiaux, D., Cohn, T., et al. (2017). DyNet: The dynamic neural network toolkit. *ArXiv Preprint ArXiv:1701.03980.*

Newman, D., Asuncion, A., Smyth, P., and Welling, M. (2009). Distributed algorithms for topic models. *Journal of Machine Learning Research*, 10, pages 1801–1828.

Newman, D., Lau, J. H., Grieser, K., and Baldwin, T. (2010). Automatic evaluation of topic coherence. In *Human Language Technologies: The 2010 Annual Conference of the North American Chapter of the Association for Computational Linguistics*, pages 100–108, Los Angeles, CA.

Noji, H., Mochihashi, D., and Miyao, Y. (2013). Improvements to the Bayesian topic n-gram models. In *Proc. of the 2013 Conference on Empirical Methods in Natural Language Processing*, pages 1180–1190, Seattle, WA. Association for Computational Linguistics.

O'Neill, B. (2009). Exchangeability, correlation, and Bayes' effect. *International Statistical Review*, 77(2), pages 241–250. DOI: 10.1111/j.1751-5823.2008.00059.x.

Och, F. J. and Ney, H. (2003). A systematic comparison of various statistical alignment models. *Computational Linguistics*, 29(1), pages 19–51. DOI: 10.1162/089120103321337421.

Omohundro, S. M. (1992). *Best-first Model Merging for Dynamic Learning and Recognition*. International Computer Science Institute.

Pajak, B., Bicknell, K., and Levy, R. (2013). A model of generalization in distributional learning of phonetic categories. In Demberg, V. and Levy, R., Eds., *Proc. of the 4th Workshop on Cognitive Modeling and Computational Linguistics*, pages 11–20, Sofia, Bulgaria. Association for Computational Linguistics.

Pascanu, R., Mikolov, T., and Bengio, Y. (2013). On the difficulty of training recurrent neural networks. In *Proc. of the 30th International Conference on Machine Learning (ICML)*, pages 1310–1318.

Pearl, J. (1988). *Probabilistic Reasoning in Intelligent Systems: Networks of Plausible Inference*. Morgan Kaufmann, San Mateo, CA.

Perfors, A., Tenenbaum, J. B., Griffiths, T. L., and Xu, F. (2011). A tutorial introduction to Bayesian models of cognitive development. *Cognition*, 120(3), pages 302–321. DOI: 10.1016/j.cognition.2010.11.015.

Peters, M., Neumann, M., Iyyer, M., Gardner, M., Clark, C., Lee, K., and Zettlemoyer, L. (2018). Deep contextualized word representations. In *Proc. of the Conference of the North American Chapter of the Association for Computational Linguistics: Human Language Technologies, (Volume 1: Long Papers)*, vol. 1, pages 2227–2237. DOI: 10.18653/v1/n18-1202

Petrov, S., Barrett, L., Thibaux, R., and Klein, D. (2006). Learning accurate, compact, and interpretable tree annotation. In *Proc. of the 21st International Conference on Computational Linguistics and 44th Annual Meeting of the Association for Computational Linguistics*, pages 433–440, Sydney, Australia. DOI: 10.3115/1220175.1220230.

Pitman, J. and Yor, M. (1997). The two-parameter Poisson-Dirichlet distribution derived from a stable subordinator. *The Annals of Probability*, 25(2), pages 855–900. DOI: 10.1214/aop/1024404422.

Pollack, J. B. (1990). Recursive distributed representations. *Artificial Intelligence*, 46(1–2):77–105. DOI: 10.1016/0004-3702(90)90005-k

Post, M. and Gildea, D. (2009). Bayesian learning of a tree substitution grammar. In *Proc. of the ACL-IJCNLP 2009 Conference Short Papers*, pages 45–48, Suntec, Singapore. Association for Computational Linguistics. DOI: 10.3115/1667583.1667599.

Post, M. and Gildea, D. (2013). Bayesian tree substitution grammars as a usage-based approach. *Language and Speech*, 56, pages 291–308. DOI: 10.1177/0023830913484901.

Preoţiuc-Pietro, D. and Cohn, T. (2013). A temporal model of text periodicities using gaussian processes. In *Proc. of the 2013 Conference on Empirical Methods in Natural Language Processing*, pages 977–988, Seattle, WA. Association for Computational Linguistics.

Prescher, D. (2005). Head-driven PCFGs with latent-head statistics. In *Proc. of the 9th International Workshop on Parsing Technology*, pages 115–124, Vancouver, British Columbia. Association for Computational Linguistics. DOI: 10.3115/1654494.1654506.

Rabiner, L. R. (1989). A tutorial on hidden Markov models and selected applications in speech recognition. *Proc. of the IEEE*, 77(2), pages 257–286. DOI: 10.1109/5.18626.

Raftery, A. E. and Lewis, S. M. (1992). Practical Markov chain Monte Carlo: Comment: One long run with diagnostics: Implementation strategies for Markov chain Monte Carlo. *Statistical Science*, 7(4), pages 493–497.

Raiffa, H. and Schlaifer, R. (1961). *Applied Statistical Decision Theory*. Wiley-Interscience.

Rasmussen, C. E. and Williams, C. K. I. (2006). *Gaussian Processes for Machine Learning*. MIT Press. DOI: 10.1007/978-3-540-28650-9_4.

Ravi, S. and Knight, K. (2011). Deciphering foreign language. In *Proc. of the 49th Annual Meeting of the Association for Computational Linguistics: Human Language Technologies*, pages 12–21, Portland, OR.

Real, E., Aggarwal, A., Huang, Y., and Le, Q. V. (2018). Regularized evolution for image classifier architecture search. *ArXiv Preprint ArXiv:1802.01548*.

Rios, L. M. and Sahinidis, N. V. (2013). Derivative-free optimization: A review of algorithms and comparison of software implementations. *Journal of Global Optimization*, 56(3):1247–1293. DOI: 10.1007/s10898-012-9951-y

Robert, C. P. and Casella, G. (2005). *Monte Carlo Statistical Methods*. Springer. DOI: 10.1007/978-1-4757-3071-5.

Rosenblatt, F. (1958). The perceptron: A probabilistic model for information storage and organization in the brain. *Psychological Review*, 65(6):386. DOI: 10.1037/h0042519

Rosenfeld, R. (2000). Two decades of statistical language modeling: Where do we go from here? *Proc. of the IEEE*, 88(8), pages 1270–1278. DOI: 10.1109/5.880083.

Roth, D. and Yih, W.-t. (2005). Integer linear programming inference for conditional random fields. In *Proc. of the 22nd International Conference on Machine Learning (ICML)*, pages 736–743, ACM. DOI: 10.1145/1102351.1102444

Rozenberg, G. and Ehrig, H. (1999). *Handbook of Graph Grammars and Computing by Graph Transformation*, vol. 1. World Scientific, Singapore. DOI: 10.1142/9789812384720.

Rumelhart, D. E., Hinton, G. E., Williams, R. J., et al. (1988). Learning representations by back-propagating errors. *Cognitive Modeling*, 5(3):1. DOI: 10.1038/323533a0

Saatci, Y. and Wilson, A. G. (2017). Bayesian GAN. In *Advances in Neural Information Processing Systems 30*, pages 3622–3631.

Sankaran, B., Haffari, G., and Sarkar, A. (2011). Bayesian extraction of minimal scfg rules for hierarchical phrase-based translation. In *Proc. of the 6th Workshop on Statistical Machine Translation*, pages 533–541, Edinburgh, Scotland. Association for Computational Linguistics.

Sato, M.-A. and Ishii, S. (2000). On-line EM algorithm for the normalized Gaussian network. *Neural Computation*, 12(2), pages 407–432. DOI: 10.1162/089976600300015853.

Saxe, A. M., McClelland, J. L., and Ganguli, S. (2013). Exact solutions to the nonlinear dynamics of learning in deep linear neural networks. *arXiv preprint arXiv:1312.6120.*

Sennrich, R., Haddow, B., and Birch, A. (2016). Improving neural machine translation models with monolingual data. In *Proc. of the 54nd Annual Meeting of the Association for Computational Linguistics (Volume 1: Long Papers)*. DOI: 10.18653/v1/p16-1009

Sennrich, R., Firat, O., Cho, K., Birch, A., Haddow, B., Hitschler, J., Junczys-Dowmunt, M., Läubli, S., Miceli Barone, A. V., Mokry, J., and Nadejde, M. (2017). Nematus: A toolkit for neural machine translation. In *Proc. of the Software Demonstrations of the 15th Conference of the European Chapter of the Association for Computational Linguistics*, pages 65–68, Valencia, Spain. DOI: 10.18653/v1/e17-3017

Sethuraman, J. (1994). A constructive definition of Dirichlet priors. *Statistica Sinica*, 4, pages 639–650.

Shareghi, E., Haffari, G., Cohn, T., and Nicholson, A. (2015). Structured prediction of sequences and trees using infinite contexts. In *Machine Learning and Knowledge Discovery in Databases*, pages 373–389. Springer. DOI: 10.1007/978-3-319-23525-7_23.

Shareghi, E., Li, Y., Zhu, Y., Reichart, R., and Korhonen, A. (2019). Bayesian learning for neural dependency parsing. *Proc. of the Annual Conference of the North American Chapter of the Association for Computational Linguistics (NAACL).*

Shindo, H., Miyao, Y., Fujino, A., and Nagata, M. (2012). Bayesian symbol-refined tree substitution grammars for syntactic parsing. In *Proc. of the 50th Annual Meeting of the Association for Computational Linguistics (Volume 1: Long Papers)*, pages 440–448, Jeju Island, Korea.

Sirts, K., Eisenstein, J., Elsner, M., and Goldwater, S. (2014). Pos induction with distributional and morphological information using a distance-dependent Chinese restaurant process. In *Proc. of the 52nd Annual Meeting of the Association for Computational Linguistics (Volume 2: Short Papers)*, pages 265–271, Baltimore, MD. DOI: 10.3115/v1/p14-2044.

Smith, N. A. (2011). *Linguistic Structure Prediction*. Synthesis Lectures on Human Language Technologies. Morgan & Claypool. DOI: 10.2200/s00361ed1v01y201105hlt013.

Snoek, J., Larochelle, H., and Adams, R. P. (2012). Practical Bayesian optimization of machine learning algorithms. In *Advances in Neural Information Processing Systems 25*, pages 2951–2959.

Snyder, B. and Barzilay, R. (2008). Unsupervised multilingual learning for morphological segmentation. In *Proc. of ACL-08: HLT*, pages 737–745, Columbus, OH. Association for Computational Linguistics.

Snyder, B., Naseem, T., Eisenstein, J., and Barzilay, R. (2008). Unsupervised multilingual learning for POS tagging. In *Proc. of the 2008 Conference on Empirical Methods in Natural*

Language Processing, pages 1041–1050, Honolulu, HI. Association for Computational Linguistics. DOI: 10.3115/1613715.1613851.

Snyder, B., Naseem, T., and Barzilay, R. (2009a). Unsupervised multilingual grammar induction. In *Proc. of the Joint Conference of the 47th Annual Meeting of the ACL and the 4th International Joint Conference on Natural Language Processing of the AFNLP*, pages 73–81, Suntec, Singapore. Association for Computational Linguistics. DOI: 10.3115/1687878.1687890.

Snyder, B., Naseem, T., Eisenstein, J., and Barzilay, R. (2009b). Adding more languages improves unsupervised multilingual part-of-speech tagging: a Bayesian non-parametric approach. In *Proc. of Human Language Technologies: The 2009 Annual Conference of the North American Chapter of the Association for Computational Linguistics*, pages 83–91, Boulder, CO. DOI: 10.3115/1620754.1620767.

Spitkovsky, V. I., Alshawi, H., and Jurafsky, D. (2010). From baby steps to leapfrog: How "less is more" in unsupervised dependency parsing. In *Human Language Technologies: The 2010 Annual Conference of the North American Chapter of the Association for Computational Linguistics*, pages 751–759, Los Angeles, CA.

Srivastava, N., Hinton, G., Krizhevsky, A., Sutskever, I., and Salakhutdinov, R. (2014). Dropout: A simple way to prevent neural networks from overfitting. *Journal of Machine Learning Research*, 15(1):1929–1958.

Steedman, M. (2000). *The Syntactic Process*, vol. 35. MIT Press.

Steedman, M. and Baldridge, J. (2011). Combinatory categorial grammar. In Borsley, R. and Borjars, K. Eds. *Non-Transformational Syntax Oxford*, pages 181–224.

Steyvers, M. and Griffiths, T. (2007). Probabilistic topic models. *Handbook of Latent Semantic Analysis*, 427(7), pages 424–440. DOI: 10.4324/9780203936399.ch21.

Stolcke, A. (2002). SRILM-an extensible language modeling toolkit. In *Proc. International Conference on Spoken Language Processing*, pages 901–904, Denver, CO. International Speech Communication Association (ISCA).

Stolcke, A. and Omohundro, S. (1994). Inducing probabilistic grammars by Bayesian model merging. In *Grammatical Inference and Applications*, pages 106–118. Springer. DOI: 10.1007/3-540-58473-0_141.

Sutskever, I., Vinyals, O., and Le, Q. V. (2014). Sequence to sequence learning with neural networks. In Ghahramani, Z., Welling, M., Cortes, C., Lawrence, N. D., and Weinberger, K. Q., Eds., *Advances in Neural Information Processing Systems 27*, pages 3104–3112, Curran Associates, Inc.

Synnaeve, G., Dautriche, I., Börschinger, B., Johnson, M., and Dupoux, E. (2014). Unsupervised word segmentation in context. In *Proc. of COLING 2014, the 25th International Conference on Computational Linguistics: Technical Papers*, pages 2326–2334, Dublin, Ireland. Dublin City University and Association for Computational Linguistics.

Teh, Y. W. (2006a). A Bayesian interpretation of interpolated Kneser-Ney. Technical report.

Teh, Y. W. (2006b). A hierarchical Bayesian language model based on Pitman-Yor processes. In *Proc. of the 21st International Conference on Computational Linguistics and 44th Annual Meeting of the Association for Computational Linguistics*, pages 985–992, Sydney, Australia. DOI: 10.3115/1220175.1220299.

Teh, Y. W., Jordan, M. I., Beal, M. J., and Blei, D. M. (2006). Hierarchical Dirichlet processes. *Journal of the American Statistical Association*, 101(476), pages 1566–1581. DOI: 10.1198/016214506000000302.

Teh, Y. W., Kurihara, K., and Welling, M. (2008). Collapsed variational inference for hdp. In Platt, J., Koller, D., Singer, Y., and Roweis, S., Eds., *Advances in Neural Information Processing Systems 20*, pages 1481–1488. Curran Associates, Inc.

Teh, Y. W., Thiery, A. H., and Vollmer, S. J. (2016). Consistency and fluctuations for stochastic gradient langevin dynamics. *The Journal of Machine Learning Research*, 17(1):193–225.

Tenenbaum, J. B., Kemp, C., Griffiths, T. L., and Goodman, N. D. (2011). How to grow a mind: Statistics, structure, and abstraction. *Science*, 331(6022), pages 1279–1285. DOI: 10.1126/science.1192788.

Tesnière, L. (1959). *Élément de Syntaxe Structurale*. Klincksieck.

Tesnière, L., Osborne, T. J., and Kahane, S. (2015). *Elements of Structural Syntax*. John Benjamins Publishing Company. DOI: 10.1075/z.185.

Tevet, G., Habib, G., Shwartz, V., and Berant, J. (2018). Evaluating text gans as language models. *ArXiv Preprint ArXiv:1810.12686*.

Titov, I. and Henderson, J. (2010). A latent variable model for generative dependency parsing. In *Trends in Parsing Technology*, pages 35–55, Springer. DOI: 10.3115/1621410.1621428

Titov, I. and Klementiev, A. (2012). A Bayesian approach to unsupervised semantic role induction. In *Proc. of the 13th Conference of the European Chapter of the Association for Computational Linguistics*, pages 12–22, Avignon, France.

Tjong Kim Sang, E. F. and De Meulder, F. (2003). Introduction to the CoNLL-2003 shared task: Language-independent named entity recognition. In Daelemans, W. and Osborne, M., Eds., *Proc. of the 7th Conference on Natural Language Learning at HLT-NAACL 2003*, pages 142–147. DOI: 10.3115/1119176.

Toutanova, K. and Johnson, M. (2008). A Bayesian LDA-based model for semi-supervised part-of-speech tagging. In Platt, J., Koller, D., Singer, Y., and Roweis, S., Eds., *Advances in Neural Information Processing Systems 20*, pages 1521–1528. Curran Associates, Inc.

Tromble, R., Kumar, S., Och, F., and Macherey, W. (2008). Lattice Minimum Bayes-Risk decoding for statistical machine translation. In *Proc. of the 2008 Conference on Empirical Methods in Natural Language Processing*, pages 620–629, Honolulu, HI. Association for Computational Linguistics. DOI: 10.3115/1613715.1613792.

Turian, J., Ratinov, L., and Bengio, Y. (2010). Word representations: A simple and general method for semi-supervised learning. In *Proc. of the 48th Annual Meeting of the Association for Computational Linguistics*, pages 384–394.

Turney, P. D. and Pantel, P. (2010). From frequency to meaning: Vector space models of semantics. *Journal of Artificial Intelligence Research*, 37:141–188. DOI: 10.1613/jair.2934

Upton, G. and Cook, I. (2014). *A Dictionary of Statistics*, 3rd ed., Oxford University Press. DOI: 10.1093/acref/9780199679188.001.0001.

Van Gael, J., Saatci, Y., Teh, Y. W., and Ghahramani, Z. (2008). Beam sampling for the infinite hidden Markov model. In *Proc. of the 25th International Conference on Machine Learning*, pages 1088–1095. ACM Press. DOI: 10.1145/1390156.1390293.

Vaswani, A., Shazeer, N., Parmar, N., Uszkoreit, J., Jones, L., Gomez, A. N., Kaiser, Ł., and Polosukhin, I. (2017). Attention is all you need. In *Advances in Neural Information Processing Systems 30*, pages 5998–6008.

Vijay-Shanker, K., Weir, D. J., and Joshi, A. K. (1987). Characterizing structural descriptions produced by various grammatical formalisms. In *Proc. of the 25th Annual Meeting of the Association for Computational Linguistics*, pages 104–111, Stanford, CA. DOI: 10.3115/981175.981190.

Vilnis, L. and McCallum, A. (2015). Word representations via Gaussian embedding. In *Proc. of the 3rd International Conference on Learning Representations (ICLR)*.

Wainwright, M. and Jordan, M. (2008). Graphical models, exponential families, and variational inference. *Foundations and Trends in Machine Learning*, 1(1–2), pages 1–305. DOI: 10.1561/2200000001.

Wallach, H. M. (2006). Topic modeling: beyond bag-of-words. In *Proc. of the 23rd International Conference on Machine Learning*, pages 977–984, Pittsburgh, PA. ACM Press. DOI: 10.1145/1143844.1143967.

Wallach, H., Sutton, C., and McCallum, A. (2008). Bayesian modeling of dependency trees using hierarchical Pitman-Yor priors. In *ICML Workshop on Prior Knowledge for Text and Language Processing*, pages 15–20, Helsinki, Finland. ACM.

Wang, C., Paisley, J. W., and Blei, D. M. (2011). Online variational inference for the hierarchical Dirichlet process. In *International Conference on Artificial Intelligence and Statistics*, pages 752–760.

Weir, D. (1988). *Characterizing Mildly Context-Sensitive Grammar Formalisms*. Ph.D. thesis, Department of Computer and Information Science, University of Pennsylvania. Available as Technical Report MS-CIS-88-74.

Weisstein, E. W. (2014). Gamma function. from MathWorld–a Wolfram web resource. `http://mathworld.wolfram.com/GammaFunction.html`, Last visited on 11/11/2014.

Welling, M., Teh, Y. W., Andrieu, C., Kominiarczuk, J., Meeds, T., Shahbaba, B., and Vollmer, S. (2014). Bayesian inference with big data: a snapshot from a workshop. *International Society for Bayesian Analysis (ISBA) Bulletin*, 21(4), pages 8–11.

Welling, M. and Teh, Y. W. (2011). Bayesian learning via stochastic gradient Langevin dynamics. In *Proc. of the 28th International Conference on Machine Learning (ICML)*, pages 681–688.

Werbos, P. J. (1990). Backpropagation through time: What it does and how to do it. *Proc. of the IEEE*, 78(10):1550–1560. DOI: 10.1109/5.58337

Williams, P., Sennrich, R., Koehn, P., and Post, M. (2016). *Syntax-based Statistical Machine Translation*. Synthesis Lectures on Human Language Technologies. Morgan & Claypool.

Wood, F., Archambeau, C., Gasthaus, J., James, L., and Teh, Y. W. (2009). A stochastic memoizer for sequence data. In *Proc. of the 26th Annual International Conference on Machine Learning*, pages 1129–1136. ACM. DOI: 10.1145/1553374.1553518.

Wu, D. (1997). Stochastic inversion transduction grammars and bilingual parsing of parallel corpora. *Computational Linguistics*, 23(3), pages 377–403.

Yamamoto, M. and Sadamitsu, K. (2005). Dirichlet mixtures in text modeling. Technical Report CS-TR-05-1, University of Tsukuba.

Yamangil, E. and Shieber, S. M. (2010). Bayesian synchronous tree-substitution grammar induction and its application to sentence compression. In *Proc. of the 48th Annual Meeting of the Association for Computational Linguistics*, pages 937–947, Uppsala, Sweden.

Yamangil, E. and Shieber, S. M. (2013). Nonparametric Bayesian inference and efficient parsing for tree-adjoining grammars. In *Proc. of the 51st Annual Meeting of the Association for Computational Linguistics (Volume 2: Short Papers)*, pages 597–603, Sofia, Bulgaria.

Yang, R. and Berger, J. O. (1998). A Catalog of Noninformative Priors.

Yang, Y. and Eisenstein, J. (2013). A log-linear model for unsupervised text normalization. In *Proc. of the 2013 Conference on Empirical Methods in Natural Language Processing*, pages 61–72, Seattle, WA. Association for Computational Linguistics.

Younger, D. H. (1967). Recognition and parsing of context-free languages in time n^3. *Information and Control*, 10(2). DOI: 10.1016/s0019-9958(67)80007-x.

Zhai, K. and Boyd-Graber, J. L. (2013). Online latent Dirichlet allocation with infinite vocabulary. In Dasgupta, S. and Mcallester, D., Eds., *Proc. of the 30th International Conference on Machine Learning (ICML-13)*, vol. 28(1), pages 561–569. JMLR Workshop and Conference Proceedings.

Zhai, K., Boyd-Graber, J., and Cohen, S. (2014). Online adaptor grammars with hybrid inference. *Transactions of the Association for Computational Linguistics*, 2, pages 465–476.

Zhang, H., Quirk, C., Moore, R. C., and Gildea, D. (2008). Bayesian learning of non-compositional phrases with synchronous parsing. In *Proc. of ACL-08: HLT*, pages 97–105, Columbus, OH. Association for Computational Linguistics.

Zhang, B., Xiong, D., Su, J., Duan, H., and Zhang, M. (2016). Variational neural machine translation. In *Proc. of the Conference on Empirical Methods in Natural Language Processing (EMNLP)*. DOI: 10.18653/v1/d16-1050

Zipf, G. K. (1932). *Selective Studies and the Principle of Relative Frequency in Language*. Harvard University Press. DOI: 10.4159/harvard.9780674434929.

Zoph, B. and Le, Q. V. (2017). Neural architecture search with reinforcement learning. In *Proc. of the 5th International Conference on Learning Representations (ICLR)*.

推荐阅读

基于深度学习的自然语言处理

作者: Karthiek Reddy Bokka 等 ISBN: 978-7-111-65357-8 定价: 79.00元

面向自然语言处理的深度学习: 用Python创建神经网络

作者: Palash Goyal ISBN: 978-7-111-61719-8 定价: 69.00元

Java自然语言处理 (原书第2版)

作者: Richard M Reese 等 ISBN: 978-7-111-65787-3 定价: 79.00元

TensorFlow自然语言处理

作者: Thushan Ganegedara ISBN: 978-7-111-62914-6 定价: 99.00元